그림을 읽으면 성경이 보인다

일러두기 :

- 본서에 사용된 성경은 대한성서공회 『성경전서 개역개정판』(제4판)을 인용하였습니다. 부분적으로 스토리텔링식 전달을 위해 대화체로 의역하여 실었습니다.
- 본서에 사용된 명화들은 모두 저작권 사용이 자유로운 퍼블릭 도메인(Public Domain)입니다.
- 여러 인명과 지명 및 고유명사는 가능한 국립국어원의 외래어표기법을 기준으로 하였습니다. 예) James Tissot의 경우, 자메 티소트

명화가 들려주는 77가지 성경 이야기

그림을 읽으면 성경이 보인다

박응순 지음

엘맨

They brought the donkey and the colt, placed their cloaks on them, and Jesus sat on them. A very large crowd spread their cloaks on the road, while others cut branches from the trees and spread them on the road. The crowds that went ahead of him and those that followed shouted, "Hosanna to the Son of David!" "Blessed is he who comes in the name of the Lord!" "Hosanna in the highest!" When Jesus entered Jerusalem, the whole city was stirred and asked, "Who is this?" _ Mattew 21:7-10

이 책의 추천사를 써 주신 분들,
여의도순복음교회 당회장이신 이영훈 목사님,
백석대학교 총장이신 장종현 박사님,
새에덴교회 담임이신 소강석 목사님,
웨스트민스터신학대학원대학교 총장이신 정인찬 박사님께
지면을 빌어 머리 숙여 감사함을 전합니다.

그리고 책이 나올 수 있도록
기도로, 마음으로 도움을 주신 주안중앙교회 모든 성도님들과
사랑하는 아내와 딸 하영이에게 고마움을 전합니다.
이 모든 영광을 주님께 올려 드립니다.

추천사 1

구원 역사가 한 폭의 그림처럼 펼쳐지다

성경은 성령의 영감을 받은 기록자들에 의해 서로 다른 시대와 문화적 배경 가운데 오랜 시간에 걸쳐 기록된 하나님의 말씀입니다. 따라서 성경을 깊이 이해하기 위해서는 성경의 역사적 · 문화적 배경과 성경의 문맥을 종합적으로 살펴볼 수 있는 총체적인 시각이 필요합니다.

박응순 목사님의 『그림을 읽으면 성경이 보인다』는 바로 이러한 관점에서 쓰인 책입니다. 저자는 성경 전체를 조망할 수 있도록 성경의 핵심적인 사건을 스토리텔링이라는 특별한 방식을 통해 이해하기 쉽게 설명하고 있습니다.

이 책을 읽다 보면 성경 속 구원 역사가 마치 한 폭의 그림처럼 머릿속에서 그려집니다. 또한 이 책에는 77점의 명화들이 함께 실려 있습니다. 명화와 함께 그에 대한 자세한 설명은 성경을 좀 더 생생하게 읽고 싶어 하는 독자들에게 특별한 선물이 될 것입니다.

이 책은 성경이 어렵게 느껴지거나 성경을 공부하고 싶은 새신자들에게 좋은 길잡이가 될 것입니다. 이 책을 읽는 모든 분들이 하나님을 알아가는 기쁨을 맛보고, 하나님의 말씀을 더 깊이 이해하는 복을 누리시기를 소망합니다.

여의도순복음교회 위임목사 | 이영훈

추천사 2

화가들의 붓끝에서 하나님의 계시를 읽다

한국 교회가 예수 그리스도의 생명을 회복하기 위해서 가장 필요한 것은 성경의 권위를 회복하는 일입니다. 한국 교회는 성경을 단지 인간 저자들의 말이라고 생각하고 '모세가 말했다' '다윗이 말했다' '바울이 말했다'라고 설교하기 시작하면서 침체되기 시작했습니다. 반면에 부흥의 뜨거운 역사가 일어나는 곳에는 항상 성경을 살아 있는 하나님의 말씀으로 믿는 믿음이 있었습니다. 그런 믿음이 필요한 한국 교회에 『그림을 읽으면 성경이 보인다』라는 책을 출간하여 목회자들과 성도들에게 성경의 권위를 강조해 주신 박응순 목사님의 수고와 헌신에 진심어린 축하와 감사의 인사를 드립니다.

세상을 살아가다 보면 참으로 어려운 문제들과 마주칠 때가 있습니다. 많은 사람들이 문제 앞에서 고민하고 그 문제를 해결하기 위해 애를 쓰지만, 사실 우리 인생 문제의 모든 해답은 그리 먼 곳에 있지 않습니다. 바로 '성경'에 답이 있기 때문입니다. 성경은 구원에 관하여 우리가 알아야 할 충분한 지식을 제공해 줄 뿐만 아니라 우리 삶의 원리와 지침에 대해 명확히 제시하고 있습니다. 그래서 디모데후서 3장 16절은 "모든 성경은 하나님의 감동으로 된 것으로 교훈과 책망과 바르게 함과 의로 교육하기에 유익하니"라고 말씀하고 있습니다.

그런데 오늘날 많은 사람들은 성경에서 답을 찾지 않고 세상의 지식에서 답을 찾으려고 합니다. 신학을 공부하고 목회를 하면서도 성경을 끊임없이 의심하고 비평하는 사람들이 있습니다. 성경 전체가 순수한 하나님의 계시라는 사실을 인정하지 않는 이들도 있습니다. 과학으로 입증할 수 없는 이야기에 대해서 반박하는 사람들도 있습니다. 참으로 안타까운 일이 아닐 수 없습니다.

성경은 하나님의 '완전한 계시'입니다. 이것을 믿지 못한다면 성경을 있는 그대로 받아들이기 어렵습니다. 십자가와 부활, 하나님의 숱한 기적을 믿지 못하는 사람이라면 그 어떤 것을 말해도 구원 역사는 나타나지 않습니다. 성경은 천지 창조부터 기적으로 시작되고, 주님의 재림도 우리에게 반드시 일어나게 될 기적이자 하나님의 계시이기 때문입니다. 베드로후서 1장 20~21절은 "먼저 알 것은 성경의 모든 예언은 사사로이 풀 것이 아니니 예언은 언제든지 사람의 뜻으로 낸 것이 아니요 오직 성령의 감동하심을 받은 사람들이 하나님께 받아 말한 것임이라"고 말씀합니다. 성경의 모든 기록은 성령의 감동을 받은 사람들이 하나님께 받아 대언한 것입니다. 그러므로 성경은 하나님의 완전한 계시의 말씀인 것입니다.

박응순 목사님은 '성경이 계시의 책'이라는 확신 속에서 성경 읽기와 바른 이해를 강조해 오셨습니다. 이번에 출간된 책은 성경을 묘사한 명화 속에서 하나님의 계시와 말씀의 신비를 찾아낸 책입니다. 천지 창조의 놀라운 신비부터 노아의 홍수 사건, 출애굽의 기적과 기드온과 300명의 용사, 아기 예수의 탄생과 십자가 사건 등 명화 속에서 성경의 이야기를 찾아내면서 성경 속 사건들을 상상해 보고 간접적으로 체험할 수 있도록 돕고 있습니다.

마치 성경 기자들처럼 성경을 그림으로 담아낸 화가들의 붓끝을 통해 하나님이 들려주시고자 하는 계시를 읽어내는 박응순 목사님의 통찰력은 예술적 식견을 넘어 성경을 관통하는 영적 카리스마를 잘 보여줍니다.

특히 성경이 여전히 어렵게 느껴지는 초신자들에게 명화를 통한 해설은 성경을 쉽고 친근하게 만들어 주며, 성경 시대를 생생하게 체험하는 활력을 선사합니다.

성경의 완전성을 믿고 계시의 말씀인 성경을 있는 그대로 전하는 박응순 목사님과 같은 목회자들이 한국 교회 안에 더욱 많아지길 소망합니다. 무릎 꿇는 기도를 통하여 성령을 받고, 성령으로 하나님의 말씀인 성경을 읽는 목회자와 성도들이 많아질 때 예수 그리스도의 생명이 풍성히 넘칠 것입니다.

『그림을 읽으면 성경이 보인다』를 통해 성경의 신비를 확신하고, 성경의 계시에 순종하는 놀라운 역사가 일어나길 기대합니다. 이 책 안에 수록된 77점의 명화를 감상하면서 그림 안에 숨겨진 하나님의 세미한 음성을 통해 더욱 성경 말씀을 사랑하게 될 것이라고 확신합니다.

다시 한 번 출간을 축하드리며, 박응순 목사님의 성경 중심 사역이 주안중앙교회와 총회를 넘어, 한국 교회를 예수 그리스도의 생명으로 새롭게 하는 일에 귀하게 쓰임 받을 것이라고 믿고, 이 책을 한국 교회 목회자들과 성도님들께 적극 추천합니다.

백석대학교 총장 | 장종현

추천사 3

책을 펼치고 미술관의 문을 열다

사람에게 생체 주기가 있는 것처럼 이 땅의 가시적 교회들 역시 출생기, 성장기, 절정기, 쇠퇴기, 소멸기로 이어지는 교회 생명 주기Congregational Life Cycle가 있다. 그런데 교회가 절정기를 계속 유지하려면 먼저 항상 거룩하고 생동적인 새 피를 수혈받아야 한다. 또한 이성적 · 논리적 설교보다 심장을 뛰게 하고 감동을 주는 설교를 해야 한다. 그리고 의도적으로 젊음의 분위기와 문화를 만들면서 팀 처치team church를 이루어야 한다.

어느 시대와 어느 나라의 교회이든지 생명 주기가 있다. 한국 교회도 소멸기는 아니지만 쇠퇴기에 접어들었다. 박응순 목사님도 한국 교회의 절정기에서 쇠퇴기로 들어가는 다운 포인트down point에서 교회를 개척했다. 그래서 가슴으로, 또 무릎으로, 그리고 두 발로 뛰며 처절하게 목회를 해왔다. 새벽이면 흐르는 눈물을 삼키면서 엎드렸고, 낮에는 발로 뛰고 밤에는 인천 앞바다의 별을 바라보며 꿈을 키웠다.

그 결과, 교회 성장으로 보면 그가 세운 주안중앙교회는 절정기를 맞고 있다. 본 교회뿐만 아니라 여러 지교회를 세우면서 그야말로 정상 교회를 이루었다. 게다가 말로만 외치지 않고 꾸준히 저술 작업도 하고 있다. 주로 기도하고 사자후를 토하는 사람은 글을 남기지 못하는데, 참으로 달란트가 많고 복 받은 분이다.

특별히 이번에 출간한 『그림을 읽으면 성경이 보인다』는 현대적 문화

예술 감각과 소통의 언어를 유감없이 발휘하면서도 대중에게 친근하게 다가가는 탁월한 저술이다. 구약과 신약의 이야기를 역사적으로 유명한 명화와 접목하여 문자로 기록된 성경을 입체적인 그림 언어로 보여 주고 있기 때문이다. 자칫 지루하고 어렵게 다가올 수 있는 성경의 내용을 한 편의 드라마나 명화를 감상하듯 보여 준다.

이 책이 콘크리트 바닥처럼 굳어 가고 화석화되어 가는 현대인들에게 솜사탕 같은 책이 될 수 있기를 바란다. 뿐만 아니라 교회에 반감을 가지고 떠났던 '안나가 신자'들이나 안티 크리스천anti-christian들에게도 다시 성경을 보게 하고 교회와 가까워지게 만드는 부드러운 촉매제가 되었으면 좋겠다.

이 책이야말로 박응순 목사님의 영성과 지성 그리고 감성이 조화를 이룬 종합백과사전과 같은 책이다. 책을 펼치는 순간, 유서 깊은 미술관 문을 열고 들어가는 느낌을 받게 될 것이다.

새에덴교회 담임목사, 시인 | 소강석

추천사 4

성경의 닫힌 부분을 열다

항해사에게는 나침판이 필요하고 알지 못하는 먼 길을 가려면 지도가 필요한 것처럼 성경을 쉽고 바르게 이해하려면 성경의 진리를 깨닫게 하는 나침판과 지도가 필요합니다. 그동안 성경과 기독교 이해에 대한 많은 전문 서적들이 출간되었으나 목회자나 학자나 전문 사역자들에게 필요한 책이 많이 출판되었습니다.

그러나 목회자뿐 아니라 평신도들, 더 나아가 불신자나 초신자들까지 성경을 쉽게 이해할 수 있을 만한 책이 없던 차에 박응순 목사님이 『그림을 읽으면 성경이 보인다』라는 책을 출간하게 되었습니다. 일선에서 목회하면서 많은 사람들에게 복음을 전하는 박 목사님이 고심 끝에 내놓은 명작인 줄 압니다. 성경을 읽다가 힘들어서 읽지 않고, 또 내용을 이해하기 힘들어서 성경을 읽다가 중단하는 분들이 많았습니다.

그러나 이 책은 그림을 통해서 리얼하게 성경 본문과 접목시키기 때문에 연세 드신 분들이나 젊은이나 어린이나 연령에 한계를 넘어 성경을 쉽게 이해할 수 있도록 편집되었습니다. 또한 성경의 사건과 일치하는 그림을 통해 성경 내용을 잘 모른다 해도 그림만 보아도 성경 내용을 정확하고 쉽게 이해할 수 있도록 만들어졌습니다.

이 책에는 박 목사님의 말씀 사랑과 뭇사람들이 말씀을 읽고 깨닫게 하기 위한 사명의 열매라고 생각합니다. 이 책을 읽는 독자들마다 박 목사님의 수고와 그의 말씀 사랑의 마음까지 읽어졌으면 좋겠습니다. 성경은 열려진 말씀이지만 난해한 점들이 많았습니다. 그래서 뚜껑으로 잔을 덮어 놓은 것 같았던 성경의 닫힌 부분을 여는 좋은 양서가 될 것입니다. 쉽게 성경을 이해하고 그림과 성경 본문을 접목시켜 깨닫게 하는 이 책을 읽는 이마다 성경에서 그리스도가 걸어 나오시게 하고, 그분을 만나 변화되는 통로가 되기를 간절히 소망하면서 기쁘게 이 책을 추천합니다.

웨스트민스터 신대학원대학교 총장 | 정인찬

들어가는 글

성경을 어떻게 읽을 것인가?

과학자의 눈으로 본 성경

성경을 읽어보면 이해되지 않아 궁금한 것들이 한두 가지가 아니다. 어른이든 아이든 성경을 한 번이라도 펼쳐본 적 있는 사람이라면 읽으려고 하다가 포기한 경험이 있을 것이다. 필자도 마찬가지다. 구약은 너무 어려워서 신약부터 읽으려고 시도하다가 마태복음 1장의 기나긴 족보에서 잠든 적이 여러 번이다. 다른 문제도 있다. 억지로라도 읽어보려고 펼쳐 들면 우리가 알고 있는 과학 상식으로는 납득할 수 없어서 피식 웃음이 나기도 한다.

그렇다면 과학자의 눈으로 본 성경은 어땠을까? 서울대 금속공학과를 나와 미국 렌셀러 폴리테크닉 대학에서 박사 학위를 받은 후 미국항공우주국NASA에 입사한 과학자가 있다. 그는 2천여 명의 과학자들과 어깨를 나란히 하면서 발명연구상을 두 번이나 수상하기도 했다. 그가 우연히 참석한 성경공부 모임에서 인도자의 성경 이야기를 듣고 코웃음을 친 적이 있다. 인도자가 물고기 두 마리와 다섯 개의 떡으로 오천 명의 사람들을 먹인 오병이어五餠二魚의 기적에 대해 이야기하는데, 질량 보존의 법칙과는 너무나 동떨어진 것이기 때문이다. 과학자의 상식으로는 성경의 사건들을 믿을 수 없었다.

그런데 이렇게 허무맹랑한 이야기를 믿는 사람들이 전 세계 18억 명이 넘는다니 이해할 수 없었다. 그는 이에 대한 궁금증을 견딜 수 없어서 서점으로 달려가 과학 관련한 신앙 서적을 여러 권 구입해 탐독했다. 그 가운데 『기적의 이해*Understanding Miracles*』라는 책을 접하고는 무릎을 칠 수밖에 없었다. 책에는 다음과 같이 적혀 있었다.

> 우주의 가장 기초적인 물질세계는 원자와 분자다. 그 다음이 무생물 세계, 식물 세계, 동물 세계로 올라간다. 그 위로 영과 혼과 육을 가진 인간 세계가 있고, 그 다음은 하나님의 세계, 즉 영적 세계가 있다. 이 영적 세계는 하나님이 주인이지만, 마귀의 세계도 함께 존재한다. 그런데 인간은 신앙을 가지지 않으면 하나님의 세계기적의 세계를 이해할 수 없다. 그것은 동물의 세계에 있는 강아지가 대화를 하고 책을 보며, 자동차를 운전하는 인간 세계를 도저히 이해하지 못하는 것과 같은 이치다. 따라서 인간이 자신의 영적 수준을 어디에 두느냐에 따라 기적을 이해하느냐, 못하느냐가 결정된다. 하나님을 믿으면 모든 것을 믿을 수 있게 된다.
>
> 만약 성경 속 기적들이 과학적이고 인간적인 지식으로 증명되고 이해된다면 기독교 신앙은 더 이상 믿을 만한 가치가 없다. 성경은 과학 교과서가 아니다. 영적인 계시로 쓰인 것이기에 유한한 인간이 무한한 하나님을 평가할 수 없는 것이다. 따라서 하나님은 과학의 대상이 아니며, 오직 영적인 이해와 성령의 체험으로만 이해할 수 있다.

책을 다 읽고 나서 과학자는 생각했다.

맞아! 우주의 기원은 수십억 년 전에 고밀도의 덩어리원초원자가 폭발했고, 다시 수소가 핵융합을 일으켜 태양계의 별인 지구가 생성되었다는 것이 정설이다. 그렇다면 그 원초자原初者: 최초의 일이 있게 한 지식을 가진 존재는 어떻게 생겼단 말인가? 과학의 기본 이치가 인과율因果律: 원인이 있으면 결과가 있다인데, 과학은 그 기원에 대해 아무런 설명을 못하고 있지 않은가?

그는 당시의 상황에 대해 이렇게 술회했다.

이때 내게 파도처럼 다가온 말씀이 창세기 1장 1절의 "태초에 하나님이 천지를 창조하시니라"였다. 이 말씀 앞에서는 그 어떤 의문도 제기할 필요가 없었다. 나의 마음이 조금씩 열리고 있었기 때문이다.

하나님의 계시

이 과학자가 바로 전 한동대학교 총장이었던 김영길 박사다. 그의 주장대로 세상엔 엄연히 차원이 존재한다. 식물의 차원에선 동물의 차원을 이해할 수 없고, 마찬가지로 동물의 차원에선 인간의 차원을 영원히 이해하지 못할 것이다. 또한 인간은 결코 하나님의 차원인 영적 세계를 이해할 수 없다고 할 수 있다.

하지만 동물들이 인간의 지식과 차원에 대해 이해하지는 못해도 서로 관계성을 맺고 살아가듯 인간이 하나님의 세계를 모른다고 해서 관계가 없는 것은 아니다. 이러한 문제 때문에 인간 차원에서 영적인 세계를 알 수 없으므로 영적인 차원에 있는 하나님이 인간에게 그 증거들을 보여준다는 개념을 성경이 말하고자 하는 것이다. 이것을 계시啓示라고 한다. 그러므로 성경을 이해하려면 계시라는 개념을 바르게 이해해야 한다.

계시의 개념

'계시'라는 말은 자주 들어보았을 것이다. 친구들과 장난칠 때 "이것은 신의 계시야"라고 농담을 주고받기도 한다. 계시란 하나님의 나타나심 또는 신화에서 말하는 신탁이라고 할 수 있다. 원래 '자기를 현시하다Apokalypsis'라는 의미의 그리스어에서 유래한 말이다. 그런데 기독교 신학에서 말하는 계시는 두 가지를 반드시 갖추어야만 한다. 역사적이고 객관적인 사건으로 일어난 것이어야 하며, 증인들이 있어야 한다는 것이다. 이 두 가지가 충족되지 않으면 결코 하나님의 계시로 볼 수 없다.

한 사람이 꿈을 꾸었다고 가정하자. 그런데 그 사람의 꿈에 전지전능한 신이 나타나서 어떤 계시를 말했다. 그런데 이게 웬일인가? 그 사람이 꾼 꿈대로 실제 일들이 일어난 것이다. 그렇다면 이것을 하나님이 내려 주신 계시라고 할 수 있을까? 실제로 이런 현상들이 오늘날에도 많이 일어나고 있기도 하다.

하지만 성경에서 말하는 계시가 성립되려면 검증이 필요하다. 먼저 그 꿈이 사실로 나타났는가, 둘째로 그 꿈이 다음에 꾸는 꿈과 연속성이 있는가, 셋째로 꿈이 사실로 드러난 사건이 인류의 전체적인 구원과 행복에 직결되어 있는가 하는 점이다. 그렇지 않고 꿈을 꿀 때마다 연속성이 없고, 신의 나타남도 일정하지 않고, 또 연속해서 일어난다고 해도 그 일이 개인적인 문제라면 인류적 계시라고 할 수 없다. 이것이 성경이 말하는 계시의 개념이다.

성경이 계시인가?

성경만이 계시라고 하는 데에는 충분한 이유가 있다. 첫째, 성경의 모든 계시는 역사적인 사건들과 결부되어 있기 때문이다. 또 그 사건으로 말미암는 역사의 다른 페이지가 열린다는 것이다. 예를 들면 지구상에 유대인이라는 존재는 원래 없었다. 그런데 아브라함이라는 한 사람 때문에 민족이 형성되었다. 그들의 수가 많아져서 민족으로 형성되기 위해서는 이집트에서의 노예 생활이 반드시 필요했다. 또 이집트에서 노예생활을 했던 그들이 해방을 맞이하기 위해서는 복잡한 정치적 문제들로 인해 기적이 필연적으로 일어나야 했다. 물론 그에 대한 기록은 성경뿐 아니라 이집트 역사에도 서술되어 있다.

둘째, 목격자에 의한 증인들이 반드시 등장한다는 것이다. 역사적 증거들이 문서로 기록되고 성경이 형성될 시기에 반론을 제기하는 다른 체계적인 문서들이 발견되지 않았다. 역사적 증거가 따른다는 측면에서 앞서 예로 들었던 이스라엘 민족사를 생각해 볼 수 있다. 이집트는 고대 왕국 가운데 가장 강력한 나라였다. 주변 국가들이 겨우 부족을 형성하고 목축을 위해 이동할 때 이집트는 이미 제국을 형성할 정도로 강성해져 있었다. 당시 이스라엘은 70여 명에 불과한 씨족사회였다. 그런 이스라엘이 이집트에 들어가게 되고, 430년을 지나면서 200만 명에 이르는 큰 민족을 이루게 되었다. 한 민족의 탄생 역사가 이집트 기록에도 분명히 나타난다.

그 후 모세가 그들을 이끌고 이집트를 탈출하게 된다. 하지만 이집트의 입장에서는 이스라엘 사람들을 내보낼 수 없었다. 당시 고대 국가들의 경제는 노예와 수탈에 의한 약탈 경제였기 때문이다. 그런데 노예에 불과한 이스라엘 민족이 이집트를 떠나겠다고 우기는 것은 그야말로 웃기는 이야기였다. 이집트는 당연히 막아섰을 것이다. 하지만 이스라엘 민족은 이집트를 탈출하는 데 성공하게 되고, 마침내 팔레스타인 동쪽 가나안에 나라를 세우게 된다. 이는 역사가 증명하는 사건이다.

그리고 성경에 기록된 이러한 사건들은 일련의 패턴을 가지고 있다. 예언, 예언이 이루어질 징조, 예언이 이루어짐, 증거의 기록의 순으로 연이어 나타난다. 즉 성경은 하나님의 예언을 받아 적고, 또 그것이 역사 가운데 어떻게 이루어졌는지를 기록해 놓은 것이다.

증인을 통한 계시

성경은 구약과 신약으로 나뉘는데, '약約'은 '약속'이란 뜻이다. 구약은 옛 약속Old Testament, 신약은 새 약속New Testament이다. 그런데 무슨 약속을 말하는 걸까?

인생의 생로병사와 희로애락의 문제는 죄罪와 깊은 연관이 있는데, 하나님은 인간을 죄 문제에서 구원해 주시겠다고 약속하셨다. 구약시대에는 희생 제사를 통하여 죄의 문제를 해결해 주시고, 신약시대에 이르러서는 예수님의 십자가 죽음으로 인간의 죄를 단번에 용서해 주시겠다고 하셨다. 나중에 밝혀지지만 구약의 희생 제사도 결국엔 예수님이 십자가에서 치르게 될 거대한 희생 제사의 그림자였다.

하나님의 계시로 성립되기 위해서는 역사적인 사건과 함께 필연적으로 증인이 필요하다. 법정에서는 유력한 증인 두 명만 있으면 증거로 채택된다. 증인을 통한 계시는 특히 예수 그리스도의 오심에서 잘 드러난다. 즉 구약성경에서의 많은 계시가 예수 그리스도가 이 땅에 나심으로 성취되었다.

예수는 하나님의 아들로서 차원상 신이지만 육신을 입어 이 지상에 태어났다. 즉 예수는 구약에 기록된 역사적 계시의 산봉우리가 되었다. 왜냐하면 구약성경 곳곳에 메시아로 오실 예수에 대해 예언되어 있기 때문이다. 그런데 구약에 예언된 오시기로 한 메시아가 예수가 맞느냐는 검증의 문제가 발생하게 된다. 그래서 사람들의 증언을 통하여 나사렛 사람 예수가 유대인들이 기다리던 메시아라는 증거를 쏟아놓는데, 그것이 바로 신약성경이다.

쉽게 구분해서 생각해 보자.

첫째, 하나님은 구약성경에서 이스라엘의 역사 속에 나타나고 개입하셔서 민족을 만드셨다. 물론 그 민족은 지금도 존재해야 한다. 역사는 가정이 없기 때문이다. 그 증거가 바로 오늘날의 유대인 민족이다. 둘째, 구약의 역사 속에 나타나 계시하신 하나님은 이스라엘만 도와주시는 것이 아니라 종말에 전 세계 사람들을 도와주시기 위해 모세와 같은 지도자를 보내실 것이라고 했다. 그분이 바로 메시아다. 그런데 사람들이 알도록 하기 위해 사람처럼 오시는데 차원적으로는 하나님인 분이다. 셋째, 나사렛 사람 예수는 목격자들이 많았다. 그들의 증언에 따르면 기적을 베풀고 죽은 사람을 살리는 능력을 보았다고 했다. 한두 명이 아니다. 때로는 수천 명이 함께 목격하기도 했다. 그리고 죽으신 후에 삼 일만에 부활하신 것도 목격했다. 결론적으로 예수는 구약에서 약속한, 사람들이 기다리던 바로 그 메시아라고 확신하게 되었다.

성경 기록의 신비

물론 다른 종교에도 경전이 있고 경전을 둘러싼 많은 신비한 이야기들이 있다. 하지만 성경 형성 과정에서의 신비는 다른 점이 있다. 다른 경전들은 저자가 한두 명인데 반해, 성경은 약 1,600년에 걸쳐 40여명의 집필자들이 각기 다른 장소에서 기록한 것을 모아 놓은 책이다. 여기에는 중요한 의미가 있다. 게임 중에 여러 사람이 귀를 막고 한 줄로 서서 사회자가 던져주는 단어나 문장을 입모양으로만 전달하는 놀이가 있다. 대개의 경우 전달이 잘못되어 마지막 사람은 처음의 말과 전혀 다른 엉뚱한 말을 하게 된다.

그런데 성경은 이런 정도를 뛰어넘어 문화와 환경이 전혀 다른 40여명의 사람들이 기록했음에도 놀랍게도 통일성이 분명하다. 즉 성경 각 권의 주제와 사상이 일치한다는 것이다. 이는 정말 신비로운 일이 아닐 수 없다. 40여명의 사람들이 자기의 사상이나 경험을 기록한 것이 아니라 하나님의 말씀을 받아 기록했기 때문에 성경의 전체적인 흐름이 일치하는 것이다.

대통령의 말을 비서가 받아 기록하여 편지를 보낸다고 하자. 글은 분명 비서의 글이지만 그 내용은 대통령의 말이다. 마찬가지로 사람들이 성경을 기록했지만 그 내용은 하나님의 말씀이기 때문에 우리는 그것을 거룩한 경전, 곧 성경聖經이라고 부르는 것이다. 달리 생각해 보자. 만일 내가 어떤 책을 쓰기로 마음먹고 수년 동안 각기 다른 장소에서 생각한 바를 말하고 각기 다른 사람들로 하여금 그것을 대필하게 했다. 마지막에 곳곳에 보관해 둔 원고를 모아 순서대로 정리한 후 한 권의 책으로 만든다면 그 내용은 말할 필요 없이 통일성을 갖게 된다. 한 사람의 생각에서 나온 것이기 때문이다.

그런데 여러 사람이 썼다고 한다면 이야기가 달라진다. 성경은 서로 다른 장소, 다른 시대, 다른 환경 가운데 살던 사람들이 기록한 책이기 때문이다. 하지만 그 내용은 한 인격자의 뜻과 목적이 성경을 관통하여 일관성 있게 흐르고 있으며, 전체가 완전히 조화를 이루고 있다.

성경은 세상에서 가장 오래된 책이면서 현대에 이르기까지 세상에 가장 큰 영향력을 끼치고 있다. 또 어느 시대이건 다른 어떤 책보다도 많이 팔리는 베스트셀러라는 점도 놀랍다. 성경은 현재 2,123개 언어로 번역되어 문자로 표기할 수 있는 거의 대부분의 언어로 출판되었다. 성경 외에 어떤 책이나 종교의 경전도 그처럼 많은 말로 번역된 것이 없다.

그림이 성경을 말하다

바티칸의 시스티나 성당에는 미켈란젤로가 완성한 대작의 「천지창조」 천장화와 「최후의 심판」 프레스코화가 있다. 천지창조부터 성경을 한 눈에 보고 이해할 수 있도록 그려낸 명작이다. 오늘날은 문맹률이 많이 낮아졌지만 고대와 중세시대까지는 문맹률이 매우 높았다. 글을 읽을 수 없기 때문에 들어야 했다. 그래서 예배당과 성전 제단의 성화들은 그들이 들었던 성경의 이야기를 한 장면 안에 명료하게 보여주면서 하나님을 잊지 않도록, 또 하나님을 묵상하도록 이끌고 감동과 깨달음을 줄 수 있어야 했다.

성경은 활자로 되어 있기 때문에 읽어야 하는 것이지만, 그림은 활자 너머의 것을 보게 하고 상상력을 이끌어낸다. 『귀스타브 도레의 성경판화 *The Dore Bible Illustrations*』가 그렇다. 목판화로 그려낸 성경의 장면들은 성경을 더욱 생생하게 받아들일 수 있도록 돕는다. 또한 다양한 화가들의 명화에서 보여지는 인물들의 표정과 행동, 의복, 배경과 주변 인물들의 묘사는 성경시대의 배경과 상황을 이해하기 어려워하는 사람들에게 명료하게 성경 이야기를 눈에 담을 수 있게 한다.

본서에는 창세기부터 예수 그리스도의 승천까지 성경을 이해하기 위한 핵심적인 스토리텔링 77가지가 담겨 있다. 성경 속 구원 역사를 알 수 있는 핵심적인 사건들로서 성경에서 역사서 내용의 주요한 부분들을 다루고 있다. 이는 한 권으로 성경 전체를 조망할 수 있도록 도울 것이다. 아울러 77점의 명화들이 함께 소개된다. 물론 이들 명화 가운데에는 독자들이 익숙한 그림들도 있고, 또 작가의 이름부터 낯선 작품들도 있다.

분명한 것은 대부분의 화가들이 생업으로 성경 그림을 그렸든 깊은 신앙심으로 그렸든 성경 이야기를 깊이 고찰하고 해석하여 성경의 장면을 카메라에 담듯이 이미지화시켰다는 점은 분명하다. 물론 화가들은 당대나 지금이나 존망 받는 대가들이다. 이 책에서는 성경의 이야기와 그림에 대한 설명이 어우러져 글을 보고 그림을 읽으며 보다 생생하게 성경을 맛보게 할 것이다. 비록 책의 좁은 지면으로 명화들을 접할 수밖에 없지만 독자들에게 조금이나마 이해와 감흥을 줄 수 있기를 바란다.

2019년 가을에

박응순

차례

2부 | 그림으로 읽는 예수의 생애

The king said, "This one says, 'My son is alive and your son is dead,' while that one says, 'No! Your son is dead and mine is alive.'" Then the king said, "Bring me a sword." So they brought a sword for the king. He then gave an order: "Cut the living child in two and give half to one and half to the other." The woman whose son was alive was filled with compassion for her son and said to the king, "Please, my lord, give her the living baby! Don't kill him!" But the other said, "Neither I nor you shall have him. Cut him in two!" Then the king gave his ruling: "Give the living baby to the first woman. Do not kill him; she is his mother." When all Israel heard the verdict the king had given, they held the king in awe, because they saw that he had wisdom from God to administer justice. _ 1 Kings 3:23-28

1부

그림으로 읽는 구약성경

01. 세상의 시작

창세기 1-4장

「아담과 하와의 타락 및 에덴동산에서의 추방」 1509-1510년. 미켈란젤로

오래 전 옛날, 만물이 시작되는 시기가 있었다. 곧 하나님이 세상을 만드신 때다. 낮을 비추는 해와 밤을 밝게 비추는 달과 별을 창조하시고, 하늘과 바다를 만드신 후 땅이 드러나게 하셨다. 또한 하나님은 하늘을 나는 새와 물에서 헤엄치는 물고기들과 땅에서 뛰노는 동물들을 종류대로 만드셨다. 하나님은 자신이 만드신 모든 피조물들을 보시면서 만족해하셨다.

"참 좋구나."

마지막으로는 흙으로 사람을 지으시고, 그들에게 아담과 하와라는 이름을 지어주셨다. 아담과 하와는 하나님이 만드신 세상에서 주인이 되었고, 하나님은 모든 것을 차지해도 된다고 말씀하셨다. 그들에게 에덴동산의 모든 열매와 채소들을 먹게 하셨고. 또 새와 짐승들을 다스리라고 하셨다. 또한 에덴동산을 그들의 집으로 주셨다. 그곳엔 시원한 나무 그늘

과 온갖 종류의 과일들이 가득한 그야말로 낙원이었다. 아담과 하와는 너무 행복했다. 다만 하나님은 그들에게 동산의 모든 나무 열매는 마음대로 먹되, 동산 중앙에 있는 특별한 나무의 열매는 먹지 말라 말씀하셨다.

인간의 타락

그 나무는 지식의 나무인데, 열매를 먹으면 선과 악을 깨닫게 된다고 했다. 하나님은 아담과 하와를 친구처럼 생각하셨기 때문에 그 같이 말씀하신 것이다. 그런데 하나님의 아름다운 세상을 훔치려는 약탈자가 찾아왔다. 어느 날 하와는 선악을 알게 하는 나무의 곁을 지나가다가 한 소리를 듣게 되었다. 나지막하게 '쉭쉭'거리는 소리와 함께 뱀이 나타난 것이다. 뱀은 하와에게 부드럽게 속삭였다.

"하나님이 정말로 만지지도 말고 입맛을 다시지도 말라 하셨느냐? 하나님이 왜 그것을 먹지 말라 하셨는지 아니? 그것은 그 열매를 먹는 순간 지혜로워지고 눈이 밝아져서 하나님처럼 되기 때문에 그런 거야."

하와는 결국 뱀의 유혹에 빠져서 그 열매를 쳐다보았다. 다시 보니 정말로 먹음직스럽고 보기에도 탐스러웠다. 결국 하나님과의 약속을 깨버리고 말았다. 그의 깊은 곳에서는 하나님과 같이 되려는 욕망이 솟아나고 있었던 것이다. 그녀는 유혹을 참지 못하고 손을 뻗어 열매를 따서 먹었고, 아담에게도 먹어보라고 권하여 함께 먹고 말았다. 곧 그들은 모든 것이 잘못되었음을 깨달았다. 하지만 때는 늦어 버렸다.

하나님은 아담과 하와가 한 일을 아셨고, 숨어 버린 그들을 찾으셨다. 결국 이 일로 인하여 아담과 하와는 낙원에서 쫓겨났다. 칼을 든 천사와 불기둥으로 에덴동산을 막았고, 다시는 그곳에 들어갈 수 없게 되었다. 또한 하나님의 징벌로 인해 남자는 땀 흘려 수고해야 밥을 먹을 수 있게 되었고, 여자는 아기를 낳을 때마다 큰 해산의 고통을 겪도록 하셨다. 그 때 이후로 모든 인간은 "세상은 너무 고통스러워. 낙원에서 산다면 얼마나 좋을까?" 하면서 한평생을 수고하다가 죽어서 다시 흙으로 돌아가는 신세가 되었다.

비극은 여기에 그치지 않았다. 아담과 하와가 낳은 가인과 아벨이 서

로 다투다가 가인이 동생 아벨을 돌로 쳐 죽이는 사건이 일어났다. 이 일은 이후로 인간의 역사에서 전쟁이 가득하게 될 것임을 보여주는 첫 번째 사건이었다.

창세기 첫 장의 이야기는 아름답게 시작해서 슬픈 결말로 끝나는 한 편의 드라마와 같다. 여기에는 사람들이 알고 싶어 하는 모든 것에 대한 해

「아담과 하와의 타락 및 에덴동산에서의 추방(*The Downfall of Adam and Eve and their Expulsion from the Garden of Eden*)」 1509-1510년. 미켈란젤로. 프레스코화. 시스티나 성당. 로마.

답이 나와 있다. 세상의 시작은 어떻게 되었는가? 해와 달은 누가 만들었는가? 사람은 누가 만들었으며 인간은 왜 고통스럽게 일을 해야 먹고 살며, 여자는 왜 남자들 때문에 고통을 당하며, 또 허무한 죽음을 왜 맞이하여야 하는지, 그리고 죄는 언제부터 시작이 되었는지, 인간은 왜 같은 인간을 죽이는 전쟁을 하게 되었는지 등 사람이라면 생각이 자라면서 하게 되는 모든 질문에 대해 간단명료하게 선언한다.

미켈란젤로가 구현한 천지창조

세상은 하나님의 창조로 말미암았고, 죄는 뱀으로 변장한 사탄의 유혹으로 시작되었다는 것을, 그리고 누가 뭐래도 인간의 고통은 죄로 말미암았다는 것을 깨우쳐 주고 있다. 이 천지창조와 인간의 타락을 가장 잘 보여주는 그림이 있다. 로마 바티칸의 시스티나 성당에 미켈란젤로 부로나로티Michelangelo Buonarroti가 그린 장엄한 천장 프레스코화가 바로 그것이다. 르네상스 시대 가장 탁월한 예술가를 꼽으라면 단연 미켈란젤로다.

그의 「천지창조*The Genesis*」의 여섯 번째 그림인 「아담과 하와의 타락 및 에덴동산에서의 추방」은 마사초Masaccio의 「에덴동산에서의 추방*The Expulsion from the Garden of Eden*」을 참조했다고 한다. 마사초는 원근법을 적용한 공간과 그림자를 가진 성인을 그리는 파격적인 시도를 한 천재였으나, 안타깝게도 스물일곱의 나이에 세상을 떠나고 말았다. 겨우 7~8년 정도 활동했지만 후대에 많은 영향을 끼친 인물이다.

미켈란젤로가 그린 아담과 이브는 다소 나이든 모습인데, 에덴동산에서 쫓겨나게 되면서부터 세속의 영향을 받게 되어 생로병사의 고통이 그들에게 닥쳐오는 것을 시각적으로 보여준다. 미켈란젤로는 고대 조각상에서 많은 이미지를 빌려와서 표현했는데, 조각, 회화, 건축 등 조형 예술의 3대 장르에서 누구도 범접할 수 없는 불멸의 작품을 남기기도 했다. 대표적인 걸작품이 높이 5미터의 대리석을 깎아 만든 「다비드 상David」이다. 이처럼 기독교 문화와 헬레니즘 문화를 잘 융합해 낸 것이 특징이다.

미켈란젤로의 최고 걸작으로 꼽히는 프레스코화는 종교개혁이 시작되기 9년 전인 1508년 교황 율리우스 2세Julius II의 명령으로 시작되었다. 하지만 그는 처음에는 조각에서 독보적인 실력을 보인 자신에게 천장화를 그리라는 명령이 모욕으로 느껴졌다. 한편으로는 교황의 총애를 받던 라이벌 건축가 브라만테가 자신을 실패자로 몰고 가기 위해 일을 꾸몄다고 생각하기도 했다. 하지만 그런 불만을 뒤로하고 오기로 4년에 걸쳐 높이 20미터의 천장에 길이 41.2미터에 폭 13.2미터에 이르는 대작을 완성했다. 천지창조에서부터 아담과 이브의 탄생, 에덴동산에서의 추방, 노아의 홍수와 타락을 주제로 한 장면 등이 파노라마처럼 펼쳐지는 걸작품으로 등장인물만 300명이 넘는다.

「아담과 하와의 타락 및 에덴동산에서의 추방」은 세 벽기둥에 표현되어 있는데, 왼쪽부터 타락한 아담과 하와, 중앙에는 지식을 의인화한 타락 전의 선악을 알게 하는 나무, 오른쪽에는 낙원에서 추방당하는 아담과 하와가 묘사되어 있다. 전체적으로 'M' 자 모양을 형성하고 있는데, 하와는 생명나무의 열매를 꼭 붙잡고 있으며, 아담은 탐욕스러운 모습으로 여자보다 더 크게 묘사되어 있다. 타락으로 인해 에덴동산은 바위와 말라버린 그루터기로 묘사되어 있다. 즉 풍만하고 기쁨과 행복으로 가득차야 할 에덴동산의 상황을 잘 보여주고 있다. 오른쪽에는 천사가 칼을 들고 아담과 하와를 겨누면서 내쫓고 있다. 나무를 중심으로 선과 악이 분열되어 두 개의 권력으로 나뉘었음을 잘 보여준다.

02. 인류의 첫 살인

창세기 3-4장

「아벨을 죽이는 가인」 약 1620년경. 프란체스코 마페이(이전에는 가에타노 간돌피로 추정)

에덴에서 쫓겨 난 아담과 하와는 더 이상 편안하게는 살 수 없었다. 에덴에서는 따로 집을 만들지 않아도 되지만 낙원 밖에서는 그들을 위험으로부터 지켜줄 집이 필요했다. 그래서 에덴의 동쪽에 정착해 집을 지었다. 에덴 가까이에 정착한 것은 혹시라도 다시 에덴으로 들어갈 수 있으리라는 희망 때문이었다. 하지만 아담과 하와는 끝내 에덴동산으로 돌아가지 못했다. 900살 넘게 살았지만 결국은 죽어서 다시 흙으로 돌아가야 했다.

게다가 에덴동산에 있을 때는 먹을 것을 걱정할 필요가 없었다. 하지만 이제 아담은 들판에 나가 밭을 일구고 곡식을 심어 농사를 지어야만 하와와 함께 먹고 살 수 있었다. 에덴동산에서 나온 뒤 하와는 아이를 갖게 되었다. 첫째가 태어나자 이름을 가인이라고 지었는데, '이제 내가 얻었다'라는 뜻이다. 그런데 아담은 왜 아들의 이름을 가인이라고 지었을까? 하나님의 약속約束이 있었기 때문이다. 성경은 약속의 책인데, 에덴동산에서 쫓겨나오기 직전에 하나님께서 약속하시길, "너의 후손 가운데 뱀의 머리를 상하게 할 구원자가 나올 것이다"창세기 3:15라고 하셨기 때문이다.

아들이 태어났으니 아담은 이제 에덴동산으로 돌아가게 될 줄로 알고 기뻐하며 이름을 '이제 내가 얻었다'라고 지은 것이다. 하지만 둘째 아들을 얻기까지 에덴동산에서는 소식이 없었다. 너무 허무했다. 그래서 두 번째 아들의 이름을 '허무하다'라는 의미의 아벨로 지은 것이다.

가인은 자라면서 농사에 재미를 붙여 농부가 되었고, 아벨은 가축들을 좋아해서 목축을 하게 되었다. 그런데 문제가 생겼다. 어느 날 형제는 부모에게 배운 대로 하나님께 제사를 드렸다. 가인은 농사의 소산물인 곡식을 태워 제사를 드렸고, 가인은 양을 잡아 피를 흘린 다음 태워서 제사를 드렸다. 하나님이 아벨의 제사는 받으셨지만 가인의 제사는 받지 않으신 것이다. 이 일에 분노하고 시기가 생긴 가인은 동생 아벨을 들판에서 쳐 죽이고 말았다. 왜 하나님은 곡식을 태워 드린 가인의 제사를 안 받으셨을까? 그것은 제사에 원칙이 있기 때문이다. 제사는 인간에게 고통을 주는 죄를 용서해 주시는 하나님의 아이디어다. 그래서 사람의 피 대신 짐승의 피를 흘려 회개하라는 하나님의 뜻이 담긴 것이다.

그러면 아담과 하와는 제사를 어디에서 배웠을까? 이야기를 거슬러 올라가면 에덴동산에서 쫓겨나기 전이었다. 눈이 밝아져 자신의 벗은 몸이 부끄러워진 아담과 하와는 무화과 나뭇잎으로 가렸다. 이를 아신 하나님은 그들의 부끄러움을 가려주시려고 햇볕에 쉽게 말라버리는 나뭇잎 대신 양의 가죽으로 옷을 해 주셨다. 물론 그것은 앞으로도 자신의 죄를 가리려면 이와 같이 짐승의 피를 흘려야 된다는 하나님의 가르침이 담겨 있었다. 아담과 하와는 에덴동산에서 쫓겨나온 후에도 자신들이 죄를 지을 때마다 양을 잡아 하나님께 속죄의 제사를 드렸다. 세월이 흘러 이제 성인이 된 두 형제도 그 제사를 따라했다. 하지만 아벨은 제사의 원칙대로 따

「아벨을 죽이는 가인(*Cain Killing Abel*)」 약 1620년경. 프란체스코 마페이(이전에는 가에타노 간돌피로 추정). 캔버스에 유화. 호놀룰루 미술관. 하와이.

라했고 가인은 그리 하지 않았다.

아벨이 형의 손에 죽고 나서 아담과 하와는 말할 수 없는 슬픔에 잠겼다. 아담이 낳은 후손 가운데 그들을 다시금 에덴으로 이끌 구원자가 온다고 했는데, 가인은 이제 자격을 상실한 사람이기 때문이다. 이제는 에덴동산으로 돌아갈 모든 소망이 끊어진 것이다. 하지만 하나님은 약속을 지키시는 분이다. 아담이 130살 되던 해에 다른 한 명의 아들을 주셨다. 아담은 그 이름을 '셋'이라고 지었다. '택함을 받은 자'란 뜻이다. 가인이 장남이지만 그는 죄에게 져서 하나님을 배반한 자가 되었기 때문에 셋째인 셋이 장남의 자리를 대신한 것이었다.

아담과 하와에게는 다시 희망이 생겼다. 하지만 아담과 하와는 모르는 것이 있었다. 죄의 문제가 그리 간단하지 않다는 것을 말이다.

아벨의 내면을 드러내는 「아벨을 죽이는 가인」

프란체스코 마페이Francesco Maffei는 바로크 양식을 선보였던 이탈리아 화가다. 경쟁 관계에 있던 줄리오 카르피오니Giulio Carpioni가 기하학적이고 정확한 구조를 기초로 명쾌한 구성 속에서 차가운 톤의 색조를 이용하여 작업했다면, 마페이는 열정적이며 매우 강한 표현 속의 예시적인 그림을 그렸다. 그는 바로크 양식의 장식적인 방식과 시각적 왜곡 및 강한 붓놀림을 결합한 형식으로 유명하다. 마페이는 경력의 대부분을 이탈리아 북부 베네토 지방의 비첸차Vicenza에서 활동했으며, 종종 베니스, 로비도, 브레시아를 포함한 다른 이탈리아 도시에서 일하기 위해 떠나기도 했다. 마페이는 1657년에 비첸차를 떠나 파두아Padua에 정착했으며, 그곳에서 페스트로 생을 마감하게 된다. 현대 비평가들은 그를 '난쟁이가 아니라 거인'의 화가라고 평가했다. 후에 안드레아 셀레스티Andrea Celesti와 세

바스티아노 리치Sebastiano Ricci의 멘토인 안토니오 벨루치Antonio Bellucci에게 큰 영향을 끼쳤다.

마페이의 그림 「아벨을 죽이는 가인」을 보자. 세상에 처음으로 태어난 아이는 살인자였다. 아담과 하와의 장자인 가인이 바로 그다. 창세기 4장에서 농부인 형 가인과 목축을 하는 동생 아벨은 하나님께 제사를 지냈다. 그런데 하나님은 가인의 제물을 받지 않았다. 이에 화가 난 가인은 들판에서 아벨을 죽이게 된다. 하나님은 가인에게 아벨이 어디 있느냐고 묻자, 가인은 우리가 익히 잘 알고 있는 대답으로 반문한다.

"내가 내 아우를 지키는 자니이까?"

하나님은 가인에게 저주를 내리고 그를 "땅에서 피하며 유리하는 자"창세기 4:14로 만들었다. 이로 인해 가인은 에덴 동쪽 놋 땅으로 가게 되는데, '가인의 저주'라는 말은 이후로 영원한 방랑을 뜻하게 되었다.

가인과 아벨의 이야기는 많은 문학가와 예술가들에 의해 창작 소재가 되었다. 「아벨을 죽이는 가인」은 예전에는 가에타노 간돌피Gaetano Gandolfi의 작품으로 알려졌으나, 현재 마페이의 것으로 인정되고 있다. 이 그림에 나타난 유동적인 스타일은 바로크의 풍부함과 화려함, 우아함과 과장 그리고 시각적인 극적 시각을 위한 그의 자신의 재능을 잘 결합시켜 놓았다. 양털 옷이 벗겨진 아벨은 억울함의 손짓과 눈빛으로 형 가인을 바라보고 있지만, 강렬하게 저항하는 것 같지는 않다. 그러나 가인의 얼굴을 정면에서는 볼 수 없지만 매우 상기되고 화가 났음을 알 수 있는 붉은 빛에 역동적인 동작으로 감정을 드러내고 있다. 또한 어두운 하늘과 들판의 배경은 하나님이 이 일을 모르시지는 않겠지만, 아무도 보는 이 없다고 판단하여 들판에서 살인을 저지르는 가인의 내면을 잘 보여주는 듯하다.

03. 노아의 홍수

창세기 6-9장

「아라랏 산 위의 노아의 방주」 1570년. 시몽 드 멜레

플랑드르 화풍을 담은 노아의 방주

시몽 드 멜레Simon De Myle가 그린 「아라랏 산 위의 노아의 방주」는 2011년 파리의 소더비 경매에서 개인에게 판매되었다. 이 작품은 멜레가 유일하게 서명과 함께 작품을 완성한 해인 1570년을 기록한 작품이다. 불행하게도 멜레의 생애는 거의 알려지지 않고 있다. 그는 네덜란드 남부에서 온 반 데르 밀Van der mijl 가문으로 추측될 뿐이다.

플랑드르 화가peintre Florentin로 추정되는 멜레는 이탈리아 회화의 영향을 받은 것으로 보인다. 또한 플랑드르 영향에 더하여 프랑스 중북부에 위치한 퐁텐블로의 화가들Ecole de Fontainebleau의 영향을 받았다고 추정 되고 있다. 앙리 2세의 통치 기간 동안 활동했던 예술가인 앙투안 카롱Antoine Caron, 이탈리아 화가 프리마티초Primaticcio 및 니콜로 델라바테

「아라랏 산 위의 노아의 방주(*Noah's Ark on Mount Ararat*)」, 1570년, 시몬 드 밀레, 패널에 유화, 114x142cm, 개인 소장.

Nicolo Dell'abate와 함께 퐁텐블로파의 경향을 보이고 있기 때문에 프랑스 예술가였다고 알려져 왔다.

멜레의 그림은 16~17세기 시각에서의 방주의 표현이나 지구상의 다양한 종의 동물에 대한 묘사를 담고 있어서 매우 가치가 있다. 멜레는 아라랏 산에 상륙하여 방주에서 나오는 대표적인 동물들을 선택하여 묘사하고 있다. 여기에는 북아메리카의 칠면조와 머스코비오리Cairina Moschata, 아프리카가 서식지인 기니피그, 인도 공작새 등도 볼 수 있다. 가장 큰 관심을 끄는 동물은 코뿔소다. 멜레가 이 그림을 그린 1570년에는 알브레히트 뒤러Albrecht Dürer가 1515년에 발표한 코뿔소 그림을 알고 있었을 것이다. 하지만 이 당시 유럽은 코뿔소를 전설의 존재로만 알고 있을 뿐 실제로 본 경우는 드물었다. 그 때는 지배자들이 동물원을 위한 선물로 고유종인 코뿔소를 선물하기도 했다.

하지만 뒤러는 풍문으로 들은 이야기를 토대로 코뿔소를 그린 것이었다. 즉 멜레는 뒤러가 들은 이야기를 토대로 그린 상상의 코뿔소 판화에서 영감을 얻었을 것이다. 코뿔소의 상대라 할 수 있는 코끼리는 모양을 볼 때 아시아 코끼리임을 명확히 알 수 있다.

이 외에도 멜레는 신화에 등장하는 동물들을 묘사했다. 1700년대 초반까지만 해도 사람들은 그리핀Griffon, 용, 유니콘의 존재를 믿고 있었다. 즉 밀레가 1570년에 노아의 방주를 묘사하면서 이런 신화 속 동물을 묘사하는 것은 당연했다. 전설에 따르면 유니콘은 노아의 방주에 올라가기를 거부했다고 한다. 왜냐하면 유니콘은 대홍수를 대처하기에 충분히 강하다고 생각했기 때문이다. 그래서 40일 동안 수영을 했는데, 마지막 날에 물이 점점 빠지기 시작할 무렵 독수리가 유니콘의 뿔에 떨어졌다. 이에 독수리의 무게를 이기지 못한 유니콘은 익사했다고 전해진다. 하지만 멜레는 이 전설을 몰랐을 것으로 보인다.

뿐만 아니라 노아의 방주를 표현하면서 멜레는 거리의 풍경가지 보여 주고 있다. 선반, 수레바퀴, 삽, 망치, 신발 등 홍수 시대의 문명의 흔적들을 보여준다. 물결 모양의 언덕과 조류의 퇴적물이 있는 풍경도 비춰 주고 있다. 뒤편의 뒤틀린 산의 모양을 통해 플랑드르 화풍을 짐작케 한다. 이러한 다양한 문화적 배경을 안고 있는 멜레의 그림이기에 현재도 충분히 가치를 인정받는 작품이다.

노아 가족에게 주어진 새로운 기회

아담과 하와에게서 셋이 태어난 후 많은 세월이 흘렀다. 세상에는 사람들이 늘어났고 온 땅에 가득하게 되었다. 셋의 후손들이 점점 퍼져나가기도 했지만 경건하지 않은 가인의 후손들도 점점 많아지면서 세상은 나쁜 사람들로 가득 차게 되었다. 하나님을 올바르게 믿고 회개를 위한 제사를 드릴 줄 아는 사람은 노아 가족뿐이었다. 게다가 세상은 죄악으로 인해 몹쓸 병이 창궐했고, 하나님은 이대로 둔다면 세상 모든 인류가 멸망하리라는 것을 아셨다.

하나님은 아담의 후손을 통해 구원자가 올 것이라고 약속하셨기 때문에 죄에게 져서 모든 인류가 병들고 멸망해 버리면 안 된다고 판단하셨다. 때문에 세상에 홍수를 내려 물로 세상을 깨끗이 하실 계획을 세우셨다. 그러나 구원자가 와야 하기 때문에 노아의 경건한 가족은 보호해야만 했다. 하나님은 노아를 찾아오셔서 말씀하셨다.

"큰 홍수가 날 것이니 방주를 만들라."

노아에게 기회를 주신 이유는 노아는 의로운 사람이라고 생각하셨기 때문이다. 의로운 사람이란 자신의 죄를 회개하는 방법을 알고 있는 사람이라는 뜻이다. 그러나 산 정상에서 방주를 만드는 노아를 두고 사람들은 비웃었다. 정말로 땅 위에 홍수가 난 것은 노아가 육백 세 되던 해였다. 노아는 하나님의 지시대로 아내와 아들들과 며느리들을 데리고 배에 들어가게 되었다. 또 깨끗한 짐승과 부정한 짐승, 새와 땅 위를 기어 다니는 길짐승도 암컷과 수컷 한 쌍씩 노아한테로 나아와서 배에 올랐다.

이레가 지나자 폭우가 땅에 쏟아졌고 하나님께서 말씀하신 대로 홍수가 일어났다. 땅 위에는 사십 일 동안 폭우가 쏟아져 배를 띄울 만큼 물이 불어났으며, 배는 땅에서 높이 떠올랐다. 사십 일 뒤에 노아는 자기가 만든 배의 창을 열고 까마귀 한 마리를 내보냈다. 까마귀는 땅에서 물이 다 마를 때까지 이리저리 날아다녔다. 노아는 다시 지면에 물이 얼마나 빠졌는지 알아보고자 비둘기 한 마리를 내보냈다.

그러나 비둘기는 발을 붙이고 앉을 곳을 찾지 못해 그냥 돌아왔다. 물이 아직 온 땅을 뒤덮고 있었던 것이다. 노아는 이레를 더 기다리다가 비둘기를 다시 배에서 내보냈다. 비둘기는 저녁 즈음 되돌아왔는데, 부리에 금방 딴 올리브 이파리를 물고 있었다. 그제야 노아는 물이 줄었다는 것을 알 수 있었다. 다시 이레를 더 기다려 비둘기를 내보냈는데, 이번에는 돌아오지 않았다. 하나님은 땅의 향긋한 냄새를 맡고 다짐하셨다.

> 여호와께서 그 향기를 받으시고 그 중심에 이르시되 내가 다시는 사람으로 말미암아 땅을 저주하지 아니하리니 이는 사람의 마음이 계획하는 바가 어려서부터 악함이라 내가 전에 행한 것 같이 모든 생물을 다시 멸하지 아니하리니 땅이 있을 동안에는 심음과 거둠과 추위와 더위와 여름과 겨울과 낮과 밤이 쉬지 아니하리라 창세기 8:21-22

하나님은 그 약속의 증표로 무지개를 보여주셨다. 땅에서 사람들이 처음으로 본 무지개였다.

04. 사람을 흩으시다

창세기 10-11장

「바벨탑」 1563년. 대 피테르 브뤼헐

바벨탑에 숨겨진 콜로세움

또 말하되 자, 성읍과 탑을 건설하여 그 탑 꼭대기를 하늘에 닿게 하여 우리 이름을 내고 온 지면에 흩어짐을 면하자 하였더니 여호와께서 사람들이 건설하는 그 성읍과 탑을 보려고 내려오셨더라 여호와께서 이르시되 이 무리가 한 족속이요 언어도 하나이므로 이같이 시작하였으니 이 후로는 그 하고자 하는 일을 막을 수 없으리로다 자, 우리가 내려가서 거기서 그들의 언어를 혼잡하게 하여 그들이 서로 알아듣지 못하게 하자 하시고 여호와께서 거기서 그들을 온 지면에 흩으셨으므로 그들이 그 도시를 건설하기를 그쳤더라 창세기 11:4-8

대 피테르 브뤼헐Pieter Bruegel the Elder의 대표적인 작품 「바벨탑」은 교과서에도 언급될 만큼 모두가 잘 아는 명화다. 성경에는 언급되어 있지 않

「바벨탑(*The Tower of Babel*)」 1563년. 대 피테르 브뤼헐. 패널에 유화. 155x114cm. 빈 미술사 박물관. 빈.

지만 유대 역사가 요세푸스Josephus는 다른 출처의 기록과 전설을 받아들여 바벨탑의 건축가로 님로드Nimrod, 니므롯 왕이라고 말하고 있다. 그림의 왼쪽 아래에 측근들과 함께 있는 왕이 바로 님로드다. 메소포타미아 문명의 지구라트ziggurat 유적은 실제 원형이 아니라 직사각형 모양인데, 계단식 프라미드로 되어 있다. 브뤼헐의 이 기념비적인 작품은 네덜란드 여러 작가의 바벨탑 묘사 중 가장 유명한 작품이 되었고, 이후로 다른 많은 모방 작품을 양산하기도 했다. 브뤼헐은 바벨탑 작품을 세 번 그렸다고 알려져 있는데, 애석하게도 첫 번째 작품은 현재 사라졌다.

그림에서 시골의 작은 항구도시는 탑의 크기에 비해 극도로 작게 묘사되어 있다. 건축 자재 공급으로 분주한 항구의 모습과 다양한 기중기, 미완성 벽돌 위의 비계까지 많은 기술과 기계적인 섬세한 묘사가 포함되어 있다. 심지의 건설 노동자들의 주거지도 석조 구조물로 만들어 로마네스크 건축과 혼합하여 묘사하면서 단순히 임시 거처 이상으로 표현하고 있다. 브뤼헐은 바벨탑을 바위 비탈에 고정시켜 정적 평형을 만들어내고자 했고, 다소 시각적인 왜곡을 의도적으로 보여준다. 즉 건물 왼쪽이 지면에 약간 가라앉은 것처럼 보이도록 묘사했다.

「바벨탑(*The 'Little' Tower of Babel*)」 1563년. 대 피테르 브뤼헐. 패널에 유화. 60x74.5cm. 보이만스 반 뵈닝겐 미술관. 로테르담. 브뤼헐이 2번째로 그린 바벨탑은 3번째 작품의 절반 크기이므로 대개 '작은 바벨탑'으로 불린다. 구성은 전반적으로 세 번째와 비슷하지만, '큰 바벨탑'이 도시 한쪽에 있다면 이 그림에서는 시골 풍경을 뒤로 하고 있다.

이는 브뤼헐의 예술적 표현으로 볼 수 있다. 또한 브뤼헐은 바벨탑이 튼튼하게 지어질 것 같지만 사실 설계에 결함이 있다는 것을 보는 이들로 하여금 알 수 있도록 묘사하고 있다. 왜냐하면 당시 기독교인들이 자부심을 표현을 가질 만한 건축물이 콜로세움이었기 때문이다.

이 그림은 브뤼헐의 세 번째 바벨탑 그림이다. 이 작품은 작은 목판에 그린 유화인데, 일반적으로 비엔나에 있는 두 번째 작품 이후 1년 뒤에 그려진 것으로 알려진다. 브뤼헐은 님로드 왕의 모습을 자만과 위압에 가득한 모습으로 묘사하고자 했다. 이 작품은 이후로 많은 모방 작품을 낳기도 했다. 당시 북부 르네상스 예술에서는 나선형 경사로가 있는 거대한 구조로 탑을 그리는 것이 일반적이었다. 그러나 브뤼헐은 로마의 콜로세움에서 영감을 얻었고, 그의 초기 스케치를 통해서도 알 수 있다. 그는 1552~1553년에 로마를 방문했었는데, 사실 당시 콜로세움은 오만함과 박해의 상징이었다. 즉 로마는 카이사르가 건설한 도시로 영원히 지속되리라 믿었다. 그러나 개신교에 의해 인간의 세속적인 야심과 노력의 헛됨을 상징하는 것으로 이해되었다.

탑은 바벨론의 것이지만 디자인은 로마의 것이다. 브뤼헐이 강을 따라 해안 풍경에 탑을 놓은 것은 16세기까지 포장되지 않은 시골길보다 수로를 통해 대부분 무거운 물건을 운반했다는 사실을 반영한 것이다. 게다가 기술자와 석공, 노동자들의 열정적으로 묘사한 것은 인간 노력의 무가치함을 표현하고자 했다. 또한 개미 같은 노동자들과 거대한 크레인, 사다리를 통해 올라가는 노동자 등 섬세한 사실주의적 묘사를 볼 수 있다.

바벨탑, 다양한 민족과 언어의 시작

바벨탑 주제는 브뤼헐뿐만 많은 작가들에게 상상력을 자극하는 소재였다. 바벨탑 이야기는 창세기 11장 1~9절에 나와 있다. 시날 땅에 있는 도시 바벨은 대홍수 후에 노아의 후손들이 지은 최초의 도시였다. 그들의 지도자는 하늘에 닿을 수 있는 탑을 건설할 계획이었다. 그는 자만했고 하나님의 뜻에 어긋나게 행동했다. 하나님은 이처럼 야심 많고 헛된 계획을 비난하면서 바벨탑 건설을 혼란에 빠뜨렸다. 당시 한 언어를 사용하던 민족이 지구상에 퍼져 있는 수많은 사람들로 바뀐 시작이 되었다. 각 민족은 서로 다른 언어를 사용하게 되었으며, 그때부터 바벨탑은 혼란의 상징이 되었다.

홍수가 모두 끝나고 하나님은 방주에서 나온 노아와 7명의 가족들에게 복을 주셨다. 그들은 농부가 되어 포도를 심게 되었고, 노아의 세 아들로부터 많은 자손이 나와 생육하고 번성하게 되었다. 노아의 후손은 한 조상 밑에서 나왔기 때문에 아직 한 언어를 사용하고 있었다. 언어는 의사소통의 중요한 수단이기에 동일한 언어라는 강력한 무기를 가지고 있던 사람들은 힘을 합해 동방 시날 평지에 큰 탑을 쌓기 시작했다.

바벨탑을 쌓기 시작한 목적은 대홍수를 경험한 사람들이 하늘에 닿는 대臺를 쌓아 자기들의 이름을 내고 홍수가 와도 죽지 않기를 소원했기 때문이다. 하지만 하나님이 홍수를 내린 이유가 사람들이 죄를 짓고 실수해도 회개의 제사를 드리지 않기 때문이었다. 제사를 통해 자신의 죄를 깨닫고 씻을 생각은 하지 않고 인간의 힘으로 자신을 보호하려고 했다.

하나님은 결국 사람들의 헛된 수고를 아시고 그들의 말을 뒤섞어 버리셨다. 탑을 짓던 사람들이 서로 말이 통하지 않게 되자 더 이상 하나가 되어 탑을 쌓지 못하고 자연스레 흩어지게 되었다. 노아의 자녀들도 서로의 말이 달라져서 뿔뿔이 흩어졌다. 사람들은 이제 다시는 힘을 합쳐서 탑을 쌓을 수 없게 되었다. 하지만 사람들은 이후로 곳곳으로 퍼져 나갔고, 서로 다른 언어와 문화로 살게 되었다.

05. 세 천사를 환대한 아브라함

창세기 11-12, 18-19장

「세 천사를 환대하는 아브라함」 1640년, 얀 빅토르스

바벨론에서 멀리 흩어져 나온 민족 중 많은 사람들은 사방으로 흩어졌지만 일부는 그곳에 남아 도시를 형성하게 되었고, 도시의 이름은 우르Ur였다. 그리고 그곳 갈대아Chaldea에서 태어난 한 사람이 하나님의 부르심을 받게 되었다.

여호와께서 아브람에게 이르시되 너는 너의 고향과 친척과 아버지의 집을 떠나 내가 네게 보여 줄 땅으로 가라 내가 너로 큰 민족을 이루고 네게 복을 주어 네 이름을 창대하게 하리니 너는 복이 될지라 너를 축복하는 자에게는 내가 복을 내리고 너를 저주하는 자에게는 내가 저주하리니 땅의 모든 족속이 너로 말미암아 복을 얻을 것이라 하신지라 창세기 12:1-3

갈대아 우르는 바벨탑을 쌓던 사람들이 여전히 우상을 만들어 섬기면

서 죄를 짓는 땅이었다. 아브라함은 하나님의 약속을 믿었고, 그래서 떠나기로 결심했다. 형제와 친척과 친구들을 버리고 아직 한번도 가보지 않은 땅으로 가야만 한다. 우르에서 부족함 없는 삶을 살았지만 아브라함은 조카와 종들을 데리고 양떼를 몰아서 조상의 땅을 떠났다.

가나안까지의 멀고 먼 거리를 천천히 여행한 끝에 마므레 성 근처에 도착했고, 그곳에 장막을 쳤다. 그곳은 헤브론 성에서도 가까웠다. 약속의 땅에 도착한 기쁨도 잠시, 같이 떠나온 조카 롯의 목자와 아브람의 목자

「세 천사를 환대하는 아브라함(*Abraham entertaining the three angels*)」 1640년. 얀 빅토르스. 캔버스에 유화. 161x122cm. 에르미타주 미술관. 상트페테르부르크.

가 부족한 양들의 먹이로 인하여 풀밭을 차지하려고 자주 싸우게 되었다. 아브라함은 좋은 땅을 조카 롯에게 먼저 고르게 하고 자신은 반대쪽으로 갈 생각이었다. 이후로 아브라함과 롯은 헤어졌고, 아브라함은 산등성이와 계곡이 많은 요르단으로 가고 조카 롯은 소돔 땅으로 가서 그 도시에 거주하게 되었다. 그곳 소돔은 물도 많고 초원도 넓어서 양떼를 잘 먹일 수 있었기 때문이다.

하지만 그것은 결과적으로 나쁜 선택이 되고 말았다. 소돔 성은 교만하고 악한 사람들, 즉 죄를 짓고도 회개할 줄 모르는 사람들로 가득 찬 도시였기 때문이다. 이미 하나님은 그 도시에 대하여 눈을 감으시고 심판의 때를 준비하고 계셨다. 어느 날 정오쯤 아브라함이 그의 장막 근처 나무 그늘에서 쉬고 있을 때 손님들이 찾아왔다. 아브라함은 그들이 바로 하나님의 사자인 줄 깨달았다.

"주님, 어서 오십시오. 힘든 길에 조금 쉬시고 발을 씻으시고 음식을 드시고 가소서."

아브라함의 극진한 대접으로 식사가 끝난 후 손님들은 그들이 온 목적을 말해 주었다. 아브라함과 사라에게는 기쁜 소식이었다. 오래지 않아 사라가 잉태하여 곧 아들을 낳게 될 것이라는 소식이었다. 그리고 다른 목적도 말씀하셨다.

"소돔 성 사람들이 악하고 음란한 죄에 빠져 있어서 더 이상 내버려둘 수 없다. 이제 이 성을 파괴하여 사람들을 멸망시키고자 한다. 하지만 그 전에 너의 조카 롯을 구원해야겠다."

그날 저녁에 하나님의 사자들은 롯을 탈출시키기 위해 그의 집을 방문하여 롯과 그의 가족에게 내일 성을 떠나 멀리 피난하라고 일러주었다. 그리고 하늘에서 불이 떨어져 성이 파괴될 때에는 어떤 일이 있어도 뒤돌아보면 안 된다고 당부했다. 다음 날 하나님의 사자들의 말대로 소돔 성에는 유황불이 내렸고, 롯의 가족들은 안전하게 대피할 수 있었다. 하지만 롯의 아내는 집에 두고 온 귀중한 것들이 생각나 뒤돌아보다가 소금 기둥이 되고 말았다.

조카에게 모든 것을 양보하고 거친 땅을 선택한 아브라함은 기쁜 소식을 듣게 되었다. 하지만 눈에 보이는 좋은 것을 따라가다 죄악이 가득한 도시 속으로 들어간 롯은 모든 것을 잃고 두 딸만 데리고 나올 수밖에 없었다. 이후로 가나안 일대는 극심한 기근으로 물이 부족해지자 굶주림과 식량 위기에 처하게 되었다. 아브라함은 식량을 구하기 위해 남쪽 이집트로 내려갔다.

렘브란트처럼

얀 빅토르스Jan Victors는 네덜란드의 황금시대 화가로서 주로 성경과 역사 관련한 작품을을 그렸다. 혹자는 렘브란트의 제자로 추측하기도 한다. 빅토르스는 네덜란드 개혁교회의 구성원이었기 때문에 천사나 누드를 묘사하는 작품은 되도록 기피했다. 그가 렘브란트파로 불리기도 하지만 렘브란트 아래에서 일한 것은 확실하지 않다. 다만 「창문에 있는 어린 여인 *Young woman at a window*」이라는 작품을 통해 렘브란트의 그림을 주의 깊게 보았다는 것을 분명히 알 수 있다.

렘브란트의 영향을 「세 천사를 환대하는 아브라함」에서도 볼 수 있다. 인물 중심으로 빛을 활용하면서 배경은 어둡게 처리했다. 앞에서 언급한 대로 천사에 대한 묘사를 즐겨 하진 않았으나 이 작품에서는 천사임을 알 수 있도록 날개를 그려넣었다. 당시 부족국가시대에 이방인을 환대한다는 것은 상상하기 어려운 일이었다. 그 이방인이 자신을 쳐서 재산을 빼앗을 수도 있고, 염탐하러 온 첩자일 수도 있기 때문이다. 어찌 보면 소돔 성 사람들의 반응이 당연하다고 할 수 있는 시대였다. 하나님의 사자들이 소돔 성에 갔을 때 사람들은 롯의 집을 에워싸고 천사들을 내놓으라고 협박했었다. 게다가 아브라함은 살진 송아지와 세 스아의 밀가루로 빵을 만들어 대접했다.

당시 아브라함에 있었던 브엘세바에서는 목축이 위주이기에 밀가루는 구하기 힘든 소중한 식재료이다. 게다가 양과 염소는 흔히 기르기는 하나, 소를 키우기는 매우 어려운 환경이기에 소고기는 더더욱 귀한 것이었다. 그럼에도 송아지 고기와 약 22리터나 되는 꽤 많은 양의 밀가루로 만든 빵을 내었다는 것은 아브라함이 얼마나 큰 환대를 했는지 알 수 있는 대목이다.

이렇게 환대를 받고 떠나면서 사자들은 아브라함에게 아들을 얻을 것이라는 약속을 하게 된다. 하지만 인간의 상황과 형편으로는 도저히 임신을 할 수 없는 처지였으므로 아내 사라조차도 속으로 웃을 정도였다. 당시 아브라함의 나이 99세였다. 하지만 그녀는 약속 받은 대로 놀랍게도 이삭을 얻게 된다.

아브라함의 뒤에 있는 인물을 사라로 추측해볼 수 있다. 하지만 표정을 읽을 수는 없다. 하나님의 사자들과 아브라함의 대화를 장막 뒤편에서 경청해서 듣고 있지만, 이 사람들이 누구인지 알 수 없고, 하나님의 약속에 대해서도 확신할 수 없었을 것이다. 그렇다고 그녀의 표정에서 불신앙이 담긴 것은 아니다. 사라가 하나님을 알고 두려워할 줄 아는 사람이기 때문이다. 또한 하나님의 사자들을 섬기기 위해 대기하고 있는 모습임을 볼 수 있다.

「이삭의 희생(*Sacrifice of Isaac*)」 1635년. 렘브란트. 캔버스에 유화. 132x193cm. 에르미타주 미술관. 상트페테르부르크.

06. 이삭을 드리라

창세기 21-22장

「이삭의 희생」 1635년. 렘브란트

렘브란트의 스틸 컷

렘브란트Rembrandt Harmensz. van Rijn가 그린 「이삭의 희생」은 아브라함이 하나님의 말씀에 순종하여 하나뿐인 아들 이삭을 제물로 바치는 장면이다. 많은 화가들에 의해 재현되기도 했던 이 장면을 모르는 독자들은 거의 없을 것이다. 렘브란트의 그림에서는 아브라함의 신앙과 자식에 대한 부정父情을 잘 보여주고 있다.

이 그림은 다른 작가들과 달리 천사가 다급하게 아브라함의 팔을 잡는 바람에 칼이 떨어지는 모습을 생생하게 표현하고 있고, 뒤에 제물로 쓰이게 될 양이 보이지 않는 점이 색다르다. 하이라이트가 이삭에게 강조되어 있지만, 이삭의 얼굴은 아브라함의 큰 손에 의해 얼굴 전체가 가리워져 있다. 당시 주변의 이교도들에서는 인신 제사 풍습이 널리 퍼져 있었기에 당시 스무 살에서 서른 즈음이었던 이삭 또한 자신이 제물이 될 수 있음을 알았을 가능성이 있다. 그리고 아버지에 의해 제물로 드려질 때의 이삭의 마음은 어떠했을까?

이미 장성한 이삭은 충분히 힘으로 아버지를 제압할 수 있었을 것이다. 두 명의 하인들은 나귀와 함께 저 아래에 있었다. 여기에서 우리는 이삭의 체념과 순종, 눈이 가려져서 그가 느꼈을 극한 두려움을 추측해 볼 수 있다. 아브라함의 큰 손에 얼굴이 가려져 있기에 이삭의 마음은 읽기 쉽지 않다. 다만 하나님의 말씀에 순종하려는 아브라함의 굳은 의지와 이삭의 얼굴을 차마 볼 수 없어서 얼굴을 가리는 아버지의 마음을 고스란히 담아냈다.

그런데 1년 뒤인 1636년에 렘브란트가 다시 그린 그림에는 약간 다른 점이 있다. 천사가 왼쪽에서 가운데로 옮겨졌고, 보이지 않던 양이 왼쪽이 드러난다. 전체적으로 보다 밝은 장면으로 표현되었다. 이 외에 아브라함의 손으로 이삭의 얼굴을 가린 것이나 칼을 떨어뜨리는 모습은 동일하다.

「천사가 이삭의 희생을 막다(*The Angel Prevents the Sacrifice of Isaac*)」 1636년. 렘브란트. 캔버스에 유화. 195x132cm. 알테피나코테크. 뮌헨.

렘브란트는 빛의 명암 대비를 사용하여 감정을 강렬하게 표현한다. 빛을 이삭에게 집중하여 보는 이들로 하여금 얼굴 표정을 알 수 없지만 이삭을 집중하도록 만든다. 이삭의 양팔은 뒤로 묶여져 있고 고개는 아버지의 큰 손에 제압당해 뒤로 젖혀져 있다. 가장 밝은 빛으로 도드라진 이삭의 목과 가슴은 천사에 의해 떨어지는 칼과 함께 극적 긴장감과 동적인 묘사를 보여준다. 칼은 아직 바닥에 닿지 않고 공중에서 떨어지고 있다. 상의가 벗겨져 빛에 의해 밝게 드러난 목과 가슴과 칼의 긴장을 천사의 손이 아브라함의 팔을 잡아채는 찰나의 이완을 정지된 화면으로 잘 보여주고 있다.

그런데 보는 사람들의 긴장과 달리 아브라함의 천사의 표정은 크게 요동한 것처럼 보이지 않는다. 천사가 팔을 붙잡았음에도 놀란 기색은 없고, 천사도 평온한 표정이다. 아브라함의 믿음의 확신일지, 체념일지 알 수 없지만 보는 이들에게는 아브라함의 헤아리기 여간 쉽지는 않다.

이 그림은 그의 스승 피터르 라스트만Pieter Lastman이 1616년에 그린 그림과 매우 유사하다. 인물의 배치 구도나 설정 등 여러 가지 면에서 비슷하다. 다만 라스트만의 그림에서는 아브라함이 번제에 어울리지 않는 큰 칼을 들고 있고 천사가 왼팔을 잡은 반면, 렘브란트는 각을 뜰 때 쓰는 칼을 잡았던 팔을 천사가 붙잡는 순간에 떨어지는 장면으로 바꾸었다. 그는 우리가 익히 알고 있는 창세기 22장의 에피소드를 가장 극적인 스틸 컷으로 그려냈다.

아브라함의 믿음 또는 이삭의 믿음

이제 그림의 배경 이야기로 들어가 보자. 하나님은 우르에서 아브라함을 부르실 때 그에게 약속하셨다.

"내가 너로 민족의 아버지가 되게 하겠고, 바닷가의 모래알 같이 많고 하늘의 별보다도 많은 자손을 너로부터 나오게 하겠다."

아브라함은 그 약속을 받은 날부터 밤마다 하늘의 별을 보면서 그 약속을 되새겼을 것이다. 그리고 그의 아내 사라도 나이가 많았지만 약속을 굳게 믿고 기다렸다. 그로부터 40년이 흐르고 드디어 사라는 잉태를 하여 아들을 낳았다. 그 이름을 '이삭'이라고 지었다. 너무 기쁘고 행복했다. 하나님께 큰 찬송을 드렸다. 그리고 이삭이 어느 정도 장성하여 10대 후반에서 30대 초반 정도 되었을 때다. 하나님께서 아브라함에게 나타나셨다.

"너의 사랑하는 독자 이삭을 내가 지시하는 땅, 모리아로 가서 나를 위하여 희생을 드리라."

아브라함은 그 말씀을 듣고 다음 날 아침 일찍 제사 드릴 준비를 한 후에 길을 떠났다. 삼 일 길을 가서 두 하인과 이삭을 데리고 번제에 쓸 나무를 싣고서 모리아 산에 도착했다. 그는 여전히 마음이 변치 않았다. 오히려 하인들이 이삭의 번제를 가로막을까봐 산 아래에 떼어놓고 이삭과 함께 산 정상으로 올라갔다. 제단을 쌓고 번제에 쓸 나무들을 벌여놓고 그 위에 이삭을 묶었다. 그리고 마침내 칼을 들고 이삭을 찌르려는 찰나였다. 그때 하나님의 사자가 황급히 아브라함을 불렀다.

> 사자가 이르시되 그 아이에게 네 손을 대지 말라 그에게 아무 일도 하지 말라 네가 네 아들 네 독자까지도 내게 아끼지 아니하였으니 내가 이제야 네가 하나님을 경외하는 줄을 아노라창세기 22:12

이삭은 아브라함에게 있어 자기 목숨보다 귀한 존재였다. 그가 백세에 겨우 얻은 아들이기에 더욱 사랑스러웠을 것이다. 아브라함이 이삭을 향해 칼을 들 수 있었던 것은 조상들이 가르쳐 주고 하나님의 사자가 나타나 끊임없이 말씀해 주신 '한 아들을 주리라'는 약속 때문이었다. 그것은 곧 구원자에 대한 약속이었다. 즉 아담의 후손 가운데 온 인류의 죄를 다 용서해 줄 구원자가 오리라고 약속하셨는데, 그 약속 때문에 태어날 수도 없었던 이삭이 태어났다면 하나님은 지금 이 자리에서 이삭을 죽이더라도 다시 살리시리라는 믿음이 있었기 때문이다.

07. 리브가의 담대한 믿음

창세기 24장

「리브가와 엘리에셀」 1883년. 알렉상드르 카바넬

절제된 관능미로 표현한 리브가

몽펠리에에서 태어난 프랑스의 화가 알렉상드르 카바넬Alexandre Cabanel은 자크 다비드Jacques-Louis David와 앵그르Jean Auguste Dominique Ingres의 고전주의적 작풍으로 역사화 · 풍속화 · 초상화로 명성을 떨쳤다. 프랑스의 제2제정시대부터 제3공화정시대에 이르기까지 화단의 총아가 되었고, 관료화가로서 오랫동안 아카데미 원장의 영예를 누렸다. 1863년 프랑스 살롱전에서 전시한 「비너스의 탄생」이 저속한 표현보다 절제된 관능미를 추구하던 당시의 기호에 부합하는 작품이어서 크게 성공을 거두었다.

그는 또한 많은 화가들의 스승이었다. 쥘 바스티앵르파주Jules Bastien-Lepage, 에밀 프리앙Emile Friant 그리고 앙리 제르벡스Henri Gervex의 스승이 바로 카바넬이다. 카바넬이 로마에서 5년의 유학을 마치고 돌아온 2년 뒤 살

ALEX CABANEL

「리브가와 엘리에셀(*Rebecca et Eliezer*)」 1883년. 알렉상드르 카바넬. 캔버스에 유화. 95.8x57.1cm. 개인 소장.

롱전에 출품한 작품에는 로마에서 배운 미술 기법과 주제에 대한 확실한 방향이 나타나 있었다. 역사적인 주제 또는 고전의 주제와 종교적인 주제들이 아카데믹 화법으로 표현되었다. 귀국한 그에게는 벽화와 초상화에 대한 재능이 있었기에 늘 많은 주문이 밀려 있었다. 프랑스 학사원 회원으로도 활동했기에 미술계의 권력이기도 했다. 살롱전에 세 번이나 최우수상을 받았고, 제자들도 두각을 드러냈다. 생전에는 인기 있는 화가였으며, 특히 나폴레옹 3세가 가장 좋아하는 화가 중 한 명이었다.

「리브가와 엘리에셀」은 엘리에셀이 리브가를 이삭의 아내로 결정하게 되는 순간을 담아냈다. 엘리에셀은 리브가를 만나기 전 신붓감을 구하기 위해 기도하며 자신에게뿐만 아니라 낙타에게도 물을 주는 사람을 하나님이 택한 사람으로 지정하여 기도했다. 우물은 생명의 상징이자 근원이다. 또한 우물에서 물을 길어서 머리에 이고 집까지 날라야 하는 여인의 입장에서 낯선 이방인인에게 물을 준다는 것은 결코 쉬운 일이 아니다.

그런데 리브가는 물을 달라는 엘리에셀의 요청에 응답할 뿐만 아니라 "당신의 낙타를 위하여 물을 길어 그것들도 배불리 마시게 하리이다"라고 말하는 것이 아닌가! 열 필 정도의 목마른 낙타들이 실컷 물을 마시려면 족히 1톤은 부어야 한다. 리브가는 지금 반복해서 낙타에게 물을 길어 주고 있으며, 매력적인 이 젊은 여성을 엘리에셀은 감탄하며 바라보고 있다.

「비너스의 탄생(*The Birth of Venus*)」 1863년. 알렉상드르 카바넬. 캔버스에 유화. 130x225cm. 오르세 미술관. 파리.

리브가가 사막길을 걸어온 늙은 이방인에게 공손하게 한 그릇의 물을 대접하고 열 필의 낙타에게 물을 준 것은 지혜로운 행동이자 근면함과 성실함을 엿보게 한다. 이처럼 리브가는 지혜롭고 성실한 여성이면서도 선택과 결단에 있어서도 남다른 선별력과 결단력이 있었다. 주위의 가족들이 아브라함의 종을 따라 그의 아들 이삭이 있는 가나안 땅으로 가겠느냐고 물었을 때 그녀는 서슴없이 가겠다고 나선 인물이다.

리브가의 담대한 믿음

이삭의 아버지 아브라함은 늙어서 아내 사라를 여의었다. 사라의 나이 127세였다. 어머니를 잃은 이삭의 마음이 아팠겠지만 그도 이미 장성하여 장가를 가야 할 나이가 되었다. 아브라함은 가장 나이가 많은 하인인 엘리에셀을 불렀다.

"내 아들 이삭을 위해서는 가나안 땅의 이방 민족의 여인을 아내로 맞아들일 순 없다네. 하란에 있는 우리 히브리 민족 가운데 하나님을 경외하는 처녀를 데려와서 내 아들의 아내로 삼아야겠네. 그러니 부탁하네."

아브라함은 엘리에셀에게 처녀를 데리고 올 때 필요한 귀한 재물들을 주었다. 엘리에셀은 명을 받고 낙타 열필과 함께 800킬로미터에 이르는 길을 떠났다. 엘리에셀이 메소포타미아에 있는 나홀의 성에 이르렀을 때 하나님께 기도했다.

"우리 주인 아브라함의 하나님, 제가 기도합니다. 오늘 우물가에 물을 길러오는 처녀에게 물을 좀 달라고 청하겠습니다. 만약 그 처녀가 제게 물을 순순히 주어 마시게 하고, 또 제 낙타에게도 그리한다면 그 처녀가 하나님이 준비하신 처녀인 줄 알겠습니다."

기도를 마치자마자 우물가에 한 처녀가 물동이를 머리에 이고 다가왔다. 엘리에셀은 처녀에게 물 한 모금을 마시게 해달라고 부탁했다. 처녀는 흔쾌히 승낙하고 엘리에셀에게 물을 마시게 할 뿐 아니라 낙타들에게도 물을 먹였다. 엘리에셀이 처녀에게 금 코걸이와 금 손목고리 한 쌍을 주면서 처녀가 누구인지, 그리고 그 아버지의 집에 엘리에셀 무리가 머무를 곳이 있는지를 물었다. 그것은 일종의 청혼을 위한 증표이기도 했다.

처녀는 브두엘의 딸인 리브가이며, 집에 묵을 곳과 낙타들이 쉴 곳이 있다고 말하면서 엘리에셀을 초청했다. 참으로 놀라운 일이 벌어진 것이다. 그 처녀는 아브라함의 동생의 딸이었다. 엘리에셀은 브두엘의 집에 들어가서 이야기했다.

"먼저 저의 말을 하기 전에는 먹지 않겠습니다. 저는 지금 나의 주인 아브라함을 위하여 그의 아들 이삭과 결혼할 신붓감을 찾아왔습니다. 그래서 기도했더니 그대로 되었습니다. 이는 여호와께서 정하신 일입니다."

이야기를 들은 브두엘과 리브가도 하나님의 인도하심에 놀랐다. 그래서 결혼을 허락하자 종은 내일 당장 리브가를 데리고 돌아가겠다고 했다. 리브가의 부모는 열흘을 더 머물기 원했으나, 리브가도 당장 떠나겠다고 하여 그 길로 아침에 밧단아람을 떠나왔다.

가나안에 이르러 리브가는 이삭이 들판에서 거니는 모습을 발견했다. 그러자 리브가는 엘레에셀에게 "저기 들판을 배회하다가 이리로 오는 사람이 누구입니까"라고 물었다. 종에게서 주인 이삭이라는 대답을 들은 리브가는 너울로 얼굴을 가린 채 낙타에서 내려 남편이 될 사람에게 경의를 표했다. 낙타에서 내리는 것은 상대방에 대한 존경의 표시였으며, 너울로 얼굴을 가린 것은 정숙하고 교양 있는 여성이었음을 보여주는 것이다. 얼마 후 이삭과 리브가의 결혼식이 치러졌으며, 아브라함과 이삭은 리브가의 모습을 보면서 사라가 죽은 후에 위로를 얻을 수 있었다.

08. 야곱의 파란만장한 삶

창세기 27-28장

「야곱을 축복하는 이삭」 1642년. 헤르브란트 반 덴 데크하우트

은세공인의 아들이 그린 종교화

헤르브란트 반 덴 데크하우트Gerbrand van den Eeckhout는 네덜란드 황금시대의 화가이자 렘브란트가 가장 아낀 학생이었다. 암스테르담에서 보석상의 아들로 태어났다. 렘브란트의 제자로 페르디난드 볼Ferdinand Bol, 니콜라스 메스Nicolaes Maes, 고버트 플린크Govert Flinck 등과 함께 배웠다. 데크하우트는 단순히 어떤 주제에 대해 그대로 묘사하는 데 그치지 않았다. 작품에서 물체의 모양, 인물, 의상과 화법에 이르기까지 세밀한 자신만의 방법을 취했다.

그의 초기 경력에 대해서는 잘 알려져 있지 않지만 렘브란트의 특징을 충실하게 재현한 작품일 것으로 추측된다. 특히 성경 그림의 경우 렘브란트의 그것과 매우 유사하게 그려냈으며, 스승의 화풍을 가장 잘 표현해 낸

「야곱을 축복하는 이삭(*Isaac Blessing Jacob*)」 1642년. 헤르브란트 반 덴 데크하우트. 캔버스에 유화. 128.3x100.6cm. 메트로폴리탄 미술관. 뉴욕.

가장 주목 받는 제자였다.

데크하우트가 1642년에 완성한 「야곱을 축복하는 이삭」에서 야곱은 아버지 이삭의 축복을 받기 위해 형 에서인 척 가장하는 모습을 보여준다. 렘브란트는 1640년대에 구약 성경을 소재로 여러 그림을 그렸고, 제자들도 그 뒤를 따랐다. 그 중에서도 데크하우트는 스승의 스타일을 가장 잘 표현해냈다. 야곱이 침대 아래에서 무릎을 꿇고 에서가 받아야 할 축복을 대신 받는 동안 그의 어머니 리브가는 이삭의 침대 곁에서 거들고 있다. 이삭은 늙고 눈이 잘 보이지 않아 털로 두른 야곱을 에서로 여겼기에 야곱의 머리에 손을 얹고 축복을 내리고 있다. 그리고 뒤의 문가에는 에서가 들어오고 있다. 아버지로부터 장자의 축복을 받기 위해 열심히 사냥을 하여 짐승을 잡았고, 맛있게 요리한 별미를 아버지 이삭에게 바치고 축복기도를 받을 수 있을 것으로 생각했지만, 이미 그 축복을 리브가의 계략과 야곱의 거짓에 빼앗기고 말았다.

그림은 성경의 이야기를 문자적으로 해석하여 그대로 보여주고 있다. 야곱은 형 에서의 커다란 옷을 입고 있으며, 그의 손과 목에는 염소 가죽으로 덮여 있다. 등 뒤에는 전통이 있으나 바닥에는 끈이 느슨해져서 사용할 수 없을 듯한 활이 놓여져 있다. 양탄자로 덮인 탁자 위 정물에서는 염소 고기가 눈에 띈다. 또 암스테르담 은세공인 길드의 물병도 특이하다. 데크하우트의 아버지는 은세공인이기도 했다.

이삭의 에서, 리브가의 야곱

시간이 흘렀다. 이삭과 리브가는 에서와 야곱 쌍둥이를 얻었다. 그들이 태어났을 때 하나님은 리브가의 뱃속에서 두 나라의 조상이 될 사람들이 서로 싸운다고 말씀하셨다. 에서는 형이지만 장차 동생 야곱을 섬기겠다고 말이다. 에서는 자라면서 용맹한 사냥꾼이 되었다. 그는 집 밖에 나가고 언덕 오르기를 좋아했다. 또 사냥을 해서 사나운 짐승들을 잡아 음식을 요리했다. 에서가 그렇게 요리한 음식들을 이삭은 매우 좋아했다. 반면에 야곱

「자화상(*Autoritratto*)」 1659년. 헤르브란트 반 덴 데크하우트. 캔버스에 유화. 카라라 미술관. 베르가모. 렘브란트의 제자 가운데 동료 학생들보다 기술과 경험 면에서 부족했지만, 렘브란트가 가장 총애하는 학생이었다. 스승의 화법을 빠르게 체득하여 종종 렘브란트의 그림인지 혼동을 주곤 했다.

은 매우 조용한 사람이었다. 거의 대부분의 시간을 집에서 보냈고, 그런 야곱은 리브가의 사랑을 받았다.

아버지 이삭이 늙었고, 그의 눈도 어두워졌다. 관습에 따라 아버지는 죽음을 앞두고 마지막 유언을 하려고 했다. 여기에는 하나님의 특별한 축복을 장자에게 내리는 의식이 있다. 그 의식의 중요한 내용은 아담에게 약속한 메시아의 씨가 이어져가는 것이다. 이에 에서는 사냥한 짐승으로 요리를 하기 위해 바깥으로 나갔다. 그리고 이를 틈타 리브가가 이삭을 에서처럼 꾸며서 이삭이 축복의 기도를 받을 수 있도록 계획을 꾸몄다.

이삭은 이미 눈이 어두웠기에 야곱을 에서로 가장해 아버지를 속이려고 털복숭이로 만들었다. 그리고는 사냥을 마친 에서가 돌아온 것처럼 리브가는 고기 요리를 만들어 들여보냈다. 야곱은 형의 옷을 입은 채 고기 요리를 들고 아버지의 텐트로 들어갔다. 이삭이 느끼는 털의 감촉이 에서를 닮았을지라도 목소리는 그렇지 않았다. 이삭이 물었다.

"네가 정말 에서냐?"

"네. 제가 에서입니다."

야곱의 거짓말을 믿은 이삭은 하나님께 기도하기 시작했다.

"'하나님, 이 아이에게 부유한 축복을 주십시오. 장자의 복을 주십시오. 그리고 우리 조상 아담과 아브라함에게 약속하신 메시아의 씨가 이어지게 해 주십시오."

그때서야 진짜 에서가 온 것이다. 그러나 이미 늦어 버렸다. 이삭은 자신이 할 수 있는 모든 축복을 이삭에게 부어 주었기 때문이다. 화가 난 에서는 야곱을 죽이려고 했다. 형제간에 큰 일이 벌어질지도 모르는 상황이었다. 리브가는 자신의 고향 밧단아람으로 야곱을 피신시키기로 했다.

하나님의 약속

혼자 집을 도망쳐 나온 야곱은 남쪽으로 내려갔다. 해가 질 무렵 그는 거칠고 황량한 바위 계곡 근처에 이르렀다. 그곳에서 돌베개를 베고 몸을 눕히고 잠을 청했다. 꿈에서 거대한 사닥다리가 하늘에 닿았는데, 천사들이 부지런히 오르내리는 것을 보았다. 가장 높은 곳에는 하나님이 계셨다. 그리고 야곱에게 말씀하셨다.

또 본즉 여호와께서 그 위에 서서 이르시되 나는 여호와니 너의 조부 아브라함의 하나님이요 이삭의 하나님이라 네가 누워 있는 땅을 내가 너와 네 자손에게 주리니 네 자손이 땅의 티끌 같이 되어 네가 서쪽과 동쪽과 북쪽과 남쪽으로 퍼져나갈지며 땅의 모든 족속이 너와 네 자손으로 말미암아 복을 받으리라 내가 너와 함께 있어 네가 어디로 가든지 너를 지키며 너를 이끌어 이 땅으로 돌아오게 할지라 내가 네게 허락한 것을 다 이루기까지 너를 떠나지 아니하리라 하신지라창세기 28:13-15

야곱이 일어나 머리를 조아리고 그 말씀들을 새겨들었다. 하나님이 말씀하신 그 약속들을 모두 믿고 맹세했다.

"만약에 제가 하나님의 보호하심을 입어 집으로 안전하게 돌아온다면 당신은 나의 하나님이 되시고 제가 베고 있던 이 베개는 하나님의 집이 될 것입니다."

어머니의 친정 밧단아람에 도착한 야곱은 삼촌 라반을 만나 그 동안의 일을 모두 말했다. 그때에 양들에게 물을 먹이러 갔던 딸들이 돌아왔는데, 라헬과 레아였다. 야곱은 첫눈에 라헬에게 반하고 말았다. 그래서 외삼촌 라반에게 요청했다.

"제가 7년을 일하겠습니다. 그 대가로 라헬에게 장가들 수 있도록 해주십시오."

라반은 흔쾌히 승낙했다. 이후로 야곱은 7년 동안 외삼촌의 사환으로 일했지만 하나도 힘들지 않았다. 왜냐면 라헬을 사랑하는 마음이 컸기 때문이다. 그런데 7년이 지나 라헬과 결혼을 하는 날 첫날밤에 들어온 신부는 라헬이 아니라 그의 언니 레아였다. 라반에게 속은 야곱은 분한 마음에 따져들었다.

"이 지역 풍습은 동생이 먼저 시집갈 수 없다. 그러니까 다시 7년을 일해 주면 그때 라헬을 시집보내겠다."

라반의 말에 할 수 없이 야곱은 또 다시 7년 동안 종처럼 일했다. 7년이 흐른 뒤 드디어 라헬까지 아내로 얻은 야곱은 삼촌에게 양을 얻어 집으로 돌아가고자 했다. 그러나 두 아내와 두 여종 및 11명의 아들을 가진 야곱은 대식구를 먹여 살릴 가축이 필요했다. 그래서 꾀를 내어 삼촌의 양들 중 많은 수를 가지게 되었고, 식구들과 가축들을 이끌고 고향으로 돌아왔다.

집으로

하지만 집으로 돌아가려니 큰 근심이 있었다. 오래 전에 형을 속이고 도망 온 기억이 있기 때문이다. 형 에서가 있는 가나안으로 가려고 하는데 에서가 400여 명의 사람들을 이끌고 온다는 소식을 들은 것이다. 야곱은 기가 막혔다.

'혹시 형이 나를 죽이려고 오는 것은 아닐까?'

그래서 얍복 강을 앞두고 기도했다. 밤이 새도록 목숨을 건 기도를 드렸다. 외삼촌은 외삼촌대로 말없이 떠난 야곱을 미워하며 잡으러 온다고 하고, 앞에서는 형이 그 옛날의 섭섭함 때문에 죽이러 온다고 한다. 참으로 진퇴양난이었다.

그날 밤 일전에 나타났던 여호와의 사자가 나타났다. 야곱은 그를 붙잡고 늘어졌다.

"저를 살려주십시오. 도와주십시오. 약속하지 않으시면 못 가십니다."

그렇게 새벽이 올 때까지 씨름했더니 그제야 여호와의 사자가 말씀하셨다.

"너의 이름이 무엇이냐?"

"저의 이름은 야곱입니다."

"이제부터는 야곱이라 하지 말고 이스라엘이라 부르리라."

그 뜻은 '네가 하나님과 겨루어 이겼다'라는 뜻이다. 야곱이란 이름의 뜻은 '훔치는 자'였으나, 이제 이스라엘이라는 이름은 오늘날 이스라엘의 국호가 되었다. 야곱은 그곳의 이름을 브니엘이라 지었다. 하나님의 얼굴을 보았다는 의미였다.

해가 뜨고 강을 건넌 야곱은 형을 만났다. 그 앞에 나아가서 무릎을 꿇고 용서를 빌었다. 그러나 생각과 달리 에서는 야곱을 품에 안고 입을 맞추며 그를 반겨 주었다. 형제간에 화해가 이뤄진 것이다. 이것은 하나님께서 에서보다 야곱의 혈통을 통해 메시아가 오게 하시겠다는 섭리 중에 일어난 사건이었다. 아마도 그동안 에서는 어머니 리브가가 이해를 시켰을 것이고, 야곱은 야곱대로 어머니의 품에서 어릴 때 들은 대로 믿었을 것이다.

09. 팔려간 꿈꾸는 자, 요셉

창세기 37-50장

「형제들에 의해 팔려가는 요셉」 1816-1817년. 프리드리히 오버벡

가슴으로 그려넣은 요셉

독일 화가 프리드리히 오버벡Johann Friedrich Overbeck은 나자렛파Nazarenes의 일원이었다. 그는 3대째 목사였던 집안에서 태어났다. 그는 1806년 빈 왕립 미술학교에 입학하여 하인리히 후거Heinrich Fuger에게 가르침을 받았다. 신고전주의 화가들은 기술적 측면에서 두드러졌지만 스승 후거의 주제에서는 종교적 영성이 부족하다고 소외를 받았다. 오버벡은 학교의 기계적인 가르침과 정형화된 교육과정에 염증을 느꼈다. 그는 당시의 감정에 대해 이렇게 술회한다.

"학생들은 어떻게 옷 주름을 완벽하게 그리는지 배웁니다. 그리고 드로잉을 배우고 원근법과 건축 등 쉽게 말해 모든 것을 배웁니다. 하지만 그 누구도 진정한 미술가로 성장하지는 못할 것입니다. 왜냐하면 가슴, 정신

「형제들에 의해 팔려가는 요셉(*Joseph Sold by His Brothers*)」 1816~1817년. 프리드리히 오버벡. 프레스코화. 베를린 구 국립 미술관. 베를린.

그리고 감정이 결여되어 있으니까요."

오버벡은 후기르네상스의 타락한 영향을 받기 전까지는 기독교 예술을 표현하려고 노력했다. 1809년에 함께 빈 왕립 미술학교에서 재학했던 프란츠 포르Franz Pforr 등을 비롯한 여섯 명의 학생들이 모여 성 누가 길드Lucasbund, 루카스분트를 만들고, 중세 예술가 길드를 부활시키고 신앙을 통해 예술을 새롭게 하려고 노력했다. 나자렛파 운동의 시작이었다. 나자렛파 화가들은 스스로를 로마의 정신적·예술적 유산을 물려받은 후계자로 이해하고, 고전적인 미, 게르만적인 내밀성 그리고 진정한 기독교를 하나로 통합하여 새로운 르네상스를 이룩하려는 이상을 가지고 있었다. 그들은 중세 후기의 독일 거장들이나 알브레히트 뒤러Albrecht Duerer, 라파엘로 등을 회화를 모범으로 삼았다. 이들이 그린 대부분의 그림은 종교적 소재였지만, 신화 그리고 문학의 모티브 또한 회화로 표현했다. 하지만 독일에서 프로이센이 정치적 실권을 장악한 이후 나자렛파는 문화정책으로 억압을 받아 자연스레 와해되고 말았다.

그림에서 여러 인물들의 시선이 중앙에 있는 요셉을 향하고 있다. 요셉의 형들도 짐짓 미디안 상인이 건네주는 돈에 시선을 두고 있는 듯하지만 연장하여 보면 요셉을 바라보고 있는 듯하다. 미디안 상인의 억센 팔에 끌려가는 요셉의 축 쳐진 어깨와 숙여진 고개는 상심을 읽을 수 있게 한다. 힘없는 손과 숙여진 고개는 형들보다 훨씬 어린 요셉이 받았을 충격과 깨어진 신뢰로 인한 낙심이 묘사되어 있다.

전체적으로 밝은 색조를 띄고 있으나 무표정에 가까운 인물 묘사를 통해 무거운 공기를 독자들에게 전달하고 있다. 요셉에게서 벗긴 옷은 멀리 다른 형제들이 짐승을 잡아 옷에 짐승의 피를 묻히고 있다. 즉 요셉을 팔고 거짓으로 야곱에게 고하기 위함이었다.

꿈꾸는 자, 요셉

야곱은 열두 명의 아들이 있었다. 르우벤, 시므온, 레위, 유다, 요셉과 베냐민은 라헬의 소생이었다. 단과 납달리는 라헬의 여종 빌하의 소생이었고, 이사갈, 스불론은 모두 레아의 소생이었어. 갓과 아셀은 레아의 여종

실바의 소생이었다. 열두 형제 가운데 야곱은 라헬의 소생인 요셉을 가장 좋아했다. 그래서 항상 자주색 옷을 입혔는데, 그것을 알게 된 형제들은 유독 요셉을 시기했다.

요셉은 어릴 때부터 꿈을 잘 꾸고 해석을 잘했다. 한번은 꿈에서 요셉이 밭에서 곡식의 단을 묶고 있었다. 그런데 형제들이 묶은 단들이 자신이 묶은 단을 향해 절을 하는 것이 아닌가? 또 다른 꿈을 꾸었는데, 해와 달과 별이 자신의 별을 향해 절하는 꿈을 꾸었다. 이런 꿈의 내용을 형제들에게 말을 하니 형제들이 더욱더 그를 미워하고 질투했다.

결국 그의 형제들이 결국 큰일을 벌이게 되는데, 요셉과 형제들이 밭에 나가 일을 하고 있을 때 형제들은 요셉을 죽이려고 음모를 꾸미게 된다. 그런데 차마 죽이려고 하니 마음이 안타까워서 끝내 죽이지는 못하고 지나가는 미디안 상인에게 돈을 받고 노예로 팔아버렸다. 그리고는 동물을 잡아 그것의 피로 옷을 적시고 아버지께 보여주면서 아들이 동물에게 찢겨서 죽임을 당했다고 거짓말을 하게 된다.

꿈으로 곤경 받고, 꿈으로 신임 받다

아들들의 말을 들은 아버지 야곱은 요셉이 사고로 죽음을 당한 줄 알고 일생을 근심과 한숨 속에 지내게 되었다. 요셉은 미디안 상인에게 노예로 팔린 후 다시 이집트, 즉 애굽에 노예로 팔리게 된다. 그 과정에서 여러 힘들고 고된 일을 당했다.

그러나 요셉은 어느 곳에서든 성실하고 정직하고 착한 심성을 지녔고, 또 하나님을 신실하게 잘 믿는 경건한 믿음으로 어떤 어려움이 닥쳐도 믿음으로 신실하게 헤쳐 나가는 모습을 보여 주었다. 그리하여 신분은 노예였지만 오히려 주위 사람들로부터 칭찬을 받고 절대적인 신임을 받게 되었다. 다시 팔려간 요셉은 당시 이집트의 왕 파라오를 지키던 장군인 보디발의 집에서 일하게 된다.

요셉은 보디발의 집에서도 마찬가지로 열심히 최선을 다하여 일을 했고, 유능한 인물로 대접을 받았다. 그래서 처음엔 노예로 들어왔지만, 그 집의 가정총무로 일하게 되었다. 당시 보디발의 아내는 젊고 상당한 미모를 가진 여인이었다. 요셉도 젊은 총각이었다. 보디발의 아내는 남편이 눈치 채지 못할 때 은근히 요셉에게 다가와 유혹하곤 했다. 어느 날 남편이 집을 비우게 되자 보디발의 아내가 요셉에게 자신과 함께 지낼 것을 요구했다. 이에 요셉은 단호히 보디발의 아내의 요구를 거절하고 옷을 버려두고 황급히 그 자리에서 도망쳤다. 그러자 보디발의 아내는 요셉의 옷을 증거로 삼아 남편에게 거짓 증언을 하고 요셉을 옥에 가두게 된다.

요셉은 억울한 누명을 당한 상태에서도 전혀 흔들림 없이 의연하게 대처했다. 심지어 감옥 속에서도 희망의 끈을 놓지 않고 주어진 자신의 일에 최선을 다하면서 성실하고 정직하게 하루하루 살아갔다. 그러던 중 두 사람이 감옥에 들어오게 되었는데, 한 사람은 바로 왕의 술을 맡은 책임자이고, 다른 사람은 왕이 먹는 떡을 맡은 사람이었다. 두 사람은 잠을 자다가 꿈을 꾸게 되었는데, 서로 해몽하지 못하여 고민을 하던 차에 요셉이 이를 해석해 주었다. 한 사람은 살아서 옥에서 풀려나 다시 복직을 하게 되고, 또 한 사람은 죽임을 당하는 꿈이라고 해석해 주었다.

얼마 후 그 꿈은 해석한 내용대로 이루어졌다. 술 맡은 책임자는 옥에서 풀려나게 되었다. 요셉이 그에게 당신이 나가거든 나를 도와 달라고 부탁했으나, 술 맡은 책임자는 요셉의 부탁을 까맣게 잊고 말았다.

그로부터 약 2년이 지난 후 왕은 어느 날 해괴망측한 꿈을 꾸게 되었다. 이 꿈을 해석하는 인물이 없어 고민하던 중 이 술 맡은 사람이 2년 전에 있었던 일을 기억하고 요셉을 부르게 되었다. 바로 왕의 부름을 받은 요셉은 아무도 풀지 못한 왕의 꿈을 해석하여 왕의 신임을 얻게 되었고, 기적이 일어났다. 드디어 감옥에서 풀려난 요셉은 왕의 신하로 일하게 되었다. 그리고 착한 심성과 백성을 사랑하는 모습, 최선을 다해 왕을 보필하여 신임을 얻게 되었다. 결국 애굽의 총리 자리까지 오르게 되었으며, 이집트 여자와 결혼하여 아들까지 낳게 되었다.

이스라엘을 위한 하나님의 계획

요셉이 총리로 일하던 중 애굽과 그 주변 국가들에 큰 흉년이 들어서 먹을 양식이 부족했다. 하지만 요셉의 지혜로 양식을 보존하여 다른 나라들은 먹을 양식이 거의 바닥이 났지만, 오직 이집트만 곡식이 풍성했다. 요셉이 바로 왕이 꾼 꿈을 따라 7년의 풍년 동안 곡식을 사들여 보관해 두

「바로의 꿈을 해석하는 요셉(*Joseph Interpreting Pharaoh's Dream*)」 1894년. 레지날드 아서.

었기 때문이다. 다른 주변 국가 사람들은 이집트에 와서 먹을 곡식을 돈을 주고 사야만 했다.

이때에 요셉의 형제들도 양식이 떨어져 애굽으로 곡식을 사러 오게 되는데, 그의 형제들은 애굽의 총리가 그의 친동생 요셉인 줄 전혀 몰랐다. 그러나 요셉은 형제들을 단번에 알아보았다. 고향을 떠나온 후 한 번도 그들을 생각하지 않은 적이 없었기 때문이다. 요셉이 그의 형제들을 그냥 돌려보내지 않고 일부러 시험하기 위해 어려운 곤경에 빠지게 만들었다.

"이집트를 염탐하러 온 스파이가 아니냐?"

거짓으로 형들을 몰아붙였고, 고향으로 돌려보내어 막내 동생인 베냐민을 데려오도록 했다. 영문도 모른 채 요셉의 형제들은 집으로 돌아와 야곱에게 이 사실을 고하고 막내 베냐민을 데리고 다시 애굽으로 갔다. 하지만 요셉의 시험은 거기서 끝난 게 아니었다. 결국 형제들을 시험하던 중 요셉이 그 정을 이기지 못하여 울면서 지금까지 있었던 일을 밝히고, 자신이 그들의 형제 요셉인 사실을 모두 밝히게 되었다. 하지만 요셉은 자신을 버린 형들을 미워하지 않고 그들의 잘못을 용서하고 극적인 가족 상봉을 하게 된다.

그리고 요셉은 아버지 야곱과 가족들을 초청하여 다시 만나게 되었다. 오랫동안 죽은 줄로만 알았던 그의 아들이 살아 있다는 사실을 야곱이 알게 되고, 게다가 잃었던 아들이 애굽이라는 큰 나라의 총리가 되어 있다는 사실을 알게 된 아버지 야곱은 말로 형용할 수 없을 만큼 기뻤다. 그리고 그의 조상들에게 하셨던 하나님의 약속을 기억하며 하나님을 찬양했다. 생명이 다한 야곱은 요셉을 포함하여 가족이 모두 모인 자리에서 자녀를 위해 한 사람 한 사람씩 손을 잡고 축복을 한 다음, 생을 마감했다. 그리고 메시아에 대한 약속은 유다를 통해 또 이어지게 된다.

10. 하나님의 음성이 모세를 부르다

출애굽기 1-4장

「모세와 불타는 떨기나무의 모습」 1610-1616년. 도메니코 잠피에리

목가적 화법으로 그려낸 호렙 산

도메니코 잠피에리Domenico Zampieri는 이탈리아의 화가로서 볼로냐에서 출생했다. 볼로냐에서 플랑드르의 화가 칼베르트Denys Calvaert 아래에서 배우고 그 이후로 카라치Annibale Carracci의 아카데미에서 공부했다. 볼로냐파 중에서는 가장 고전주의적 경향을 보이지만 풍경화에서는 니콜라 푸생에게 영향을 주었다. 하지만 감미로운 극적 표현은 정감이 결여되어 형식화된 매너리즘에서 벗어나지 못했다.

그의 걸작 중 하나인 「성 세실리아의 삶*Scenes of the Life of Saint Cecilia*」은 프레스코화로 1615년에 완성되었다. 이는 라파엘의 그림과 종종 비교되어 최고의 찬사를 받기도 했으며, 이외에도 수많은 프레스코화를 남겼다. 도메니코의 임종 당시 주요 제자들로는 알레산드로 포르투나Alessandro Fortuna, 지오반니 바티스타 루기에리Giovanni Battista Ruggieri, 안토니오 바르발롱가Antonio Barbalonga, 프란체스코 코차Francesco Cozza, 안드레아 카마세이Andrea Camassei, 지오반니 안젤로 카니니Giovanni Angelo Canini 등이었다.

「모세와 불타는 떨기나무의 모습」은 출애굽기 3장의 꺼지지 않고 불타는 나무에 대한 이야기를 묘사했다. 모세가 이집트에서 이스라엘 백성들을 인도하라는 사명을 확인해 주었던 세 가지 기적 중 하나였다. 도메니코는 이상적이고 고전적인 회화 스타일의 주요 작가였다. 풍경을 보면 누가 보기에도 광야의 호렙 산이라고 생각하기에는 다소가 무리가 있어 보

「자선을 베푸는 성 세실리아(*Saitn Cecilia Distributing Alms*)」 1612-1615년. 도메니코 잠피에리. 프레스코화. 「성 세실리아의 삶」 중에서. 산 루이지 데이 프란체시 성당. 로마.

인다. 푸름이 도는 산과 들의 풍경, 물이 가득한 수변에 위치한 마을 등 그의 목가적인 화법이 잘 드러나 있다.

도망친 왕자

많은 시간이 흘렀다. 이스라엘의 조상이 된 야곱이 그의 자손 약 70명을 거느리고 애굽으로 이주한 후 400여 년 간 그의 자손은 심히 번성하여 남녀노소 합쳐서 약 200만 명에 이르렀다. 이에 외래 민족의 강성함을 본 애굽 왕은 이를 우려하여 인종말살정책을 쓰게 되었다. 특히 히브리인 가운데 남자아이를 낳으면 모두 죽이라고 산파들에게 명령했고, 한편으로는 중한 노역을 시켜 압제했다.

이 시기에 레위 족속 중 한 남자아이가 태어났는데, 그 용모가 매우 뛰어났다. 그래서 3개월간 숨겨서 키워 오다가 바로의 학정을 두려워하여 갈대상자에 아이를 담아 강으로 떠내려 보냈다. 때마침 바로의 공주가 목욕하러 강가로 나왔다가 이를 발견하고 궁중으로 데려가 양육하게 되는데, '물에서 건졌다'는 뜻으로 이름을 모세라고 짓게 된다. 이가 훗날에 이스라엘의 위대한 지도자 모세였다. 강가에 버릴 때 모세의 누나 미리암이 뒤따라 가다가 공주가 아이를 궁전으로 데려가는 것을 보고 말했다.

"공주님. 이 아기에게 젖을 먹일 유모가 필요하지 않으세요?"

그래서 친어머니를 유모로 소개한다. 하나님의 놀라운 섭리로 유모로 모세의 친모가 들어가게 된 것이다. 누가 능히 하나님의 계획을 알아낼 수 있겠는가? 모세를 양육한 바로는 하나님의 백성을 이끌 지도자를 키워주는 격이 되고 말았다. 바로가 사는 궁정에서 살게 된 모세는 어려서는 어머니의 품에 안기어 젖을 빨며 말을 배우게 된다. 아이가 말을 배울 때부터 유모가 된 친어머니는 옛날이야기를 들려주었을 것이다.

태초에 하나님이 천지를 창조하신 이야기며, 이스라엘 백성들이 오늘날 이집트에 들어와 살기까지의 여정을 들려주고 또 들려 주었다. 아이는 재미있는 옛날이야기를 들으며 소록소록 잠이 들곤 했을 것이다. 모세는 자라면서 애굽의 모든 학술을 다 배웠다. 당시 애굽은 자연과학, 천문학, 의학, 수학, 마술 등이 상당히 발달했는데, 모세는 이 모든 학술을 습득했다고 했으니 학문적으로도 상당한 인물이 될 수 있었다.

모세의 나이가 사십에 이르러서 그 마음에 '나는 누구인가' 하는 생각에 잠겼다가 이스라엘 자손을 애굽인이 치는 것을 보고 격분해 애굽 사람을 쳐 죽이고 만다. 이 사건이 바로 왕에게 알려지고, 결국 모세는 미디안 광야로 도피하게 되었다. 한 나라의 공주의 아들로서 궁궐에서 위풍당당하게 지내던 모세는 광야에서 쫓기는 신세가 된 것이다. 왕궁에서 호사를 누리며 도시 번화가에서 지내던 모세는 갑자기 황량한 광야에 오게 되니 용기마저 잃어가고 있었다. 가는 적막한 광야에서 40년의 풍상을 겪었고, 이제 초라한 노인이 되어가고 있었다.

그런데 하루는 양떼를 몰아 호렙 산 근방에 이르렀을 때 여호와 하나님이 모세에게 나타나 보이신 것이다. 하나님이 모세에게 말씀하셨고, 모세에게도 하나님을 만나는 첫 경험이었다. 하나님은 사라지지 않는 불꽃 가운데서 모세를 부르시고, 자신을 그 조상의 하나님이라고 알려주셨다. 또 약속의 백성 이스라엘들이 애굽에서 당하는 고통을 아신다고 하셨다. 그리고 그들을 구출해내기 위하여 모세를 보내시겠다고 말씀하셨다.

그러나 모세는 자신은 갈 수 없다고 거절했다. 자신은 이제 너무 늙었고 말이 우둔하여 백성들을 이끌고 나오는 데 합당하지 않다고 여겼기 때문이다. 하지만 하나님은 그런 모세를 끝내 설득시켰다. 능력을 보여주시며 모세에게 가라고 명하셨다. 결국 호렙 산에서 사명을 받은 후 모세는 40년간을 이스라엘을 인도하는 지도자로서 여생을 헌신하게 되었다.

「모세와 불타는 떨기나무의 모습(*Landscape with Moses and the Burning Bush*)」 1610-1616년. 도메니코 잠피에리. 구리판에 유화. 34x45.1cm. 메트로폴리탄 미술관. 뉴욕.

11. 이집트에 내린 열 가지 재앙

출애굽기 5-14장

「이집트의 열 번째 재앙」 1802년. 조지프 말로드 윌리엄 터너

20세의 신성이 그린 풍경화

조지프 말로드 윌리엄 터너Joseph Mallord William Turner는 1775년 런던 코벤트 가든Covent Garden에서 출생했다. 터너의 아버지는 이발사였고 가발을 제조했고, 어머니는 정신병환자였다. 터너는 어린 나이에 그림에 타고난 재능을 보였다. 아버지는 터너의 재능을 발견하고 장차 아들이 화가가 되기를 희망했다. 터너는 삼촌이 사는 시외에 머물며 목가적인 풍경에 매료되어 많은 스케치를 했는데, 이때 생긴 풍경 스케치는 그가 평생토록 즐겨했던 드로잉 습관이 되었다.

그는 14세 때 영국 왕립미술원Royal Academy of Arts에 입학하여 수채화를 배우고, 20세 무렵에는 유화를 시작해 풍경 유채화를 전람회에 출품하기도 했다. 특히 17세기 네덜란드의 풍경화가들의 영향을 받았으며, 영국

의 국내 여행에서 익힌 각지의 풍경을 소재로 삼았다. 터너는 클로드 로랭 Claude Lorrain의 그림을 보고 큰 영향을 받았는데, 특히 로랭의 작품 중 「시바 여왕이 승선하는 항구」에서 캔버스 위에 화사한 빛이 생동감 있게 묘사된 장면을 보고 장차 터너의 작풍에 큰 영향을 주게 된다.

이후 영국과 프랑스의 종전 선언을 하는 아미앵 조약 체결 후 유럽으로 건너가 다양한 작품을 접했다. 프랑스를 중심으로 풍경화의 소재를 모아 500점이 넘는 스케치를 남기기도 하고 푸생과 로랭의 고전주의적 풍경화에 끌려 구도 잡는 방식에 크게 영향을 받기도 했다. 1819년에는 이탈리아로 건너가 색채에 밝기와 빛을 더하게 되었으며, 로마에 머물며 많은 드로잉 작품을 제작했다.

이후에도 프랑스와 이탈리아를 여행하며 풍경화를 제작했고, 그의 작

「시바 여왕이 승선하는 항구(*Seaport with the Embarkation of the Queen of Sheba*)」 1648년. 클로드 로랭. 캔버스에 유화. 149.1X196.7cm. 국립 미술관. 런던.

「이집트의 열 번째 재앙(*The Tenth Plague of Egypt*)」 1802년. 조지프 말로드 윌리엄 터너. 캔버스에 유화. 236.2x143.5cm. 테이트 갤러리. 런던.

품은 구도가 단순해지고 빛의 섬세한 색채 변화를 탐색했다. 터너는 빛, 일몰, 일출의 효과를 탐구한 풍경화와 희미하고 흐릿한 형태의 수채화의 거장으로서 감동적이고 강렬한 색을 사용한 작가로 특징지을 수 있다.

터너는 독창적인 표현법으로 풍경화를 그렸는데, 어느 한 지역의 지엽적인 세부묘사에 그치지 않고, 대기의 변화에 따라 풍경이 어떻게 변화하는지와 풍경을 관찰하는 사람의 마음속에 떠오르는 심상을 묘사하는 것에 주안점을 두었다. 그는 세상을 자신의 시각으로 관찰하여, 날씨와 물, 그리고 특히 무한하게 변화하는 빛의 장대함을 자연적인 효과에 충실하게 그려냈다. 「이집트의 열 번째 재앙」은 터너의 표현법을 특징적으로 볼 수 있는 작품이기도 한다.

이 그림은 출애굽기 3장에서 히브리 민족을 노예로 삼은 애굽에 내려진 하나님의 재앙 중 하나를 묘사한 것이다. 그것은 모든 애굽인의 첫 아들을 죽이는 재앙이었다. 하나님이 애굽인들에게 내린 열 번째 마지막 재앙은 이전의 재앙들보다 훨씬 끔찍했다. 모든 장자는 바로의 가장 장자부터 가축의 첫 태생까지 모두 죽었다. 바로는 열 번째 재앙을 겪은 후에야 유대인들을 놓아 주었다.

터너가 왕립미술원의 정회원으로 들어간 지 2개월 만에 이 그림을 전시했는데, 수많은 찬사와 함께 푸생과 같은 평가를 받았다. 전시한 것이 1802년으로 그의 20대 때였다. 터너는 르네상스의 웅장한 스타일을 적용하여 풍경화에 자신의 기술을 결합할 수 있음을 보여주었다.

어두운 구름에서 번개가 치며 번민한 여성들은 피라미드 주변에 있는 사원과 탑으로 가득 찬 풍경 앞에서 죽은 아이를 애도하고 있다. 암울한 색조와 구름은 애굽에 드리워진 재앙의 무시무시함을 보여주고 있다. 애굽의 화려한 도시 건물들과 탑도 뒤덮을 듯한 어둠과 먹구름은 죽은 아이를 바닥에 뉘여 놓고 비참한 모습으로 울고 있는 어머니의 모습과 궤를 같이 한다. 저 멀리 도시 앞에서도 수많은 사람들의 모습을 통해 재앙으로 인한 그들의 애도가 들리는 듯하다.

내 백성을 보내라

꺼지지 않는 불꽃 가운데 나타나신 하나님이 모세에게 애굽으로 가서 이스라엘 백성들을 구출하라고 말씀하셨다. 처음에 모세는 자기가 할 수 있는 모든 수단을 동원하여 하나님의 말씀을 거역하고자 했다. 하지만 하나님께서는 화를 내면서까지 모세로 하여금 자신의 소명을 감당하도록 명령하셨다. 모세가 하나님의 명령을 거역한 것은 애굽 왕이 쉽게 허락하지 않을 것임을 알았기 때문이다. 애굽은 많은 노예들, 특히 이스라엘 노예들이 경제에 많은 도움을 주었기 때문이다. 결국 하나님의 약속을 믿은 모세는 형 아론과 함께 바로에게 갔다.

> 그 후에 모세와 아론이 바로에게 가서 이르되 이스라엘의 하나님 여호와께서 이렇게 말씀하시기를 내 백성을 보내라 그러면 그들이 광야에서 내 앞에 절기를 지킬 것이니라 하셨나이다출애굽기 5:1

이 말은 들은 바로는 코웃음을 쳤다.

"여호와 하나님이 누군데 감히 나의 노예들을 내 놓으라고 하느냐? 여호와만 신이냐? 우리에게도 많은 신이 있다. 여호와가 애굽을 공격한다면 우리의 신들도 가만있지 않을 것이다."

모세와 아론의 말은 들은 바로는 노예들에게 더욱 가혹하게 일을 시켰다. 하나님에 대한 도전이었다. 고통이 더욱 심해지자 이스라엘 백성들은 오히려 모세를 원망하기 시작했다. 그러자 모세는 마음에 상처를 받게 되고 답답한 심정에 하나님을 원망하는 지경에 이르렀다. 그러자 하나님은 이때부터 바로에게 재앙을 내리시기로 작정하셨다.

하나님은 먼저 하나님의 대리자인 모세와 애굽 신들의 대리자인 술객들과의 능력에 차이가 있음을 보여주셨다. 다시 바로의 궁에 들어간 모세가 왕 앞에서 아론이 지팡이를 던졌다. 그랬더니 뱀이 되었다. 이번엔 바로의 술객들이 지팡이를 던지자 그것들도 뱀이 되었다. 그러나 아론의 뱀이 술객들의 뱀을 잡아 먹어버리고 말았다.

하지만 그것은 하나님의 능력의 시작에 불과했다. 바벨탑을 쌓을 때만 해도 사람들은 하나님을 대신할 직접적인 신을 만들고 대항하지 않았다. 하지만 세월이 지나면서 하나님을 알고 따르는 사람들은 점점 사라지자 오히려 하나님을 대신하는 신을 만들고 그것을 우상으로 섬겼다. 애굽은 최초로 우상 신들에 대한 하나님의 참된 능력을 보여주는 역사적 현장이었다. 바로와 애굽의 우상들을 심판하는 열 가지 재앙이 시작된 것이다. 열 가지 재앙은 이집트 사람들이 믿고 있던 대표적인 우상 신들에 대한 하나님의 심판이었다.

먼저 아침에 바로가 강에 서서 지팡이로 내리쳤다. 그러자 강물이 피로 변하여 고기가 모두 죽어버렸고, 악취가 나서 도저히 물을 마실 수 없었다. 첫 번째 재앙이었다. 하지만 상황을 전혀 눈치 채지 못한 애굽의 바로는 술객들을 통해 동일한 일을 행했다.

두 번째는 개구리들이 있는 곳을 향해 아론의 지팡이를 들자 개구리들이 애굽인의 식탁과 침상에 뛰어올랐다. 이번에도 바로의 술객들은 개구리들을 물에서 불러내어 육지로 뛰어 올라오게 했다. 이 역시 바로가 회개하도록 만들기에는 역부족이었다. 개구리는 애굽에서 풍부와 다산을 상징하는 신이었다.

세 번째로 땅의 먼지 티끌들을 아론의 지팡이로 치자 온 애굽에 이가 가득하게 되었다. 하지만 술객들은 이를 만드는 데 실패했다. 그제야 여호와 하나님이 자신들이 섬기는 신보다 더 뛰어난 신이라고 이야기해 주지만 바로는 귀담아 듣지 않았다. 네 번째로 하나님은 파리 떼를 온 애굽에 보내셨다. 당하는 고통은 이루 말할 수 없었지만, 바로는 조금 양보하여 애굽에서 예배를 드리면 되지 않겠느냐고 절충안을 내놓았다.

다섯 번째는 심한 악질을 애굽 전역에 번지게 하셨다. 그러자 그들이 기르던 가축들이 죽고 말았다. 여섯 번째는 모세가 풀무속의 타고 남은 재 두 움큼을 가지고 바로 앞에 서서 하늘로 뿌린다. 그러자 독종이 생겼고, 이번에는 사람들이 곤욕을 치렀다. 재주를 부리던 술객들마저도 몸에 독종이 생겨 바로 앞에 설 수 없었다.

일곱 번째는 애굽이 생긴 이래로 보지 못한 우박이 내릴 것이라고 하셨다. 들판에 있는 것은 무엇이든지 다 죽을 것이라고 하셨다. 다만 우박의 피해에서 막 싹이 나기 시작하던 밀은 남겨두셨다. 하지만 여덟 번째 재앙으로 메뚜기를 보내어 싹까지 모두 먹어치우게 하셨다. 아홉 번째는 캄캄한 흑암이 다시 삼일 동안 이집트를 덮쳤다. 이집트 최고의 신은 태양신 라인데, 태양신도 하나님 앞에서는 도저히 힘을 쓰지 못하게 하신 것이다. 그런 것들은 모두 다 하나님이 만드신 창조물이지, 결코 인간을 사랑하는 신이 아님을 철저하게 보여주셨다.

장자의 죽음

상상조차 할 수 없는 큰 능력을 애굽에 보여줬지만 바로는 그래도 고민만 할 뿐 선뜻 이스라엘 백성들을 내보내 줄 생각을 하지 않았다. 이제 마지막 열 번째 재앙이 남았다. 그것은 장자의 죽음이었다. 이 마지막 재앙은 말씀에 전적으로 순종하지 않는 이스라엘 사람들에게도 임하게 된다.

그러므로 이 재앙을 피하기 위해서는 준비가 필요했다.

먼저 식구들의 수를 계산하여 어린양을 잡아야 했다. 흠 없고 일 년 된 수컷으로 잡아 그 피로 자기 집 문의 전후좌우에 발랐다. 그리고 밤에는 피 흘린 고기를 불에 구워 떡과 쓴나물과 같이 먹었다. 머리와 정강이와 내장을 아침까지 남겨두지 말고 모두 불에 구워먹고, 아침까지 남은 것은 다 태웠다. 또 먹을 때는 허리에 띠를 띠고, 발에 신을 신고 손에 지팡이를 잡고 급히 먹어야 했다. 후일 이것은 이스라엘이 영원토록 지켜야 할 명절인 유월절이 되었다.

이 재앙은 하나님이 애굽의 신을 모두 심판하시려고 가장 귀중한 사람의 목숨까지도 희생하시는 것을 보여주는 날이 되었다. 왜냐하면 죄를 지은 인간은 이미 하나님의 심판을 받았고, 잠시 동안 집행유예가 되어 있다는 사실 때문이다. 그것은 이미 에덴동산에서 아담과 하와가 선과 악을 알게 하는 지혜의 열매를 먹게 되면서부터 결정되어진 사실이었다.

이는 이스라엘 사람들에게 피 흘려야 용서하신다는 사실을 가르치기 위해 양을 잡아 피를 흘리라고 하신 것이다. 드디어 밤이 되고 이집트 사람 가운데 나다니는 사람은 없었다. 여호와의 천사가 애굽을 두루 다니며 모든 처음 난 것의 영혼을 부르고 있었다. 그러자 모두 목숨이 끊어졌는데, 짐승은 물론이고 옥에 갇힌 사람이나 애굽 왕 바로의 장자까지도 구별 없이 모두 죽음을 당하고 말았다. 장자의 영혼을 불러 가신 것은 장남이 집안의 대표를 뜻하기 때문이다. 장남을 죽이신 것은 다 죽일 수도 있었음을 암시하는 하나님의 경고였다.

결국 하나님의 말씀이 이루어졌다. 그러나 그때는 후회해도 소용이 없었다. 이미 다 죽었기 때문이다. 얼마나 급했는지 바로가 밤중에 모세와 아론을 불렀다. 그리고 애굽 사람들도 서둘러 나가라고 재촉했다.

12. 이집트를 탈출하는 이스라엘

출애굽기 13-17, 22장

「홍해에서 바로 군대의 죽음」 1530년. 대 루카스 크라나흐

루터의 친구가 그린 제단화

대 루카스 크라나흐Lucas Cranach the Elder는 르네상스 화가이자 판화가다. 프로테스탄트 종교개혁 지도자들의 초상화로 유명했으며, 마르틴 루터Martin Luther의 절친한 친구였다. 처음에는 가톨릭 전통 안에서의 종교적인 주제로 그림을 그리다가 나중에는 루터교의 종교적 관심사를 전하는 새로운 방법을 시도하기도 했다.

크라나흐는 경력 초기에 장식화, 초상화, 제단화 또는 판화와 동전 디자인에서 두각을 드러냈다. 한때 시골 작은 성의 벽에 사실주의적인 표현으로 사슴과 멧돼지를 인상적으로 그려내어 성주를 놀라게 하기도 했다. 또 알브레흐트 뒤러Albrecht Durer, 한스 부르그 메어Hans Burgkmair 등 당대의 화가들과 경쟁하면서 비텐베르크의 교회 제단화를 그려내어 유명세

를 타기도 했다.

크라나흐는 프로테스탄드 신앙의 중심부였던 비텐베르크 작센에서 궁정 화가로 활동하면서 마르틴 루터의 강력한 지지자였다. 그는 예술을 새로운 신앙의 상징으로 사용했는데, 루터의 수많은 초상을 비롯해 루터가 번역한 성경을 위한 목판 삽화를 만들기도 했다. 실제 크라나흐의 작품 중 가장 많은 부분을 차지하는 것이 초상화이며, 루터의 아내, 어머니, 아버지도 그렸다. 그는 학자, 미술가, 정치가로서 존경을 받을 뿐만 아니라 화려한 풍경화에 뛰어났고 수많은 목판화 연작을 제작했고, 3색 색조기법을 개척하기도 했다.

크라나흐가 1530년에 그린 「홍해에서 바로 군대의 죽음」은 이스라엘 백성들이 홍해를 안전하게 가로 지른 후에 익사한 애굽 군대를 묘사하고 있다. 왼쪽에서는 천사가 지시한 홍수를 모세가 명령하고 있는 모습이다. 천사는 인간 형태와 푸른빛의 구름 기둥으로 표현되어 있다. 이 작품은 그가 그린 「아브라함의 희생*The Sacrifice of Abraham*」과 함께 세 폭 제단화triptycha로 사용되었을 가능성이 크다. 사도 바울과 교회의 교부들은 바로 군대를 홍수로 씻어 버린 것과 침례를 비교하기도 했다. 그래서 이 그림의 주제는 분명 종교개혁 시대에 매력적이었다. 진정한 신앙을 지지하는 사람들에 대한 은혜와 원수의 처벌을 다루고 있었기 때문이다.

홍해를 건너다

이스라엘 백성들은 애굽의 삼각주 지역에 있던 고대 도시 라암셋에 살고 있었다. 이곳은 고센이라고도 불렸다. 이스라엘은 이곳으로부터 숙곳으로 여행했다. 이 길을 여행함에 있어 그들은 라암셋으로부터 출발해 대략 하룻길 정도 동남쪽으로 이동했을 것이다.

「홍해에서 바로 군대의 죽음(*The death of the army of Pharaoh in the Red sea*)」 1530년. 대 루카스 크라나흐. 목판에 유화. 118.8x83.2cm. 알테 피나코테크. 뮌헨.

젊은 날의 모세는 애굽의 궁궐에서 최고의 교육을 받은, 장래가 촉망되는 왕자였다. 그의 미래에는 성공 대로가 활짝 열려 있었다. 그러나 모세는 애굽인을 죽였다고 진노하는 애굽 왕의 눈을 피해 사막으로 도망칠 수밖에 없었다. 그 덕에 광야 길을 그 누구보다 더 잘 알 수 있었다. 이스라엘 백성들은 그 땅을 행진하여 나올 때 50명씩 질서 있게 열을 지어서 나왔다. 요셉은 그 옛날 후손들에게 말했다. 가나안 땅을 주시겠다는 하나님의 약속을 굳게 믿으라고. 그리고 가나안으로 갈 때에는 자신의 뼈를 애굽 땅에 남겨 두지 말고 약속의 땅을 향해 갈 때 가져가라고 요청했다. 그래서 이스라엘 백성들은 요셉의 뼈를 잊지 않았다.

이스라엘 백성들이 나아갈 때 구름기둥과 불기둥이 나타나 낮과 밤으로 인도해 주었다. 드디어 이집트의 마지막 땅인 홍해 앞에 다다랐다. 그런데 홍해는 그들에게 큰 바다라서 건널 수 없었다. 게다가 뒤에서는 뒤늦게 후회한 바로의 군사들이 전차를 타고 추격해 오고 있었다.

하지만 하나님은 이스라엘로 그 바다를 지나게 할 때 특별한 목적을 가지고 계셨다. 다시 말해 자신의 능력과 권세가 애굽 군대의 힘보다 크다는 것을 보여주려고 하셨던 것이다. 추격하는 군대가 가까이 왔을 때쯤 이스라엘 백성들은 새파랗게 질려 울부짖었지만 하나님의 종 모세는 걱정하지 않았다. 왜냐하면 하나님께서 열 가지 재앙을 보일 때보다 더 큰 힘과 권세로 바다가 갈라지게 하실 것을 알았던 것이었다. 하나님은 말씀하셨다.

"먼저 백성들을 바다로 나아가게 하고, 너의 지팡이로 바다 위를 향하여 내밀어라."

그런데 이게 웬일인가? 정말로 바다가 갈라지는 것이다. 밤새 동풍이 불어서 바다 물을 물러가게 한 것이다. 뒤 따르던 애굽 군대는 갈라진 바다로 같이 뒤따라 들어왔다. 하지만 이스라엘 백성들이 마지막으로 올라오자 그들을 덮침으로써 물에 빠져 죽고 말았다. 아침이 되니 홍해는 죽어서 둥둥 떠다니는 애굽 군대의 병사들로 가득했다. 이스라엘 백성들은 홍해의 건너편에서 전심으로 하나님을 찬양했다.

13. 하늘에서 만나가 내리다

출애굽기 16-17장, 민수기 11, 20장

「광야에서 만나를 모으는 이스라엘 백성들」 1637-1639년, 니콜라 푸생

프랑스 회화의 아버지

17세기 프랑스 미술에서는 프랑스의 지리적 위치가 반영되어 북쪽에 자리한 플랑드르에서 유래한 사실주의적인 흐름과 남쪽 이탈리아의 영향을 받은 궁정 바로크 양식이 함께 나타났다. 이 둘보다 더 큰 영향력을 가졌던 것은 이탈리아 미술을 기반으로 한 또 다른 경향인 고전주의였는데, 이 분야의 대표적 화가가 바로 니콜라 푸생Nicolas Poussin이다. 루벤스, 렘브란트와 함께 17세기에 가장 영향력 있는 화가였고, '프랑스 회화의 아버지'라고 불렸던 푸생은 서양 미술의 지적이고 이론적인 전통을 대변하는 인물이다. 그의 역사화는 17세기 프랑스 왕립 아카데미의 주요 토론 주제였고, 그 후 2세기 동안 유럽 전역에서 숭앙받고 모방되었다.

푸생은 노르망디 지방의 레 잔드리Les Andelys의 공증인 집안에서 태어

났다. 최초의 미술 수업은 고향에서 활동하던 화가 켕탱 바랭Quentin Varin에게서 받은 것으로 보이며, 18세가 되는 1612년에 파리로 가서 10여 년을 머물며 화가의 삶을 시작했다. 현재 서른 살 이전의 그림과 행적에 대한 기록이 거의 남아 있지 않아 실제 그의 활동이 어떠했는지 정확히 알 순 없다. 수업기와 활동 초기의 그가 주로 접한 미술은 퐁텐블로 화파School of Fontainebleau의 매너리즘*Bella maniera*이었기 때문에 복잡한 구성, 과장되고 왜곡된 형태, 우아한 윤곽선으로 그려진 길고 호리호리한 인물 등을 특징으로 하는 이 사조의 영향을 받았을 것으로 추정될 뿐이다.

만나 앞에 드러난 인간 군상

루브르 박물관에 있는 「광야에서 만나를 모으는 이스라엘 백성들」은 이집트를 탈출해 광야를 방황하며 굶주리는 이스라엘 백성을 먹이기 위해 하나님이 하늘에서 만나를 내렸다는 출애굽기의 이야기를 주제로 삼았다. 만나를 모으는 이스라엘 백성의 가운데에는 하늘을 가리키고 선 모세와 기도를 드리고 있는 아론이 보인다.

하늘에서 떨어진 양식 만나에 대해 모세 오른쪽에 있는 사람들은 모세에게 감사를, 왼쪽에 있는 사람들은 하늘을 바라보며 감사를 올리고 있다. 그러나 앞쪽의 사람들은 희망과 포기, 탐욕과 자선, 배려와 욕심, 폭력과 배려 등 다양한 군상을 표정과 동작으로 보여주고 있다.

아이 대신 기진한 어머니에게 젖을 물리고 있는 여성의 모습을 통해 자선을 보게 되고 하나님의 자비하심을 생각하게 만든다. 매우 다양한 모습이 담겨 있지만 각 사람들의 이야기와 소리들이 흩어지지 않도록 전체 구도 안에서 일관성 있게 구성되어 아름다운 조화를 이루고 있다.

이 작품은 프랑스의 후원자 샹틀루Paul Freart de Chantelou를 위해 그려졌고, 후에 루이 14세가 구입해 루브르에 전시되었다. 파리에 있던 이 작품은 왕립 아카데미의 푸생파Poussinistes를 중심으로 한 사람들의 비평 때문에 더 유명해졌다.

이스라엘 사람들이 홍해를 건너 사막을 가로질러 일대일로의 여행을 떠났고, 그들은 물과 메추라기가 제공되기도 했지만, 주된 음식은 만나였다. 무거운 서리처럼 땅을 뒤덮은 흰색 만나는 생명을 위한 하나님의 음식이기도 하지만, 만나의 사용에 대해서는 엄격한 지시도 있었다. 즉 만나를 먹기 위해서는 하나님을 온전히 순종하고 신뢰해야 했다.

만나는 하룻밤 사이에 떨어졌고, 다음날 땅에서 수거할 수 있었는데, 각 가족 구성원은 약 3.6리터의 물량을 거둘 수 있었고, 초과해서 더 이상 수거할 순 없었다. 매일 배당된 식량은 그날 먹어야 했고, 다음날까지 보관해 두면 다음날이 안식일이 아니라면 썩어버렸다. 이 만나를 수거하는 데에는 많은 노력이 필요했고, 이는 개인의 재능을 상징하기도 했다. 즉 개인이 항상 더 많고 더 나은 것을 바라기보다는 주어진 것을 받아들일 필요성을 나타내는 것이었다.

하늘에서 만나가 내리다

홍해를 기적적으로 건넌 후 몇 날이 흘렀다. 그런데 어느덧 애굽의 고통에서 구원받은 것을 잊어버린 몇 명의 사람들이 있었다. 그들이 애굽에서 먹던 맛난 음식이 생각났기 때문이다. 그래서 마음에 불평이 찾아온 것이다.

"생선이 먹고 싶어."

"난 수박물이 먹고 싶어."

"난 마늘에 잘 양념된 고기를 먹고 싶어."

「광야에서 만나를 모으는 이스라엘 백성들(*The Israelites Gathering the Manna in the Desert*)」 1637-1639년. 니콜라 푸생. 캔버스에 유화. 200x149cm. 루브르 박물관. 파리.

모두들 맛있는 음식을 먹고 싶어서 불만을 드러내기 시작했다. 심지어 어떤 사람들은 모세와 아론에게 뒤돌아서 애굽으로 다시 돌아가자고 말하기도 했다.

"차라리 우리가 애굽에서 그냥 죽었으면 더 좋았을 것을…."

또 다른 이들은 말했다.

"우리에게 맛있는 음식을 주지 않는다면 차라리 죽는 게 나을 것 같소."

하나님은 이들의 불평을 들으시고 모세에게 말씀하셨다.

"백성들에게 말하라. 내가 그들을 위하여 내일 빵과 같은 음식을 하늘로부터 내리리니, 6일간 내릴 것이다. 그러나 6일째는 이틀분의 식량을 내릴 것이니 안식일을 위하여 예비하라."

만나와 메추라기를 매일 공급하시기로 한 하나님은 그 다음날부터 정말로 하늘로부터 맛있는 음식을 내려주셨다. 억압과 학대로 신음했던 이집트 땅을 떠나 자유가 있는 약속의 땅을 향해 걸어가는 길이 다시 시작

「만나를 모으는 이스라엘 백성들(*The Israelites gathering Manna*)」 1490년경. 에르콜레 데 로베르티. 캔버스에 템페라화. 제단장식화 두 부분 중 한 줄. 28.9X63.5cm. 국립 미술관. 런던.

되었다.

그러나 그 길은 순탄하지 않았다. 바다가 가로막기도 하고, 사막의 고통이 그들을 절망시키기도 했다. 사막에서 40년간 살아온 모세조차 그 많은 사람들을 사막 한가운데로 이끌기에는 역부족이었다.

이스라엘의 불평

먹을 양식이 없었고, 마실 물도 없었다. 모세가 하나님 앞에 간절히 기도했을 때 하늘에서 만나와 메추라기가 내려와 배고픔을 해결했다. 그러나 메마른 사막 길을 횡단한다는 것은 엄청난 갈증과 고통을 동반했다. 한번은 이스라엘 백성들이 물 때문에 모세에게 불평하면서 왜 이집트에서 끌어내어 사막 한가운데서 죽이려 하느냐고 원망했다.

모세는 하나님 앞에 엎드렸다. 모세가 하나님께 간절히 구했을 때 하나님은 해결책을 알려주셨다. 회중을 모으고 바위를 쳐서 물을 얻도록 하라는 것이었다. 모세는 사람들을 불러 모았다.

"패역한 너희여, 들어라. 우리가 너희를 위해 이 반석에서 물을 내리라."

그리고 반석을 지팡이로 두 번 내리치자 놀랍게도 바위가 갈라져서 물이 솟아났다. 모세는 기적을 통해 백성들의 갈증을 풀어주었다. 물뿐 아니라 광야 생활 40년이 끝나도록 그들이 약속의 땅에 들어간 유월절 다음날을 지킬 때까지 만나는 그치지 않았다. 하나님께서 사람이 살아가는 날 동안 이처럼 모든 것을 공급해 주신다는 교훈이 광야의 행진에서 나타난 것이다.

14. 시내 산에서 받은 십계명

출애굽기 18-24, 32-34장

「십계명을 든 모세」 1659년. 렘브란트

모세는 그의 그가 없는 동안에 세워진 금송아지 우상에 대한 분노와 슬픔 속에서 방금 받은 십계명 돌판을 부수기 시작했다. 모세의 얼굴의 피부가 빛나고 있으면서도 압도적인 존재감을 가지고 있습니다. 렘브란트는 이 기념비적인 작품에서 배경을 거의 추상적으로 다루거나 세부 사항을 무시하거나 색상 범위를 줄이는 등의 작업을 통해 더욱 강렬하게 묘사하고 있다. 모세는 거의 극단적인 단색으로 보이며, 또한 돌판에 새겨진 정확한 히브리어 필사본은 렘브란트가 얼마나 심혈을 기울였는지 잘 보여준다.

네덜란드 바로크 시대의 렘브란트Rembrandt Harmensz. van Rijn는 서양 미술사에서 가장 위대하고 가장 영향력 있는 화가 중 한 사람이다. 그의 정교하고 정열적이며 복잡한 감정의 묘사는 자신의 고뇌 어린 삶을 잘 보여준다. 렘브란트의 그림을 통한 동작, 표현, 빛과 그림자의 미묘한 것에 대

「십계명을 든 모세(*Moses with the Then Commandments*)」 1659년. 렘브란트. 캔버스에 유화. 136.5x168.5cm. 베를린 국립 회화관. 베를린.

한 독창적인 전달을 통해 이미 20대 초반에 유명해졌다. 비록 비극적인 죽음과 재정적 어려움으로 고통 받는 삶이기는 했으나, 통찰력 있는 감성과 기술적인 광채로 그의 작품에서 정서적인 특성을 더욱 고조시켰다.

렘브란트는 모세의 머리카락을 섬세한 털로 묘사했다. 또 모세의 얼굴과 이마는 유대인과 유대인의 전통에 대한 깊은 관찰을 잘 보여준다. 돌판에는 히브리어를 절묘하고 충실하게 철자법까지 맞춰가며 그려냈다. 일반적으로 십계명을 표현할 때 흰 돌에 검은 글자를 사용하는데, 렘브란트는 검은 돌판에 금색 글씨로 표현했다.

한 가지 의문은 이 장면이 성경의 어느 부분을 보여 주느냐 하는 것이다. 모세의 얼굴에 화가 났다는 것이 드러나지 않는다. 게다가 모세가 돌판을 깬 것은 산에 있을 때가 아니라 이스라엘 백성들이 숙영지에서 금송아지를 만들고 춤을 출 때였다. 렘브란트는 시내 산 기슭에 있던 모세를 표현한 것으로 추측된다.

만들어진 신

모세는 백성들을 이끌고 광야 사막을 지나 시내 산으로 향했다. 여호와께서 말씀하시길 그곳에서 그분을 예배하리라 하셨기 때문이다. 낮에는 구름기둥과 밤에는 불기둥으로 이스라엘 백성들을 앞서 인도하셔서 그곳에 이르게 하셨다. 하나님이 말씀하셨다.

"너는 백성들에게 이렇게 전하라. 애굽의 종 되었던 너희들을 해방시켜 준 나 여호와 하나님의 명령을 들어라."

이어서 모세가 백성들에게 말했다.

"일을 멈추고 의복을 모두 세탁하고 장막 주변을 깨끗이 정리한 다음, 내가 하나님을 만나고 돌아올 때까지 기다리라."

모세는 시내 산으로 올랐다. 여호수아와 함께 산에 올라가서 약 40일간을 지냈다. 그 자리에서 하나님을 만난 모세는 십계명의 돌판을 받고 또 하나님께 예배 드릴 텐트로 된 성막의 설계도를 받았다. 그런데 그 사이 산 밑에서는 큰 사건이 일어났다. 이스라엘 백성들은 모세가 산에 올라가서 오랫동안 내려오지 않자 그가 죽었다고 생각한 것이다. 마음이 요동한 이스라엘 백성들은 아론을 찾아가서 그들을 인도할 신을 만들라고 요구했다. 아론은 그들의 압력에 굴복하여 금으로 송아지를 만들고, 그것이 그들을 애굽에서 인도해낸 신이라고 속였다. 이 송아지는 애굽의 신을 모방해서 만든 것이었다. 이스라엘 사람들은 애굽에서 했던 것처럼 금송아지 앞에서 뛰놀면서 음란한 행위를 하고 금송아지를 숭배했다.

이로 인해 하나님은 진노하시고 모세에게 계시를 주던 일을 중단하시고 그에게 산을 내려가라고 명령하셨다. 하나님은 이스라엘 백성들이 율법을 어기고 우상숭배를 했기 때문에 그들과 맺은 언약을 파기하고 그들을 멸망시키겠다고 선언하셨다. 모세는 즉시 내려와서 그들이 금송아지를 섬기는 것을 보고 하나님께 받은 율법의 돌판을 깨뜨렸다. 그리고 나서 즉시 금송아지를 제거하고 그것을 섬기던 자들을 처단했다. 모세는 다시 산에 올라가 이스라엘을 위해 하나님께 대신 용서를 구하며 기도를 했다. 하나님은 모세의 간절한 기도를 들으시고 이스라엘을 멸하시려던 뜻을 돌이키셨다. 그리고 말씀하셨다.

"후일 메시아를 보내리라! 그가 오시면 회개하는 백성들을 대신하여 그가 하나님 앞에 중보자가 될 것이니라."

하나님은 모세가 깨뜨린 율법의 돌판을 다시 새겨 주셨다. 그 두 돌판은 이스라엘이 가나안에 들어갈 때까지 소중히 가지고 다녔다. 이 일로 인해 이스라엘은 다시 하나님을 신실하게 섬길 것을 약속하게 되었다.

15. 하나님을 만나는 성막

출애굽기 25, 30장

「성막의 제작」 17세기 중반. 지오반니 프란체스코 로마넬리

지오반니 프란체스코 로마넬리Giovanni Francesco Romanelli는 이탈리아의 화가로서 그의 작품 다수가 루브르 박물관에 전시되어 있다. 로마넬리는 14세부터 화가가 되기 위해 로마의 피에트로 다 코르토나Pietro da Cortona의 스튜디오에서 훈련을 받았다. 하지만 그의 스승과 싸우게 되면서 그곳을 떠나고 말았다. 1639년에 로마넬리는 어린 나이임에도 불구하고 세인트 루크 아카데미Academy of Saint Luke의 교장으로 선출된다.

그의 절제된 바로크 양식은 특히 프랑스에서 인기가 높았고, 많은 영향력을 끼쳤다. 그는 프랑스의 재상 쥘 마자랭Jules Mazarin의 부탁으로 화랑의 천장화를 그리기도 했고, 루브르에 있는 「여름의 방」을 프레스코화로 장식하기도 했다. 화려한 방은 당시 프랑스 사람들이 얼마나 장식적인 양식을 추구했는지 잘 보여준다.

「성막의 제작」은 연필 스케치 위에 세피아 물감으로 채색한 독특한 그

림이다. 모세가 이스라엘 자손에게 명령하여 예물을 가져오라고 명령했다. 이에 성막을 짓기 위해 필요한 재료를 이스라엘 백성들이 기쁜 마음으로 바쳤다. 예물은 금과 은과 놋과 각 실과 동물의 가죽, 향료와 향품 및 보석 등 다양했다. 그림에서는 모세 앞으로 여인들과 어린아이까지 예물을 들고 나아오는 장면이 담겨 있다. 뒤편에서는 성막을 짓고 있는 모습이 개략적으로 표현되어 있다. 이를 통해 가장 귀한 것을 드려 함께 지어가는 성막을 보여주고자 한 것이다.

하나님이 임하시는 곳, 성막

하나님은 시내 산에게 모세에게 그 백성들이 지켜야 할 법과 규례를 주셨다. 그리고 하나님을 섬길 특별한 텐트를 만들 것을 명령하셨다. 그것을 성막이라고 했다. 성막은 하늘에 계신 하나님께서 사람들이 사는 땅에서 만나주시는 장소였다. 하나님이 우리와 함께 하신다는 뜻의 '임마누엘'은 성막에서부터 시작되었다. 이것은 앞으로 오실 메시아의 또 다른 이름

「오스트리아 여왕 안네의 여름의 방(*Anne of Austria's summer apartment*)」 1655-1657년. 지오반니 프란체스코 로마넬리. 프레스코화. 루브르 박물관. 파리.

이기도 하다.

성막은 크게 세부분으로 나뉘는데 먼저 성막이 들어설 마당과 성막 안으로 구분되었다. 성막 안은 성소와 지성소로 또 구분되었다. 지성소 안에는 법궤가 들어 있었는데 법궤 안에는 모세가 시내 산에서 받은 두 돌판과 아론이 짚고 다니던 싹이 난 지팡이와 만나를 담은 항아리가 들어 있었다. 이제 모세는 그에게 지시하신 양식대로 성막과 그 안의 모든 기구를 만들기 시작했다. 이것들을 만들기 위해서 지혜와 총명을 입은 자들이 뽑혔다. 여호와께서 모세에게 명하신 대로 성막과 그에 속한 모든 것들은 만들어져야 했다. 그래서 처음부터 끝까지 하나님이 계획하신 대로 따라 만들어야 했기 때문이다.

모세는 브사렐과 오홀리압과 및 마음이 지혜로운 사람 곧 그 마음에 여호와께로 지혜를 얻고 와서 그 일을 하려고 마음에 원하는 모든 자를 통하여 일을 시작했다. 그러자 이스라엘 자손들이 성소의 모든 것을 만들기 위하여 자발적으로 예물을 가져왔다. 먼저 번제단이 만들어졌다. 이것은 보다 작은 '향단'과는 달리, 강하면서도 운반의 편의성을 위해 가볍게 만들어졌는데, 그것은 아카시아 나무, 즉 싯딤나무 또는 조각목으로 오규빗의 정사각형 모양으로 3규빗의 높이였다. 이 단에 필수적으로 필요한 것이 바로 그물이었는데, 곧 놋으로 만든 채grate였다. 이것은 그물의 형태로서 각 귀퉁이에 놋고리가 달려 있었고, 이 고리에 채를 꿰어 운반하도록 했으며, 단 안쪽에 절반 정도의 높이에 위치하도록 되어 있었다.

그 다음은 물두멍이 만들어졌다. 물두멍은 제사장이 성소로 들어가기 전에 손을 씻는 기구였다. 이것은 두 부분으로 이루어졌는데, 물을 담는 물두멍과 그것을 바치는 받침이었다. 제사장들은 출입하는 성소는 다른 성막 기구들처럼 하나님의 신호에 따라 쉽게 설치하고, 쉽게 철수할 수 있도록 만들어졌다. 그것은 아카시아나무로 만든 널판이나 두꺼운 판자들

「성막의 제작(*The construction of the tabernacle*)」 17세기 중반. 지오반니 프란체스코 로마넬리. 연필 스케치에 세피아 물감 채색. 36.5×26.5cm. 빅토리아 내셔널 갤러리. 멜버른.

로 이루어졌는데 각각 10규빗의 길이와 1.5규빗의 폭의 크기였다.

전체 표면은 금으로 싸여졌고, 측면에는 20장씩의 널판들로 세워졌다. 또한 각 널판마다 두 개의 은으로 만든 받침대에 의해 수직으로 세워지도록 고안되었으며, 뒤쪽 벽은 8장의 널판으로 세웠는데 중간의 6장과 양쪽 모서리를 위해 특별히 고안된 2장의 널판으로 이루어졌다.

실로 짜여진 장이 그룹 모양이 수놓아진 채로 드리워졌다. 이 장은 성소와 지성소를 구분하는 장으로서 상당히 질긴 것이었다. 성소의 북쪽, 즉 오른 쪽 널판들 쪽에 위치하고 있던 진설병 상은 아카시아나무로 만들어졌으며, 2규빗의 길이, 1규빗의 폭, 그리고 1.5규빗의 높이의 탁자였다. 물론 이 탁자는 네 개의 다리를 가지고 있었으며, 정금으로 싸여, 금테를 두르고 있었다.

또한 탁자 위의 네 방향으로 손바닥 넓이만한 턱을 만들고 그 턱 주위에 금으로 테를 만들어 붙였다. 또한 탁자의 다리 위에 네 개의 금고리를 달아 운반에 편리성을 더했는데, 이 상은 항상 여호와 하나님 앞에 놓이게 되는 순결한 상으로서 중요하고도 튼튼한 탁자였다.

그 위에는 일반적으로 아무것도 덮이지 않은 채, 고운 가루 에바 10분의 2로 구워진 열두 덩이의 빵이 여섯 덩이씩 두 줄로 놓였다. 또한 그 빵들은 매 안식일마다 제사장 외에는 먹을 수 없었으며, 그 제사장에 의해 치워졌고, 레위 지파들이 밤새 준비한 신선한 빵으로 대치되었다. 매 주일마다 새롭게 피워서 올리는 순전한 유향이 함께 놓여 있었다.

성소의 남쪽, 즉 왼쪽에는 진설병상과 마주하여 등대가 놓여 있었다. 그것은 얇은 정금을 두들겨서 둥그렇게 만든, 한 달란트의 무게의 성막 기구이다. 그것은 속이 비어 있었는데 등대는 세 부분으로 이루어져 있었다, 가운데의 곧게 솟은 하나의 대와 세 가지씩 둥글게 양 옆으로 뻗은 여섯 개의 대들을 합한 일곱 개의 줄기와 그 끝에 연결된 꽃받침과 꽃모양의 등잔들, 그리고 가운데 줄기에 연결된 받침이 그 세 부분이다. 분명히 가운데 줄기의 받침은 마치 트럼펫 모양처럼 되어 안정을 유지했다.

하나님이 만들라고 하신 성막이 다 지어지자 제사장들이 나와서 봉사하기 시작했다. 제사장들은 아론의 자손들이었고, 성전에서 봉사하는 사람들은 레위 지파의 사람들이었다. 잠시 후 구름이 회막을 덮자 여호와 하나님의 영광이 성막에 가득해졌는데, 모세조차도 그 회막에 들어갈 수 없었다. 하나님이 그곳에서 이스라엘 백성들을 만나주시겠다는 신호를 하신 것이다. 이후로 이스라엘 백성들은 가나안에 들어가기까지 성막에서 하나님을 만났고, 하나님은 구름기둥과 불기둥으로 인도해 주셨다.

16. 광야의 난동

민수기 17, 21장

「모세와 놋뱀」 1640년, 아드리안 반 율란트

아드리안 반 율란트Adriaen van Nieulandt는 네덜란드의 화가이자 바로크 시대의 조각가다. 그의 아버지는 앤트워프 출신의 플랑드르 예술가였고, 1589년에 가족이 함께 암스테르담으로 옮겼다. 당시 프로테스탄트였거나 단순히 경제적인 이유로 네덜란드 북부 미술 시장이 활황이었기 때문에 옮겼을 가능성이 있다. 그의 세 아들 아드리안 반 율란트, 빌렘 반 율란트 1세Willem van Nieulandt I, 제이콥 반 율란트Jacob van Nieulandt 모두 화가가 되면서 예술가 가족을 이루었다. 그들은 모두 칼뱅주의자로 알려져 있다.

아드리안 반 율란트는 피에터 아이작스Pieter Isaacsz의 제자였다. 암스테르담에서는 프란스 바덴스Frans badens 아래에서 배웠다. 아드리안은 형제들과 달리 여행을 하지 않았으며, 성경 인물들과 함께 풍경과 인테리어 회화를 전문적으로 했던 것으로 알려져 있다.

1640년 나무 패널에 그려낸 「모세와 놋뱀」은 민수기 21장의 사건을 기

「모세와 놋뱀(*Moses and the Brazen Serpent*)」 1640년. 아드리안 반 율란트. 참나무 패널에 유화. 123.2×99cm. 데이턴 미술관. 오하이오.

초로 하고 있다. 이스라엘 백성들은 하나님의 인도하심에도 불구하고 눈에 보이는 현상에 매몰되어 힘들고 어려운 일을 당할 때 지속적으로 하나님을 원망하고 모세에게 불만을 터트렸다.

이에 하나님은 그들의 불순종을 보시고 불뱀을 보냈으며, 이스라엘 백성 중 수많은 수가 불뱀에 물려 죽게 되었다. 그리고 사람들은 하나님께 불뱀을 거두어 달라고 기도해 줄 것을 모세에게 간청했으며, 이에 하나님은 놋뱀을 만들어 장대 위에 달고 그것을 쳐다보는 자는 모두 살게 되리라고 하셨다. 이는 예수 그리스도를 통한 하나님의 대속의 구원을 보여주시는 그림자였다.

그림의 가운데에는 모세가 이스라엘 백성들에게 장대에 매단 놋뱀을 바라봄으로 하나님의 구원을 받을 것을 요청하고 있고, 옆에서 제사장 아론이 장대를 들고 있다. 놋뱀에 물려 죽어가는 이스라엘 백성들의 시선들은 놋뱀을 향함으로써 그림의 초점을 맞추고 있다.

복음의 예표, 놋뱀

어느덧 백성들이 가데스에 도착하게 되는데, 가데스는 가나안 땅으로부터 남서쪽에 위치한 곳으로서 사람들은 신Zin 광야라고 불렀다. 이스라엘 백성들은 불평과 원망이 가득했다. 직접적인 원인은 물과 과일이 없다는 것이었고, 어떤 이들은 전쟁까지 이긴 마당에 왜 바로 북진하지 않고 왜 돌아서 가려느냐고 불평했다. 하지만 그들은 믿음으로 가나안 땅에 들어간다고 말하지 못했기 때문에 돌아가야만 했던 것이다. 실제로 돌아가는 길은 매우 험했다. 길이 좋은 왕의 길로 가는 것이 실패했기 때문에 이스라엘은 어쩔 수 없이 험한 계곡 길인 홍해 길을 따라 올라가야만 했다.

가나안 땅까지 돌아서 가는 것도 불만인데, 그나마 돌아가는 길도 매우 험하다는 사실은 이스라엘 백성들로 하여금 원망을 살 만한 것이었다. 하지만 백성들이 길에 대해 원망했다는 것은 결국 모세의 인도, 더 나아가서 하나님의 인도에 불만을 품었다는 것이라고 볼 수 있다.

이스라엘 백성들의 입장에서 볼 때 하나님이 백성을 인도하는 방법은 분명 상식적으로는 이해가 가지 않는 것이었다. 적어도 그 당시는 그러했다. 사실 나중에 이스라엘 백성이 요단강 동쪽에서 서쪽으로 건너서 가나안 땅의 허리에 위치한 여리고를 먼저 함락 시킨 것은 전략상으로도 더 유리한 것이라는 게 밝혀졌다.

왜냐하면 남쪽의 헤브론과 예루살렘에 거하는 가나안 족속들도 상당히 강했기 때문에 만약 이스라엘 백성들이 아랏을 이긴 후 바로 올라갔다면 상당한 어려움이 있었을 것이다. 어쨌든 훗날 여호수아가 가나안을 점령할 때 여리고를 먼저 치고 가나안의 허리를 끊어 놓음으로써 가나안 족은 남과 북으로 갈려져 동맹이 어렵게 되었다. 이러한 상황은 분명 이스라엘로 하여금 가나안 정벌을 쉽게 만들 수 있었다.

이러한 하나님의 계획을 이해하지 못한 이스라엘 백성들은 홍해 길을 가면서 다시 하나님께 반항했던 것이다. 그들이 불평하여 만난 불뱀은 독사였다. 이는 하나님께서 원망하는 백성들을 징계하기 위해서 보내신 뱀이다. 그래서 이 불뱀은 이스라엘 백성들의 즉각적인 회개를 가져왔다. 이스라엘 백성들은 스스로가 여호와 하나님과 모세를 대적했다고 고백했으며 모세에게 중보기도를 할 것을 요청한 것에서도 알 수 있다.

그러자 회개를 받아들인 하나님께서는 모세에게 명령하셨다.

"불뱀에 물린 자들을 치료할 놋뱀을 만들라."

놋뱀은 놋으로 만든 불뱀이었다. 그 놋뱀은 사람들을 죽인 불뱀을 상징했다고 할 수 있다. 하나님께서는 이 놋뱀을 장대에 매달아 높이 세우라고 하시면서 누구든지 뱀에 물린 사람이 그 놋뱀을 쳐다보기만 하면 산다고 알려 주셨던 것이다. 하나님은 모세의 기도를 들어주셨지만 불뱀을 없애지는 않으셨던 것을 알아야 한다. 대신 놋뱀을 만들어 장대 위에 달고 불뱀에 물린 사람들이 그것을 바라보면 살게 되도록 하셨다. 그것은 신기한 일이었지. 불뱀에 불린 백성들이 모세가 매달아 놓은 놋뱀을 바라보면 낫게 되었으니 얼마나 신기한 일이란 말인가?

그리고 그것은 쉬운 방법이었다. 불뱀에게 물린 사람에게 어찌될까 두려워서 빨리 가서 뛰어가야 낫는다고 말할 필요 없었기 때문이다. 다만 믿음을 가지고 놋뱀을 바라보면 곧 낫게 되는 것이었으니 얼마나 간단한 일인가 말인가? 그리고 또 그것은 광대한 것이었다. 백성의 수가 많고 진영이 넓지만 어느 곳에서 물리든지 그곳에서 놋뱀을 바라보면 곧 살게 되니까 말이다.

이것은 나중에 이 세상에 메시아가 오시면 그 구원의 광대함이 세상에 믿는 모든 사람들을 구원하신다는 의미가 되었다. 다시 말해 이것은 장차 올 메시아가 전하게 될 복음을 상징하는 것이었다. 신기한 방법으로, 쉬운 방법으로 그리고 전 세계에 광대하게 적용될 방법으로 사람들을 죄로 구원해 주실 것이라는 복음을 예표하는 것이었다.

17. 열두 명의 정탐꾼

민수기 13-14장, 여호수아 2장

「가나안에서 돌아온 정탐꾼」 1621-1624년. 조반니 란프란코

관람자의 시선까지 고려한 구도

조반니 란프란코Giovanni Lanfranco는 이탈리아 화가로서 파르마에서 출생했다. 피에트로 다 코르토나Pietro da Cortona와 함께 전성기 바로크 양식을 대표하는 작가이기도 하다. 특히 로마의 산 탄드레아 델라 발레 성당Sant' Andrea della Valle과 나폴리 대성당Duomo di Napoli의 프레스코화는 빛과 원근법의 착시 효과에 의해 천상의 환상을 묘사해 내어 바로크 천장화의 선구적 역할을 했다.

란프란코는 나폴리에 있는 예수회 교회의 돔과 펜던트를 꾸미기도 했고, 산 마르티노 수도원Certosa di San Martino에 프레스코화를 그려넣기도 했다. 성 아포스톨리 교회Venezia Chiesa dei Santi Apostoli와 나폴리 대성당의 돔 장식도 그이 손길로 이루어졌다. 그는 안니발레 카라치Annibale Carracci의

「가나안에서 돌아온 정탐꾼(*The Messengers Return from Canaan*)」 1621-1624년. 조반니 란프란코. 캔버스에 유화. 246×218cm. 폴 게티 미술관. 로스앤젤레스.

다양한 절충주의와 웅장한 방식, 도메니코 잠피에리Domenico Zampieri의 억제된 양식과 비교하여 극적인 감각으로 그들의 전통을 이어갔다.

그가 그린 유화 「가나안에서 돌아온 정탐꾼」은 약속의 땅으로 여행하는 동안 모세가 열두 사람을 보내어 가나안 탐을 탐험한 이야기다. 여호수아를 포함하여 각 지파에서 한 사람씩 보내어 40일 후에 돌아와서 모세에게 보고한다. 여호수아와 갈렙은 엄청난 양의 포도와 석류와 무화과를 보여주면서 틀림없이 젖과 꿀이 흐르는 곳이라고 말한다. 하지만 그곳 가나안에 있는 큰 성벽 도시들은 매우 강대한 나라들이었다. 나머지 사람들은 겁을 먹고 불평하기 시작했다.

란프란코는 낮은 각도에서 이야기를 보여 주면서 여호수아와 갈렙의 보고를 더욱 기념비적으로 만들었다. 이 캔버스는 사도 바울의 무덤 위에 세워진 성당으로 로마의 4대 대성전이라 일컬어지는 산 파올로 푸오리 레 무라 교회 벽에 매달린 그림 중 하나였다. 란프란코는 일련의 이어진 그림 중 하나로 그렸으며, 벽에 배치할 것을 고려하여 아래에서 보듯이 묘사함으로써 인상적인 구도를 보여주었다. 또한 독창적인 면은 4명의 큰 인물을 넓고 열린 공간에 가까이 두고 극적인 단축을 사용해 아래에서 보듯이 하여 그림 아래에 서 있는 관객에게도 전달된다.

약속의 땅에서 수확한 풍성한 포도는 최후의 만찬에서 제공되는 포도주를 암시했고, 일련의 그림으로 과부로부터 엘리야가 받은 빵은 축복 받은 성체를 암시했다. 이는 큰 예배당에서 최후의 만찬 그림과 함께 나란히 놓여 있다. 란프란코의 6개의 일련의 그림들은 모두 성체와 연관되어서 예배당 벽면에 높이 매달려 있다.

정탐꾼들의 보고

이스라엘 백성이 시내 산에서 율법을 받고 난 뒤 약속의 땅으로 준 가나안으로 가기 위해 또 길을 나섰다. 그때는 아론이 막 죽었을 때인데 애통하며 30일을 보낸 후, 다시 여정을 시작했다. 모세는 에돔 왕에게 사자를 보내어 이스라엘 백성이 에돔 땅을 통과하여 가나안에 이를 수 있도록 요구했는데 에돔 왕은 흉악한 태도로 거절했다.

그래서 백성은 할 수 없이 홍해 길로 내려가 에돔 땅을 돌아가야만 했다. 이때 길이 험난하여 백성들은 또다시 하나님을 원망하고 모세를 공격했다. 바로 얼마 전에 하나님께서 그들의 기도를 들으시고 대적을 물리친 일을 잊어 버린 것이다. 인간은 이처럼 연약하다. 하나님을 불신하며 반항하는 백성들의 원망은 가나안을 눈앞에 둔 시점까지 계속되었다.

이전에 그들이 바란 광야에 이르렀을 때 여호수아와 갈렙을 비롯한 12명의 정탐꾼들을 보내어 가나안땅을 탐지케 했다. 40일을 두루 정탐한 후에 여호수아와 갈렙은 이렇게 보고했다.

"과연 그곳은 포도송이가 어깨에 지고 갈만큼 크고 젖과 꿀이 흐르는 땅입니다."

하지만 나머지 10명은 실망스러운 보고를 하여 백성들이 낙담을 한다. 이때부터 백성들은 원망과 불평을 늘어놓았다.

철옹성 여리고

그리고 다시 40년이 훌쩍 지났다. 모세는 죽었고, 죽기 전에 지도자로 세워둔 여호수아가 이스라엘 백성들을 인도했다. 이제 가나안 정복만을 앞두고 있었다. 그들이 만난 첫 성은 여리고성이었다. 이 성은 가나안 땅을 대표하는 큰 도성 중의 하나였는데, 애굽을 나온 지 40년째 되던 해였다. 요단강을 사이에 두고 팽팽한 전운이 감돌았다. 이스라엘 백성이 오랜 광야의 유랑 생활을 끝내고 약속의 땅 가나안을 차지하러 요단강 건너편에 진을 쳤기 때문이다.

출애굽 이후 이스라엘의 광야 여정은 주변 모든 민족들의 두려운 화젯

거리였다. 당시 세계 최강의 애굽 군대를 굴복시킨 일, 홍해를 건넌 불가사의한 일, 요단강 동편의 강력한 아모리 족속의 두 왕을 정복한 일 등이다. 이스라엘의 최종 정복 대상인 가나안 백성들은 그러한 소식에 온몸의 맥이 풀렸을 것이다.

"이스라엘의 신, 여호와가 그토록 위대하단 말인가!"

특히 가나안 땅의 첫 관문인 여리고 성은 두려움으로 초긴장 상태에 있었다. 바로 그 도시에는 기생으로 알려진 여인 라합이 있었다. 그 여인의 운명은 불 보듯 뻔한 것이었다. 곧 멸망뿐이었다. 하지만 누가 알았으랴! 그 여인의 마음 속 깊은 곳에 이스라엘의 하나님 여호와에 대한 경외심이 불타고 있었다는 사실을…. 라합은 이스라엘에 관한 소식을 전해 듣고 오직 이스라엘의 하나님 여호와만이 천지간에 유일하고 참된 신인 줄 굳게 믿고 있었던 것이었다.

산 파올로 푸오리 레 무라 교회(church of San Paolo fuori le Mura). 성체와 연관된 란프란코의 6점의 그림이 외벽에 걸려 있던 교회로서 벽에 걸 것을 고려하여 아래에서 올려다 보듯 그렸다고 한다.

여리고 성은 사람이 많고 발달한 지역이기에 타락하고 범죄가 기승을 부리는 것이 역사의 실례이기도 하다. 그러나 라합은 판단력이 예민하고 신앙심도 강했다. 더욱이 하나님 신앙이 그의 마음속에 지배적이었던 사실을 보면 놀랍다. 이런 과정을 살펴보면 그는 타락생활이나 단순한 방종으로 기생이 된 것이 아니라 피할 수 없는 사정으로 어쩔 수 없이 기생의 길에 들어선 것 같다. 라합의 마음속에는 어느 땐가는 이 길을 정리하고 새 출발을 갖고자 하는 의욕이 깊이 자리 잡고 있었던 것이다. 여리고는 요단강 서쪽의 첫 성으로 토지가 비옥하고 견고한 성읍인데 이곳에 정탐꾼 2명을 파송했다.

그들은 라합의 집에 잠입했다가 여리고 군사들의 수색을 받게 되었는데, 그때 '라합'이 목숨을 걸고 그들을 숨겨주고 하나의 언약을 체결했다. 이스라엘이 여리고 성을 함락할 때 붉은 줄을 창문에 매달면 구출해 주겠다는 언약이었다. 결국 라합은 두 정탐꾼에게 진실한 표를 받아냈다. 그것은 바로 붉은 밧줄이었다. 붉은 밧줄을 창에 매고 그 집에 가족이 함께 있는 조건으로 맹세를 받아낸 것이다. 라합은 정신이 훌륭하고 믿음이 강했으며, 일 처리도 다부진 여자였다. 하나님은 목숨을 걸고 믿음에 따라 행동한 라합에게 풍성한 축복을 내려주셨다.

여리고 성이 멸망당할 때 라합 뿐만 아니라 그의 가족과 친지들을 모두 살려주었다. 뿐만 아니라 그녀를 이스라엘 백성으로 받아들여 유다 지파의 살몬과 결혼하도록 섭리하셨다. 나중에 라합은 살몬을 통해 룻의 남편된 보아스를 낳고 보아스는 오벳을, 오벳은 이새를, 이새는 다윗을 낳았다.

말하자면 라합은 다윗의 고조할머니가 된 것이다. 그것은 메시아 예수의 가계를 이룬 것을 의미한다. 멸망당할 도시 여리고 성, 그 중에서도 일개 기생에 불과했던 라합이 이토록 큰 축복을 받은 비결은 무엇이겠는가? 모든 그것은 바로 믿음, 곧 믿은 대로 실천한 살아 있는 믿음이었다.

18. 여리고성이 무너지다

여호수아 3-6장

「여리고 성 전투」 1684년. 요한 하인리히 쉰펠트

장애로 인하여 화가가 되다

요한 하인리히 쉰펠트Johann Heinrich Schönfeld는 독일의 바로크 화가다. 그는 요한 지첼바인Johann Sichelbein의 제자였으며, 이탈리아로 건너가 종교화가로서 유명세를 떨쳤고, 돌아온 후에는 빈과 뮌헨에서 일했다. 금세공인의 아들로 태어났지만 왼쪽 눈과 오른손을 장애로 인해 사용할 수 없어서 가족 구성원들처럼 금세공인 훈련을 받지 못했다.

다만 화가 교육을 받고 30년 전쟁을 피해 이탈리아 로마에서 공부를 하고 돌아와서 아우크스부르크에 정착한 후로는 남부 독일 교회에서 수많은 그림을 그렸다. 쉰펠트는 17세기 후반 독일의 가장 중요한 바로크 화가로서 성경 회화 외에도 신화와 장르화도 많이 그려냈다.

하지만 그의 창의적인 천재성이 이탈리아에서 돌아온 후에 점차 약화

되었다. 남부 독일 수도원과 교회에서의 많은 주문을 충족하기 위해 자신이 큰 그림을 그린 후 제자들로 하여금 마무리하도록 했다. 그럼에도 그는 독일의 주요한 화가로서 후세대에 커다란 영향을 끼쳤다.

하나님의 도움

봄이 오고 북쪽에 있는 헤르몬 산의 눈은 녹아서 요단으로 흘러들었다. 그 물은 넘쳐서 둑에까지 이르렀다. 이스라엘 사람들은 요단강을 앞에 두고 건너가야 했지만, 물살은 깊은 거셌다. 하지만 그들은 다리가 없었고 건너갈 배도 없었다. 그런데 하나님은 "오늘 내가 저 강을 건너게 하겠다.

「여리고 성 전투(*Battle of Jericho*)」 1684년. 요한 하인리히 쇤펠트. 패널에 유화. 프라하 성 미술관. 프라하.

제사장들이 앞서고 계명이 기록된 법궤가 뒤따르면 너희들은 나 여호와가 행하시는 기적을 보게 될 것이다"라고 하셨다.

하나님의 말씀대로 행했더니 그대로 요단강의 흐름이 멈추었다. 그리고 그 옛날 조상들이 홍해의 마른 땅을 건너듯이 그들도 요단 강을 마른 땅처럼 건넜다. 하나님은 요단강을 하나님의 도움으로 안전하게 건넌 것을 기념하여 돌로 표시를 만들라고 하셨다. 그리고 훗날 후손들이 돌무더기에 대해 묻는다면 하나님의 은혜로 요단 강을 건널 때에 마치 상류에 댐이 생긴 것같이 물이 멈추게 되어 안전하게 건넌 것을 기념하는 것으로 가르치라고 하셨다. 이제 백성들이 요단 강을 안전하게 건너자 여리고 성이 보였다. 백성들은 그 곳에 장막을 쳤다.

여리고 성은 가나안의 첫 성으로 난공불락의 성읍이었다. 하지만 견고한 여리고와 싸워야 하는 이스라엘은 훈련된 군사가 하나도 없었고 물론 탁월한 무기도 없었다. 너무나 부족하고 큰 위험을 내포하고 있는 전쟁이었다. 이를 누구보다도 잘 아는 사람은 모세를 대신하여 지도자가 된 여호수아였다. 그가 심히 괴로워서 기도하고 있을 때 하나님이 나타나셨다. 그리고 말씀으로 용기를 주신 것이다.

"여호수아야! 보거라. 내가 여리고와 그 왕과 용사들을 네 손에 붙였으니 너는 걱정하지 말고 싸워라."

여리고 격전을 앞둔 여호수아는 여리고 성 앞에서 낙담하고 있는 중이었는데, 바로 이때 칼을 빼어 손에 들고 있는 한 사람을 만나게 되었다. 여호수아는 깜짝 놀라 물어보았다.

"당신은 우리 편입니까? 적군의 편입니까?"

그 사람은 여호와의 군대 장관이었다. 여호수아는 즉시 땅에 엎드려 절했고, 여호와의 군대 장관은 여호수아에게 말했다.

"네 발에서 신을 벗으라. 네가 선 곳은 거룩하니라."

여호수아는 신을 벗고 엎드려 하나님이 주시는 명령을 기다렸다. 그 자리에서 하나님은 여리고 성 함락 작전을 여호수아에게 알려 주셨다. 그 작전은 여리고 성을 하루에 한 바퀴씩 돌라는 것이었다.

요한 하인리히 쇤펠트의 초상화. 독일인 최초의 미술사를 집필하기도 하고, 초상화로 잘 알려진 잔드라르트(Joachim von Sandrart)가 그린 동판화. 왼쪽 눈에 장애가 있음을 확인할 수 있다.

"언약궤를 중심에 두고 성을 돌도록 하라, 또 성을 돌 때에 무장한 군인들이 앞장서고, 양각나팔을 부는 7명의 제사장들이 그 다음에 서며, 제사장은 언약궤를 메고 매일 한 번씩 6일 동안 돌며 제 7일에는 일곱 번을 돌되, 나팔소리와 함께 크게 외치라."

하나님의 말씀대로 7일 동안 그렇게 했더니 여리고 성은 무너지고 말았다. 그들이 여리고 성 주변을 돌면 돌수록 그들의 힘으로는 여리고 성을 무너뜨릴 수 없음을 깨닫게 되었을 것이다. 이것은 전적으로 하나님의 도움에 의지할 수밖에 없다는 것을 깨닫도록 한 것이다. 그리고 그들은 침묵을 통해서 순종하기 시작했다. 결국 여리고 성은 무너졌고, 이스라엘은 첫 전투에서 하나님의 은혜를 입어 크게 승리했다. 이스라엘 백성들은 승리의 웃음을 지을 수 있었다.

19. 젖과 꿀이 흐르는 약속의 땅

여호수아 7, 9, 14, 24장

「아이 성의 함락과 아간을 돌로 쳐죽임」 1569년, 필립 갈레

판화가가 묘사한 이스라엘의 재앙

필립 갈레Philip Galle는 네덜란드의 출판인이자 판화가로 유명하다. 네덜란드의 하를렘에서 태어난 그는 조각가 더크 쿠른헤르트Dirck Coornhert의 제자이기도 하다. 출판업자 히에로니무스 코크Hieronymus Cock의 앤트워프 출판사에서 1557년부터 일하다가 1563년에 독립하여 출판사를 세우고 판화를 출간했다. 그의 아들 코넬리스Cornelis도 조각가로서 필립 갈레와 현저한 유사성을 보였다. 필립 갈레의 언론과 출판사는 대성공이었고, 그의 제자들과 자녀들이 함께 사업을 이어갔다. 그는 플랑드르 출신의 예술가였다.

그의 아들 테오도르 갈레Theodor Galle와 코넬리스 갈레 1세Cornelis Galle the Elder에 의해 출판 사업은 계속되었으며, 그들도 조각가로서의 명성을

알렸다. 갈레 워크숍에서 제작된 많은 제목 페이지와 책의 삽화는 플란틴과 모레투스 출판사에 의해 복각되었다. 1564년에 앤트워프에 정착한 갈레는 1571년에 시민권을 취득하고 같은 해 성 누가 길드Guild of St. Luke, 성 루가 화가조합의 학장이 되었다.

1569년에 필립 갈레에 의해 출간된 『유대 국가의 재난 또는 재앙*Clades, or Disasters of the Jewish Nation*』은 가로 세로 각각 20센티미터와 14센티미터의 판화 22점이 들어 있다.

아이 성 전투에서의 패배

하나님의 말씀하신 대로 여리고는 무너지고 말았다. 그런데 이스라엘 백성 중에 한 사람이 모든 부정한 것을 없애라는 명을 어겨 죄를 짓는 일이 생겼다. 유다 지파 가운데 제라의 증손자이자 잡디의 손자이며, 가르미의 아들인 아간이 부정한 것을 숨긴 일이다. 이 일 때문에 여호와께서는 이스라엘 백성에게 몹시 노하셨다. 여호수아는 여리고에서 베델 동편 아이 성으로 사람을 보내면서 올라가 그 땅을 정탐하고 오라고 명령했다. 그들은 올라가 아이 성을 정탐하고 여호수아에게 돌아와 보고했다.

"전군이 다 올라 갈 것까지는 없습니다. 이삼천 명만 올라가도 아이는 넉넉히 칠 수 있습니다. 사람이 많지 않습니다. 군대를 총출동시켜 고생시킬 필요는 없습니다."

그 보고대로 군대 약 삼천 명이 아이 성을 치러 올라갔다. 그런데 예상외의 공격에 패하여 쫓기게 되었다. 그들은 성문에서 스바림까지, 또 거기에서 비탈길을 따라 이스라엘 사람들을 추격해 오면서 삼십육 명이나 죽였다. 때문에 백성들은 크게 낙담했다. 여호수아와 이스라엘의 장로들은 옷을 찢고 머리에 먼지를 쓴 채 저물 때까지 하나님의 법궤 앞에 엎드려

「아이 성의 함락과 아간을 돌로 쳐죽임(*The Destruction of Ai and the Stoning of Achan*)」 1569년. 필립 갈레. 판화. 20.1×14cm. 『유대 국가의 재난 또는 재앙』에 포함. 하버드 미술관. 케임브리지.

있었다. 여호수아도 울부짖었다.

"나의 주 여호와여, 어찌하여 이 백성으로 하여금 요단강을 건너게 하시고는 이제 아모리 사람들 손에 붙이셔서 멸망시키려고 하십니까? 차라리 요단강 건너편에서 살게 해 주셨더라면 좋았을 것입니다. 나의 주여, 아뢰는 말에 귀를 기울여 주십시오. 그러나 이스라엘이 원수에게 등을 보인 이 마당에 제가 무슨 말을 할 수 있겠습니까? 가나안 사람들뿐 아니라 이 땅에 사는 모든 사람이 이 소식을 들으면 우리를 포위하고 공격할 것입니다. 주여, 어찌 하시렵니까?"

그러자 여호와께서 여호수아에게 대답하셨다.

"일어나라! 어찌하여 이렇게 엎드려 있느냐? 이스라엘이 내게 죄를 지었다. 내가 분부한 지시를 어기고 부정한 것을 가졌다. 그리고 그것을 훔쳐다가 자기 행낭에 숨겨 두었다. 그로 인해 이스라엘 군이 원수들과 맞설 수 없게 되었고, 원수들에게 등을 보이게 된 것이다. 너희 가운데서 그 부정한 것을 치워 버려라. 그렇지 아니하면 다시는 내가 너희와 함께하지 아니하리라."

하나님은 부정한 것을 가지고 있는 자를 골라내리니, 잡힌 자는 그 식구와 함께 화형을 당하리라고 하셨다. 그가 하나님의 지시를 어기고 이스라엘 가운데서 못할 짓을 했기 때문이다. 여호수아는 아침 일찍 일어나서 이스라엘을 지파별로 나오게 했다. 그랬더니 유다 지파가 잡혔다.

유다 지파를 갈래별로 나서게 했더니 제라 갈래가 잡혔고, 제라 갈래를 가문별로 나서게 했더니 잡디 가문이 잡혔다. 다시 여호수아가 잡디 가문의 장정을 차례로 나서게 했더니 유다 지파, 제라의 증손이요, 잡디의 손자며, 가르미의 아들인 아간이 잡혔다. 여호수아가 아간에게 물었다.

"아들아, 이스라엘의 하나님 여호와에게 자백하라. 무슨 일을 했든 숨기지 말고 말하라."

아간이 여호수아에게 대답했다.

"제가 정녕 이스라엘의 하나님께 죄를 지었습니다. 전리품 가운데 시날에서 난 좋은 외투 한 벌과 은 이백 세겔과 오십 세겔 나가는 금덩이 하나를 보고는 그만 욕심이 나서 가졌습니다. 그것들은 제 천막 땅속에 은을 밑에 깔고 묻어 두었습니다."

여호수아는 심부름꾼을 보냈다. 그들이 아간의 천막으로 달려 가보니, 과연 외투가 묻혀 있고 그 밑에 은이 깔려 있었다. 그들은 그것을 모두 천막에서 꺼내어 여호수아와 이스라엘 백성들에게 가져다가 여호와 앞에 놓았다. 여호수아는 제라의 아들 아간을 끌고 그 은과 외투와 금덩이를 거두어 아골 골짜기로 올라갔다. 그의 아들딸을 비롯하여 소, 나귀, 양, 그의 천막과 그에게 딸린 모든 것을 가지고 올라가는데, 온 이스라엘이 그를 따라 나섰다.

여호수아가 말했다.

"어찌하여 네가 우리에게 이런 참혹한 일을 당하게 했느냐? 너도 오늘 야훼께 참혹한 일을 당하리라."

이 말이 떨어지자마자 온 이스라엘이 돌로 쳐서 그를 돌무더기로 만들었다. 또 그의 일족을 불사르기로 하고 돌로 쳐 죽였다. 그들이 그 위에 쌓아 올린 큰 돌무더기는 오늘까지 남아 있다. 그제서야 하나님의 극렬한 분노가 걷혔다. 이런 이유로 그곳의 이름을 오늘날에도 아골 골짜기라 부른다.

두려워 말라

다시 여호와께서 여호수아에게 이르셨다.

"두려워하지도 말고 겁내지도 말라. 전군을 거느리고 떠나 아이로 올라가라. 보라. 내가 아이 왕과 그 백성과 성읍과 영토를 네 손에 붙인다. 네가 여리고와 그 왕을 해치웠듯이 아이와 그 왕도 해치울 터인데, 전리품과 가축은 차지해도 좋다. 그 성 뒤쪽에 복병을 배치하도록 하라."

여호수아는 전군에게 아이로 올라갈 준비를 갖추게 한 다음, 날쌘 용사 삼만 명을 뽑아 밤중에 보내면서 이렇게 지시했다.

"잘 들어라. 너희는 저 성 뒤로 돌아가 성에서 너무 멀지 않은 곳에 매복하고 대기하라. 나는 나의 부대를 거느리고 저 성으로 다가가리라. 그들이 우리를 맞아 싸우러 나오면 우리는 쫓기는 체하겠다. 그들은 우리가 먼저처럼 도망을 친다고 생각하고 우리를 뒤쫓아 올 것이다. 우리가 그들을 성에서 멀리 꾀어내거든 너희는 매복하고 있던 데에서 일어나 저 성을 점령하라. 너희 하나님 여호와께서 저 성을 너희의 손에 붙이시리라. 성을 점령하는 길로 불을 질러라. 여호와의 말씀이니 꼭 그대로 해야 한다. 내 명령이다."

이스라엘은 그 작전대로 승리했다. 그 날 칼날에 쓰러진 아이 사람은 남녀 합해서 모두 만이천 명이나 되었다. 여호수아는 아이를 불 질러 영원한 폐허로 만들어 버렸다. 그래서 오늘날까지 그 곳은 돌무더기로 남아 있다.

이 소식을 듣고 요르단 강 건너편 산악지대와 야산지대와 바다의 연안을 끼고 있는 레바논에 이르는 지역에 사는 헷족, 아모리족, 가나안족, 브리즈족, 히위족, 여부스족의 왕들은 모두 동맹을 맺어 여호수아가 거느린 이스라엘과 싸우기로 의견을 모았다. 그런데 기브온 주민들은 여호수아가 여리고와 아이를 해치운 이야기를 듣고 가만히 있을 수 없어 속임수를 쓰기로 했다. 속임수에 넘어가 쉽게 화친을 맺고 말았다. 하지만 우여곡절 끝에 모든 정복이 끝나고 이제 여호수아가 나이가 들자 여호와께서 그에게 말씀하셨다.

"너는 이제 나이가 많아 늙었는데 정복할 땅은 아직도 많이 남아 있다. 그러니 내가 너에게 명한 대로 그 땅을 이스라엘 백성들에게 나누어 주라. 이제 너는 이 땅을 아홉 지파와 므낫세 지파의 절반에게 나누어 주라."

이렇게 이스라엘 백성은 야훼께서 모세에게 명하신 대로 토지를 나누어 받았다. 이로서 가나안 땅에서 전란이 모두 끝났다.

20. 기드온과 300명의 용사

사사기 6-7장

「미디안 연합군과 싸우는 기드온」 1625-1626년. 니콜라 푸생

균형과 비례를 중시하는 화가의 의도적 강조

니콜라 푸생Nicolas Poussin은 17세기 프랑스 최고의 화가이며, 근대 회화의 시조라 할 수 있다. 라파엘로 산치오Raffaello Sanzio를 좋아했으며 로마로 유학을 했고 고전적 작품을 많이 그렸다. 신화, 고대사, 성경 등에서 소재를 골라 로마와 상상의 고대 풍경 속에 균형과 비례가 정확한 고전적 인물을 등장시킨 독창적인 작품을 그렸다. 장대하고 세련될 뿐 아니라 정연한 화면 구성과 화면의 정취는 프랑스 회화에 큰 영향을 끼쳤다.

푸생은 1621년 뤽상부르 궁Palais de Luxembourg의 장식에 필립 드 샹파뉴Philippe de Champaigne와 함께 고용되었다. 이 때 왕궁에 소장된 라파엘로의 작품을 알게 되었고, 원래 이탈리아 고전에 관심을 가지고 있던 그는 더욱 로마를 동경하게 되었다. 1628년 성 베드로 대성당Basilique Saint-Pierre의 제

단화를 그릴 무렵부터 명성이 높아져, 1639년 마침내 고국 프랑스의 루이 13세Louis XIII로부터 수석화가로서 초빙되었다.

그러나 파리의 화가들과 잘 맞지 않아, 1642년 다시 로마로 돌아와 죽을 때까지 그 곳에 머물렀다. 그는 여전히 17세기 프랑스 최대의 화가이며, 프랑스 근대 회화의 시조로 일컬어진다. 푸생의 작품은 로마뿐만 아니라 그 밖의 다른 지역에 사는 부자들과 세력가들에게도 대단히 인기가 높았다. 뚜렷한 윤곽선과 밝은 색채를 기초로 한 명확하고 입체적인 구성의 그림들로 인해 고전주의를 주도한 대표적인 화가로 간주된다.

「미디안 연합군과 싸우는 기드온」은 푸생의 화법이 잘 드러난 작품이다. 특이하게도 기드온을 비롯한 앞쪽에서 나팔을 불고 있는 3명은 키가 작은 소년으로 묘사되었다는 점이다. 건장하고 훈련받은 듯한 미디안 연합군과는 대조적이다. 푸생은 이를 통해 하나님의 전쟁이 창칼로 싸우는 것이 아니며, 사람의 능력으로 싸우는 것이 아님을 보여주려는 의도를 강조하여 소년이라도 하나님을 향한 믿음으로 싸울 수 있음을 보여주려고 한 것은 아닌지 추측해 볼 수 있다.

횃불과 나팔로 미디안을 물리치다

여호수아가 죽은 지 벌써 몇 년이 흘렀다. 그러면서 많은 사람들이 서서히 하나님이 그들을 위해서 하신 일들을 잊어가고 있었다. 그리고 그들만을 위해 해 주신 약속, 곧 메시아가 그들 왕국에서 나오게 하겠다는 약속도 잊어가고 있었다. 그들의 주위엔 우상을 숭배하는 나라들이 많이 있었기 때문이다. 그들의 사방엔 적들이 널려 있었다. 옛날 가나안의 적들을 모두 다 멸하지 않은 결과이기도 했다.

항상 그들은 이스라엘이 약해질 때마다 쳐들어와서 약탈을 일삼곤 했

「미디안 연합군과 싸우는 기드온(*Battle of Gideon Against the Midianites*)」 1625-1626년. 니콜라스 푸생. 캔버스에 유화. 137×98cm. 개인 소장.

다. 그때마다 하나님은 사사들을 세워서 그들을 물리치도록 하셨다. 옷니엘, 에후, 삼갈, 드보라와 바락, 기드온 등의 사사가 나타나 이스라엘을 위기로부터 구해냈다. 특히 기드온에 대한 이야기는 미디안을 완전히 이긴 역사에 남을 전쟁이었다.

기드온은 평범한 농부였으며, 미디안 사람들은 추수 때만 되면 약탈을 위해 이스라엘을 쳐 들어왔다. 그런데 기드온은 밀을 타작하다가 여호와의 사자로부터 소명을 받게 되었다. 기드온은 매우 조심스러운 사람이었다. 그래서 기드온은 하나님의 사자로부터 소명을 받고도 여러 가지 증거를 더 요구했다. 그래서 양털 뭉치에만 이슬이 내리게 해달라고 하기도 하고, 양털 뭉치만 제외하고 이슬이 온 땅에 내리게 해달라고 요구하기도 했다. 그런데 주님은 이처럼 매우 조심스러운 기드온을 전혀 나무라지 않았다. 왜냐하면 하나님의 구원하심이 사람의 능력에 있지 않다는 것을 보여주시려는 이유 때문이었다.

「천사와 기드온(*The Angel And Gideon*)」 1640년. 헤르브란트 반 덴 데크하우트. 캔버스에 유화. 86×98cm. 스웨덴 국립박물관. 스톡홀름.

기드온이 결정적인 결심을 하게 되는 것은 미디안 진영에서 그곳 병사들이 꿈을 꾸고 나서 하는 이야기를 듣게 되면서 부터였다. 그로 인해 기드온은 하나님의 신에 감동되어 나팔을 불어 많은 사람을 모으게 되었다. 그런데 하나님은 그들 가운데서 오직 300명의 용사만을 선별하라고 명령하셨다. 그렇지 않아도 군사 수가 모자라는 판에 300명만 데리고 싸우라는 것이 말이 되는가? 하나님은 기드온에게 말씀하셨다.

"누구든지 두려워서 떠는 자여든 떠나 돌아가게 하라."

그랬더니 그곳에 모인 백성 중 이만이천 명이 돌아가고 만 명이 남았다. 이번에는 강가에 가서 물을 마시게 하여 300명만 선별하게 되었다. 물가에 무릎을 꿇고 엎드려서 개같이 물을 핥는 자들은 다 집으로 돌아가게 하고, 물을 손으로 움켜 입에 대고 핥아 마시는 자 300명만 선발하도록 하셨다. 군사가 뽑히자 이제는 무기를 준비해야 할 터인데, 300명의 용사들의 무기는 나팔, 빈 항아리, 횃불 그리고 순종이었다. 미디안은 싸움에 능한 자들로 광야를 주름잡던 부족이었다.

결과는 어떻게 되었을까? 이스라엘의 300명의 용사가 나팔과 횃불을 들고 오면서 항아리를 깨뜨리자 미디안 사람들은 한밤중에 그 소리를 듣고 대군이 쳐들어오는 줄로 알고 자기들끼리 싸워서 크게 패하게 되었다. 이 전쟁은 이스라엘의 완승으로 싱겁게 끝나고 말았다.

21. 힘센 삼손의 최후

사사기 13, 16장

「삼손과 들릴라」 1604/1614년, 페테르 파울 루벤스

독일의 화가 루벤스는 생전에 화가 겸 학자이자 외교관으로 명성을 떨쳤다. 1620년대 유럽에서 가장 영향력 있는 인물 중 하나였으며, 고향인 안트베르펜Antwerpen에서 대규모의 공방을 운영하며 상당한 부를 축적했다. 말년에 그린 풍경화는 인상주의 화가를 비롯한 후대 화가들에게 영향을 미쳤다. 1620년대와 1630년대에 영국의 찰스 1세Charles I, 에스파냐의 펠리페 4세Felipe IV, 마리 드 메디시스Marie de Médicis를 포함한 그의 후원자들과 함께 유럽에서 가장 영향력 있는 인물 중 하나로 오를 수 있었다.

그는 고향인 안트베르펜에서 대규모의 공방을 운영했다. 그의 수많은 조수와 제자들로 매우 번창했던 이 공방은 루벤스가 밑그림을 그리면 다른 화가들이 그것을 채색하는 방식으로 수백 점의 작품들을 제작했다. 루벤스는 많은 그림에 끝손질만 했으며, 대개는 공방의 화가들이 그렸다. 이를 통해 상당한 부를 축적한 루벤스는 안트베르펜의 중심지에 화려한 저

「삼손과 들릴라(*Samson and Delilah*)」 1604/1614년. 페테르 파울 루벤스. 패널에 유화. 52.1×50.5cm. 신시내티 미술관. 신시내티.

택과 정원을 지을 수 있었다.

말년에 루벤스는 안트베르펜으로 돌아와 풍경화에 열중했다. 이 시기에 그린 매우 개인적인 작품들에서 색은 엷어지고 역동성은 느슨함으로 바뀌었는데, 이는 존 컨스터블John Constable과 인상주의 화가들을 포함한 후대 화가들에게 영향을 미쳤다. 루벤스의 그림은 유려한 화풍의 에너지로 충만한 작품으로 오늘날에도 많은 화가들에게 영감을 준다.

관능미로 표현한 「삼손과 들릴라」

돈의 유혹에서 벗어나지 못해 사랑도 팔아버렸던 여인이 구약성서에 나오는 들릴라다. 돈에 매수된 들릴라를 극적으로 표현한 작품이 페테르 파울 루벤스의 「삼손과 들릴라」다. 이 작품은 종교화지만 종교적 의미보다 관능적인 분위기를 연출하고 있다.

「삼손과 들릴라」는 이스라엘의 영웅이자 사사로서 초인적인 힘을 남자인 삼손에 대한 그림이다. 그에게는 금기가 하나 있었는데, 힘을 솟아나게 하는 머리카락을 절대로 잘라서는 안 된다는 것이다. 여자를 좋아한 삼손은 많은 여자와 사랑에 빠졌어도 자신의 비밀을 결코 누설하지 않았다. 하지만 삼손은 아름다운 블레셋 여인 들릴라를 사랑하게 되었고, 그 사실을 안 블레셋 사람들은 그녀에게 삼손의 비밀을 알려달라고 돈으로 유혹했다. 들릴라는 즉시 은 천 냥에 매수되어 몇 번의 시도 끝에 삼손의 비밀을 알아냈다. 삼손은 그녀의 배신에 두 눈을 잃고 머리카락이 잘려 힘을 쓰지 못하게 된다.

루벤스의 「삼손과 들릴라」는 빛과 어둠을 이용해 사랑과 배신을 극적으로 표현했다. 들릴라의 침실에서 삼손은 사랑이 끝난 후 그녀의 배 위에 잠들어 있다. 가슴을 드러낸 채 들릴라는 삼손의 어깨를 어루만지고 있으면서도 돈을 받기 위해 이발사가 삼손의 머리를 자르는 것을 내려다보고 있다. 이발사 머리 뒤에 있는 조각 장식품은 비너스와 큐피드로, 고개를 약간 비스듬히 숙이고 있는 비너스와 들릴라의 자세가 같은 것은 사랑에 빠진 삼손을 암시한다.

잠든 삼손의 머리카락을 자르고 있는 남자의 옆에 서 있는 노파는 그 장면을 놓칠세라 촛불을 밝히며 가까이에서 들여다보고 있다. 사창가 포주인 노파는 악을 상징하고 있지만, 성경에서는 나오지 않는 인물로 루벤스가 극적인 장면을 연출하기 위해 그려넣었다. 화면 오른쪽에는 횃불로 얼굴을 밝히고 있는 블레셋 병사들이 문밖에서 몰래 숨어 지켜보고 있다.

이 작품에서 들릴라의 붉은색 옷은 사랑의 열정과 앞으로 일어날 피의 비극을 암시한다. 루벤스는 이 작품에서 화려한 내부 장식을 그려넣어 고급 사창가의 이미지를 극대화했다. 28세 때 그린 이 작품으로 루벤스는 당대 최고의 명성을 누리는 화가가 되었다.

사사 삼손

백성을 애굽에서 인도했던 모세는 이미 광야에서 죽었고, 모세의 뒤를 이어 이스라엘 백성을 가나안 땅으로 인도하여 들였던 여호수아도 사명을 마치고 하나님 품으로 돌아갔다. 그 후 이스라엘은 왕을 주축으로 하는 강력한 왕국 시대가 열리기까지 전체적인 통치 체계 없이 각 지파별로 족장 중심의 체제가 이루어졌다.

세월이 흘러 이스라엘 백성이 약속의 땅 가나안에 들어가 안식을 누리게 되었을 때 이스라엘 백성들 사이에 긴장감이 풀어지면서 하나님을 떠나는 악한 일이 일어나게 되었다. 하나님께서 그들에게 진노하셨다. 이로 인해 이스라엘은 다시 이방인들에게 노략을 당하게 되었다. 시련 앞에서 이스라엘 백성들은 다시 하나님 앞에 엎드렸고, 구원해 주시기를 기도했다. 그래서 하나님을 떠난 이스라엘 백성들을 돌이켜 구원하시고 그들을 노략하는 자의 손에서 건져내기 위해 하나님은 이스라엘 백성들 위에 사사士師를 세우셨다.

하지만 사사가 죽은 후에는 이스라엘 백성들은 또 다시 하나님을 떠나 이방 신을 좇는 생활로 되돌아갔다. 그러면 또 하나님의 징벌이 있게 되었다. 다시금 백성들은 회개하고, 하나님은 또 다시 다른 사사를 구원자로 보내는 역사가 반복되었다. 이렇게 반복되는 역사 가운데 이스라엘은 또 다시 하나님께 악을 행함으로 블레셋 사람들에게 압제를 받게 되었다. 이스라엘이 블레셋 사람들에게 압제를 받고 괴로워할 때에 다시 이스라엘을 구원하기 위하여 하나님의 뜻 안에서 삼손이 등장하게 된다. 삼손은 단지파 사람인 마노아의 아들로 태어났다.

하나님은 그에게 "포도나무에서 난 것을 먹지 말고 독주를 멀리 하라. 머리카락을 밀지 말라. 또 시체를 만지지 말라"고 명령하셨다. 세월이 흘러 삼손은 블레셋 여인 중에서 아내를 맞이하려고 했다. 그의 부모는 이스라엘 형제 중에서 아내를 찾지 않고 이방인 중에서 맞이하려고 한다며 반대했으나 삼손은 막무가내로 우기면서 블레셋 여인을 아내로 맞이했다.

얼마 후 삼손은 그 여인을 아내로 맞이하기 위하여 딤나로 내려가 칠일 동안 잔치를 베풀면서 지내게 되었다. 모인 무리 중 삼십 명에게 수수께끼를 내어 칠일 안에 맞추면 베옷과 겉옷을 각각 30벌씩 주되, 맞추지 못하면 반대로 옷을 받기로 했다. 그러나 블레셋 사람들이 수수께끼를 풀지 못하자 삼손의 아내를 꾀었고, 아내는 삼손 앞에서 울면서 애원하여 수수께끼의 해답을 알아낸 후 블레셋 사람들에게 알려 주었다.

이 일로 인하여 삼손은 심히 노하였고, 그들에게 옷 30벌을 주기 위해 아스글론에 가서 블레셋 사람 삼십 명을 죽임으로써 블레셋 사람들을 응징했다. 또한 장인이 삼손의 아내를 다른 사람에게 주게 되면서 삼손으로 하여금 블레셋 사람들을 해할 구실을 만들어 주게 되었다. 삼손은 여우 삼백 마리를 붙잡아 불을 붙인 홰를 여우 꼬리에 달았다. 그리고 곡식이 심겨진 블레셋 사람들의 밭을 모두 불살라 버리고, 이스라엘을 핍박하는 블레셋 사람 일천 명을 나귀 턱뼈로 쳐 죽였다.

힘을 잃어 버린 삼손

삼손은 이후 방탕한 생활을 하게 되면서 결국 비극적인 일을 당하고 만다. 블레셋 최남단에 위치한 가사 지방에 가서 기생을 가까이 하다가 블레셋 사람들에게 포위를 당해 죽을 위험에 빠지기도 했지만 가까스로 빠져나오기도 했다. 그 후 삼손은 또 블레셋 통치하는 소렉 골짜기의 들릴라라는 이방 여인을 사랑하게 되었다. 이를 안 블레셋 사람들이 들릴라에게 많은 돈을 주면서 부탁하기를, 삼손을 꾀어 그 막강한 힘의 근원이 어디서 나오는지 알려 달라고 했다. 삼손을 잡아 결박하기 위함이었다.

들릴라가 삼손에게 큰 힘이 어디서 나오는지 알려달라고 하자, 삼손은 연거푸 세 번이나 거짓으로 알려주었다. 하지만 들릴라는 이미 삼손의 마음을 사로잡았고, 날마다 재촉하여 졸라댔다. 그러니 삼손의 마음이 번뇌로 죽을 지경이었다. 결국 이방 여인 들릴라를 사랑하여 마음을 다 빼앗겨 버린 삼손은 하나님께서 명하신 나실인의 비밀을 모두 알려 주고 말았다. 이방 여인을 사랑하는 방탕한 생활로 인해 하나님이 언약하신 비밀을 지키지 못한 삼손에게 시련이 시작되었다.

결국 이방인들에 의하여 머리털이 잘리고 하나님께서 그를 떠나가심으로 말미암아 하나님이 주신 특별한 힘을 잃어버리게 되었다. 이스라엘의 대적 블레셋 사람들은 삼손을 잡아 결박하고 두 눈을 빼어 버린 후 옥

중에서 맷돌을 돌리게 했다. 삼손의 비극은 여기서 끝나지 않았다. 블레셋 사람들은 삼손을 잡아 결박한 것을 기뻐하면서 그들의 다곤 신전에서 제사를 하고 신을 찬송하면서 즐거워했다. 또 이 자리에 삼손을 불러다가 자신들 앞에서 재주를 부리게 했다.

이 얼마나 슬픈 일인가? 하나님께서 택하신 나실인이라는 고귀한 직분은 사라지고, 하나님의 축복을 받은 사사의 사명은 어디로 갔는가? 하나님이 주신 그 막강한 힘은 다 어디로 빼앗겼단 말인가! 그것도 이스라엘을 핍박하는 대적 블레셋 사람들의 우상인 다곤 신전에서, 그 많은 블레셋 사람들이 모인 자리에서 재주를 부리고 있는 삼손의 모습은 참으로 비극이었다. 삼손의 치욕도 치욕이려니와 삼손을 나실인으로 택하시고 사사로 세우신 하나님의 영광은 어찌되었겠는가?

삼손의 최후

그러나 삼손은 끝까지 치욕을 당하고만 있지는 않았다. 자신의 잘못과 방탕으로 인해 자신의 부끄러움뿐만 아니라 하나님의 영광을 가린 죄를 회개하며 죽기를 각오하면서 하나님께 간절히 기도했다. 마지막으로 이스라엘의 대적 블레셋 사람들에게 원수를 갚고 하나님의 영광을 나타내기를 진실로 간절히 원했다.

하나님은 삼손의 진실한 기도를 들어주셨고, 다시 한 번 삼손을 돌아 보셨다. 그에게 힘을 더해 주셨고, 원수를 갚아 하나님의 영광을 나타내게 하셨다. 블레셋 사람들이 섬기는 신, 다곤의 신전에서 두 기둥을 무너뜨림으로 많은 블레셋 사람들을 죽이고 그도 장렬하게 죽었다. 그가 이스라엘의 사사로 지낸 기간은 이십 년이었다.

22. 룻의 재혼 이야기

룻기

「룻과 보아스」 19세기 중반. 나자렛 예술 운동

「룻과 보아스」는 19세기 중반 작품으로 작가가 누구인지 알려져 있지 않다. 다만 짐작으로 나자렛 예술 운동 또는 나자렛파Nazarenes의 일원의 것으로 추측된다. 나자렛파는 19세기 초 만연하던 외설적인 작품들에 반하여 기독교 예술의 정직성과 영성을 되살리려는 목표로 독일 화가들에 의해 시작된 낭만주의 예술가 그룹이었다.

'나자렛'이라는 이름은 성경적 방식의 옷과 머리 스타일에 대한 주변의 조롱에서 비롯되었다. 빈 아카데미의 학생이었던 오버벡Johan Friedrich Overbeck과 포르Franz Pforr가 중심이 되었다. 그들은 예술이란 본디 창조적인 성질의 것이 아닌 종교적인 관념의 표출에 도움이 되는 것이라고 생각했다. 1809년 빈에서 성 누가 길드Lukasbund으로 시작하여 이듬해 그들의 활동 무대를 로마로 옮겼다. 그곳에서 활동하던 코르넬리우스Peter von Cornelius, 카롤스펠트Julius Schnorr van Carolsfeld, 샤도Wilhelm von Schadow 등 다수의 화가들이 이 그룹에 가입하게 되었다.

나자렛파는 핀초 구릉pincian hill의 수도원에서 수도사와 같은 생활을 영위하면서 새로운 종교화의 이상 실현을 지향하는 작품 제작에 전념했다. 점차 가톨릭의 교의를 받들고 또 라파엘로 시대까지 거슬러 올라가 페루지노Pietro Perugino와 프라 안젤리코Fra Angelico 등의 종교화에 심취하였다. 공동 제작한 작품으로는 로마 바르톨디Casa Bartholdy의 벽화와 마시모Casino Massimo의 벽화가 유명하다.

나자렛파는 낭만주의 운동의 하위 범주로 간주된다. 외관상으로 특징지어 지는데, 독일 중세와 이탈리아 초기 르네상스 그림 기법의 영향을 받았다. 또한 이 운동의 예술가들은 종종 애국심을 반영하여 독일 역사의 다양한 장면과 기독교의 신비주의를 투영한 종교적 장면들을 그려냈다.

나자렛파는 예술에서 정직한 표현을 반영한 것으로 특징지을 수 있다. 이 집단의 사람들은 예술 학교의 일반적인 가르침을 거부한 최초의 사람들로 더 오래되고 순수한 회화 스타일을 되찾으려고 했다. 이러한 나자렛파의 경향은 1800년대 후반 전위적인 운동에 직접적인 영향을 끼쳤다.

이방 여인 룻이 예수님의 족보에 오르다

작은 언덕 위의 동네인 베들레헴에서는 흉년으로 인해 모두 굶주려 있었다. 들판은 모든 것이 누렇게 말라 버려서 먹을 게 없었다. 어느 날 엘리에셱이 아내 나오미에게 말했다.

"먹을 것이 아무것도 없구료. 모든 짐을 꾸려서 이사를 가야겠소."

"아니 어디로 가신단 말예요?"

"요단 강 건너 모압으로 갑시다. 그곳에는 먹을 것이 있다고 합니다."

그래서 엘리에셱과 나오미는 그들의 두 아들과 함께 모압 지역으로 건

「룻과 보아스(*Ruth and Boaz*)」 19세기 중반. 나사렛 예술 운동. 캔버스에 유화. 76.7×63.2cm. 개인 소장.

너갔다. 소년들은 그곳에서 자라났고, 어느덧 결혼 할 나이가 되어 모압의 두 소녀 오르바와 룻을 며느리로 삼게 되었다. 하지만 얼마 후 아버지인 엘리에섹은 죽고, 십 년 후에는 나오미의 두 아들도 죽고 말았다. 그리고 그들은 모두 과부가 되었다. 그때 베들레헴으로부터 기근이 끝났다는 소식이 들렸다. 그 소식을 들은 나오미는 고향으로 다시 돌아가기로 결정했다. 그러자 며느리인 룻이 말했다.

"어머니 혼자서 여행하기에는 너무 멀고 힘듭니다."

그래서 오르바와 룻은 그들 자신의 집을 떠나 나오미와 함께 베들레헴으로 떠나기 위해 채비를 했다. 가는 도중에 나오미는 며느리들에게 다시 돌아가라고 설득했다. 그러나 룻은 나오미에게 간청했다.

"나는 어머니가 가는 곳이라면 어디든지 갈 것입니다. 어머니의 사람들이 나의 사람들이 되고, 어머니의 하나님이 내 하나님이 될 것입니다."

하지만 또 다른 며느리인 오르바는 나오미에게 입맞춤으로 이별을 고했다. 다만 룻은 나오미도 더 이상 말릴 수 없었다. 두 여자가 함께 길을 떠나 베들레헴에 도착했을 때는 4월이었고, 농부들은 보리를 수확하기 시작했다. 나오미의 오래된 친구는 그녀를 다시 본 것에 대해 매우 놀라워했다. 하지만 나오미는 남편과 두 아들이 죽은 것으로 인해 슬펐다. 나오미와 룻은 고향 베들레헴에서 매우 가난한 살림을 시작해야 했다. 고향 집으로 돌아와 짐을 풀었지만 앞날이 막막했다.

그들은 가축이나 경작지를 갖고 있지 않았으므로 당장 먹고 살 일이 걱정이었다. 먼 길을 오느라 지친 시어머니를 보살피기 위해 룻은 당장 생계를 이어야만 했다. 룻은 매일 들판으로 나가서 수확하고 남은 곡식들을 줍기 시작했다. 그들이 베들레헴에 도착할 무렵은 추수 때였기에 밭에 나가서 떨어진 이삭을 주울 수 있었다. 이삭 줍는 것을 안타깝게 여긴 지주 보아스는 룻에게 말했다.

"이삭을 줍기 위해 다른 밭으로 가지 말고, 여기서 나의 소녀들과 함께 있으시오."

보아스가 처음 보는 사람에게 나타낸 반응은 냉담한 시선이나 괄시가 아니었다. 손을 내밀어 호의와 자비심을 베풀었다. 보아스가 보인 관용은 그것만이 아니었다. 뒤에 있는 청년에게 마실 것과 먹을 것을 제공하도록 명했으며, 룻을 희롱하지 말 것과 일꾼들이 곡식을 거두어들일 때 이삭을 흘려서 룻이 주울 수 있도록 세심히 배려했던 것이다.

이러한 보아스의 호의에 룻은 몸 둘 바를 몰랐고, 오히려 이방 여자인 자신에게 은혜를 베푸는 이유를 물었다. 보아스는 그녀의 시어머니에 대한 효심과 고향을 떠나 온 것에 대하여 칭찬했고, 하나님께서 충분히 보상해 주실 것이라고 격려해 주었다. 보아스는 은혜에 감사하는 룻에게 함께 식탁에 앉아 식사할 것을 권했고, 그녀는 충분히 먹고 남길 만큼의 대우를 받게 되었다. 자리를 떠나면서도 보아스는 종들에게 그녀를 위해 이삭을 조금씩 떨어뜨려 그녀로 하여금 줍도록 했는데, 룻이 하루 동안 주운 보리의 양이 열 에바나 되었다.

룻이 배불리 먹고 남긴 것과 주운 이삭들을 가지고 시어머니에게 가져가자, 나오미는 이것을 어디에서 주웠는지, 어디에서 일했는지 물었다. 자초지종을 말한 룻에게 나오미는 그가 가까운 친족임을 알려 주고 그의 밭에서 떠나지 말 것을 당부했다.

그 후로 룻은 보리와 밀 수확을 끝낼 때까지 보아스의 밭에서 일했다. 보아스가 나오미의 남편 엘리멜렉의 친족이 되면 희망이 있기 때문이다. 이스라엘 율법에 따르면 희년이 되면 자기들의 땅을 다시 되돌려받게 되어 있는데, 그가 자격을 가지고 있음을 의미했다. 이는 나오미에게 있어서 너무도 희망적인 소식이 아닐 수 없었다. 왜냐하면 룻이 보아스와 결혼을 하게 되면 잃었던 땅을 되찾을 수 있고, 또한 끊겼던 가문의 대를 이을 수 있기 때문이다. 나오미는 룻을 보아스에게 결혼시키기 위해 그녀가 해야 할 일을 하나하나 일러 주었다.

룻으로 하여금 몸을 씻고 기름을 바른 뒤 의복을 갈아입은 뒤 타작마당으로 내려가서 그 사람이 먹고 마시기를 다하기까지 보아스에게 알리지 말고 그가 누울 때에 눕는 곳을 알아두었다가 들어가서 그의 발을 드러내고 거기 함께 누울 것을 가르쳐 주었다. 그러면 보아스가 그녀에게 할 일을 말할 것이라고 했다. 룻은 시어머니의 말대로 순종했다.

룻는 보아스가 먹고 마시고 마음이 즐거운 때에 나가서 곡식더미 끝에 눕는 것을 보자, 룻도 가만히 가서 그의 발에 누웠다. 룻이 시어머니의 명령을 따라 보아스의 발치에 눕자 그가 일어나서 누구냐고 물었고, 룻은 그의 옷자락으로 자신을 덮어줄 것을 요청하면서 가까운 친족임을 밝혔다. 이 행동은 룻이 보아스에게 정식으로 청혼하는 방법이었다. 이 청혼에 대하여 보아스는 그녀가 현숙한 여인이라고 칭찬하면서 그녀와 결혼하여 친족의 임무를 다할 것을 다짐했다. 다만 자신보다 더 가까운 친족이 있으므로 그들이 친족의 임무를 수행하려고 하면 좋겠고, 그렇지 않다면 자신이 그 임무를 수행하겠다고 말했다.

"가난하든지 부하든지 젊은 남자를 따르지 아니했으니 네가 베푼 친절이 처음보다 나중이 더 많도다."

룻은 자신의 순결을 지켜왔고, 모든 이들에게 친절을 베풀 줄 아는 여인이었다는 것이다. 그녀는 자신의 처지에 관계없이 자신을 지키는 일을 훌륭하게 감당했다. 시어머니의 명령을 따라 보아스의 발치에 누웠던 룻은 그로부터 친족의 임무를 다하겠다는 다짐을 들은 후에 새벽까지 그의 발치에 누웠다가 사람들이 알아보기 전에 일어나서 그의 곁을 떠나려 했다. 이에 보아스는 그녀의 너울에 보리를 여섯 번 되어 지워 주고 룻은 집으로 돌아가게 되었다. 그리고 보아스는 이때부터 장가갈 준비를 했다.

자신보다 더욱 가까운 친족이 지나가자 도시의 장로 10명을 청해 놓고 나오미의 남편 엘리멜렉의 땅을 살 것인지 여부를 묻게 되었다. 어떤 이는 바로 사겠다고 말했지만, "당신이 룻과 결혼하려면 룻에 대해서도 반드시 그것을 사서 죽은 자의 집의 상속을 위하여 그의 이름을 일으켜 세울 아이를 낳아야 합니다. 그래도 하시겠소?"라고 묻자 손해 입을 것을 염려하여 포기하고 말았다. 나오미와 가장 가까운 친척이 기업 무를 권리를 포기하자 보아스는 내심 무척 기뻤다. 그러나 보아스는 침착하게 말했다.

"좋소이다. 그럼 당신이 권리를 포기한 것으로 알고 내가 사겠습니다. 자, 이제 그 증거로 이 신발을 받으시오."

당시 이스라엘에서는 무엇을 물려주거나 교환하는 일을 확정하기 위해서 신을 벗어 상대에게 줌으로써 증명이 되게 하는 관습이 있었다. 그것은 오늘날 서류에 대한 공증과 같은 역할이라 할 수 있다.

"자, 이제 내가 엘리멜렉과 기룐과 말론에게 있던 모든 것을 나오미의 손에서 샀습니다. 이 일에 장로님들과 모든 백성들이 증인입니다."

보아스는 기쁨을 감추지 못한 채 룻과 결혼할 것을 사람들 앞에서 공포했다.

"또 나는 말론의 아내 모압 여인 룻을 취하여 그 죽은 자의 기업을 그 이름으로 잇게 하여 그 이름이 끊어지지 않게 하겠습니다. 여러분들이 이 일에 증인이 되십니다."

마침내 보아스와 룻은 모든 사람들의 축복 속에 결혼을 하게 되었다. 그리고 하나님께서 보아스와 룻 사이에 아이를 주셨다. 이스라엘 여인들은 나오미에게 손자 본 것을 축하하며, 그 아이를 축복했다.

"이 아들은 이스라엘의 일곱 아들보다 더 귀한 당신의 며느리가 낳은 생명의 회복자이자 노년의 봉양자입니다. 이 아이가 이스라엘 중에 유명하게 되기를 원합니다."

그 아들의 이름은 오벳이었다. 그가 바로 이스라엘의 가장 위대한 왕인 다윗의 할아버지가 된다. 한 이방인 여인인 룻의 아름다운 헌신은 결국 메시아를 낳은 다윗 왕가를 형성하게 되는 놀라운 축복을 받게 된 것이다.

23. 제사장이 된 사무엘

사무엘상 1-6장

「사무엘이 엘리의 집에 하나님의 심판이 내릴 것을 이야기하다」 1780년. 존 싱글턴 코플리

미국의 화가 존 싱글턴 코플리John Singleton Copley는 보스턴 태생으로 영국 런던에서 명성을 얻었다. 인물과 역사적 주제를 다루었으며, 식민지 시대 미국의 가장 뛰어난 화가로 널리 인정받고 있다. 일찍이 초상화가이자 판화가인 의붓아버지 피터 펠럼Peter Pelham에게 미술에 대한 지식과 직업의식을 배웠고, 그후 영국인 초상화가 조지프 블랙번Joseph Blackburn으로부터 미술의 여러 가지 기법과 색채 사용법을 익혔다. 1766년 런던의 왕립미술원에 작품 「다람쥐와 소년」을 출품한 것이 인연이 되어 영국으로 건너가게 되고, 1779년 왕립미술원 회원으로 선출되었다.

그는 이미 10대에 초상화가로서 이름을 알렸으며, 20대에는 미국의 어떤 화가보다도 뛰어난 능력을 인정받았다. 그는 당시 보스턴에 새롭게 부상한 신흥 사회 계층을 주로 그렸는데, 그의 초상화는 인물이 가진 부와 취향이 고스란히 나타나면서 내면에 깃든 정신까지 드러내 주었다. 그런

가 하면 셔츠 차림의 그의 친구를 그린 「폴 리비어 *Paul Revere*」에서는 당시로서는 매우 획기적인 노동하는 모습이 그려져 큰 이슈가 되었다. 또한 인물을 그의 삶과 밀접한 도구들과 함께 그리는 방식은 18세기 미국 회화에서는 찾아볼 수 없는 생생함을 표현했다.

코플리는 특히 사실을 재현하는 데 놀라운 능력을 발휘했다. 그는 대부분 실제 사건에서 착안한 것을 주제로 삼았으며, 작품의 주인공을 영웅적인 인물로 묘사해 극적인 긴장감을 더해 주었다. 그는 런던에서 「왓슨과 상어 *Watson and the Shark*」라는 작품의 성공에 힘입어 가장 고귀한 미술 장르로 간주되었던 역사화로 방향을 돌렸다. 그는 역사화의 규범을 일상적인 주제에 적용해 19세기 초 프랑스 근대 화가들의 선구자가 되었으며, 영국 낭만주의 발전에도 많은 영향을 끼쳤다.

코플리가 1780년에 그린 「사무엘이 엘리의 집에 하나님의 심판이 내릴 것을 이야기하다」는 사무엘이 엘리 제사장에게 그의 집안에 내릴 하나님의 심판에 대해 이야기하는 장면이다. 하늘을 향해 손을 치켜들고 설명하는 사무엘과 그 말을 듣고 깜짝 놀라는 늙은 제사장 엘리가 서로 시선을 교환하고 있다.

어린 사무일은 오른손을 하늘을 향하여 들고 있고, 한 손으로는 엘리의 무릎을 가리키고 있다. 즉 엘리의 집에 심판이 내릴 것임을 암시하는 것이다. 또한 일그러진 미간의 주름살과 흐릿한 눈망울을 통해 결국 올 것이 왔다는 그의 심정과 어두운 눈을 잘 묘사하여 보여주고 있다.

하나님, 제가 여기 있습니다

예루살렘 근처에 있는 라마라는 마을에 엘가나라는 사람이 살았다. 그는 두 명의 아내를 데리고 살았다. 브닌나는 많은 아들과 딸을 낳았고, 반

「사무엘이 엘리의 집에 하나님의 심판이 내릴 것을 이야기하다(*Samuel Relating to Eli the Judgements of God upon Eli's House*)」 1780년. 존 싱글턴 코플리. 캔버스에 유화. 155.9×199.4cm. 워즈워스 학당 미술관. 하트퍼드.

면에 한나는 아이를 하나도 갖지 못했다. 한나는 매우 슬퍼했지만, 그런 한나를 남편은 더욱 사랑해 주었다. 엘가나는 매년 실로에서 열리는 하나님께 드리는 제사 때에 그의 가족들을 데리고 참여했다. 하나님의 집에서 그들은 모든 가족을 위하여 희생의 제사를 드렸다.

그리고 한나를 사랑한 엘가나는 그녀를 위하여 희생제물을 더 주었다. 하지만 한나는 행복하지 않았다. 제사가 끝나자 한나는 따로 떨어져서 혼자 하나님께 기도했다. 하나님 앞에 엎드려 고통스러운 마음을 쏟아놓는 한나의 기도는 매우 간절해서 소리를 낼 수조차 없었다. 그렇게 속으로 울부짖느라 그녀의 어깨는 떨렸고, 그 표정은 고통을 뱉어내느라 심히 일그러져 있었다. 한나가 기도하고 있는 동안 엘리 제사장은 성소 문 앞에 앉아 있었는데, 나이 많은 그에게 기도하는 한나의 표정과 행동은 마치 술에 취한 모습처럼 보였다.

"아니, 제단에서…? 언제까지 이렇게 살 것이냐? 당장 술을 끊어라."

"제사장님, 그게 아닙니다. 슬픔에 겨워 주님 앞에 저의 걱정과 근심을 모두 털어 놓고 있었을 뿐입니다."

"오, 그랬구나. 난 그런 줄도 모르고…. 하나님께서 네 소원을 들어 주실 것이다. 그러니 평안히 가라."

"제사장님 말씀대로 당신의 여종이 꼭 응답받기를 원합니다."

기도한 후 얼마 되지 않아 한나는 그토록 바라던 아들을 얻게 되었다. 한 달, 두 달 지나면서 한나의 배가 조금씩 불러왔다. 하나님이 한나의 기도를 들으시고 아기를 갖게 하신 것이다. 그 아이의 이름을 '하나님이 주셨다'라는 뜻의 사무엘로 지었다. 한나는 이 아이가 기도의 응답임을 알고 있었기 때문이다. 삼 년의 수유 기간이 끝나자 한나는 하나님께 서원한 대로 남편과 함께 아이를 데리고 제사장 엘리를 찾아갔다.

"제사장님, 지난 날 이 성전에서 아이를 낳게 해달라고 기도를 드린 여인인데, 하나님께서 저의 소원을 들어 주셨습니다. 그래서 서원한 대로 이 아이를 하나님께 드리려고 찾아왔습니다."

엘리 제사장은 엘가나와 한나에게 축복하면서 사무엘 대신 다른 자녀도 주시도록 하나님께 기도했다. 이후로 하나님은 엘가나와 한나에게 세 명의 아들과 두 딸을 더 주셨다.

사무엘은 하나님 앞에서 무럭무럭 자랐다. 더욱 나이가 많아진 엘리 제사장은 사무엘이 매우 자랑스러웠다. 그러나 자신의 두 아들을 생각하면 마음이 아팠다. 못된 짓만 골라서 하는 두 아들은 하나님께 죄를 짓고 사람들을 속였기 때문이다.

엘리 제사장은 두 아들의 이러한 행동은 모두 자신이 하나님의 뜻대로 자녀를 키우지 않은 결과라고 후회하면서 하나님의 벌을 받은 것이라고 생각했다. 어느 날 밤, 눈이 나빠서 잘 보지 못하는 엘리 제사장은 자기 방에 누워 있었다. 사무엘도 법궤가 있는 하나님의 성전에서 누워서 자려고 했다. 이때 갑자기 "사무엘아! 사무엘아!" 하고 부르는 소리가 들려서 뛰어 갔다.

"네. 엘리 제사장님, 부르셨어요?"

"아니다. 나는 너를 부른 적이 없으니 가서 자거라."

사무엘은 고개를 갸우뚱거리며 자기 자리로 돌아와 누웠다. 막 잠이 들려고 하는데 다시 사무엘을 부르는 소리가 또렷하게 들렸다. 그래서 다시 엘리 제사장에게 달려갔다.

"제사장님 저를 부르셨습니까?"

"나는 너를 부른 적이 없다. 꿈을 꾼 모양이로구나. 가서 편히 자거라."

사무엘이 다시 자리에 누우려고 하는데 또다시 더욱 분명히 부르는 소리가 들렸던 것이다. 사무엘은 벌떡 일어나 엘리 제사장에게 뛰어갔다. 그제서야 엘리 제사장은 하나님이 사무엘을 부른 것임을 알았다.

“사무엘아! 돌아가서 누워 있다가 또 부르는 음성이 들리면 ‘하나님, 말씀하세요. 제가 듣겠습니다’라고 말하도록 해라.”

사무엘이 돌아와서 자리에 누워 있으려니 또 “사무엘아! 사무엘아!” 하고 부르는 소리가 났다. 그래서 사무엘이 대답했다.

“하나님, 제가 여기 있습니다. 말씀하십시오.”

“엘리 제사장의 두 아들은 아주 많은 죄를 짓고, 엘리는 그 아들들을 올바르게 가르치지 못했다. 그에 대한 벌을 받게 되리라.”

사무엘은 자기가 꿈을 꾼 것만 같았다. 자는 둥 마는 둥 아침을 맞은 사무엘은 다른 날처럼 성전 문을 열었다. 엘리 제사장은 사무엘을 불러 하나님이 하신 말씀을 물었다. 사무엘은 이야기하기가 두려웠지만 사실대로 말했다. 그러자 엘리 제사장은 “이것이 하나님의 뜻이므로 그분이 좋으실 대로 하실 것이다”라고 말했다. 하지만 얼굴에는 근심이 가득했다.

사무엘은 점점 커가고 하나님께서 하신 이야기도 사람들에게 알려졌다. 사무엘에게는 하나님이 함께하셔서 모든 일이 순탄하게 이루어졌다. 모든 이스라엘 사람들은 하나님이 사무엘을 새로운 예언자로 세우셨음을 알게 되었다. 하나님은 사무엘에게 계속 나타나서 말씀하셨고, 사무엘은 그 모든 말씀을 이스라엘 사람들에게 전해 주었다.

사무엘은 엘리 제사장이 죽은 후에 이스라엘의 제사장이자 예언자로서 봉사하게 되었다. 오랜 세월동안 하나님의 말씀을 대언하는 자로서 이스라엘 백성을 잘 인도했다. 블레셋 군대가 쳐들어왔을 때에는 이스라엘 백성들을 미스바로 모이게 한 후 하나님께 제사를 드리고 기도로 전쟁을 이기게 했다. 그 후 사울을 이스라엘의 첫 왕으로 세웠으며, 그가 죄를 짓자 폐위하도록 한 다음 다윗을 왕으로 세우기로 했다. 하나님의 선지자 사무엘은 한나의 기도대로 평생토록 하나님의 일을 했다.

24. 거인을 쓰러트린 목동

사무엘상 16-17장

「골리앗의 머리를 든 다윗」 1610년. 카라바조

카라바조의 자화상, 「골리앗의 머리를 든 다윗」

카라바조Michelangelo Merisi da Caravaggio는 이탈리아 북부 밀라노에서 태어났다. 평생 동안 밑그림이나 도안을 그리지 않았던 인물로 유명하다. 그는 1592년 로마에서 생활비를 벌 목적으로 그림을 그리기 시작했다. 당시 이탈리아의 경제력과 정치적 실권을 쥐고 있던 가톨릭 교회의 최대 가문인 피렌체의 메디치 가문Medici family과 연관을 맺고 있었던 델 몬테 추기경Cardinal Del Monte은 카라바조의 평생 후원자가 되었고, 1599년경부터 카라바조의 주관적인 사실주의는 가톨릭 종교개혁 시대의 미술이 요구하던 주제와 의미를 표현하기 위해 새롭게 재탄생하게 된다. 카라바조는 로마 뒷골목의 건달들과 어울리고 술집과 사창가를 전전하면서 방탕한 생활을 했다. 그는 매춘부들과 어울리면서 그들의 모습을 성화의 주인공으로 그림 속에 옮겨 넣는다.

1600년의 대희년을 앞두고 그려진 3미터가 넘는 초대형 걸작품은 카라바조에게 새로운 출세의 길을 열어주었고, 당대 로마의 미술계에서 가장 주목받는 천재화가로 데뷔했다. 그러나 성당에 걸린 「성모의 죽음」 작품이 죽은 성모 마리아를 그리기 위해 물에 빠져 죽은 로마 매춘부의 시체를 이용했다는 점 때문에 이후로 추락의 길을 걷게 된다. 이때를 기점으로 카라바조에게 쇄도하던 그림의 주문도 점차 줄어들기 시작했다. 이후 로마로 돌아온 카라바조는 불량배와 사소한 말다툼 끝에 살인을 하게 되고 나폴리로 도피생활을 하게 되었다.

이후 말타로 떠났던 카라바조는 다시 나폴리로 돌아오게 되고, 그의 마지막 작품으로 알려진 「골리앗의 머리를 들고 있는 다윗」을 그리게 된다. 1610년 그해에 천재화가 카라바조는 조그만 항구 여행객을 위한 간이 진료소에서 조용히 숨을 거두었다.

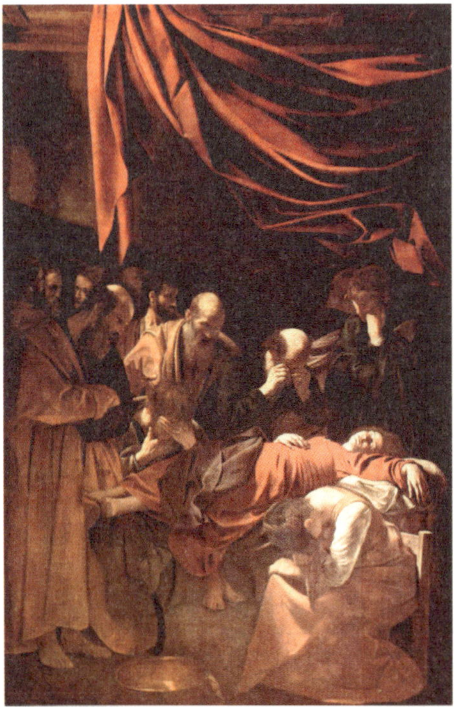

「성모의 죽음(*The Death of the Virgin*)」 1606-1606년. 카라바조. 캔버스에 유화. 369×245cm. 루브르 박물관. 파리.

보르게세 미술관에 있는 「골리앗의 머리를 들고 있는 다윗」은 다윗이 들고 있는 골리앗의 머리에 자신의 얼굴을 그려 넣었을 뿐만 아니라 소년 다윗에도 어린 시절의 자기 모습을 그려 넣었다고 전해진다. 그래서 이를 이중 초상이라고 말하기도 한다. 적장 골리앗의 얼굴은 살인죄를 저지른 현재의 카라바조의 모습이고, 이스라엘을 구한 소년 다윗의 얼굴은 어린 시절의 카라바조 모습이라는 것이다.

카라바조는 폭력과 죄악으로 가득한 자신의 광적인 본성을 다스리지 못한 결과가 영원한 형벌로 이어질지 모른다는 두려움을 담아 골리앗의 비참한 얼굴에 새겼고, 그런 비참한 자기 모습을 슬픈 시선으로 바라보는 어릴 때의 자기 모습을 다윗의 얼굴에 새겨 두 얼굴의 대비로 이중초상을 그렸다. 카라바조는 살인죄에 대한 교황의 특별사면을 받기 위해 이 작품을 그려 교황 바오로 5세Papa Paolo V에게 바치려고 했다. 어린 시절의 순수했던 카라바조가 살인자가 된 현재의 카라바조를 죽인다는 뜻을 이 작품에 그려 자신의 과거를 반성한다는 뜻을 화목에 담은 것이다.

카라바조는 완성된 그림을 들고 로마에 가기 위한 배에 몸을 실었다. 그런데 파라치오 항에 도착했을 때 그는 절도 혐의로 체포되었고, 오해가 풀려 곧바로 풀려났지만 이 작품을 찾을 수 없었다. 이후 카라바조는 이 작품을 찾기 위해 로마를 헤맸고, 이 과정에서 말라리아에 걸려 죽음을 맞이한다. 결국 「골리앗의 머리를 들고 있는 다윗」이 그의 유작이 된 것이다.

기름부음을 받을 자

이집트에서 탈출한 작은 민족 공동체는 이제 완전한 국가가 되었다. 이스라엘은 그렇게 국가가 된 후 첫 왕으로 사울을 선출했다. 문제는 그 왕은 하나님이 선택하신 왕도 아닐 뿐더러, 하나님의 마음에 흡족한 왕도 아니었다는 것이었다. 사울은 왕의 권력을 행사하면서 점점 더 하나님으로부터 멀어졌다. 그래서 하나님은 사울을 왕으로 삼은 것을 후회한다고 말씀하기도 하셨다. 급기야 하나님은 선지자 사무엘에게 사울을 대신할 새 왕의 선출이 필요하다고 말씀하셨다.

「골리앗의 머리를 든 다윗(*David with the Head of Goliath*)」 1610년. 카라바조. 캔버스에 유화. 101×125cm. 보르게세 미술관. 로마.

"내가 이미 사울을 버렸고, 이스라엘 왕이 되지 못하게 했다. 내가 너를 베들레헴 사람 이새에게로 보내리니, 이는 내가 그 중에서 한 왕을 뽑으려고 준비하고 있음이니라."

사울의 뒤를 이을 이스라엘의 두 번째 왕을 이미 결정하고 선택하셨는데, 베들레헴에 사는 이새의 아들 중 한 사람이라고 말씀하셨다. 아직 왕이 살아 있기 때문에 아무리 하나님의 선지자인 사무엘이라 해도 그를 찾아가 기름을 붓는다는 것은 왕으로 세운다는 의미이자 사울 왕에 대한 역모로 비칠 수 있기에 조심스러웠다.

겁이 난 사무엘은 주저했지만, 하나님은 그를 베들레헴으로 가게 하셨다. 이새의 집에 도착한 선지자는 자신이 이 집에 온 이유를 설명했다. 그리고 하나님께서 정하신 사람을 왕으로 세워야 하니 아들들을 불러 모으게 했다. 사무엘의 말에 이새는 무척 놀라서 급히 아들들을 소집했다. 이른바 면접시험이 시작된 것이다. 선지자는 일렬로 선 이새의 일곱 아들의 앞을 지나가면서 하나님의 말씀을 듣고자 했다. 나란히 서 있는 일곱 아들 중 첫째 아들 엘리압을 보자마자 사무엘은 마음속으로 소리쳤다.

'아! 하나님께서 바로 이 아들을 왕으로 세우시려고 하시는구나.'

그에게 기름을 부어야겠다는 생각을 하는 순간, 하나님이 사무엘에게 은밀하게 말씀하셨다.

"사무엘아! 사람들은 용모와 키를 보겠지만 나는 그 사람의 중심을 보느니라."

사무엘의 얼굴이 화끈거렸다. 사람의 겉모습만 보고 판단했던 자신이 부끄러웠다. 두 번째 아들 아비나답의 앞을 지나갔다. 이제는 하나님이 말씀하시기 전에 섣불리 판단하지 않겠다고 생각했기에 그 앞에 서서 잠잠히 하나님의 음성을 기다렸다. 한참 지나도 아무 응답이 없자 그 앞을 지나쳤다. 셋째 아들 삼마 앞에서도 하나님은 여전히 침묵하셨다. 넷째, 다섯째, 여섯째 그리고 마지막 아들까지 지나쳤는데도 하나님은 아무 말씀이 없으셨다. 분명 이새가 불러 모은 일곱 아들의 앞을 모두 지나갔음에도 하나님은 아무도 지명하지 않으셨다.

"당신의 아들이 여기 있는 일곱뿐인가?"

"아닙니다. 하나가 더 있긴 한데, 막내아들은 지금 양을 들에서 지키고 있습니다."

사무엘은 빨리 가서 그 아들을 데려 오도록 했다. 이새는 종을 시켜서 막내아들을 데리고 왔다. 사무엘 앞에 다윗이 섰을 때 하나님이 사무엘에게 말씀하셨다.

"바로 이 사람이다. 그에게 기름을 붓도록 하여라!"

드디어 하나님이 선택하신 장차 이스라엘의 왕이 될 다윗에게 사무엘은 기름을 부었다.

양치기였던 이새의 여덟 번째 아들 다윗은 하나님으로부터 선택을 받게 되었다. 그의 눈은 빛이 붉었고 눈이 빼어났으며, 얼굴 또한 아름다웠다. 다윗은 하나님의 마음에 합한 사람이었다. 다윗은 다른 형들이 모두 왕이 될지도 모른다며 집을 향해 달려갔지만, 자신에게 맡겨진 양 돌보는 일을 묵묵히 했던 사람이었다.

이런 성실한 태도는 왕이 되어서도 그대로 지속되었고, 이스라엘 역사상 가장 위대한 왕이 되게 했다. 게다가 다윗은 성품이 겸손한 사람이었다. 일곱 형들은 자신이 왕이 될 것이라며 들뜬 마음으로 집으로 갔지만, 자신이 왕으로 뽑힐 것이라고는 생각하지도 않았다. 다윗은 들판에서 양을 칠 때도 하프를 연주하고 노래하며 하나님을 찬양했다. 하나님은 이런 다윗을 사랑하셔서 장차 이스라엘 백성을 다스리도록 계획해 놓으셨던 것이다.

너는 칼과 창과 단창으로 내게 오거니와

그 당시 이스라엘은 블레셋 군대와 전쟁을 하고 있었다. 블레셋 군대에는 골리앗이라는 거인이 이스라엘 군대를 괴롭히고 있었다. 하지만 아무도 나서지 못하고 무서워 떨고 있었다. 때마침 아버지의 심부름으로 형들을 만나기 위해 전쟁터로 간 다윗은 이것을 보고 왕께 나아가 말했다.

"제가 싸우겠습니다. 감히 하나님의 백성을 욕되게 하는 것은 참을 수 없습니다."

사울 왕은 너무나 어린 다윗의 말에 잠시 망설였다.

"저는 사자와 곰의 입에서 양을 구하고 맹수의 이빨에서 나를 구하신 하나님을 믿습니다."

왕의 허락으로 다윗은 무릿매 끈과 돌멩이 5개를 들고 골리앗의 앞으로 나아갔다.

"나를 개로 아느냐? 돌멩이를 들고 나오게. 하하하!"

골리앗은 다윗을 크게 비웃었다.

"너는 칼과 방패로 덤비지만, 나는 하나님의 이름으로 싸우겠다."

다윗은 조금 전 시냇가에서 주운 돌멩이를 무릿매에 넣어서 날려 보냈다. '퍽' 하는 소리와 함께 골리앗의 이마에 명중되었고, 단번에 쓰러졌다. 그러자 재빨리 다윗은 골리앗에게 달려가 큰 칼을 뽑아들고 목을 베었다. 이를 본 적군들은 달아나기 시작했다. 이스라엘군은 함성을 지르며 쫓아가면서 싸웠고, 결국 크게 이겼다.

25. 이스라엘 왕 사울의 비극

사무엘상 8-10, 15-16장, 역대상 10장

「사울 왕의 죽음」 1848년, 엘리 마르쿠제

텔아비브 미술관에 있는 「사울 왕의 죽음」은 엘리 마르쿠제Elie Marcuse의 가장 유명한 대표작이다. 엘리 마르쿠제는 독일과 프랑스에서 활동했으며, 유대인 출신의 독일 화가다. 이 그림은 사울 왕이 전쟁터에서 그의 아들과 함께 자살한 장엄한 작품이다. 회화 스타일은 신고전주의를 표방하고 있으며, 그의 작품에 대해서는 이스라엘에서의 개인 소장품 이외에 알려진 것이 거의 없다.

이 그림에서는 블레셋 사람들이 사울과 싸워서 사울과 그의 아들 요나단과 아미나답 그리고 말기수아를 무찔렀으며, 길보아 산에서 사울이 자살을 한 장면을 보여준다. 사울의 세 아들이 죽고 나서 블레셋 병사들의 맹렬한 공격에 쫓기던 사울은 할례 받지 않은 자들에게 죽는 것을 두려워하여 부하에게 칼로 자신을 찌를 것을 명령했다. 하지만 부하가 감히 실행하지 못하자 사울 자신이 칼을 빼내어 그 위에 엎드러져 자살을 하게 되고, 그 부하도 그 앞에 엎드러져 죽게 된다. 결국 전장에서 사울의 집안은 비참한 최후를 맞이하고 말았다.

다윗과 사울

엘리 제사장이 죽자 하나님은 이스라엘을 위하여 사무엘을 선지자로 세우시고 백성들이 그의 말을 듣도록 하셨다. 그런데 사무엘의 아들들도 엘리 제사장의 두 아들과 같은 길로 갔다. 제사장이었으나 정직하지 않았고 탐욕스러웠기 때문이다. 그때에 이스라엘의 장로들과 사람들이 라마에 있는 사무엘에게 와서 왕을 세워 달라고 간청하기에 이르렀다.

"당신은 늙었어요. 그리고 당신의 두 아들이 우리를 인도한다는 것은 말도 안 됩니다. 차라리 우리에게도 다른 나라처럼 왕을 세워 주시오."

"왕을 요구하는 것은 여호와를 거역하는 것이오."

왕을 세워 달라는 요구에 사무엘이 순순히 응할 리 없었다. 그러나 백성들은 사무엘의 말에도 아랑곳하지 않고 왕을 요구했다. 사무엘은 왕을 세우는 제도의 폐단을 설명하면서 백성들을 설득했다.

"왕을 세우면 그는 여러분의 자녀를 데려다가 군인으로 만들고 왕궁에서 노역을 시키며, 딸들은 시녀로 삼을 것이오. 그래도 원한단 말이오?"

백성들은 그럼에도 막무가내였고, 실랑이는 결국 사무엘의 양보로 결말이 나고 말았다. 사무엘은 사울을 왕으로 선택하기에 이르렀다. 백성들이 왕을 요구한 사실을 아는지 모르는지, 소년 사울은 아버지가 잃어버린 암나귀를 찾으러 에브라임 산지를 두루 헤매고 다녔다.

사울은 이스라엘 자손 가운데 그보다 더 준수한 자가 없고 키는 모든 백성보다 장대했다. 이미 왕이 될 수 있는 용모와 자질을 갖추고 있었다. 암나귀를 못 찾은 사울은 사환의 제의에 따라 선지자 사무엘을 찾아갔다. 사

「사울 왕의 죽음(*Death of King Saul*)」 1848년. 엘리 마르쿠제. 캔버스에 유화. 텔아비브 미술관. 텔아비브.

울이 자기를 찾아 올 것이라고 예견했던 사무엘은 그를 왕으로 세우게 된다. 마지못해 사울을 왕으로 세우기는 했지만 사무엘의 마음은 편할 리 없었다. 사무엘의 권위에 도전하는 사람들이 사울을 중심으로 새로운 세력으로 커 갈 것이기 때문이다. 왕으로 기름 부음을 받은 사울은 이제 백성들 앞에서 정식으로 왕이 되는 의식을 거치게 되는데, 사무엘은 백성들을 미스바로 모으고 이스라엘의 모든 지파 가운데 사울을 선택했다.

그렇게 해서 사울은 이스라엘의 첫 번째 왕이 되었다. 유복하게 자랐고 외모가 준수했던 청년 사울이 왕이 된 것이다. 그런데 사울이 왕이 된 후 블레셋과의 싸움에서 큰 공을 세운 사람은 다윗이었다. 못생기고 가난한 양치기 소년 다윗이 돌멩이 하나로 골리앗을 때려눕히자 그의 명성은 온 이스라엘에 자자했다. 사울은 천천이요, 다윗은 만만이라는 백성들의 노래가 사울의 귀를 간지럽혔고, 시기심이 불타게 만들었다. 다윗을 그의 사위로 삼기는 했지만 끓어오르는 열등감에 다윗의 아내였던 딸을 다시 뺏고 그를 죽이려고 했다. 그로 인해 다윗은 사울을 피해 다니면서 힘든 세월을 보낼 수밖에 없었다.

어느 날 다윗이 그일라로 가게 되자, 사울도 그 소식을 듣게 되었다.

"이제 잘 되었다. 하나님이 그를 내 손에 붙이셨다. 그가 문빗장이 있는 성에 들어갔으니 갇힌 것이나 마찬가지야."

사울은 곧 백성들 가운데 군사들을 불러모으고 그일라로 내려가서 다윗과 그의 사람들을 에워싸고 공격했다. 사울과 그의 부하들이 그일라로 공격해 오자 다윗은 마온 황무지로 피했다. 이에 사울도 이 소식을 듣고 마온 황무지로 따라왔다. 다윗과 그를 따르는 사람들은 사울을 두려워하여 급히 산 저편으로 숨어야 했다. 사울은 그의 부하들과 함께 다윗을 에워싸고 잡기 위해서 백방으로 준비했다. 계속 다윗을 쫓던 사울은 지치고 힘들었다. 그러다가 사울이 잠시 동굴 속으로 들어가서 쉬는 틈을 타서 다윗도 몰래 그 굴에 들어가게 된다. 그리고는 자고 있는 그의 옷자락을 잘라서 나왔다. 도망쳐 온 후 다윗은 크게 소리를 질렀다.

"나의 아버지! 내 손에 있는 당신의 옷자락을 보십시오. 내가 왕을 죽일 수 있었지만, 죽이지 아니하고 겉옷자락만 베었습니다. 이것은 내가 당신을 해칠 마음이 없다는 것을 알리려 하는 것입니다."

다윗이 사울에게 이같이 말하자 사울 왕이 소리를 높여 울면서 말했다.

"내 아들 다윗아! 이것이 네 목소리냐? 나는 너를 학대했는데, 너는 나를 오히려 선하게 대하니 나보다 옳은 사람이로다. 여호와께서 네 손으로 나를 죽일 수 있도록 하셨는데도 나를 죽이지 아니하였으니 고맙구나."

다윗은 이처럼 여호와의 기름 부음을 받은 자를 자기 손으로 죽이지 않는 의로움을 보였다.

그 후에 블레셋 사람들이 이스라엘에 쳐들어왔다. 사울은 블레셋 군대를 보고 마음이 크게 두려웠다. 두려움으로 인해 사울은 하나님께 기도했지만, 하나님은 더 이상 사울에게 꿈으로도, 제사장 가슴에 있는 보석인 우림으로도, 선지자로도 응답하지 않으셨다. 다급해진 사울 왕은 무당을 찾아갔다. 엔돌에 있는 신접한 여자 무당을 찾아가 미래를 점을 봐달라고 하자 귀신이 나타나서 그를 미혹했다.

두려움 마음으로 전쟁에 나간 사울 왕은 전쟁에서 크게 패하여 도망하다가 길보아 산에서 중상을 입고 말았다. 블레셋 사람들은 때를 놓치지 않고 쫓아가서 사울과 그 아들들을 공격하다 결국 사울의 아들 요나단과 아비나답과 말기수아를 죽였다. 죽임을 당하기 싫었던 사울은 자기 칼을 가지고 그 위에 엎드러지면서 자살을 하고 말았다. 결국 사울과 그 아들 요나단마저 죽게 되자 다윗이 이스라엘의 왕으로 등극하게 된다. 다윗의 시대가 온 것이다.

26. 다윗 왕의 왕국

사무엘상 23, 25-26장

「다윗과 밧세바」 1723년. 조반니 바티스타 피토니

조반니 바티스타 피토니Giovanni Battista Pittoni는 18세기 초, 즉 후기 바로크 시대 또는 로코코 시대 베네치아의 대표적인 화가였다. 피토니는 베니스 미술 아카데미 창립자 중 한 명이었고, 1758년 티에올라Tiepolo의 뒤를 이어 두 번째 회장이 되었다. 베니스에서 태어난 그는 베네치아 바로크의 유명한 화가 프란세스코 피토니Francesco Pittoni 밑에서 공부했다. 그의 화법과 스타일은 점은 발전해서 조금씩 변화되었고, 유려함과 표현력이 구별되는 작품들로 이탈리아의 손꼽을 만한 화가로 칭송받았다.

그는 베니스를 떠나기를 꺼려하기는 했지만, 그의 삼촌 프란세스코와 카레이라Rosalba Carriera, 펠레그리니Antonio Pellegrini, 자네티Anton Maria Zanetti 등과 함께 프랑스를 여행했다. 그는 무거운 바로크 양식부터 가볍고 섬세한 로코코에 이르기까지 스타일이 다양하게 발전해갔다. 이후 1716년 베네치아 길드에 합류한 피토니는 베니스 미술 아카데미의 46명의 창럽 멤버로 함께했고, 이후 두 번째 회장으로 선출되었다.

피토니는 평생 이탈리아 반도와 유럽의 다른 지역에까지 높은 명성을 얻었다. 그의 외국 후원자 중에는 폴란드의 아우구스투스 2세Friedrich August II가 있었다. 또한 이탈리아에서 그의 그림을 찾는 수요가 많았으며, 베르가모, 브레시아, 밀라노, 파도바, 베로나 및 비첸차에서 교회 제단화를 그렸다. 하지만 그의 명성은 죽음 이후 급속하게 퇴색했고, 18세기 말까지 완전히 잊혀졌다.

「다윗과 밧세바」는 우리아의 아름다운 아내인 밧세바가 하녀들과 함께 정원에 있는 장면이다. 목욕을 하고 있는 반라의 밧세바를 보고 정욕이 불붙은 다윗이 건너편 건물 옥상에서 바라보고 있다. 왼쪽 편에는 하녀가 왕의 편지를 들고 접근하고 있다.

다윗의 범죄

사울과 그의 요나단이 죽고 나서 다윗이 왕으로 등극하게 되었다. 드디어 다윗의 시대가 열린 것이다. 당시 선지자는 나단이었다. 다윗이 훌륭한 임금이 될 수 있었던 것은 다윗의 신앙의 경건함을 붙들어 주고 지원해 준 나단 선지자의 격려 덕분이었다. 그래서 다윗은 중요한 일이 있을 때마다 나단과 의논하고 자문을 구했다. 다윗 왕은 신앙도 좋았고, 큰 시련을 경험하면서 그것을 이겨낸 사람이었다. 그는 영적으로 인격적으로 다른 사람들에게 본이 될 만한 인물이었다.

어느 날 다윗이 궁전 옥상에 올라가 있을 때였다. 다윗은 열린 창문을 통해 목욕하는 여인을 보게 되었고, 너무 예쁜 나머지 마음을 빼앗기고 말았다. 하지만 그녀는 그의 사랑하는 부하의 아내였다. 그럼에도 다윗은 그녀를 데려와서 잠자리를 함께하고 말았다. 게다가 밧세바라는 그 여인은

「다윗과 밧세바(*David and Bathsheba*)」 1723년. 조반니 바티스타 피토니. 캔버스에 유화. 63.5×74cm. 개인 소장. 마이애미.

아이까지 임신하게 된 것이 아닌가? 생각지도 않은 임신 때문에 자신의 죄가 탄로날까 두려웠던 다윗은 비록 사랑하는 부하이지만 밧세바의 남편을 죽여야 한다고 결심하게 되었다.

이를 안 나단 선지자는 다윗 왕에게 회개할 것을 권고했다. 그것은 목숨을 건 충고였다. 결국 다윗은 나단의 권고를 받아들이고, 하나님께 회개했다. 하지만 밧세바에게서 태어난 아기는 태어난 지 얼마 되지 않아 죽고 말았다. 하나님이 기뻐하지 않으신 것이다. 그러나 하나님은 그의 회개를 들으시고 후일에 다시 아기를 주시는데, 그 아이가 바로 나중에 지혜의 왕으로 불리게 된 솔로몬이다.

이스라엘의 가장 위대한 왕

또 다윗은 법궤를 옮긴 후 나라가 크게 번성하자 성전 건축을 나단 선지자에게 논의했다. 하나님을 사랑하는 마음이 컸던 그는 백향목으로 지어진 궁전에 거하는 데 반해 하나님의 법궤가 초라한 성막 안에 있는 것에 대해 마음이 편치 못했기 때문이다. 하지만 그날 밤 하나님은 나단 선지자를 통해 말씀하셨다.

"다윗은 피를 심히 많이 흘린 사람이므로 그의 아들을 통해 성전을 건축하게 하겠다."

나단 선지자에게 있어 성전을 건축하려는 다윗의 계획을 막는 것은 밧세바와의 간통에 대해 회개시키는 일보다 더 힘들었다.

그런데 문제는 다윗이 나이가 들면서 일어나기 시작했다. 다윗이 나이가 많아 노인이 되자 기력이 쇠하여지게 되고, 그의 아들 아도니야가 왕위를 노리게 되었다. 다윗 왕의 또 다른 아내인 학깃에게서 난 네 번째 아들 아도니야는 압살롬이 죽자 자신이 왕이 될 것이라 여기고 반란을 일

「밧세바(*Bathsheba*)」 1636-1637년. 아르테미시아 젠틸레스키. 캔버스에 유화. 265.4×209.5cm. 콜럼버스 미술관. 콜럼버스.

으킨 것이다.

게다가 아도니야를 지지한 사람이 있었다. 다윗의 군대장관인 요압이었다. 요압은 제사장 아비아달과 공모하여 아도니야를 왕으로 삼고자 지지하는 세력과 함께 에느로겔 근처에서 반역을 꾀했다. 결국 솔로몬과 그를 지지하는 제사장 사독 그리고 선지자 나단에 의해 그 반역은 실패로 끝나고 말았다. 다윗은 비록 힘든 삶의 여정을 보냈지만 그래도 하나님을 잘 섬기며 믿음으로 죄를 잘 이겨내었기에 후대 사람들은 그를 이스라엘의 가장 위대한 임금으로 존경하게 되었다.

27. 지혜의 왕 솔로몬

열왕기상 3-10장

「솔로몬의 재판」 1605-1613년. 안툰 클라이젠스

안툰 클라이젠스Antoon Claissens는 역사적, 우화적 주제와 초상화를 주로 그렸다. 그는 브뤼주 출신으로 피테르 푸르부스Pieter Pourbus의 제자였다. 클라이젠스는 성 누가 길드의 학장을 역임하기도 했다. 1613년에 사망했으며, 그의 아들 피테르 안토니에Pieter Anthonie도 1607년 브뤼주에서 성 누가 길드의 학장이 되었다.

클라이젠스가 1613년 완성한 「솔로몬의 재판」은 브뤼주 시청을 위해 그린 것으로 알려져 있으며, 그뢰닝 미술관에 있는 1605년의 서명 작품과 매우 유사하다. 이 그림은 열왕기상 16장에 나와 있는 솔로몬의 재판에 대한 내용이다. 현대의 유전자 검사 같은 확실한 방법이 없는 상황에서 솔로몬은 매우 끔찍한 판결을 내린다. 그냥 아이를 반으로 갈라 두 여인에게 나눠주라는 것이다. 이야기는 한 가정에서 살았던 두 매춘부 여성이 동시에 자신이 아이를 낳았다고 주장하자 이를 심판하기 위해 부른 것이

「솔로몬의 재판(*The Judgement of Solomon*)」 1605-1613년. 안툰 클라이젠스. 패널에 유화. 128×100cm. 개인 소장.

다. 한 명의 유아는 사망했고, 각 여성은 서로 자신의 아이라고 주장했다. 진실을 판단하기 위해 왕은 검을 가져오라고 명령했다.

"살아 있는 아이를 두 명으로 잘라서 반쪽씩 나눠 주라."

> 그 산 아들의 어머니 되는 여자가 그 아들을 위하여 마음이 불붙는 것 같아서 왕께 아뢰어 청하건대 내 주여 산 아이를 그에게 주시고 아무쪼록 죽이지 마옵소서 하되 다른 여자는 말하기를 내 것도 되게 말고 네 것도 되게 말고 나누게 하라 하는지라 열왕기상 3:26

이때 아기의 어머니는 자신의 주장을 포기함으로써 진실이 드러나게 되고 아기는 그 어머니에게 돌아가게 되었다. 이 결정은 매우 지혜로운 판결로 칭송받았다. 진짜 어머니의 선함을 보이고 가짜 어머니는 악함을 보임으로써 판결이 자연스레 이루어졌다. 재판은 그저 선과 악이 스스로 드러나게 만들면 된다. 그러나 쉽지 않은 일이다. 숨겨진 선과 악을 드러나게 만드는 것이 지혜이기 때문이다.

이스라엘의 전성기를 이룩한 솔로몬

아도니야의 반란으로 인해 왕이 된 솔로몬은 다윗이 밧세바에게서 낳은 아들이다. 아도니야가 반란을 꾀할 당시 다윗은 제사장 사독과 선지자 나단과 브나야를 불러 예루살렘 근처 기혼 계곡에서 솔로몬을 왕으로 삼게 했다. 선지자 나단은 제사장 사독과 함께 솔로몬을 왕으로 기름 부었다. 솔로몬이 왕으로 봉해졌다는 소식을 들은 아도니야는 겁에 질려서 제단의 뿔을 잡고 살려달라고 애원했다. 솔로몬은 그런 아도니야에게 다시는 반란을 일으키지 않겠다는 다짐을 받고 살려주었다. 이로써 솔로몬은 자신의 정치적 적인 아도니야를 물리치고 왕위를 잇게 되었다.

이제 나이 들어 죽음 앞에 다다른 다윗은 솔로몬에게 마지막 유언을 남겼다.

"아들아, 네가 하나님의 계명을 지켜 행실을 바르게 하면 무엇이든지 형통할 것이니 절대로 하나님을 배반하지 말고 백성들을 잘 다스려라."

솔로몬은 아버지의 유언대로 최선을 다해 이스라엘을 바르게 통치하고자 했다. 물론 그에게 모반을 꾀했던 사람들과 그들의 계획을 정리하기 위해 피를 흘려야 했지만 어쩔 수 없는 일이었다. 이후 정권을 완전히 장악한 솔로몬은 이집트 파라오의 딸을 데려다가 아내로 삼게 되었다. 당시 이집트는 국력이 쇠약해졌으며, 제21왕조 때의 한 왕이었다. 솔로몬은 이웃나라 왕의 딸과 결혼하는 화친 정책을 시작한 셈이다.

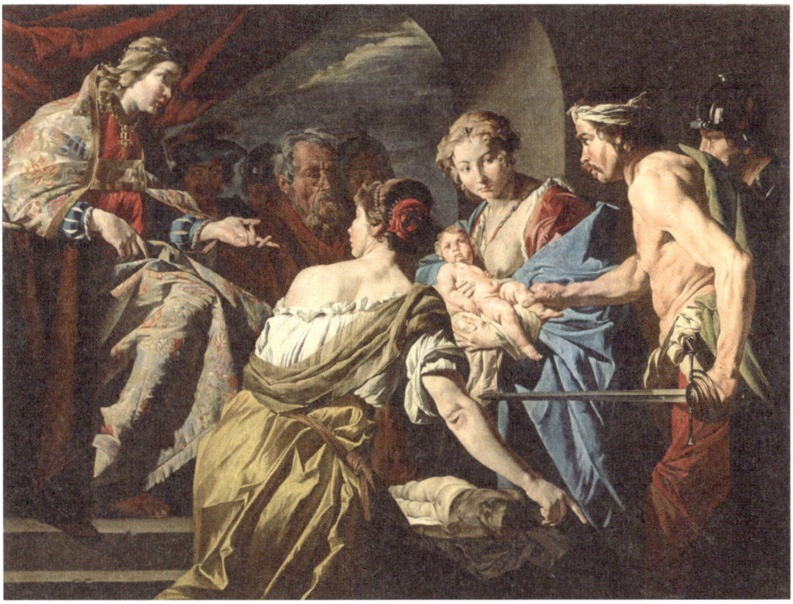

「솔로몬의 심판(*The Judgement of Solomon*)」 17세기. 마티아스 스토메르. 캔버스에 유화. 157X222cm. 커리어 미술관. 맨체스터.

그가 왕이 되자 먼저 심혈을 기울인 것은 아버지 다윗 왕이 못했던 하나님의 성전을 짓는 일이었다. 이를 위해 솔로몬이 기브온 산당에서 일천번제를 드렸고, 하나님이 꿈에 솔로몬에게 나타나셔서 그의 소원을 물었다. 솔로몬은 겸손하게 백성을 잘 재판할 수 있는 지혜를 구했고, 하나님은 그에게 지혜뿐만 아니라 부와 영광까지 주신다고 약속하셨다.

지혜로운 판결

솔로몬의 지혜로운 판결은 널리 알려진 이야기다. 두 창녀가 있었는데, 그 둘은 동시에 아들을 낳았다. 헌데 한 창녀가 잠을 자다가 자기 아기를 깔아뭉개는 바람에 죽게 되자 다른 창기의 아이를 훔친 사건이 발생했다. 자고 일어나서 아기가 다른 창녀가 데리고 있는 것을 본 아기의 엄마가 왕에게 나아와 판결을 요구하게 되었다.

서로 자기 아기라고 우기자 솔로몬은 칼을 가져오라고 한 후 아기를 두 동강내어 반반씩 나누어 주라고 명했다. 아이의 진짜 엄마가 자기 아기를 살리려고 다른 여인에게 내어 주자 왕은 양보한 여인이 아이의 진짜 엄마라고 판시한다. 이로써 솔로몬의 명성은 널리 알려지게 되고, 심지어 시바의 여왕이 그의 지혜를 직접 시험하기 위해 이스라엘로 오기도 했다.

솔로몬은 이스라엘을 가장 번성한 나라로 만드는 데 최선을 다했다. 하지만 솔로몬 역시 아버지 다윗처럼 끝까지 아름다운 모습을 보이지는 못했다.

28. 하나님의 집을 건설하다

열왕기상 5-12장

「솔로몬 왕을 방문한 시바의 여왕」 1890년. 에드워드 포인터

화가의 연구와 상상력이 빚어낸 작품

에드워드 존 포인터Edward John Poynter는 초상화로 명성이 높았던 빅토리아 시대의 신고전주의 화가이다. 그는 파리에서 건축가의 아들로 태어나서 영국 왕립미술원를 나와 이탈리아와 프랑스에서 공부했다. 1896년 존 밀레이 경John Everett Millais의 죽음에 따라 포인터는 왕립미술원의 의장으로 선출되었으며, 같은 해에 기사 작위를 받았다.

그는 1890년에 수채화로 아주 상세히 표현한 「솔로몬 왕을 방문한 시바의 여왕」은 여왕의 도착에 맞추어 솔로몬 왕이 최대의 예우를 갖춰 환영했으며, 성대한 파티를 베푸는 장면이다. 돈을 아끼지 않고 여왕과 수행원들을 극진히 대접했다. 그림에서도 짐작할 수 있듯이 매우 화려하게 준비하였고, 수행원들이 머물 숙소로 실크, 리넨, 화려한 색실로 짠 직물, 각

「솔로몬 왕을 방문한 시바의 여왕(*The Visit of the Queen of Sheba to King Solomon*)」 1890년. 에드워드 포인터. 캔버스에 유화. 350.5×234.5cm. 시드니 주립 미술관. 시드니.

종 드레스, 이라크산 과일, 몽고산 겨울 참외 등이 보내졌다. 당시 시바 여왕이 찾아올 정도로 솔로몬 왕의 명성은 드높았다. 열왕기에 표현된 솔로몬 궁전의 모습은 레바논의 백향목으로 만든 값비싼 석재, 기둥과 받침대, 금과 놋쇠 장식물의 화려한 장식품, 왕의 장엄한 상아 왕좌를 6단계로 둘러싸고 있다고 언급한다. 이는 메소포타미아와 서아시아 지역의 고고학 발굴 자료를 통해 확인할 수 있다.

구약에서 시바 여왕의 방문에 대한 이야기는 역사가 시작된 이래로 변화하고 있는 역사적 상황과 가치에 비추어 재해석되었다. 솔로몬 왕의 명성이 전해지자 시바 여왕은 대담하게도 수수께끼로 정신과 지혜를 시험하기 위해 왔다. 그녀의 질문에 솔로몬은 이스라엘의 유대인 왕의 권위와 권세로 상징적인 도전을 만회하면서 답을 주었다. 시바의 여왕은 솔로몬의 모든 지혜에 압도당했다고 말했다.

포인터의 솔로몬 궁전에 대한 묘사에 대해 비평가들은 박수 갈채를 보냈다. 세부적인 장식과 가구, 이집트의 악기와 각종 그릇 등은 이스라엘의 유물이 없기 때문에 전적으로 포인터의 상상력이 발휘되어야 했다. 고대 생활의 한 장면을 만들기 위해 연구와 상상력을 결합해낸 것이다. 이러한 고대 서아시아의 장면에 대한 세밀한 묘사가 과거의 삶을 경험할 수 있도록 리얼리즘 기법을 사용했다.

예루살렘 성전의 건축

솔로몬의 나라는 강성해져서 유프라테스 유역부터 이집트에 이르는 넓은 영토를 지배했다. 주변 국가들은 이스라엘에게 조공을 바치는 나라로 전락하게 되었다. 솔로몬은 다윗과 달리 영토를 확장하기 위한 전쟁을 수행하지도 않았고, 주변국 역시 이스라엘의 속국이라기보다 거의 대등한 관계에서 서로의 이익을 추구했다고 볼 수 있었다.

당시 솔로몬의 일일 식사에 소요되는 음식이 밀가루 삼십 석, 살찐 소 열 마리, 그리고 수사슴과 암사슴 등을 비롯한 노루와 각종 새들로 가득 찼다고 하니 그의 사치가 극에 달했음을 알 수 있다. 솔로몬의 기마병이 이만 이천 명이고 외양간만 해도 사만 개나 있었다고 하니 군사력 역시 가히 제국에 버금가는 규모였다.

다행히 당시에는 팔레스타인 지역을 위협하는 외부 침략이 없었다. 그로 인해 솔로몬은 그야말로 태평성대를 누릴 수 있었다. 이는 곧 다윗이 남긴 부로 솔로몬이 영화를 누린 것임을 알 수 있다. 솔로몬은 성전 건축과 더불어 왕궁을 짓기 위해 13년을 보냈다. 왕궁은 두로의 히람이 맡아 건축했는데, 그 안에는 아내로 맞이한 파라오의 딸이 거할 거처도 마련했다.

성전을 건축한 솔로몬은 다윗 성의 장막에 있던 법궤를 예루살렘 성전으로 옮겨 왔다. 성전을 봉헌한 솔로몬은 이스라엘을 위한 축복기도를 했다. 그리고 희생 제물을 바친 솔로몬에게 하나님은 "내가 다윗에게 약속한 언약을 세워 나가겠노라"고 확인해 주신다. 솔로몬은 20년 만에 예루살렘 성전과 왕궁 건축을 끝냈다. 두로의 히람에게는 건축해 준 대가로 갈릴리 땅 성읍 스무 개를 주었다.

솔로몬의 실정

당시 솔로몬의 명성을 듣고 시바의 여왕이 그를 시험하기 위해 이스라엘로 오면서 많은 금은보화를 가지고 오기도 했다. 솔로몬은 다윗과는 달리 건축 사업에 충당하기 위해 외국인뿐만 아니라 내국인에게도 힘겨운 세금을 부과하고 노역을 강요했다. 부역은 성전과 왕궁뿐만 아니라 하솔,

므깃도, 게셀 등지의 요새를 증축하는 데에도 활용되었다.

솔로몬은 외국으로부터 금을 수입하여 왕궁을 화려하게 장식했으며, 상아로 된 보좌를 만들고 은을 마치 돌처럼 사용했다. 그런 중에도 솔로몬의 대외 무역은 활발히 진행되었다. 이집트에서 말을 수입하여 히타이트(헷)와 아람 사람에게 팔았으며, 그 과정에서 많은 이방 여인과 결혼함으로써 여호와만 섬기는 신앙의 혼탁을 초래하기도 했다.

외국에서 온 솔로몬의 아내들은 자기들의 신을 섬겼는데, 시돈의 여신 아스다롯, 암몬의 밀곰과 몰록, 모압의 그모스 신들이 합법적으로 솔로몬의 왕궁에 들어오는 계기가 되었다. 솔로몬이 나이가 들어 실정을 계속하는 데다 이방 여인들의 우상 숭배로 인해 하나님의 진노를 불러일으켰다. 급기야 솔로몬은 원망과 타도의 대상이 되었다. 솔로몬에 항거한 사람 가운데 르손은 다메섹의 왕이 되어 이스라엘을 위협하기도 했다. 결정적인 반란은 여로보암에 의해 일어났다.

솔로몬 휘하에서 건축 사업의 감독을 맡았던 여로보암은 실로의 선지자 아히야에게 북쪽 10지파의 왕으로 기름 부음을 받아 반역을 꾀했다. 이 사실을 전해들은 솔로몬이 여로보암을 죽이려고 하자 그는 이집트로 피신했다가 솔로몬이 죽은 다음에 다시 이스라엘로 귀환하여 북쪽의 왕이 되었다. 솔로몬의 시대는 기원전 927년에 그의 죽음과 함께 끝났다. 이스라엘은 베냐민 지파와 유다 지파가 연합하는 유다 왕국과 북쪽의 10지파로 구성된 이스라엘 왕국으로 분할되어 200년 동안 대치하는 불행한 나라가 되고 말았다.

29. 엘리야와 바알의 예언자들

열왕기상 17-19장

「바알의 선지자 앞에 선 엘리야의 거룩함」 1621-1622년. 도메니코 페티

역동적인 브러시 스트로크

도메니코 페티Domenico Fetti는 17세기 초 이탈리아의 화가로서 만토바에서 곤차가 가문Gonzaga dynasty의 궁정화가로 일했다. 생애 말년에는 베네치아로 이주해 지역 회화를 새로운 바로크 모델의 방향으로 이끄는 데 기여했다. 고독하고 명상적인 인물을 묘사함에 탁월했고, 종교적 주제가 녹아 있는 작은 규모의 패널화로도 유명하다. 어린 시절 아마추어 화가였던 아버지로부터 그림을 배웠고, 15세 무렵부터 약 10년 동안 루도비코 치골리Ludovico Cigoli 밑에서 도제생활을 했다. 또한 당시 로마에서 활동한 카라바조Caravaggio와 아담 엘스하이머Adam Elsheimer의 작품을 통해 명암법과 극도로 세밀한 빛의 효과를 공부했다.

오랫동안 빛나는 문화예술 전통을 구가하던 만토바는 이 시기를 즈음

「바알의 선지자 앞에 선 엘리야의 거룩함(*The Sacrifice of Elijah Before the Priests of Baal*)」 1621-1622년. 도메니코 페티. 패널에 유화. 70.5×61.2cm. 햄프턴 코트 궁전. 런던.

해서 급격한 쇠락의 길을 걷게 되었지만 여전히 예술가들의 발길이 끊이지 않았다. 그는 자연스럽게 루벤스와 친분을 갖게 되었고, 그의 색채와 인물 표현에 영향을 받아 두껍고 풍부한 붓질을 선택했다. 뿐만 아니라 네덜란드 및 플랑드르 미술로부터도 영향을 받았다. 1622년 베네치아로 이주하여 파올로 베로네세Paolo Veronese, 틴토레토Tintoretto와 같은 베네치아 화가들의 즉흥성과 빛의 효과, 자유로운 구성 등에 관심을 기울였다.

페티는 제단화와 성당의 프레스코화 등 대형 작품을 통해 극적이고 복잡하며 역동적인 구성을 보여주었다. 그러나 그의 진면목은 죽음과 구원의 문제를 깊이 숙고하는 겸손하며 기독교적인 인물들을 묘사하는 데에서 나타났다. 특히 신앙의 진리를 매우 소박하고 단순하게 묘사한 작은 규모의 패널화에서 그의 탁월한 색채감각과 분위기를 전달하는 감수성, 정제되고 섬세한 필치를 발견하게 된다. 그의 이러한 독창적인 양식은 페티가 말년을 보냈던 베네치아에서 환영을 받았고, 17세기 베네치아 회화의 비약적인 발전을 이끌게 했다.

목판화의 영감

페티가 1622년에 그린 「바알의 선지자 앞에 선 엘리야의 거룩함」은 베니스로 이주한 시기에 그렸을 것이다. 작품은 빠르게 그려졌고, 주제가 역동적인 성격을 띠고 있다. 그림은 열왕기상 18장의 내용에 기초해서 엘리야의 제사를 묘사하고 있다. 엘리야는 오른쪽 하단에 무릎을 꿇고 희생 제물을 드리면서 불을 올려다 보고 있다. 왼쪽에 있는 바알의 제사장들은 자신들의 실수를 깨닫고 두려움에 떨고 있다.

이 그림은 1573년에 출판된 성경에 삽화로 그려진 목판화의 그림을 보고 페티가 영감을 얻어서 그린 것으로 전해진다. 목판화와 동일한 그림이지만 배경에서 많은 부분을 제거하고 구성을 강화했다. 이 그림은 19세기에 이르러 에르트 드 겔더Aert de Gelder의 것으로 여겨졌으나, 1929년에 로베르토 롱기Roberto Longhi에 의해 페티의 것으로 판명되었다. 한때는 모방자의 작품으로 간주되기도 했으나, 페티 특유의 기법과 채색을 넓게 칠한 영역에서 빠른 브러시 스트로크를 사용하면서 밝고 반짝이는 색감을 만들어냈다.

여로보암은 북이스라엘의 첫 왕이 되었다. 여로보암 이후로 이스라엘에는 하나님을 온전히 섬기는 왕이 한 명도 없었다. 아합 역시 북이스라엘의 일곱 번째 왕이 되었는데, 악하기는 매한가지였다. 엘리야가 선지자로 활동했던 시대는 북이스라엘이 영적으로 무섭게 타락하던 시대였다. 시돈 왕 엣바알의 딸 이세벨이 아합과 결혼하여 바알과 아세라 우상을 끌어들여 하나님을 대적하는 시대였다. 왕실에서부터 우상 종교를 장려하고 우상 숭배를 강요하므로 온 나라가 영적으로 패역한 때였다.

이세벨의 상에서 먹는 바알과 아세라 선지자가 850명이나 되었을 정도였으니 말이다. 궁궐에 머무르는 우상 종교의 선지자가 이렇게 많았으니 모든 예식과 의식을 비롯해 궐내 모든 행사에까지 이들의 활동이 미치지 않는 곳이 없었다. 정치와 내정까지 이들에 의해 좌지우지되었다. 이런 시대적인 분위기에 대항하고 이들을 바로잡는다는 것은 사람의 생각으로는 불가능했을 것이다.

그러나 엘리야는 이 일을 맡아 북이스라엘을 구해 내는 데 결정적인 사명을 감당한 하나님의 종이었다. 엘리야는 종교적으로 삼엄한 분위기를 무릅쓰고 아합과 이세벨 앞에 두 차례나 나아가 대면하여 하나님의 뜻을 전하고 그들의 죄를 지적했다. 이는 엘리야의 개인적인 용기가 아니라 하나님이 그를 들어서 사용하셨기 때문이다. 우상을 섬기며 악한 길로 가는 아합 왕에게 엘리야는 선언했다.

"내 말이 없으면 수년 동안 이슬과 비가 없을 것이오."

하나님의 말씀을 전한 후 엘리야는 그릿 시냇가로 내려가 숨었다. 그러자 까마귀들이 떡과 고기를 날라다 주었다. 그 음식을 먹고 엘리야는 사르밧으로 향했다. 그곳에 한 과부가 있었는데 가뭄으로 인해 아무 대

책 없이 죽을 날만 기다리고 있었다. 이제 마지막 남은 밀가루와 기름으로 빵을 만들어 아들과 함께 먹고 죽을 판이었다. 이때 엘리야가 그 과부의 집으로 가서 "내가 지금 몹시 배가 고프니 빵을 만들어 나를 주시오" 라고 요청했다.

하지만 어디 될 법한 일인가? 마지막 먹거리를 달라니! 그러나 엘리야가 비상한 인물임을 깨달은 과부는 그의 말대로 빵을 만들어 주었다. 그리고 엘리야의 말대로 한 대가로 과부의 집에는 밀가루와 기름이 떨어지지 않았다.

850명의 바알 선지자와 엘리야

그 후 3년이 지나 엘리야는 아합 왕에게 나아가 말했다.

"보시오. 당신이 섬기는 바알과 이스라엘의 하나님 중 누가 참 신인지 대결을 합시다."

엘리야는 또한 백성들에게도 이렇게 말했다.

"당신들은 언제까지 마음을 정하지 못하고 망설이고 있을 작정이오? 만일 여호와가 하나님이면 여호와를 섬기고, 또 바알이 하나님이면 바알을 섬기시오."

그러나 백성들은 한 마디도 대답하지 않았다. 드디어 바알의 선지자들과 백성들이 산에 모였고, 바알과 하나님 사이에 참신을 분별하는 대결이 시작되었다. 두 제물을 끌어오게 한 후 그 중 하나를 택하여 장작 위에 올려놓고 불이 붙게 하는 신이 참신으로 백성 앞에 공포하는 영적 전쟁을 벌인 것이다.

바알의 선지자들이 먼저 아침부터 낮까지 바알을 불러 불이 내리기를 간절히 기도했으나 실패했다. 다급해진 그들은 자해 행위를 통해 몸에서 피를 보이면서까지 간절히 부르짖었으나 응답이 없었다. 그들의 신은 거짓 신이자 사람의 생각을 따라 만든 우상이었기 때문이다. 하지만 하나님은 참신이시기에 그들과 달랐다.

엘리야가 이스라엘의 열두 지파를 대신하여 열두 돌로 제단을 쌓았다. 이는 북이스라엘에서 진행된 일이었으나 남북으로 나뉜 이스라엘과 유다, 그리고 백성들을 대표하는 회개의 제단으로 삼기 위한 것이었다. 엘리야는 주위에 도랑을 파고 돌 위에 나무를 놓고 그 위에 각을 뜬 제물을 올려놓았다.

불로 응답 받아야 하는 제단인데, 제물과 나무 위에 열두 통이나 되는 물을 부어 도랑까지 가득하게 되었다. 이는 살아 계신 하나님을 왕과 이세벨과 백성들에게 분명하게 보여 주려는 엘리야의 굳은 신앙의 표현이었다. 또한 하나님을 믿고 의지하는 그의 신앙 고백이기도 했다. 아합 왕과 백성들은 이러한 엘리야의 담대한 신앙에 압도되었다. 엘리야의 간절한 신앙은 벌써 하나님 응답을 받은 것이나 다름이 없었다. 이때 엘리야가 기도했다.

"주님이 하나님이 되심을 보여 주십시오. 내가 주의 종이 됨을 나타내 주십시오. 내가 주의 말씀대로 이 일을 행함을 알게 해 주십시오."

세 가지 기도를 드렸고, 이 기도에 대해 하나님은 불로 응답하셨다. 결국 거짓 선지자들의 무능이 탄로 나자 엘리야가 외쳤다.

"바알 선지자들을 한 명도 남김없이 죽여라!"

백성들은 그들을 그릿 시냇가로 데려가서 모두 죽여 버렸다.

불말과 불병거

바알의 예언자들이 살육을 당한 후에 이세벨이 "나도 너를 죽이겠다. 내가 너를 죽이지 못한다면 신들에게 천벌을 받겠다"고 장담했다. 죽음이 두려웠던 엘리야는 급히 광야로 도망쳤다. 그는 로뎀나무 아래에서 지친 듯 쓰러져서 하나님에게 외쳤다.

"여호와여, 넉넉하오니 지금 내 생명을 취하옵소서. 나는 내 조상들보다 낫지 못한 것 같습니다."

그토록 용감하던 엘리야가 왜 이처럼 유약하게 변해 버렸을까? 하지만 이러한 엘리야를 불쌍히 여기신 하나님은 천사를 보내어 떡과 물을 주시고 기운을 회복하게 해 주셨다. 그 후 엘리야는 육신의 죽음을 거치지 않고 승천하라고 하신 하나님의 뜻을 따라 승천을 준비하게 된다. 그런데 그 사실을 안 엘리사가 엘리야를 따라다니며 스승을 졸라댔다. 그러자 엘리사를 향해 엘리야 선지자가 말했다.

"엘리사야, 네가 나에게 무엇을 원하느냐?"

"당신과 함께하시는 성령의 능력이 저에게도 있기를 원합니다."

"만일 오늘 하나님께서 나를 데려 하늘로 데려가시는 것을 네가 보게 된다면 너의 원하는 그것이 이루어질 것이다."

그 말을 하는 순간에 하늘에서 불말과 불병거가 내려왔고, 회오리바람으로 엘리야를 태우고 올라갔다. 그 모습을 본 엘리사는 큰소리로 외쳤다.

"아버지시여! 이스라엘의 전차 같았고, 이스라엘의 기마병 같았던 위대한 분이시여!"

그 일이 있은 후에 엘리사는 엘리야를 대신하는 선지자로서 명성을 얻게 되었다.

30. 악한 왕 아합

열왕기상 21-22장

「이세벨과 아합이 엘리야를 만나다」 1862년. 프레데릭 레이턴

프레데릭 레이턴Frederic Leighton은 영국의 화가이자 조각가다. 역사, 성서, 고전 고대의 요소를 주로 다루었다. 그는 화가로서는 영국 역사상 처음으로 세습 남작 작위를 받았다. 당시 서훈이 1월 24일 공포되어 이때부터 작위가 발효되었는데, 프레데릭 레이턴은 협심증으로 바로 다음날인 1월 25일에 사망하고 말았다. 세습 작위를 이어갈 직계 혈족이 없었기 때문에 그의 작위는 하루만에 소멸되었다.

그는 런던대학교에서 교육을 받았고, 이후로 스타인리Eduard von Steinle와 코스타Giovanni Costa에게 미술 교육을 받았다. 17세의 나이에 1847년 여름 프랑크푸르트의 철학자 쇼펜하우어 를 만났고, 24세 때는 피렌체 미술 아카데미에서 공부했다. 1855년부터는 파리에서 살면서 앵그르Ingres, 들라크루아Delacroix, 코로Corot, 밀레Millet 등과 만나 교류했다. 1860년 런던으로 이사 온 그는 왕립 아카데미의 의장이 되기도 했다.

「이세벨과 아합이 엘리야를 만나다」은 열왕기상 21장에서 사마리아 왕 아합이 왕궁에서 가까운 이스르엘에 있는 나봇의 포도원을 빼앗기 위해 욕심을 내면서 벌어진 일을 보여준다. 이세벨은 악한 왕 아합의 아내이나 아합을 뒤에서 좌지우지하면서 독재 폭거를 일삼았다. 그 이세벨에게는 바알과 아세라 신을 섬기는 것에 대해 강하게 저주하는 엘리야가 죽도록 미웠다. 엘리야는 이런 이세벨을 피해 도망다녀야 했으니 서로의 관계는 매우 불편했을 것이다.

그런데 이세벨이 계략을 꾸며 나봇을 죽이고 아합에게 그의 포도원을 차지하라고 하자 아합은 나봇의 포도원으로 올라가게 된다. 이에 하나님은 아합과 이세벨의 악함을 보시고 엘리야에게 나봇의 포도원으로 가서 아합에게 하나님의 말씀을 전할 것을 명하신다. 그림은 아마도 나봇의 포도원에서 만나는 장면일 것이다. 다만 이세벨이 이 자리에 있었는지는 분명치 않다. 만약에 세 사람이 만났다면 아합에게도 이세벨에게도 피하고 싶은 자리였을 것이다.

아합 왕의 말로

이방의 이세벨을 왕비로 삼고 바알을 위한 산당을 세운 데다 군사적으로도 막강한 힘을 발휘했던 아합이 자신의 욕심 때문에 근심거리가 생겼다. 나봇이라는 사람의 포도원이 아합의 궁전 바로 옆에 있었는데, 무척이나 아름다웠던 것이다. 아합은 나봇의 포도원을 자신의 것으로 만들기 위해 그에게 제안을 했다. 포도원을 넘겨주면 대신에 다른 곳에 더 좋은 포도원을 주든지, 아니면 돈으로 그 값을 쳐준다는 것이었다. 그러나 나봇은 아합의 요구에 응하지 않았다.

"왕시이여, 이 포도원은 하나님의 선물이요, 조상들이 물려준 땅입니

「이세벨과 아합이 엘리야를 만나다(*Jezebel and Ahab Met by Elijah*)」 1862년. 프레데릭 레이턴. 캔버스에 유화. 스카버러 미술관. 노스요크셔.

다. 그러니….”

나봇이 순순히 내놓지 않자 아합은 식음을 전폐하고 앓아 누웠다. 전쟁의 용사인 아합이 남의 포도원을 갖지 못해 생병이 난 것이다. 누워 있는 왕을 본 이세벨은 아합에게 말했다.

“아니, 폐하! 고민할 걸 고민하셔야죠? 그것 하나 해결하지 못하십니까? 두고 보십시오. 제가 그 포도원을 빼앗아 왕께 바치겠습니다.”

왕비 이세벨은 못된 짓만 골라 하던 불량배 두 명을 데려다가 나봇을 모함하고 사람들 앞에서 돌로 쳐죽이도록 획책했다. 이렇게 아합은 이세벨의 간교로 나봇의 포도원을 빼앗는데 성공하게 되지만, 그 결과로 하나님의 심판이 이어졌다. 엘리야는 아합에게 달려가 그가 이세벨과 함께 나봇처럼 죽게 될 것이라고 예언했고 실제로 그렇게 되었다.

아합이 죽게 되는 결정적인 사건이 일어났는데, 한동안 조용했던 아람 군대가 다시 쳐들어 온 것이다. 아합은 당시 사이가 좋았던 유다의 여호사밧 왕에게 기별하여 함께 아람을 물리치자고 제안했다. 여호사밧이 이스라엘로 올라와 전쟁을 치르기 전에 하나님의 뜻을 묻고자 하기에 아합은 선지자 400명을 불러 신점神占을 행하도록 명했다.

다윗 시대까지는 제사장에 의해 행해지는 제비신점이 있었으나, 그 이후에는 예언자들도 신점을 행했다. 신점을 해 본 결과, 아람과 싸워도 승리할 것이라는 점괘가 나온 것이다. 여호사밧은 그래도 염려되어 "그밖에 능력 있는 선지자가 이스라엘에 없느냐"고 묻자, 아합은 그제야 미가야라는 선지자가 있다고 말했다. 미가야는 아합에게 눈엣가시 같은 존재였다. 좋은 소식을 전하기보다 언제나 흉조만 말하니 좋아할 리 없었다.

여호사밧의 간청에 미가야를 불렀는데, 의외로 미가야는 다른 선지자들처럼 "걱정하지 마소서. 전쟁에서 이길 것입니다"라고 흔쾌히 대답하는 것 아닌가? 아합 왕은 늘 나쁜 이야기만 전하던 미가야가 전쟁의 승리를 예언하니 이상하게 여겨졌다. 오히려 불안해서 재차 물었다. 그러지 말고 참된 예언을 해달라는 했더니, 결국 미가야는 여호와의 신탁을 전했다. 아합이 길르앗 라못에서 전사할 것이라는 뜻밖의 예언을 전한 것이다.

여지없이 또 한 번의 흉조를 전해 들은 아합은 미가야를 옥에 가두라고 명한 뒤 출전하지만 결과는 참패였다. 아합은 죽고 엘리야가 예언한 대로 개들이 그의 시체를 핥았다. 그곳은 개들이 포도원을 빼앗겨 억울하게 죽었던 나봇의 시체를 핥은 곳이었다.

31. 위대한 선지자 엘리사 이야기

열왕기하 2-5장

「엘리사의 무덤에서의 기적」 1596년. 얀 나겔

구도와 색감이 잘 표현된 「엘리사의 무덤에서의 기적」

네덜란드 르네상스 화가인 얀 나겔Jan Nagel은 하를렘Haarlem에서 태어났다. 그에 대해서는 거의 알려진 바가 없다. 단지 그는 풍경화에서 매우 훌륭한 작품을 그렸지만, 인물화에서도 좋은 작품을 남기기도 했다. 나겔은 클라에 제이콥스 반 데 헤크Claes Jacobsz van der Heck의 스승으로 잘 알려져 있으며, 코넬레스 몰레너Cornelis Molenaer의 영향을 받은 추종자이기도 하다. 그는 1602년에 하그에서 죽었으며, 나겔Nagel과 나헬Naghel이라는 두 가지의 이름을 사용했다.

그의 대표작인 이 작품은 열왕기하 13장 20~21절을 묘사한 장면이다.

엘리사가 죽으니 그를 장사하였고 해가 바뀌매 모압 도적 떼들이 그 땅에 온지라 마침 사람을 장사하는 자들이 그 도적 떼를 보고 그의 시체를 엘리사의 묘실에 들이던지매 시체가 엘리사의 뼈에 닿자 곧 회생하여 일어섰더라

이 장면을 나겔은 염감 있고 빠른 손놀림의 붓터치로 그려냈다. 또 잘 짜여진 구도와 우아한 색감의 사용이 잘 표현된 작품이기도 하다. 비엔나의 알베르티나 미술관에 걸려 있는 「인간의 타락*The fall of man*」과 같은 마니에리즘적 기교들도 볼 수 있다.

엘리사의 시대

엘리야가 떠난 후 엘리사의 시대가 왔다. 그는 스승이자 아버지처럼 여겼던 엘리야와 마찬가지로 하나님을 열심히 섬기며 선지자로 활동했다. 하루는 여리고로 갔는데, 그곳 사람들이 그에게 말했다.

"이곳은 모든 것이 다 좋은데, 물이 좋지 않아서 농사가 잘 안 됩니다."

그러자 엘리사는 소금을 가져 오라고 했다. 그리고 물의 근원이 있는 곳으로 가서 "여호와의 이름으로 명하노니 물이 맑아져라"고 외쳤다. 그러면서 소금을 물의 근원에 넣었더니 놀랍게도 좋은 물로 바뀌었다. 또 한 번은 수넴 지역에 갔다가 한 귀한 여인으로부터 정성스런 음식을 대접받았다. 그것이 인연이 되어 엘리사는 그곳을 지날 때마다 들르게 되었다. 엘리사는 그 여인에게 아이가 없음을 알고 아들을 낳도록 축복 기도를 해 주었고, 다음에 돌아와서 보니 정말로 아들을 낳았다. 그런데 그 아들이 돌연 죽고 말았다. 여인이 선지자를 원망하면서 말했다.

"아이를 데려갈 것 같으면 왜 아이를 낳도록 해 주셨습니까?"

너무 슬픈 나머지 울부짖는 여인을 위해 엘리사는 죽은 아이를 살려내는 기적을 베풀었다.

이후로 아람 왕의 군대장관 나아만의 문둥병을 고쳐 주었다. 엘리사는 선지자로서 66년간 계속 활동했다. 아하시야 왕이 죽자 동생인 여호람이 왕이 되었다. 여호람 왕도 이방신 섬기기를 좋아했다. 그가 왕으로 있을 때 싸움에서 진 모압의 메사 왕은 해마다 10만 마리의 숫양을 바치겠다고 약속했지만 지키지 않았다. 모압 왕이 배반했던 것이다. 화가 난 여호람 왕은 모압 나라를 치려고 마음먹었다. 그러나 자기 군사만으로는 엄두가 나지 않자 여호람 왕은 남유다의 여호사밧 왕과 에돔 왕에게 도움을 청했다. 그래서 이스라엘 왕이 유다 왕과 에돔 왕과 함께 행했다. 행한 지 7일 동안 햇볕이 따갑게 내리쬐는 날들의 연속이었다.

"어휴 목말라. 물이 없어 야단났는 걸."

"하나님께 도움을 구해야 하오. 하나님의 선지자를 찾아봅시다."

여호사밧 왕이 말했다.

"저희 중에 엘리야 선지자와 함께했던 엘리사 선지자가 있습니다."

여호람 왕의 신하가 말했다. 두 왕은 엘리사 선지자에게로 가서 도움을 구했다.

"나는 당신들과 상관이 없소. 어서 당신이 섬기는 바알에게나 가서 도움을 청하시오. 당신이 섬기는 금송아지가 당신을 도와주도록 말이오."

엘리사 선지자는 냉정하게 말했다.

"하나님의 사람이여, 제발 우리를 도와주십시오."

여호사밧 왕이 간청했다. 그때였다. 엘리사 선지자의 마음에 하나님께서 감동을 주셨고, 그래서 마음을 바꾸어 왕들에게 말했다.

"내가 만일 여호사밧 왕을 만나지 않았더라면 이 일에 상관하지 않았을 겁니다. 나에게 거문고 타는 사람을 불러 주시오."

거문고 소리를 들으며 마음을 가라앉힌 엘리사 선지자가 말했다.

"하나님께서 이 골짜기에 도랑을 많이 파라고 말씀하셨습니다."

「엘리사의 무덤에서의 기적(*The Miracle at the Grave of Elisha*)」 1596년. 얀 나겔. 패널에 유화. 60.1×69.1cm. 프란스 할스 미술관. 할렘.

"아니, 이렇게 구름 한 점 없이 쨍쨍한데, 바짝 마른 땅에 도랑을 파라니…."

여호람 왕과 에돔 왕이 투덜거렸다.

"무슨 소리요? 어서 팝시다. 하나님이 우리를 위해 일하실 것입니다."

여호사밧 왕이 말하자 두 왕도 군사들에게 도랑을 파라고 명령했다. 골짜기에는 금세 많은 도랑이 생겼났다. 하룻밤이 지나고 여호사밧 왕이 아침 예배를 드릴 때 이게 웬일일까? 갑자기 에돔 땅으로부터 거센 물줄기가 쏟아져 내리더니 골짜기에 파 놓은 도랑마다 물이 가득했다.

"와아! 물이다! 이제 우리는 살았다."

군사들과 짐승들은 허겁지겁 물을 마셨다. 더러는 엎드려서, 더러는 무릎을 꿇고 앉은 채로 마셨다. 때마침 동쪽에 붉은 해가 떠올랐고, 도랑마다 가득 찬 물은 붉은 햇빛으로 물들었다.

한편 모압의 메사 왕은 세 나라 군사들이 자기들을 치러 왔다는 소식을 듣고 갑옷을 입을 만한 남자들은 모두 군사로 뽑았으며, 아침이 되었다. 보초를 섰던 군사들이 달려와 메사 왕에게 보고했다.

"왕이여, 아마 저들 세 나라가 밤사이에 서로 싸움을 한 것 같습니다. 사방이 온통 피바다입니다. 군사들이 더러는 엎드린 채 죽어 있고, 더러는 무릎을 꿇은 채 죽어 있습니다. 어서 우리를 보내 주십시오. 저들의 물건을 가져오겠습니다."

그렇게 말한 후 모압 군사들은 무기도 없이 신바람이 나서 달려갔다. 그러나 세 나라 군사들이 휘두르는 칼에 힘없이 쓰러지고 말았다. 모압의 군사들은 도랑에 붉게 비친 햇빛을 세 나라가 서로 싸워 군사들이 흘린 피로 잘못 보았던 것이다. 결국 크게 패한 모압 왕은 자기 나라로 되돌아갔다.

엘리사의 죽음

엘리사가 병들어 죽게 되자 이스라엘의 여호아스 왕이 문병하러 와서 눈물을 흘리며 부르짖었다.

"나의 아버지여! 나의 아버지여! 이스라엘의 전차와 마병이여!"

이때 엘리사가 마지막으로 힘을 내어 말했다.

"활과 화살을 가져오십시오."

여호아스가 그것을 가져오자, 엘리사는 왕에게 활을 쏠 준비를 하게 하고 자기 손을 왕의 손 위에 얹었다. 그리고서 그는 왕에게 동쪽 창문을 열고 활을 쏘라고 했다. 왕이 활을 쏘자 엘리사는 이렇게 외쳤다.

"이것은 여호와의 화살, 곧 시리아에 대한 승리의 화살입니다. 왕은 아벡에서 시리아 군을 쳐서 그들을 완전히 정복할 것입니다."

그리고 엘리사는 왕에게 다른 화살을 집어 땅을 치라고 했으나 왕은 세 번만 치고 그쳤다. 엘리사는 화가 나서 왕에게 이렇게 말했다.

"왕은 대여섯 번을 쳤어야만 했습니다. 그랬더라면 왕은 시리아를 완전히 정복할 수 있었을 텐데 왕이 세 번밖에 치지 않았으므로 그들을 세 번만 무찌를 것입니다."

그후에 엘리사는 죽어 장사되었다. 이 당시에는 모압의 도적떼가 봄만 되면 이스라엘 땅을 침범하여 약탈하기 일쑤였다. 한 번은 이스라엘 사람들이 장사를 지내다가 모압 도적떼를 보고 다급한 나머지 시체를 엘리사의 무덤에 던져 넣고 달아나 버렸다. 그런데 그 시체가 엘리사의 뼈에 닿는 순간 죽은 사람이 살아나 벌떡 일어선 것이 아닌가! 엘리사에 대한 기록은 이것으로 끝이지만 그가 엘리야와 함께 큰 선지자가 되어 하나님의 말씀을 잘 전한 것은 꼭 기억해야 할 사실이다.

32. 어린 왕 요아스

열왕기하 12장

「요아스 왕의 선포」 1815년. 에드워드 버드

에드워드 버드Edward Bird는 장르화가로서 자신의 작품 인생의 대부분을 브리스톨에서 보냈다. 브리스톨 예술학교는 예술가로서의 그의 환경을 형성시켜 준 곳이다. 버드는 런던에서 몇 년 동안 전성기를 누렸는데, 데이비드 윌키 경Sir David Wilkie이 장악하고 있던 장르화 분야에서 특히 전투 장면을 전문으로 하는 역사화로 명성을 날렸다.

버드는 울버햄프턴Wolverhampton에서 목수의 아들로 태어나 정식 미술교육을 받지는 못했지만, 차 접시에 그림을 그려넣는 견습생으로서 기술을 배우기 시작했다. 이후로 초상화, 책의 삽화, 교회의 종교화 등을 그리면서 경력을 쌓아나갔다.

브리스톨에서 버드는 브리스톨 스쿨로 성장하게 될 이마추어 예술가 그룹의 중심적인 인물이 되었다. 1809년에는 왕립 아카데미에서 노병의 초상화 장르로 전시회를 가지게 되었고, 큰 관심을 끌었다. 리젠트 왕자

Prince Regent가 그의 그림을 구입하게 되자 그의 인기는 더욱 상승했다.

1812년에는 왕립 아카데미의 위원으로 선출되었고, 1813년에는 샬럿 공주Princess Charlotte로부터 역사화가로 선정되었다. 이후 1815년에는 아카데미의 정회원으로 선출되었다.

「요아스 왕의 선포」를 보면, 자칫 중앙에 서 있는 인물을 요아스로 오인하기 쉽다. 하지만 요아스가 왕이 된 것은 일곱 살이었고, 이후 40년을 통치했다. 그러므로 요아스는 그의 고모부이자 대제사장인 여호야다의 뒤에서 왕관을 쓰고 있는 아이라고 볼 수 있다. 여호야다의 손가락을 비롯해 사람들의 시선이 요아스에게 집중되어 있음을 알 수 있다. 요아서는 열왕기하 12장 2절에 "제사장 여호야다가 그를 교훈하는 모든 날 동안에는 여호와 보시기에 정직히 행하였으되"라고 기록하고 있다. 즉 어린 요아스는 여호야다의 신앙적 가르침 가운데 있었던 것이다.

요아스는 제사장들에게 일러 모든 은을 모아서 성전의 파손된 것을 수리하라고 선포한다. 여호야다 제사장 앞에 서 있는 여인은 요아스의 어머니 시비아다. 그는 브엘세바 사람이었다. 요아스 왕의 선포를 듣고 놀라는 그의 표정에는 이방 사람인 데에다 당시 우상 숭배지로 유명한 브엘세바 출신인 점에서 우상을 숭배하고 있었음을 짐작해 볼 수 있다. 어머니 시비아의 영향인지 분명치는 않으나, 제사장 여호야다가 죽고 난 후 요아스는 아세라 목상을 비롯한 우상을 섬기고 배교를 하게 되어 스가랴 선지자가 하나님의 심판을 경고하게 된다.

여호와의 전을 수리하다

여호야다란 이름의 뜻은 '여호와가 아심'이다. 그는 제사장이고 '아하시야' 라는 이름도 가지고 있었다. 그런데 아하시야 왕이 죽고 나서 그의 어머니인 아달랴가 왕자들을 없애고 자신이 왕이 되었을 때 여호세바가 왕자들 중에 한 명인 요아스를 몰래 숨겨서 구해 주었다. 6년을 숨겼던 요아스 왕자를 드디어 왕으로 세울 때 여호야다 제사장이 큰 역할을 했다.

여호야다 제사장에게는 스가랴라고 하는 아들이 있었는데, 그도 제사장이었다. 요아스가 유다 왕이 될 때의 나이가 7세였다. 요아스가 유다 왕이 되어 예루살렘에서 40년을 통치했다. 그리고 그의 어머니는 브엘세바 사람 시비아였다. 그는 제사장 여호야다의 교훈을 받는 동안 여호와께서 보시기에 옳은 일을 했으나 산당을 헐지 않았으므로 백성들은 계속 거기서 제사를 지내며 분향했다.

여호야다 제사장이 살아 있을 동안에는 하나님을 잘 섬기다가 제사장이 죽은 후에 하나님을 떠나 제 맘대로 했다. 그래서 여호야다 제사장의 아들인 스가랴 제사장이 하나님의 신에 감동되어 아버지를 대신해 요아스 왕 앞에서 하나님의 뜻을 담대히 전했다. 하지만 요아스 왕은 하나님의 제사장의 말을 듣지 않고 오히려 스가랴 제사장을 죽게 했다.

여호야다 제사장은 아들을 신앙으로 잘 양육했다. 아들 스가랴 제사장은 세상의 권위를 두려워하지 않고 오직 하나님의 뜻을 전할 줄 알았다. 요아스 왕은 왕의 자리에는 있었지만, 가정에서 하나님에 대한 신앙을 제대로 물려받지 못했기 때문에 결국 하나님을 버리고 말았던 것이다.

어느 날 요아스 왕은 제사장들을 모아 놓고 이렇게 말했다.

"여러분은 여호와의 성전에 바치는 예물, 곧 정규적으로 거둬들이는 인두세와 서약으로 바치는 예물과 백성들이 자진해서 바치는 모든 돈을 모아 성전을 수리하는 데 사용하도록 하시오."

그러나 요아스가 나라를 다스린 지 23년이 될 때까지 제사장들은 성전을 수리하지 않았다. 그는 여호야다와 다른 제사장들을 불러 물었다.

"어째서 성전을 수리하지 않았소? 이제부터 당신들이 거둬들인 돈을 보관하지 말고 다른 사람에게 넘겨 주어 성전 수리를 하게 하시오."

그래서 제사장들이 성전을 직접 수리하지 않기로 합의했다. 그때 제사장 여호야다는 상자 하나를 가져다가 뚜껑에 구멍을 뚫어 성전 정면의 우측 단 곁에 두었다. 성전 문을 지키는 제사장들은 백성들이 성전에 가져오는 모든 돈을 받아 그 헌금함 속에 넣었다. 그리고 헌금함에 돈이 많이 모이면 궁중 서기관과 대제사장이 올라와서 그 돈을 계산하여 성전 수리 담당자들에게 넘겨 주었다. 그러면 그들은 그 돈으로 목수와 건축자와 채석공의 임금을 주고 성전을 수리하는 데 필요한 목재와 돌을 사고 그밖의 필요한 곳에 사용했다.

그러나 여호와의 성전에 바친 돈은 은대접이나 불집게나 주발이나 나팔이나 그밖의 금은 그릇을 만드는 데 쓰지 않고 오직 성전을 수리하는 데만 사용했다. 그리고 성전 수리 담당자들이 아주 정직하게 일했기 때문에 회계 보고를 받을 필요가 없었다. 그러나 죄와 잘못을 씻는 속건제와 속죄제의 예물은 그 헌금함에 넣지 않고 제사장들에게 주어 쓰게 했다.

그때 시리아의 하사엘 왕이 가드를 공격하여 점령한 다음 예루살렘을 치려고 올라오자 요아스는 그의 선왕 여호사밧과 여호람과 아하시야가 여호와께 바친 모든 예물과 그리고 자기가 바친 예물까지 포함하여 성전과 왕궁에 있는 모든 금을 거두어 하사엘왕에게 선물로 보냈다.

하사엘은 자기 군대를 이끌고 예루살렘에서 물러갔다. 그밖에 요아스가 행한 모든 일은 유다 왕들의 역사책에 기록되어 있다. 그러나 요아스의 두 신하, 시므앗의 아들 요사갈과 소멜의 아들 여호사밧이 반란을 일으켜 실라로 내려가는 길가의 밀로 궁에서 왕을 살해하고 말았다. 요아스는 다윗 성에 있는 그의 조상들의 묘에 장사되었고, 그의 아들 아마샤가 왕위를 계승했다.

「요아스 왕의 선포(*Proclaiming Joash King*)」 1815년, 에드워드 버드. 패널에 유화. 92.8×64.1cm. 영국 왕립 미술원, 런던.

33. 히스기야 왕과 이사야 선지자

열왕기하 18-20장, 이사야

「히스기야 왕의 죽음과 이사야 선지자」 17세기. 작자 미상

15년의 생을 선물 받은 히스기야

남유다의 히스기야 왕은 아버지 아하스를 이어 25세에 왕이 되었다. 그는 아하스 왕의 악정을 끊고 우상을 철폐하며 하나님을 따랐던 왕이다.

그런 그에게 큰 위기가 닥쳤다. 앗수르의 산헤립이 히스기야 재위 14년에 대군을 몰고 쳐들어와서 항복을 요구한 것이다. 그때에 히스기야가 항복 권유 문서를 들고 여호와의 전에 올라가서 기도했다. 기도의 결과, 하나님의 도우심을 받았다. 히스기야 왕은 왕이 되자마자 못 박았던 성전 문부터 열었다. 왕은 제사장과 레위인들을 모아 놓고 말했다.

"여러분들은 하나님께 제사를 드리도록 택한 분들입니다. 그러니 하나님의 집을 새롭게 하고 신앙도 새롭게 하도록 해야겠습니다."

이 말은 들은 제사장들과 레위 사람들은 즐거운 마음으로 성전을 수리

했다. 히스기야 왕이 유월절을 지키자 하나님은 이 일을 보시고 크게 기뻐하셨다. 히스기야 왕이 하나님을 온전히 섬긴다는 소문이 이웃 나라에도 퍼졌다. 특히 앗수르의 산헤립은 히스기야 왕이 자기들이 믿는 신상을 부수어 버렸다는 소식을 듣고 화가 났다.

"뭐라고? 우리 신을 함부로 부순 저 놈들을 그냥둘 수 없지."

산헤립은 많은 군사들을 이끌고 남유다로 쳐들어왔다.

"싸우는 것은 바람직한 일이 아니오."

히스기야 왕은 많은 예물을 보내면서 산헤립을 달랬지만 이미 여러 나라와 싸워서 이겼던 산헤립은 들은 척도 하지 않았다. 할 수 없이 히스기야 왕은 군대 지휘관을 불러 성 밖의 샘물을 모두 막아 버리고 무너진 성벽을 쌓아 올리라고 명령했다. 그리고 백성들에게 말했다.

"여러분, 마음을 굳게 하고 용기를 내시오. 그들이 무슨 말을 하든지 대꾸하지 마시오. 앗수르 왕에게는 많은 군사가 있지만 그보다 강한 힘을 가지신 하나님은 우리와 함께하시니 말이오. 그분은 반드시 우리를 돕고 우리를 대신하여 싸울 것입니다."

두려워하던 백성들은 왕의 말을 듣고 큰 힘을 얻었다. 마침내 앗수르 군대가 예루살렘으로 쳐들어왔다. 산헤립은 성벽에 올라가 백성들을 향해 외쳤다.

"이 어리석은 사람들아! 아직도 히스기야 왕의 말을 믿느냐? 하나님이 너희를 돕는다고? 그건 말짱 헛소리인 줄도 모르느냐? 우리에게 항복하라. 그러면 좋은 포도밭과 우물물을 주겠다. 너희들은 우리에게 많은 나라가 항복했다는 소문을 들었을 것이다. 이 세상의 모든 신은 이 앗수르의 편이란 말이다."

그러나 남유다 백성들은 히스기야 왕이 시킨 대로 아무 대꾸도 하지 않았다. 대신 하나님께 도와 달라고 마음속으로 간절하게 기도했다.

산헤립은 히스기야에게 항복하라는 편지를 보냈다. 이에 히스기야는 베옷으로 갈아입고 성전으로 들어가 산헤립의 편지를 펴놓고 기도했다.

"하나님, 귀를 기울여 들어 주십시오. 눈을 떠서 보십시오. 산헤립이 살아 계신 하나님을 모욕합니다. 그는 수많은 나라들을 멸망시키고 그들이 섬기던 신들도 불살랐습니다. 하나님, 이제 우리 백성의 죄를 용서하시고 저 앗수르의 손에서 구해 주십시오. 하나님이 우리를 구해 주시는 걸 보면 저들이 전에 불살랐던 신들은 돌과 나무에 불과하며 전능하신 하나님만이 살아 역사하시는 줄 알게 될 것입니다."

그때 이사야 선지자에게 다녀온 신하가 말했다.

"하나님이 왕의 기도를 들으셨다고 합니다. 그가 말씀하시기를, '네가 무엇을 하든지 어디를 가든지 함께할 것이며, 다윗과 언약한 대로 이 성을 보호하며 유다 백성을 번성하게 하겠다'고 하셨답니다."

히스기야 왕의 눈에는 감사의 눈물이 가득했다. 다음날 아침 숨이 차오른 신하가 히스기야 왕에게 보고했다.

"지난 밤 우리 군사 중에는 앗수르 군대와 싸운 사람이 한 사람도 없었습니다. 그런데 앗수르 군사 185,000명이 지난 밤에 모조리 죽었습니다. 하나님이 천사들을 보내셔서 우리 대신 싸워 주신 것이 분명합니다."

히스기야 왕은 급히 나가 들판에 죽어 있는 앗수르 군대를 보았다. 그리고 이사야 선지자를 통해 약속하신 말씀을 이루신 하나님께 찬양을 드릴 수밖에 없었다. 하나님의 전능하신 능력으로 산헤립이 이끄는 앗수르의 군대 185,000명이 하룻밤에 모두 죽고 만 것이다. 이 전쟁에서 살아나 고국으로 돌아간 산헤립 왕도 아들들에 의해 죽고 말았다이사야 37:38.

얼마 후 갑자기 히스기야에게 또 다른 어려움이 찾아왔다. 히스기야 왕에게는 절망적인 소식이었다. 그것은 그가 죽을병에 걸려서 곧 죽을 것이라는 이사야 선지자의 예언 때문이었다. 그는 또다시 기도를 선택한다. 벽

「히스기야 왕의 죽음과 이사야 선지자(*The Prophet Isaiah and the Dying King Hezekiah*)」 17세기. 작자 미상. 캔버스에 유화. 180×133cm. 팔라초 비앙코 박물관. 제노바.

을 향하고 당장 기도하기 시작했다 열왕기하 20:2. 유다 왕 히스기야가 죽을 병에 걸렸을 때 이를 안 선지자 이사야는 히스기야에게 나아가서 하나님의 신탁을 전했다. 그것은 히스기야가 죽고 살지 못할 것이라는 말이었다. 이 말을 들은 히스기야 왕은 신앙의 자세로 간구했다.

"여호와여, 구하옵나니 내가 진실과 전심으로 주 앞에 행하여 주의 보시기에 선하게 행한 것을 기억하옵소서!"

눈물로 통곡하며 기도드렸다. 하나님은 이러한 히스기야의 기도에 당신의 뜻을 돌이키셨다. 그리고 선지자 이사야를 다시 불렀다.

"내가 네 기도를 들었고 네 눈물을 보았노라. 내가 너를 낫게 하리니 네가 3일 만에 여호와의 전에 올라가겠고, 내가 네 날을 15년을 더할 것이며, 내가 이 성을 앗수르 왕의 손에서 구원하고, 내가 나를 위하고 또 내 종 다윗을 위하므로 이 성을 보호하리라 하셨다 하라."

또 응답에 대한 표징으로 해시계의 그림자가 뒤로 물러가는 표적도 보여 주셨다. 결국 히스기야는 깨끗이 나았다. 뿐만 아니라 정치적·군사적으로 위협하던 앗수르의 세력에 대한 하나님의 보장도 받게 되었다.

15년의 생명을 연장한 히스기야

팔라초 비앙코 박물관에 전시된 높이 1.8미터에 이르는 「히스기야 왕의 죽음과 이사야 선지자」는 작자를 알 수 없는 17세기 작품이다. 이 그림은 이사야서의 한 장면을 묘사하는데, 선지자는 매우 심각하게 병이 든 히스기야 왕에게 죽음을 준비하라고 일러 준다. 이에 히스기야는 하나님께 간청하여 기도하면서 하나님을 향한 자신의 믿음을 상기시켰고, 이에 응답하신 하나님은 그의 생명을 15년 동안 연장시켜 주셨다. 비록 이 작품의 작자는 알 수 없지만, 도메니코 피아셀라Domenico Fiasella가 묘사한 동일한 주제로부터 영감을 얻어 그린 것으로 보여진다.

히스기야는 남은 15년을 감격 속에 살았다. 기쁨 가운데 왕으로서 감당해야 할 일도 많이 했는데, 특히 이스라엘 민족의 숙원 사업인 예루살렘 성에 물을 공급하는 위대한 일을 하나님으로부터 보장 받은 이 15년 동안에 이루어내기도 했다.

히스기야 왕의 병이 나았다는 소식을 들은 바벨론 왕은 특사를 보내 축하했다. 허나 바벨론 왕의 특사가 온 데 대해 너무 기쁜 나머지 히스기야 왕은 그에게 성 안에 있는 모든 것들과 숨겨둔 보물까지 보여 주는 실수를 저질렀다. 이 당시 히스기야 왕이 통치하던 유다 나라는 자기들의 동족이었던 북이스라엘을 멸망시킨 앗수르라는 나라를 겁내고 있었다. 이 앗수르라는 나라가 호시탐탐 남쪽 유다마저 집어 삼키려고 엿보고 있었기 때문이다.

그래서 히스기야는 이런 앗수르를 견제하기 위해 당시 앗수르에 대항할 수 있는 강한 신흥 세력인 바벨론에게 잘 보이고 싶어서 외교적으로 수단을 부린 것이다. 이에 대해 이사야는 왕을 크게 책망하며 하나님의 심판의 말씀을 전했다.

"여호와의 말씀이 날이 이르리니, 무릇 왕궁의 모든 것과 왕의 열조가 오늘까지 쌓아 두었던 것을 바벨론으로 옮긴 바 되고 하나도 남지 아니할 것이요, 또 왕의 몸에서 태어날 아들 중에서 사로 잡혀 바벨론 왕궁의 환관이 되리라 하셨나이다."

이게 무슨 말일까? 앞으로 이 남쪽 땅 유다는 바벨론의 침공을 받아 망하고 모든 사람, 모든 물자가 다 바벨론에 포로로 잡혀간다는 무시무시한 심판을 예고하신 것이다. 실제로 이 예언은 약 100년 후에 그대로 이루어졌다.

34. 요시야의 종교개혁

열왕기하 22-23장

「율법책을 듣고 있는 요시야 왕」 1858년. 율리우스 슈노르 폰 카롤스펠트

동판화로 그린 성경 삽화

율리우스 슈노르 폰 카롤스펠트Julius Schnorr von Carolsfeld는 독일의 화가, 소묘가로서 라이프치히에서 태어났다. 빈 아카데미에서 회화를 배운 후 1817년에 이탈리아를 방문하여 나자렛파에 가입하게 된다. 1825년 바이에른 왕 루드비히 1세Ludwig I 의 초청으로 뮌헨으로 옮겨 왕궁의 벽화전쟁으로 소실를 제작하고, 1846년 드레스덴 아카데미의 교수가 되었다. 대표작으로는 『가나의 혼례』1819, 함부르크 미술관가 있다.

1811년에 카롤스펠트는 비엔나 아카데미에 입학했는데, 요한 프리드리히 오버벡Johann Friedrich Overbeck과 옛 전통 스타일에 반발한 사람들은 1년 전 쯤 퇴학당했고, 그는 프리드리히 하인리히 후거Friedrich Heinrich Füger 밑에서 공부하면서 조셉 안톤 코흐Joseph Anton Koch와 하인리히 올리비에

Heinrich Olivier와 친구가 되었다. 둘 다 카롤스펠트의 작풍에 중대한 영향을 끼쳤다. 카롤스펠트는 1815년 오버벡과 함께 나자렛 운동의 다른 창시자들을 따라 로마로 갔다. 이 종교적인 낭만주의 예술학교는 초기 시대의 원칙을 되찾으려고 하면서 현대적 스타일을 거부하는 경향이 있었다.

카롤스펠트는 루터교 신자였으며, 광범위하고 특정 종파에 매이지 않는 신학적 견해를 가지고 있었다. 그의 그림 성경은 라이프치히에서 1852~1860년에 걸쳐 30편으로 출판되었다. 성경 삽화는 대체로 복잡하고 어수선했다. 일부 비평가들은 라파엘이 그린 것보다 열등하다고 비평하면서 선과 대칭의 조화가 부족하다고 평가하기도 했다. 하지만 그의 스타일은 초기 르네상스 시대의 단순하고 엄격한 것과는 달랐고, 대신에 후기 르네상스 시대의 화려함을 잘 보여주었다.

카롤스펠트의 성경 삽화와 벽화로 그린 그림은 교회 창문의 스테인드글라스 디자인을 위한 자연스러운 서곡이 되었다. 이로 인해 그는 글래스고 대성당의 스테인드글라스를 만들어낸 10명의 예술가 중 한 명이 되었다. 훗날에는 런던의 세인트폴 성당의 창문을 설계하기도 했다.

「율법 책을 듣고 있는 요시야 왕」은 동판화로 그린 성경 삽화다. 대제사장 힐기야가 성전에서 발견한 율법 책을 서기관 사반에게 주자 사반은 요시야 왕의 앞에서 그 율법 책을 읽었다. 그러나 왕은 율법 책의 말을 듣자마자 그의 옷을 찢고 회개하면서 말씀이 지시하는 대로 유월절을 지키고 개혁을 시행하게 된다.

유다 왕국의 종교 부흥을 이끌다

요시야는 8세에 왕위에 올라 예루살렘에서 31년을 통치했다. 그는 31년을 다스린 다음 39세에 생을 마감한 왕이었다. 그가 왕이 된 지 얼마 되지 않아 유다가 하나님의 진노를 격발하여 멸망의 위기에 처해 있을 때였다. 요시야의 할아버지는 악명 높은 므낫세 왕이다.

므낫세는 참으로 여호와 보시기에 악한 일만 골라가며 행했다. 하나님을 섬기기보다는 오히려 부친 히스기야가 헐어 버린 산당을 재건하고, 바알을 위하여 단을 쌓고, 아세라 목상을 만들고, 하늘의 해와 달과 별들을 숭배했다. 자신의 아들들을 불 가운데 지나가게 하고, 무당과 박수를 믿고, 악을 많이 행하여 하나님의 진노를 격발했다. 그가 행한 죄악이 아모리 사람의 행위보다 더욱 심했고, 그 우상으로 유다를 범죄케 했다고 했다.

하지만 요시야는 여호와 하나님 보시기에 정직히 행하여 그 조상 다윗의 보여준 모범된 길로만 가고 딴 길로는 가지 않았다. 이제 그의 나이 16세 때 다윗의 하나님 여호와를 찾으면서 신앙을 찾았고, 20세 때에는 유다와 예루살렘에 있는 모든 우상들을 찾아 파괴했다 역대하 34:3.

그러다가 요시야 왕 18년, 그의 나이 26세가 되었다. 이처럼 그는 여호와께서 보시기에 옳은 일을 행했다. 백성들은 왕이 지켜 보는 가운데 바알 제단들을 헐고 그 주변의 향단을 찍어 버리며 아세라 여신상과 그밖의 모든 우상들을 빻아 가루를 만들고 그 우상들에게 제사하던 사람들의 무덤 위에 뿌렸다. 또 요시야는 이방 제사장들의 뼈를 그들이 제사하던 단 위에서 불살라 유다와 예루살렘을 정결하게 했다. 그런 다음 요시야는 므낫세, 에브라임, 시므온, 납달리의 모든 성들과 황폐한 그 주변 일대에도 가서 산당들을 헐고 이스라엘 전역에 있는 모든 향단을 찍어 버린 후 예루살렘으로 돌아왔다.

요시야 왕은 서기관 사반을 제사장 힐기야에게 보내어 성전을 수리할 것을 명했다. 명을 받은 힐기야는 감독자를 세우고, 목수, 건축자, 미장이들을 세워 재목과 다듬은 돌로 성전을 수리하게 했다. 요시야가 그의 첫 사업으로 성전을 수리한 것은 매우 뜻 깊은 일이라고 할 수 있다. 성전은 이스라엘 백성들의 신앙의 중심지였기 때문이다. 솔로몬이 성전을 지은 이래 300년 이상 방치되어 허물어졌을 뿐만 아니라 이방신을 섬기는 우상들과 혼합되어 상상도 할 수 없는 곳으로 변해 버렸기 때문이다.

요시야 왕은 서기관 사반에게 명하여 성전을 수리하게 했다. 잡초를 뽑아내고, 낡은 서까래는 새 것으로 바꾸었다. 백성들의 마음속에 허물어져 있던 하나님에 대한 신앙심을 새롭게 불러일으키기 위해서였다. 그런데 성전을 수리하던 중 무엇인가가 발견된 것이다. 대제사장 힐기야가 서기관 사반에게 말했다.

"내가 여호와의 전에서 율법책을 발견했노라."

성전을 수리하던 중 성경책 두루마리가 발견되었던 것이다. 이 책은 극심한 박해를 받던 시절 누군가 성전 모퉁이 돌 속에 감추어 두었던 것으로 추청된다. 성전을 새롭게 수리하고 하나님을 올바르게 섬겨 보려고 하던 중 율법책이 발견되었다는 것은 참으로 반가운 일이 아닐 수 없었다. 특히 당시의 유다 왕국은 칠흑같이 어두웠고, 국제 정세는 혼란했다. 이미 북쪽 이스라엘이 앗수르에게 멸망당한 지 오래였기 때문이다. 강대국 바벨론도 유다를 삼키려고 호시탐탐 기회를 엿보고 있었다.

유다는 강대국들 사이에서 눈치를 살피며 두려워 떨 수밖에 없었다. 게다가 백성들은 영적 무지와 교만으로 하나님을 대적했고, 우상 숭배로 하나님의 노를 격발하고 있었다. 온갖 거짓 진리가 판을 치고 백성들을 파멸로 이끌고 있는 상태였다.

대제사장 힐기야가 서기관 사반에게 여호와의 전에서 율법책을 발견한 것을 보고하면서 사반에게 주었다. 사반이 읽어 보니 놀라운 것이었다. 그래서 서기관 사반도 왕에게 돌아가 보고를 한 것이다.

"왕이시여, 당신의 신하들이 하나님의 집에 있던 돈을 쏟아 여호와의 하나님의 집을 새로 짓도록 하는 일에 저희를 뽑도록 했습니다. 그리고 제사장 힐기야가 제게 책을 주었습니다."

왕에게 보고하고 율법책을 읽기 시작한 것이다. 왕은 율법책을 읽는 중에 곧 그 옷을 찢으면서 통곡했다. 그리고 명령을 내렸다.

> 너희는 가서 나와 백성과 온 유다를 위하여 이 발견한 책의 말씀에 대하여 여호와께 물으라 우리 조상들이 이 책의 말씀을 듣지 아니하며 이 책에 우리를 위하여 기록된 모든 것을 행하지 아니하였으므로 여호와께서 우리에게 내리신 진노가 크도다 열왕기하 22:13

왕이 유다와 예루살렘의 모든 장로들을 불러모았다. 그리고는 여호와의 성전에 올라갔다. 그러자 유다 모든 사람들과 예루살렘 거민과 제사장들, 선지자들과 모든 백성들이 왕과 함께 성전으로 모였다. 왕이 여호와의 전 안에서 발견한 율법책의 모든 말씀을 읽어 주었다. 왕이 높은 대 위에 서서 여호와 앞에서 언약을 세우며 공포했다.

"너희는 마음을 다하고 성품을 다하여 여호와를 순종하여 하나님이 가르쳐 주신 회개의 법과 죄를 깨닫는 것과 또 하나님의 약속들을 이루도록 맹세하라."

이 말을 하니 모든 백성이 다 그 언약을 열심을 다해 따르기로 맹세했다 열왕기하 23:1-3. 왕이 백성에게 다시 명하여 말했다.

"이 율법책에 기록된 대로 너희의 하나님 여호와를 위하여 유월절을 지키라."

사사가 이스라엘을 다스리던 시대부터 이스라엘 열왕의 시대까지, 그리고 유다 열왕의 시대에도 이렇게 유월절을 지킨 일이 없었다. 요시야 왕 십팔 년에 처음으로 예루살렘에서 이 유월절을 처음으로 지켰던 것이다. 이처럼 요시야 왕은 그 시절 점점 하나님과 멀어져가고 점점 악해져가는

「율법책을 듣고 있는 요시야 왕(*King Josiah*)」 1858년. 율리우스 슈노르 폰 카롤스펠트. 동판화. 베를린 동판화관. 베를린.

시대에 하나님의 마음을 알고 자신과 백성들의 마음을 하나님께로 돌려놓는 회개와 개혁을 일으켰던 왕이다.

요시야와 같이 마음을 다하고 성품을 다하며 힘을 다하여 여호와를 향하여 모세의 모든 율법을 온전히 준행한 임금은 요시야 전에도 없었고 후에도 그와 같은 자가 없었다. 요시야 왕은 그후 13년 동안 온 힘을 다하여 말씀대로 준행했다. 하나님은 그러한 요시야를 생각하셔서 그의 나라를 튼튼히 하셨다.

35. 무너진 예루살렘 성

예레미야

「예루살렘의 멸망에 슬퍼하는 예레미야」 1630년. 렘브란트

빛과 그림자의 대조

렘브란트는 1630년 전후로 혼자 있는 노인의 모습을 즐겨 그렸다. 「예루살렘의 멸망에 슬퍼하는 예레미야」도 그 중 하나로, 그의 아버지가 모델이 아닐까 추측되고 있다. 렘브란트는 레이던 대학교에서 유채화를 훈련했는데, 숙련된 기교가 이 작품에 잘 나타나 있다. 어두운 굴과 대비시켜 하이라이트가 집중된 슬픈 모습의 예레미야, 금속이는 아마도 느부갓네살에게 선물 받은 것은 귀중품일 것이다의 광채, 무거운 질감의 옷과 카펫 등 모두가 침전된 색감 위에서 광채를 빛내고 있다.

작품의 주제는 성경에서 따온 것이기는 하나 특별히 그림과 일치되는 부분은 없다. 이는 렘브란트가 예레미야서를 자유롭게 해석한 것으로 보이며, 예루살렘에 닥칠 큰 재앙을 알고 있었던 예레미야는 일어날 일을 생

각하며 큰 슬픔에 잠겨 있다.

예레미야는 하나님의 경고에도 불구하고 사랑하는 예루살렘의 멸망을 목격해야 했다. 왼편 거리에서는 느부갓네살의 명령에 따라 군대가 도시를 불태우고 있다. 유다의 마지막 왕인 시드기야가 주먹을 들고 있고, 병사들에 의해 눈이 멀게 되었다.

성경에서 예레미야는 시드기야에게 바벨론 왕 느부갓네살에게 순종할 것을 반복해서 경고했다. 하지만 왕은 도리어 선지자의 충고를 무시하고 대신 선지자를 핍박하고 처벌하도록 명령했다. 하나님의 심판은 끔찍했고, 느부갓네살은 예루살렘을 철저하게 멸망시켰다. 예레미야에게는 모든 것이 슬픔으로 보인다. 그림에서 예레미야는 'Bibel'이라는 글씨가 측면에 쓰인 책에 기댄 팔꿈치가 아름답게 빛나고 있다.

예레미야는 손으로 자신의 피곤한 머리를 기대고 있다. 예루살렘의 멸망은 선지자로서 그가 이미 예언한 것이었다. 묘사의 가장 중요한 부분으로 예레미야의 모습은 매우 세밀하게 묘사되어 있지만, 주변의 모습은 그렇지 않다. 마찬가지로 '근대적 명암의 시조'답게 빛과 그림자의 대조를 적절히 사용하고 있다.

렘브란트는 1631년에 암스테르담으로 이주하기 전, 레이던에 있는 동안 이 그림을 그렸다. 그는 종종 붓의 뭉툭한 끝 부분을 잘라내고 그림을 그렸다. 그가 이 위풍당당한 성경의 장면을 그려냈을 때가 겨우 24세였다. 이미 그는 빛과 어둠의 강한 대조, 짙은 갈색빛의 조화로운 사용, 인간의 감정에 대한 강렬하고 설득력 있는 표현으로 그 천재성을 엿보였다.

렘브란트의 특징이라면 특히 구약 성경에서 가져온 주제들을 주로 그렸다는 점이다. 구약의 이약의 이야기에 대해 일찍부터 관심을 가졌던 그의 취향은 유대인 문화에 대한 관심을 불러 일으켰고, 암스테르담에서 유명한 유대인들과 친구가 될 수 있었다. 실제로 그는 암스테르담의 유대인

지역 한가운데에 살았고, 현재 그의 살았던 생가에는 렘브란트 하우스 박물관Rembrandt House Museum이 위치하고 있다.

예루살렘의 멸망

유대 나라에 요시야 왕이 종교개혁으로 나라를 굳건히 할 때에 예레미야는 제사장의 아들로서 제사장이 될 준비를 하고 있었다. 하지만 하나님은 그에 대해 다른 계획을 진행시키셨다. 어느 날 하나님은 예레미야에게 말씀하셨다.

"예레미야야, 너는 유다와 그 주위의 나라에 전할 선지자로서 택함 받았으니 준비하라."

그러나 예레미야는 거절했다.

"주님, 저는 못 합니다. 그 같은 일을 하기에는 너무 어렵니다."

하나님은 당신이 도울 것이니 걱정하지 말라 하시면서 잠시 후 환상을 보이셨다.

"무엇이 보이느냐?"

그가 눈을 들어 보자 끓는 큰 솥이 북쪽으로 기울어져 있는 것이 아닌가? 그 안에는 죽이 펄펄 끓고 있었고, 그 국물이 밖으로 흘러나오고 있었던 것이다.

"보았느냐? 이 그림처럼 유다로부터 많은 적들이 쳐들어 올 것이다. 그래서 결국 예루살렘은 멸망될 것이다. 이제부터 네가 할 일은 한시라도 빨리 백성들에게 경고하는 것이다. 알겠느냐?"

또 이어서 말씀하셨다.

"백성들이 나의 말을 듣지 않고 계속해서 바알을 숭배하면 재앙의 날은 가깝게 올 것이니라."

그로부터 몇 년이 지나 요시야 왕은 전쟁터에서 애굽 군대와 싸우다 죽고 말았다. 애굽인들은 전리품의 하나로 요시야 왕의 아들을 애굽으로 데려갔다. 그러자 왕위는 요시야의 또 다른 아들인 여호야김이 잇게 되었다. 하나님은 예레미야에게 말씀을 받아 적으라고 하셨다. 그래서 하나님이 시키시는 대로 예레미야는 두루마리를 준비했다. 받아 적는 일은 바룩이라는 사람이 했다. 다 받아 적고 난 뒤에 예레미야가 바룩에게 말했다.

"가라. 성전에서 이 두루마리를 백성들에게 읽어 주거라. 나는 그곳에 갈 수 없게 되었으니 네가 백성들에게 하나님의 말씀을 전해야만 한다."

바룩은 금식일을 택해 자신이 기록한 것을 모두 읽어 주었다. 겨울 추운 날에 여호야김 왕은 난로 옆에 앉아 불을 쬐고 있었다. 왕의 신하들이 예레미야의 두루마리 중 첫번째 부분을 읽어 주자 왕의 얼굴이 갑자기 어두워졌다. 그리고는 얼른 그 두루마리를 뺏어 자신의 작은 칼로 읽은 부분을 도려냈다. 그리고 그것을 난롯불에 던져 태워 버리고 말았다. 이 부분 저 부분을 태우다가 결국에는 두루마리 전체를 태워 버렸다. 화가 난 왕은 명령을 내렸다.

"예레미야를 잡아오너라!"

이처럼 왕뿐만 아니라 백성들도 하나님으로부터 파견된 선지자들의 말을 우습게 여기고 조롱하면서 선민選民 사상에 빠져 자신들에게 다가오고

「예레미야 선지자(*Prophet Jeremiah*)」 1508-1512년. 미켈란젤로. 프레스코화. 390X380cm. 시스티나 성당. 바티칸.

「예루살렘의 멸망에 슬퍼하는 예레미야(*Jeremiah lamenting the destruction of Jerusalem*)」 1630년. 렘브란트. 패널에 유화. 46×58cm. 암스테르담 국립 미술관. 암스테르담.

있는 엄청난 재앙과 심판을 상상도 못한 채 불법을 저지르고 있었다. 어느 날 하나님은 예레미야에게 말씀하셨다.

"너는 옹기를 만드는 토기장이의 집에 가거라."

그는 토기장이 마을로 갔다. 거기서 토기장이의 모습을 보는 가운데 하나님의 음성이 들려 왔다.

"토기장이는 진흙을 자기 마음대로 빚기도 하고 허물기도 한다. 나는 어느 민족이나 국가를 뽑기도 하고 파하기도 한다. 마찬가지로 나도 내 백성들을 내 마음대로 할 수 있다. 회개치 않으면 나의 뜻은 정해져 있다."

그리고는 이어서 교훈을 위한 행동 지침을 가르쳐 주셨다.

"너는 물을 담는 항아리를 사서 백성의 어른들과 제사장의 어른 및 몇 사람을 데리고 힌놈의 아들의 골짜기로 가거라."

예레미야가 나서자 사람들이 뒤따라갔다. 예레미야는 그곳에 도착하자마자 들고 왔던 물동이를 내동댕이치고 부숴 버렸다. 파편이 여기저기에 튀었을 것이다. 그제서야 입을 열었다.

"백성들아, 들으라. 하나님을 향해 너희 마음을 돌이켜라. 회개하여 너희 마음을 부드럽게 만들어라. 그렇지 않으면 하나님께서 너희를 이같이 깨뜨리실 것이다."

예레미야는 시드기야 왕에게도 하나님의 말씀을 전했다. 하지만 시드기야는 말을 듣지 않았다. 이 때문에 이집트가 쳐들어올 위기가 닥쳤을 대에도 왕은 마음을 교만히하고 낮추지 않았다. 오히려 예레미야를 깊은 우물에 던져 넣었다. 다행이 물은 없었지만, 그들은 우물 속에 진흙을 쏟아 부었다. 왕궁의 내시가 왕에게 살려 주어야 한다고 진심으로 아뢰면서 살아나게 되었다. 이제 회개의 기회를 놓친 이스라엘에게 위기가 찾아왔다.

예레미야가 시드기야 왕에게 말한 대로 되었던 것이다. 예루살렘 성은 포위되었고, 진퇴양난의 위기에 놓이자 왕은 예레미야 선지자가 생각났다. 다급해진 그는 하나님의 뜻을 구했다.

"당신께 사실을 고하면 저는 죽을 것입니다. 그래도 충고를 해 준다면 그것을 따르지 않을 것이 분명하니 아무 말도 할 수 없습니다."

"결단코 당신을 해하는 일은 없을 것이오."

그러자 예레미야는 항복을 권유했다.

"망설이지 마시고 바벨론 왕에게 항복하십시오. 항복을 하면 하나님이 살려줄 것이고, 아니면 멸망뿐입니다."

그렇게 어렵게 말해 주어도 시드기야 왕은 끝내 항복하지 않았다. 바벨론의 군대가 예루살렘 성을 2년간 포위하는 동안 백성들이 굶어 죽어갔다. 결국 바벨론 군대가 예루살렘 성벽을 뚫고 들어왔으며, 왕과 신하들을 붙잡아 눈을 뽑고 쇠사슬에 묶어 끌고 갔다.

예언대로 예루살렘은 완전히 파괴되어 성전과 궁전들이 모두 불에 타고 재로 사라졌다. 유다 왕국이 지상에서 사라지고 만 것이다. 백성들은 가난한 자만 남아 겨우 목숨을 부지했고, 중요한 사람들은 모두 포로로 끌려가 고생을 하게 되었다.

36. 마른 뼈가 살아나다

에스겔

「에스겔의 환상」 1630년. 프란치스코 콜란테스

프란치스코 콜란테스Francisco Collantes는 스페인의 바로크 시대 화가다. 그는 마드리드에서 태어났지만, 후세페 데 리베라Jusepe de RiberaJusepe de Ribera와 16세기 베네치아 화가들의 영향을 받았으며, 풍경화와 성서 장면으로 유명해졌다.

그의 주요 작품은 루브르에 소장된 「불타는 덤풀*The Burning Bush*」, 로드 아일랜드 디자인 대학교 내 미술박물관에 있는 「하갈과 이스마엘*Hagar and Ishmael*」, 그리고 프라도 국립미술관에는 「에스겔의 환상*The Vision of Ezekiel*」 「성 아눌프*Saint Arnulph*」 「트로이의 멸망*The Fall of Troy*」의 세 작품이 있다.

에스겔은 이스라엘 백성들이 실의에 빠졌을 때 이를 극복하고 새롭게 출발할 수 있도록 희망으로 이끌어 준 선지자다. 제사장 가문에서 태어나 어린 시절부터 수준 높은 교육을 받았고, 선지자로서의 삶은 기원전 593~592년 사이에 바벨론의 그발 강가에서 시작되었다. 그의 나이 25세

되던 해 바벨론으로 끌려가 유배자로 살았으며, 당시 바벨론 포로로 끌려간 이스라엘 백성들이 모여 살던 델아빕에서 사역했다. 에스겔은 그곳에서 신앙 지도자이자 정신적 지주로서의 역할을 했고, 결국에는 '약속의 땅'으로 돌아갈 것과 예루살렘 성전의 재건을 비유와 상징을 통해 예언했다.

에스겔이 본 환상은 에스겔서 여러 곳에서 등장한다. 에스겔은 환상 가운데 생명이 없는 마른 뼈들이 가득한 곳에 서 있는 자신을 발견했는데, 그곳에서 하나님의 말씀이 전해졌다. 하나님은 에스겔에게 생명이 없는 뼈들이 다시 살아나도록 생기가 들어가게 하시면 다시 살아날 것이라고 하셨다. 마른 뼈 위에 힘줄이 나고 살이 입혀지고 가죽으로 덮여지고 나면 그 속에 생기를 넣어 살아나게 하시고, 이를 통해 마른 뼈와 같은 이스라엘 백성들에게 여호와의 구원과 하나님 나라가 오리라는 위로와 소망의 메시지를 전하신 것이다.

화가들에게 있어서 에스겔에 관한 이야기 중 가장 인기가 많았던 장면도 바로 환상 중에 소명을 받는 이야기다. 콜란테스는 빛과 색채의 조화를 통해 에스겔서 37장의 이야기를 마치 풍경화처럼 묘사했다. 고대 유적이 보이는 넓은 계곡에는 바싹 마른 많은 뼈들이 즐비하게 놓여 있다. 땅 속에서 올라오는 사람, 관에서 나오는 사람, 마른 뼈의 형태를 지닌 사람, 땅바닥에 굴러다니는 해골과 널브러진 뼈 조각들 등을 통해 이곳에서 놀라운 사건이 일어나고 있음을 알 수 있다.

그림 중앙에 푸른색 옷을 입은 선지자 에스겔이 오른손을 들어 하나님의 말씀을 전달하고 있다. 그것은 '생기'였고, 에스겔은 하나님의 영을 마른 뼈들에게 불어넣고 있다. 마른 뼈가 다시 붙고, 신경과 근육이 더하여지고, 피부로 덮였다. 그리고 그 시체들에 생기가 불어와서 다시 살아나는 것을 보게 된다. 이는 이스라엘에 대한 부활로 예측할 수 있다. 에스겔은 바벨론 유수 기간 동안 이스라엘 백성들에게 희망의 메시지를 전달했다. 뼈가 다시 살아난 후에 하나님은 에스겔에게 사람들이 이제 말씀을 따라 살도록 명령하신다.

> 또 새 영을 너희 속에 두고 새 마음을 너희에게 주되 너희 육신에서 굳은 마음을 제거하고 부드러운 마음을 줄 것이며 또 내 영을 너희 속에 두어 너희로 내 율례를 행하게 하리니 너희가 내 규례를 지켜 행할지라 에스겔 36:26-27

마른 뼈들이 살아나다

에스겔은 가정에 아픔이 있었다. 그의 아내는 주전 588년에 예루살렘이 포위되기 시작했을 때 죽었다. 백성들과 함께 바벨론에 포로로 잡혀갔던 에스겔 선지자는 그곳에서 하나님이 미래에 대하여 보여주시는 환상을 보게 되었다.

유대인들은 그들의 모든 것을 잃고 국가로서의 독립을 빼앗겼기 때문에 마치 죄수나 노예와 같은 비통한 형편에 처해 있었다. 그들이 포로로 잡혀가기 전에는 예루살렘이 있었고 성전이 있어서 싫든 좋든 하나님의 이름을 불렀고, 하나님께 드려지는 제사도 좋은 뜻으로 하든 형식적으로 하든 마음대로 할 수 있었다.

그러나 지금은 상황이 바뀌었고. 성전도 없고 제사장도 없는 상황에서 하나님의 이름을 불러야 했다. 뿐만 아니라 하나님의 거룩한 백성으로 하나님이 주신 땅이 없어졌음을 실감해야 했다. 느부갓네살 왕이 예루살렘으로 처음 쳐들어갔을 때 그는 우수한 청년들을 골라 포로로 데려갔다.

에스겔도 그들 중 하나였다. 에스겔이 이방 포로 생활을 하던 중이었는데, 조국을 간절히 사모하여 기도하는 중에 하나님의 소명이 임했다. 어

「에스겔의 환상(*The Vision of Ezekiel*)」 1630년. 프란치스코 콜란테스. 캔버스에 유화. 205×177cm. 프라도 국립 미술관. 마드리드.

느 날이었다. 북쪽으로부터 검은 구름이 천둥과 함께 몰려오는데 그 속에서 불이 번쩍 번쩍하며 그 가운데 쇠가 달아오른 것처럼 시뻘건 것이 언뜻 보였다.

그런데 가만히 지켜보고 있자니 구름 속에서 어떤 것이 빠져 나와 에스겔을 향해 돌진해 오는 것이었다. 그 물체는 인간과 사자와 소와 독수리의 네 얼굴을 가지고 있었다. 각 생물들은 네 날개와 바퀴로 날기도 하고 땅을 따라 움직일 수도 있었다. 중심에는 횃불이 활활 타고 있었다. 움직일 때마다 나는 날개 소리는 마치 큰 파도치는 소리 같았다. 자세히 보니 그들 위로 궁창이 보이고 그 위에는 하나님의 보좌가 보였다. 에스겔은 두려웠다. 하나님이 분명했기 때문이다. 이윽고 음성이 들렸다.

"에스겔아, 너를 선지자로 세워서 일을 시키려고 한다. 이제 이 백성들이 듣든지 안 듣든지 전하거라. 그들에게 하나님의 선지가 있었음을 알기만 하면 된다. 내가 너에게 말한 대로 그들에게 전하라."

에스겔이 본 환상은 하나님께서 어느 한 곳에 구속되거나 고정되어 있는 것이 아니라 그분이 원하시는 곳은 어디든지 옮겨가실 수 있다는 것을 보여 주는 것이었다. 하나님은 가나안 땅의 하나님이시고 하나님의 집은 성전이었지만, 그럼에도 불구하고 이 세상의 어떤 경계나 장벽도 뛰어넘는 분이셨다. 즉 성전이 하나님께서 거하시는 곳이 될 수 없음을 깨닫게 되었다. 에스겔은 다른 대부분의 선지자들처럼 마지못해 선지자가 된 사람이다. 이어서 하나님은 에스겔 선지자에게 말씀하셨다.

"에스겔아, 두루마리 성경을 먹으라."

두루마리 성경은 처음에는 맛이 썼으나 잠시 후에 꿀같이 달콤해졌다.

에스겔 선지자는 유다의 포로들에게 앞으로 일어날 나쁜 일들에 관해 경고했다. 하지만 희망의 시간도 있음을 보여 주었다. 그는 이스라엘의 영적인 생존을 책임지는 이스라엘 족속의 파수군으로 임명되었다. 그러나 에스겔의 말을 백성들이 듣든지 안 듣든지 그것은 중요한 문제가 아니었다. 그의 부르심은 다만 백성들 가운데 한 선지자가 있었다는 것을 알게 하려는 배려일 뿐이었다. 이로써 이스라엘 백성들은 하나님께 회개할 기회를 가졌고, 회개치 않는 자들에 대한 하나님의 심판에 대하여 더 이상

변명하거나 불평할 수 없었다.

당시의 백성들은 조상들의 죗값으로 나라가 망했기 때문에 자기들에게는 그 책임이 없다고 생각했다. 그러나 에스겔은 후손 개개인에게도 그 책임이 있고 회복할 책임도 그들에게 있다고 말했다. 생명을 보장해 주는 법규를 따라 살고 그릇된 일을 하지 않으면 죽지 않고 살게 되며, 전에 저지른 잘못도 모두 잊어 주신다는 뜻이었다. 하지만 자신을 깨끗하다고 믿고 악을 행하면 그 죄악 가운데 죽을 것이라는 사실을 깨달아야 했다.

에스겔은 하나님의 심판을 선포하기도 했지만 희망을 가지고 이스라엘의 미래를 보여 주기도 했다. 왜냐하면 하나님의 영은 죽음 위에서도 생기를 불러일으킬 수 있기 때문이다. 회복된 땅에는 하나님이 거기 계셨기 때문이었다.

이런 희망은 성전 문지방에서 물이 흐르는 환상을 통해 확실히 보여 주셨다. 물이 다다르는 곳마다 생물이 번성하는 것처럼 이스라엘이 소생함을 예언했다. 그 중에서도 마른 뼈들이 살아나는 환상은 희망의 메시지 중 가장 훌륭한 것이었다.

에스겔은 또 다른 환상을 보았다. 그때 그는 어떤 골짜기에 있었는데, 주위에는 말라비틀어진 사람들의 뼈가 가득 차 있었다. 갑자기 음산하고 깊은 골짜기에 서 있게 된 에스겔은 자기가 서 있는 골짜기 사면에 사람들의 죽은 마른 뼈들이 가득히 쌓인 것을 본 것이다. 그 뼈들은 심히 많고 말라 있었다. 에스겔이 이 놀라운 광경을 바라보고 있을 때 그에게 하나님의 음성이 들려왔다.

"에스겔아, 이 뼈들이 정말로 살 수 있겠느냐?"

에스겔은 당황했다. 바짝 마른 뼈들이 과연 살아날 수 있을지 의심했기 때문이다. 그러나 에스겔은 하나님의 선지자였기 때문에 사람이 할 수 없는 것을 하나님은 능히 하실 수 있다고 믿었다. 그래서 에스겔은 하나님께 '하나님은 알고 계십니다'라고 대답했다. 그러자 하나님이 에스겔에게 명령하셨다.

"너는 이 뼈들을 향하여 내 말을 대신하라."

에스겔은 명령을 따라 하나님의 말씀을 대언하게 되었다.

"너희 마른 뼈들아, 여호와의 말씀을 들을지어다. 너희 위에 힘줄을 두고 살을 입히고 가죽으로 덮고 너희 속에 생기를 두리니 너희가 살리라."

에스겔이 이처럼 하나님의 말씀을 대언했을 때 참으로 기이한 일이 일어나는 것이 아닌가? 마른 뼈들이 소리를 내어 움직이니 소리가 삐걱삐걱 나면서 이 뼈 저 뼈가 서로 들어맞아 뼈들이 서로 연결되었다. 드디어 그 뼈들이 사람의 모양을 이루자 서로 연결되는 듯하더니 사람의 모양으로 형성된 그 뼈 위에 힘줄이 생기고 살이 덮였다. 이제 골짜기의 마른 뼈들은 잠자는 사람의 모습으로 넓은 산골짜기에 덮이게 되었다. 이때 또 하나님의 음성이 들려 왔다.

"너는 생기를 향하여 외치거라. 생기야, 사방에서부터 불어와서 이 사망당한 자로 하여금 살게 하라."

이 환상에 대해 하나님이 설명해 주셨다.

"에스겔아, 이것은 이 땅에 포로로 잡혀와 있는 나의 백성들을 상징한다. 그들은 죽은 뼈나 마찬가지다. 이제 내가 그들에게 새 생명을 주듯이 다시 회복시켜 주리니 너희 민족이 다시 살리라."

얼마나 기쁘고 행복한 말씀이었을까? 하나님께서 다시 시작할 수 있도록 기회를 주시는 것이었다. 에스겔은 이러한 환상을 본 그대로 기록하고 백성들에게 가르쳐 주었다.

37. 다니엘의 모험

다니엘 1-6장

「사자굴에 갇힌 다니엘」 1614-1616년. 페테르 파울 루벤스

대공원에서 그린 북아프리카 사자

페테르 파울 루벤스Peter Paul Rubens는 북유럽 화가 중 가장 큰 영향력을 발휘한 성공한 화가였다. 그는 플랑드르에서 태어났지만, 1600년부터 1608년까지 이탈리아에서 공부했다. 이탈리아에서 명성을 얻고 안트베르펜으로 돌아온 이듬해인 1609년에는 플랑드르를 다스리던 이사벨라와 그녀의 남편 알베르토 대공의 궁정화가가 된다. 그는 여러 명의 화가를 고용하여 유럽 전역의 왕과 대공들의 초상화를 그렸고, 야심차게 구상한 종교적 · 역사적 작품들을 여럿 그려냈다.

「사자굴에 갇힌 다니엘」은 구약 성경의 역사적인 사건을 주제로 1614~1616년에 그린 작품이다. 이 그림은 다니엘서 6장 11~29절이 그 배경인데, 다리오 왕이 자기 뜻대로 고관 120명을 세워 전국을 다스리게

하고, 그 위로 다시 세 명의 총리를 두었다. 다니엘도 그 중 한사람이었다. 다니엘은 마음이 민첩하여 다른 총리들이나 고관들보다 뛰어났으므로, 왕은 다니엘로 하여금 온 나라를 다스라게 하려고 했다. 이에 총리들과 고간들은 다니엘을 책잡을 만한 근거를 찾고자 했으나, 찾을 수 없었다.

그러던 중 총리와 고관들은 왕에게 나아가 금령을 정하여 30일 동안 누구든지 왕 이외의 다른 신이나 사람에게 기도를 하는 사람은 사자 굴에 던져 넣기로 했다. 이에 왕이 금령에 도장을 찍어 고치지 못하도록 했지만, 다니엘은 이전과 동일하게 예루살렘으로 향한 창문을 열고 하루에 세 번 기도하는 것을 발견하고 왕에게 고발했다. 왕은 매우 괴로웠지만 자신이 내린 금령을 바꿀 수가 없었다.

왕은 다니엘에게 "네가 섬기는 너의 하나님이 구원하시리라"고 했다.

그림에서 젊은 다니엘은 하얀 천 하나만 두른 채 알몸으로 사자들 사이에 앉아 있고, 그의 붉은 겉옷은 바위 위에 던져 있다. 그의 눈은 하늘을 향해 있으며, 두 손을 모아 쥐고 간절히 기도하고 있다. 매우 사실적으로 묘사된 사자들은 다니엘의 존재를 알지 못하는 듯 보인다. 매우 굶주린 상태여서 이빨을 드러내며 으르렁거리면서 신경질적이고 포악해 보이는데도, 다니엘에게 접근조차 하지 않고 있다.

루벤스는 이 작품을 손수 완성했으며, 사자들을 직접 보고 그렸다고 술회했다. 그는 이사벨라와 알베르토 대공의 동물원에서 사자를 관찰한 것으로 보인다. 사자들은 맹수의 이빨을 드러내며 으르렁거리고 있다.

왕은 단식하면서 뜬눈으로 밤을 새운 후 날이 밝자마자 사자 굴로 갔다. 왕은 "살아 계시는 하나님의 종 다니엘아 네가 항상 섬기는 네 하나님이 사자들에게서 능히 너를 구원하셨느냐"고 물었고, 다니엘은 사자 굴 속에서 왕의 만수무강을 빌었다. 왕은 몹시 기뻐하며 다니엘을 굴에서 끌어올렸고 대신 다니엘을 악의로 고발한 사람들을 끌어다가 그 처자들과 함께 사자 굴에 던지게 했다. 그러자 바닥에 채 닿기도 전에 사자들이 달려들어 그들의 뼈를 모조리 부수어 버렸다.

이 그림에서 다니엘이 중심부에 있진 않지만 위쪽 구멍에서 비추는 햇살을 받아 빨간 옷과 함께 중심점이 되고 사자와 어우러져 아슬아슬한 균형을 이루고 있다. 지금은 멸종되었지만, 당시 브뤼셀 왕가 소유의 북아프리카 사자를 모델로 여러 번의 습작 끝에 완성한 그림이다.

왕의 꿈을 해석한 다니엘

여호야김이 유다 왕이었을 때의 이야기다. 이스라엘을 침공했던 느부갓네살 왕은 예루살렘 성을 삼 년간 에워싸고 있다가 왕과 왕의 신하들을 잡아 바벨론으로 끌고 갔다. 그때 우수한 청년들이 많이 포로로 잡혀가고 말았다. 청년들 중 우수한 자들을 뽑아 제국 최고의 교육을 받게 한 다음, 바벨론 궁전에서 일하도록 한 것이다. 다니엘은 그때 선택된 청년들 중에 한 명이었다.

모두 삶의 터전을 잃고 신앙의 뿌리까지 흔들리던 때였으니 어둠의 시대였다. 하지만 다니엘과 세 친구는 뜻을 정하여 왕의 진미를 거절했다. 아무리 좋은 것이라도 말씀에서 벗어난다면 그것이 주님에게서 멀어진다고 생각했기 때문이다. 그래서 왕의 신하 아스부나스에게 부탁하며 말했다.

"우리는 채소만 먹겠습니다."

다니엘의 요청에 대해 아스부나스는 말했다.

"만약 너희들이 건강을 해쳐 얼굴이 창백해 보이거나 하면 나는 왕의 진노를 면할 수 없으니 너의 요청을 들어줄 수 없도다."

그러자 다니엘과 친구들이 머리를 조아리며 간절히 간청했다.

"10일 동안 채소와 물만 먹게 해 주십시오. 그런 후에 왕의 음식을 먹은 다른 소년들과 비교해 주십시오."

다니엘이 하도 간청하자 일단은 허락했다. 10일이 지났다. 그런데 채소만 먹은 다니엘과 친구들의 혈색이 나빠지기는커녕 훨씬 더 좋아진 것이다. 결국 허락이 떨어졌다. 네 명의 유다 소년들은 3년 동안 채소만 먹으며 하나님을 섬기는 믿음을 저버리지 않았다.

그러던 어느 날이었다. 왕이 어떤 꿈을 꾸었고, 자신의 조언자들에게 꿈해몽을 해달라고 불러모았다.

"내가 지난밤에 어떤 꿈을 꾸었다. 그래서 그 꿈이 무슨 뜻인지 알고 싶지만, 내가 꾼 꿈을 잊어 버렸다. 너희들은 내가 무슨 꿈을 꾸었으며, 또 그 꿈이 무엇을 뜻하는지 나에게 알려 주도록 하라."

박사들은 왕의 어처구니없는 요구 때문에 겁에 질렸다.

"꾸신 꿈이 무엇인지 알면 저희가 풀어 드리겠나이다."

간청하면서 말하자 왕은 화를 내고 말했다.

"꿈을 잊었다고 하는데, 나를 놀리느냐? 그 꿈을 기억나게 말해 보고 해석해 보라. 너희 몸을 찢어 놓기 전에 말이다."

화가 난 왕이 재차 말했다.

"왕이시여, 그 누구라도 왕의 꿈을 알 수는 없을 것입니다. 그러지 마시고 곰곰이 생각하셔서 꿈이 무엇인지만 말씀해 주십시오. 그러면 해석은 저희들이 꼭 해드리겠습니다."

그들의 말을 들은 왕은 버럭 화를 내며 명령을 내렸다.

"저 엉터리 술사들을 사형대로 보내거라."

이 소식을 다니엘과 그의 친구들이 들었다. 마침 그 자리에 없었던 다니엘과 세 친구들은 그 이야기를 듣고 근심에 잠겼다. 그들 역시 사형이 될 수도 있는 위치에 있었기 때문이다. 그래서 왕의 집행관을 찾아가 사형을

「사자굴에 갇힌 다니엘(*Daniel in the Lions' Den*)」 1614-1616년. 페테르 파울 루벤스. 캔버스에 유화. 330.5×224.2cm. 워싱턴 국립미술관. 워싱턴.

하루만 연기해 달라고 부탁하고는 서로 의논했다.

"기도하자. 하나님은 우리에게 왕의 꿈을 가르쳐 주실 거야."

밤이 되었다. 하나님은 그들이 알고 싶어 하는 것을 다니엘에게 모두 보여 주셨다. 아침이 되어 왕 앞에 나아간 그들은 담대히 말했다.

"왕이 꾸신 꿈에 관하여 아는 사람은 없을 것입니다. 이는 비밀을 만드신 이가 하늘의 신인 하나님이시기 때문입니다. 때문에 점성가나 박사들 그리고 점쟁이들이 알지 못하는 것은 너무나 당연한 일입니다."

그리고 다니엘은 즉시 느부갓네살 왕이 꾼 꿈에 관해 말했다.

"대왕의 꿈은 미래에 있을 일에 대한 하나님의 증거입니다. 들판에 서 있는 거대한 신상을 보셨습니다. 머리는 금이요, 허리까지는 은이며, 허리 아래는 청동입니다. 다리는 철이고 발은 철과 진흙이 섞여 있나이다. 그때 그 신상을 향하여 높은 곳에서 거대한 돌이 날아와 철과 진흙으로 된 신상의 발을 부수었지요. 신상은 부숴져 가루가 되고 말았습니다. 때마침 불어온 바람에 흔적조차 없어졌나이다. 그러나 그 돌은 결국 점점 커져서 온 세상에 가득 차게 되나이다."

이야기를 들은 느부갓네살 왕은 놀라운 표정을 지었다. 다니엘이 정확히 맞춘 것이었다. 그 꿈은 이 세상에 장차 일어날 나라에 대한 것이었는데, 결국엔 뜨인돌로 표현되는 메시아가 오셔서 세상 모든 나라를 다 깨뜨리시고 새로운 나라를 세우겠다는 종말에 대한 예언이었다.

다니엘과 세 친구가 사로잡혀 온 것은 바벨론에 의한 유다의 제1차 포로 있었던 기원전 605년 이후 3년째 되는 해였다. 바벨론신 바빌로니아은 종주국이었던 앗수르를 기원전 612년에 멸망시켰고, 주변의 강대국들인 이집트와 메대, 리디아를 제패했으며, 페니키아와 유다도 차례로 복종시켰다. 이리하여 기원전 6세기 근동에서 세계의 최강국이 된 바벨론의 젊은 대왕 느부갓네살은 아버지 나보폴라살Nabopolassar의 뒤를 이어 왕위에 오른 후 이전처럼 다시는 망하지 않을 만세萬世 왕국을 꿈꾸고 있었다.

그의 꿈은 착실히 성취되어 가고 있었다. 젊은 나이에 만세 왕국을 꿈꾸고 있던 느부갓네살 왕은 재위 2년째 어느 날 그의 꿈을 산산조각 내는 악몽을 꾸었던 것이다. 더욱 안타까운 사실은 그것이 자신의 운명에 관련된 악몽이라는 인상만 남긴 채 그 꿈을 모두 잊어 버린 것이다.

이제 그 꿈이 무엇인지 알아내야 했고, 그리고 꿈에 대한 바른 해석을 필요로 했다. 번민하던 왕은 즉시 전문가들로 구성된 보좌관과 회의를 소집하고 그의 잊어 버린 꿈을 알아내서 해석해 내라고 요구했다. 하지만 그것은 누구에게도 불가능한 일이었다. 그런데 다니엘만이 그 꿈을 기억나게 해 주고 해석까지 해 주었다.

"왕의 뒤에 왕만 못한 나라가 일어날 것입니다."다니엘 2:39

왕의 나라는 바사에 의해 멸망하고, 바사는 그리스의 침입을 통해 사라진다는 것이었다. 그리스는 청동의 나라였으며, 신상의 다리 부분인 철로 이루어진 넷째 나라는 로마였다.

무적으로 군림했던 로마 제국은 500년 이상 영국의 섬들로부터 아라비아만까지, 북해北海에서 사하라 사막까지 뻗어나갔다. 그러나 4세기 후반부터 시작된 북방 게르만 민족의 대이동으로 2천마일 로마의 국경선은 힘없이 무너졌다. 그후 서기 476년, 영원할 줄 알았던 철의 나라 로마 제국도 어이없이 무너졌다. 그리고 다시는 통일될 수 없는 사분오열의 열국 시대로 접어들었다.

즉 로마 제국은 철의 강도를 잃고 서기 395년 동서로 양분되었으며, 이어서 476년 헤룰리 족의 용병대장 오도아케르Odoacer에 의해 서로마가 멸망되면서 정확히 열 나라로 쪼개졌다. 다시는 통일이 없을 철과 진흙의 혼합인 발과 발가락 시대가 시작된 것이다. 그리고 다니엘의 예언대로 유럽 역사에서 제국 시대는 끝나고 속절없이 열국 시대로 접어들었다.

> 왕께서 쇠와 진흙이 섞인 것을 보셨은즉 그들이 다른 민족과 서로 섞일 것이나 그들이 피차에 합하지 아니함이 쇠와 진흙이 합하지 않음과 같으리이다다니엘 2:43

이 말을 마치자 왕은 엎드려 다니엘에게 절을 했다. 그리고 예물과 향품을 주었다. 왕이 대답하기를, "너희 하나님은 참으로 모든 신의 신이시요, 모든 왕의 주재시로다. 네가 능히 이 은밀한 것을 나타내었으니 네 하나님은 또 은밀한 것을 나타내시는 분이시로다"라고 하나님을 칭송했다.

풀무불에 던져진 다니엘의 세 친구

얼마 후 느부갓네살 왕이 거대한 금 신상을 만들고 모든 사람들에게 그것에 경배하라고 강요하는 일이 벌어졌다. 느부갓네살은 유프라테스 강 유역의 두라 지금의 나르 두라 평지에 받침대를 포함하여 높이 60규빗, 폭 6규빗이나 되는 거대한 신상을 세우게 했다. 그런 다음 화려한 제막식을 올리고 있었다. 방백과 수령과 도백과 재판관과 재무관과 모사와 법률사와 각 도 모든 관원이 느부갓네살 왕이 세운 신상의 낙성 예식에 함께 모여 경배를 드리려고 했다. 그러나 왕의 수석 고문이었던 다니엘은 왕이 허락한 어떤 사유로 불참했다.

> 너희는 나팔과 피리와 수금과 삼현금과 양금과 생황과 및 모든 악기 소리를 들을 때에 엎드리어 느부갓네살 왕이 세운 금 신상에게 절하라 누구든지 엎드려 절하지 아니하는 자는 즉시 맹렬히 타는 풀무불에 던져 넣으리라 하였더라 다니엘 3:5-6

모든 신하와 백성들이 거대한 신상에 절을 했다. 누가 감히 왕명을 어기고 금 신상에 경배하기를 거절하겠는가? 그러나 다니엘과 친구들은 결코 신상에 절을 할 수 없었다. 이로 인해 왕에게 고발이 들어갔다.

> 이제 몇 유다 사람 사드락과 메삭과 아벳느고는 왕이 세워 바벨론 지방을 다스리게 하신 자이거늘 왕이여 이 사람들이 왕을 높이지 아니하며 왕의 신들을 섬기지 아니하며 왕이 세우신 금 신상에게 절하지 아니하나이다 다니엘 3:12

그러자 왕이 물어보았다.

느부갓네살이 그들에게 물어 이르되 사드락, 메삭, 아벳느고야 너희가 내 신을 섬기지 아니하며 내가 세운 금 신상에게 절하지 아니한다 하니 사실이냐 이제라도 너희가 준비하였다가 나팔과 피리와 수금과 삼현금과 양금과 생황과 및 모든 악기 소리를 들을 때 내가 만든 신상 앞에 엎드려 절하면 좋거니와 너희가 만일 절하지 아니하면 즉시 너희를 맹렬히 타는 풀무불 가운데에 던져 넣을 것이니 능히 너희를 내 손에서 건져낼 신이 누구이겠느냐 하니 다니엘 3:14-15

사드락과 메삭과 아벳느고는 왕에게 대답했다.

사드락과 메삭과 아벳느고가 왕에게 대답하여 이르되 느부갓네살이여 우리가 이 일에 대하여 왕에게 대답할 필요가 없나이다 왕이여 우리가 섬기는 하나님이 계시다면 우리를 맹렬히 타는 풀무불 가운데에서 능히 건져내시겠고 왕의 손에서도 건져내시리이다 다니엘 3:16-17

"하나님이 설령 우리를 풀무불에서 건져내지 아니 하실지라도 저희는 하나님만을 경배할 것입니다."

이 말을 들은 느부갓네살 왕은 분이 가득하여졌다.

"사드락과 메삭과 아벳느고를 결박하여 극렬히 타는 풀무 가운데 던져 넣어라."

자신의 호의마저 거절한 세 젊은이에 대해 격분한 왕은 평소보다 7배나 뜨겁게 달군 풀무불 속에 그들을 던져 넣게 했다. 7배나 뜨겁게 하기 위해 기름을 붓고 풀무로 바람을 넣자 좁은 입구로 불길이 솟아 나와 던져 넣던 군사들마저 타 죽을 정도였다. 풀무란 대장간에서 바람을 집어넣을 때

쓰는 도구이다. 그 순간 느부갓네살 왕은 놀라 급히 일어났다.

"아니, 여봐라! 우리가 결박하여 불 가운데 던진 자는 세 사람이 아니었느냐? 내가 보니 결박되지 아니한 네 사람이 불 가운데로 다니는데, 상하지도 아니하고 그 넷째의 모양은 신의 아들과 같으니 어찌된 일이냐?"

그렇게 말한 후 느부갓네살 왕은 극렬히 타는 풀무 가까이로 가서 그들을 불렀다.

"지극히 높으신 하나님의 종 사드락, 메삭, 아벳느고야. 나와서 이리로 오라."

그 소리를 들은 세 친구가 불 가운데서 나왔다. 불 속을 응시하던 왕은 놀라운 광경을 본 것이다. 풀무불 속에서 결박이 풀린 세 젊은이와 함께 하나님의 아들 같은 또 다른 존재가 함께 거니는 모습을 본 것이다.

'신의 아들'과 같은 넷째 존재는 이 세상에 오시기 전의 예수 그리스도의 모습으로 볼 수 있다. 하나님은 당신을 섬기기 위해 죽음을 불사한 이들을 구원하시고자 풀무불 속까지 함께해 주셨다. 그러자 너무 놀라고 감동한 왕은 이렇게 말했다.

"사드락과 메삭과 아벳느고의 하나님을 찬송할지로다! 그가 그 사자를 보내사 자기를 의뢰하고 그 몸을 버려서 왕의 명을 거역하고 그 하나님 외에는 다른 신을 섬기지 아니하며, 다른 신에게 절하지 아니한 종들을 구원하셨도다. 내가 이제 조서를 내리노니 각 백성과 각 나라와 각 방언하는 자가 무릇 사드락과 메삭과 아벳느고의 하나님께 함부로 말하거든 그 몸을 쪼개고 그 집으로 거름터를 삼을지니 이는 이같이 사람을 구원할 다른 신이 없음이니라."

일곱 배나 더 뜨거운 불 속에서 머리카락 하나 상하지 않고 살아 나온 세 젊은이를 현장에서 체험한 왕은 그들이 목숨을 바쳐 섬긴 참 하나님을 인정하고 찬양했다.

세월이 흘러 느부갓네살 왕은 죽고 바벨론은 벨사살 왕에 의해 통치되었다. 벨사살 왕은 술과 여자에 빠져 나라를 다스리는 정사를 게을리했다. 뿐만 아니라 앞의 왕처럼 하나님을 두려워하지도 경외하지도 않았다. 그래서 옛날에 이스라엘을 공격해 가져온 성전의 귀한 그릇들을 꺼내어 술을 부어 마셨다. 그리곤 각종 금, 은, 놋, 철, 돌, 나무로 된 신상을 만들어 경배했다. 결국 이것이 하나님의 진노를 사게 되었고, 그날 저녁에 죽임을 당하고 바벨론은 메대와 바사 군에 의해 멸망당했다.

한편 다니엘은 메대의 다리오 왕에 의해 메대의 총리로 세움을 받았는데, 이로 인하여 다른 신하들의 시기를 받게 되었다. 다른 신하들은 이방인인 다니엘이 자기들을 다스리는 것에 대해 불만을 품고 다니엘의 허물을 찾으려고 노력했지만, 도무지 그의 허물을 찾을 수 없었다. 유일한 방법은 다니엘이 지키는 율법으로 허물을 삼는 것이었다. 그들은 왕을 부추겨 간언했다.

"대왕마마, 이제부터 30일 동안은 누구든지 왕 외에 어느 신이나 사람에게 무엇을 구하거나 기도하면 사자굴에 던져 넣는 법을 세우십시오."

한 달 동안 오직 왕에게만 경배하게 하여 왕의 위엄을 나타내도록 하자는 달콤한 말로 유혹하여 조서에 왕의 인장을 찍게 했다. 당시 메대와 바사의 법률상 왕의 인장을 찍어서 문서화한 것은 아무도 바꿀 수 없었다. 심지어 왕이라 할지라도 그 법을 변개할 수 없었다.

다니엘은 그 법이 발표되어 시행되고 있다는 사실을 알고 있었다. 그렇다고 해서 하나님께 경배하는 것을 중단할 수 없었다. 언제나 그는 하나님의 성전을 그리워하며 예루살렘을 향해 창을 열고서 하루에 세 번씩 기도했기 때문에 그것을 멈출 수 없었던 것이다. 그런데 그를 시기하는 사람들은 다니엘의 기도하는 습관을 알고 있었다.

결국 그들은 숨어 있다가 다니엘이 기도하는 모습을 보고서 왕에게 밀고했다. 신하들의 밀고를 들은 왕은 어쩔 수 없이 명령을 내렸다.

"다니엘은 내 말을 어겼도다. 그를 사자굴에 던져 넣어라!"

다니엘을 사자굴에 던진 왕은 무거운 마음을 안고 궁전으로 돌아갔다. 왕은 밤새도록 전전긍긍하며 잠을 이루지 못했다. 고민 끝에 다리오 왕은 잠자리에서 일어나 신하들과 함께 사자굴로 갔다. 입구를 막고 있던 큰 돌을 치우라고 명한 후 굴을 향해 외쳤다.

"살아 계신 하나님의 종 다니엘아! 네가 항상 섬기는 하나님이 너를 사자굴에서 구해 주셨느냐?"

그런데 이게 무슨 일인가? 죽은 줄만 알았던 다니엘의 목소리가 굴 속에서 들려왔다.

"대왕이시여, 걱정하지 마소서. 제가 섬기는 하나님이 천사들을 보내 사자들의 입을 막아 주셨습니다. 저는 무사합니다. 하나님이 이렇게 해 주신 것은 제가 아무 죄가 없다는 것과 왕께서도 아무런 잘못이 없다는 것을 아시기 때문입니다."

그 이야기를 듣자 왕은 대단히 기뻤다.

"여봐라. 뭘 하느냐! 밧줄을 내려 속히 다니엘을 꺼내 주거라."

굴속에서 나온 다니엘은 긁힌 상처조차 없었다. 왕은 그것을 보자 다니엘을 죽이려고 했던 사람들이 잘못한 것임을 알았다. 결국 그들은 사자굴에 던져져서 사자의 밥이 되고 말았다. 이 일로 인해 다리오 왕은 하나님을 섬기는 이스라엘 사람들을 위해 그들의 하나님을 섬기도록 모든 배려를 해 주었다.

38. 성전 재건과 대부흥 운동

에스라, 느헤미야

「예루살렘의 폐허를 바라보는 느헤미야」 1896-1903년, 자메 티소트

생의 마지막을 종교화에 헌신한 티소트

프랑스의 화가이자 판화가인 자메 티소트James Tissot의 본명은 자크 조셉 티소Jacques Joseph Tissot이고, 영국식으로는 제임스 티소다. 1859년에 살롱에 입상하여 1871년 런던으로 이주하기 전까지 파리에서 성공적인 화가였다. 영국에서는 많은 판화를 제작했고, 1885년 살롱 출품작인 「파리의 연인」을 비롯한 일상생활의 다양한 장면을 볼 수 있는 세련된 옷을 입은 여성을 주로 그리는 풍속화로 유명해졌다. 그 후 종교적 위기로 팔레스타인에서 10년을 지낸 뒤에 귀국하여 뷔용의 수도원에서 성경의 장면들과 등장인물들을 위주로 한 성경 삽화에 몰두하면서 만년을 보냈다.

티소트의 아버지는 낭트에서 성공적인 의류 상인이었고, 어머니는 남편을 도와 모자를 디자인했다. 부모의 직업이 티소트의 옷차림에 영향을

주었고, 회화에 대한 관심으로 이어졌다. 1859년에 티소트는 파리 살롱에서 괴테의 파우스트를 묘사한 다섯 가지 그림이 처음으로 전시되었고, 그 다음 해에는 초상화와 다른 그림과 함께 전시되었다. 1862년에는 런던에서 열린 국제 전시회에 그림을 제공하게 되면서 예술가로서 빠르게 성공의 길을 걸었다.

티소트는 삶의 현장에서 세련되게 옷을 입은 여성들을 그린 풍속화로 인기를 얻었다. 19세기 후반 부유한 영국 산업가들에게 크게 어필되었던 것이다. 1872년에만 94,515프랑을 벌었고, 상류 계급의 삶을 누렸다. 세련되고 도시적이며 교양 있고 옷 잘 입는 잘 생긴 화가로 사교계에서 인기가 높았던 그는 그는 모델이자 이혼녀였던 캐슬린 뉴턴Kathleen Newton을 만나면서 삶이 급격히 변했다. 사교계를 떠나 예술계 친구들만 교류하면서 조용히 캐슬린과 행복한 시간을 보냈다.

「야망을 품은 여인(*L'Ambitieuse, Political Woman*)」 1883-1885년. 자메 티소트. 캔버스에 유화. 「파리의 여인」 시리즈. 186.69×142.24cm. 올브라이트 녹스 미술관. 버펄로.

하지만 1882년 캐슬린은 28살의 나이로 결핵에 걸려 죽었고, 그 슬픔을 감당할 수 없었던 티소트는 5일만에 사용하던 물감과 붓 그리고 미완성의 그림들을 남겨둔 채 파리로 돌아왔다. 그리고 1885년부터 1902년 죽을 때까지 은둔자로

「예루살렘의 폐허를 바라보는 느헤미야(*Nehemiah looks on the ruins of Jerusalem*)」 1896-1903년. 자메 티소트. 판자에 구아슈화. 18×23cm. 주이시 뮤지엄. 뉴욕.

살면서 종교화에 헌신하는 생을 보냈다. 1885년 파리 세델마이어 미술관 Galerie Sedelmeyer에서 「파리의 여인 *La Femme à Paris*」이라는 15개의 큰 그림으로 이루어진 시리즈를 전시했다. 이 그림들은 런던에서 유행하던 장르와는 달리 다양한 직업과 사회 속 여성의 부류를 보여주면서도 일본 판화의 영향을 받은 면을 드러냈다.

1885년 티소트는 가톨릭 신앙에 다시 심취하면서 나머지 인생을 성경 삽화 그리는 데 몰입했다. 1886년, 1889년, 1896년에는 중동을 여행하면서 성경 삽화를 그리기 위해 풍경과 사람들을 연구했다. 파리와 런던, 뉴욕에서 전시된 그림들은 불투명한 수채화로 그리스도의 삶을 보여주는 것이었는데 비평가들의 찬사와 관객들의 열광적인 호응을 얻었다. 그 후로도 구약의 주제와 관련한 회화 작업에 몇 년을 보냈으며, 성경 삽화 시리즈를 완성하진 못했지만 1901년 파리에서 80점을 전시하고 1904년에는 판화가 출판되었다.

에스라와 느헤미야의 예루살렘 재건

하나님은 에스겔과 다니엘과 여러 선지자들에게 이스라엘을 포로에서 풀려나 이스라엘로 돌아오도록 하겠다는 약속을 지키시려고 일을 진행하고 계셨다. 에스겔에게는 하늘에서 역사를 움직이는 수레 바퀴 가운데 나타나 말씀하셨고, 다니엘에게는 느부갓네살 왕이 꾼 꿈을 통해 바벨론이 망하고 바사, 곧 페르시아가 세상을 다스릴 것이라고 예언한 적 있었다.

이스라엘이 귀환하는 데 큰 임무를 맡은 두 사람이 등장하는데, 느헤미야와 에스라다. 먼저 느헤미야는 수산 궁에서 술 맡은 관원장이었다. 그가 섬겼던 아닥사스다 1세는 에스더를 왕비로 삼은 아하수에로 왕의 아들이었다.

부림절은 아닥사스다 1세의 즉위 8년 전, 기원전 473년 3월 8일에 제정되었다. 그리하여 기원전 458년 봄, 에스라는 아닥사스다 왕의 도움으로 유대인을 이끌고 예루살렘으로 돌아오게 된다. 포로 귀환의 시작이었다. 그리고 이듬해 봄에는 이방 여인과의 결혼 문제부터 예루살렘 성전 재건까지 여러 문제들의 해결에 착수했다. 그러나 르훔과 심새의 온갖 방해로 인해 유대인들은 참극에스라 4:7-16, 21, 23, 느헤미야 1:3을 겪어야 했다.

이러한 비보를 전해 들은 느헤미야는 페르시아 왕실의 안락한 자리를 버리고 예루살렘으로 돌아왔다. 그리하여 기원전 445~420년에 이르기까지 유대 민족의 정통성 회복과 순수성 유지에 온 정성을 쏟게 되었다느헤미야 8:1-9; 12:26.

다시 역사는 흘렀다. 느부갓네살 왕이 예루살렘을 침략하여 포로들을 바벨론으로 데려간 지 약 70년의 세월이 흘렀다. 이제 그들 중 예루살렘을 기억하는 사람은 몇 명 남지 않게 되었다. 세월이 지나 고레스 왕이 페르시아의 왕이 되었고, 바벨론을 정복한 페르시아의 영토는 대단히 넓었다. 고레스는 자기 나라 백성들이 어려움 없이 행복하게 살기를 원했다. 제국이 형성된 것이다. 그러니 더 이상 포로들을 잡아둘 이유가 없어졌다. 하나님이 그러한 마음을 부어 주셨고, 감동이 생긴 왕은 포로들을 고향으로 돌려보내는 것이 좋겠다고 생각했다. 곧 조서를 발표했다.

"이스라엘의 하나님은 참신이시다. 하늘의 신 여호와께서 나에게 만국을 주셨다. 그러니 너희 이스라엘 백성들은 예루살렘으로 돌아가 여호와 하나님을 위해 성전을 다시 짓거라."

뿐만 아니라 왕은 많은 은혜도 베풀었다.

"올라가서 성전을 새로이 건축할 때 가난한 사람들에게는 금과 은을 주고 건축에 필요한 것을 도와주도록 하라."

귀환의 시작은 에스라의 요청에 의해 페르시아 제국의 최고 권위자에 의해 이루어진 것이었지만, 이같이 허락된 이면에는 여호와의 손길이 함께하셨던 것이다. 아닥사스다 왕은 조서를 내려 신속한 일처리를 위해 에스라에게 여러 가지 권위를 부여해 주었다.

유대와 예루살렘에 정착한 사람들의 상황을 관찰할 권한, 예배를 위해 재물을 받아 분배할 권리, 창고지기로부터 필요한 것을 공급받을 수 있는 권리, 사법권을 갖고 유사有司와 재판관을 임명할 수 있는 권리 등이었다. 여기서 잠시 에스라를 소개하면 모세의 율법에 익숙한 학사이자, 하나님 여호와의 도우심을 입는 자로 왕에게 큰 신임을 받은 자였다.

에스라는 여호와의 율법을 연구하여 준행하며 율례와 규례를 이스라엘에게 가르치기로 결심했다. 하나님은 포로 귀환하여 성전을 재건하고 이스라엘을 다시 재건하기 위해 필요한 지도자들을 준비시키셨다. 그 대표적인 사람이 에스라다.

에스라가 떠나기 전에 금식을 선포하고 스스로 겸비하여 기도했다. 그는 평탄한 길을 위하여 간구했다. 그것은 하나님께서 돌보신다고 왕 앞에서 이야기했기 때문이다. 만약 길에서 적을 만난다면 보병과 마병을 왕에게 구하기가 부끄럽지 않겠는가?

에스라가 예루살렘으로 돌아왔을 때 그 곳에 남아 있던 제사장과 레위인들을 포함한 이스라엘 백성들은 대부분 율법을 떠나고 이방의 믿지 않는 여인들을 아내로 취하여 하나님을 떠나 있었다. 이에 에스라는 회개를 촉구하며 모두 하나님께로 돌아오라고 소리를 높였다. 에스라의 선포에 이스라엘 백성들은 회개하고 하나님께 돌아와 일을 시작했다.

포로에서 돌아와 무너진 성전을 다시 건축하고 예루살렘 성벽을 재건하는 것은 매우 중요한 것이었다. 그러나 그러한 외적인 것에 못지 않게 중요한 것은 하나님께서 그의 백성들에게 주신 율법을 다시 세우고 지켜 행하는 일이었다. 에스라는 바로 이것을 위하여 헌신하고 노력한 지도자였다. 그는 하나님의 율법을 연구하여 익숙한 학사學士였다.

"하나님을 찬양하라! 위대하신 하나님을 찬양하라!"

에스라가 소리치자 모든 백성들은 일제히 일어서서 손을 높이 들고 아멘으로 화답했다. 그들은 겸손하게 엎드려 하나님을 찬양했고, 에스라의 말에 귀를 기울였다. 먼저 에스라는 율법책에서 한 부분을 읽었고, 레위인들 중 몇몇은 백성들 가운데 서서 에스라가 읽고 있는 것을 해석하여 그들이 그것을 이해할 수 있도록 도와주었다.

에스라와 그의 동료들은 새벽부터 한낮까지 율법 책을 읽고 설명해 주었다. 그들은 하나님의 말씀을 들으면 들을수록 자기들이 하나님의 율법을 얼마나 어겼는지 깨달았다. 그들은 드디어 각성하기 시작했고, 많은 사람들이 울었다. 느헤미야와 에스라는 그들을 진정시켰다.

"오늘은 기쁜 날입니다. 하나님의 거룩한 날입니다. 그러니 우리가 어찌 울며 슬퍼하겠습니까? 다들 집으로 돌아가세요. 가서 잔치를 베풀고 가난한 사람들에게 여러분의 음식을 나누어 주십시오. 하나님이 주시는 기쁨은 여러분의 힘이 될 것입니다."

날마다 에스라는 그들에게 하나님의 율법을 가르쳤다. 두 주 동안이나 열심히 그들을 가르쳤더니 진정으로 변화가 일어나기 시작했다. 이제부터는 오직 하나님만 경배하고 의지하며 하나님의 말씀을 따르는 백성이 되겠다고 약속했다.

39. 죽으면 죽으리로다

에스더

「에스더의 잔치에서 아하수에로 왕과 하만」 1660년. 렘브란트

감정을 담아낸 빛과 그늘

「에스더의 잔치에서 아하수에로 왕과 하만」은 렘브란트의 작품 가운데 출처가 알려진 몇 안 되는 작품 중 하나다. 그림에서 에스더가 초대한 만찬에서의 아하수에로 왕과 하만의 모습을 묘사했으며, 아마도 렘브란트의 후기 작품 중 손꼽는 작품일 것이다. 에스더가 그녀의 말을 끝냈을 때 왕의 입술은 분노를 삼키고 있고, 하

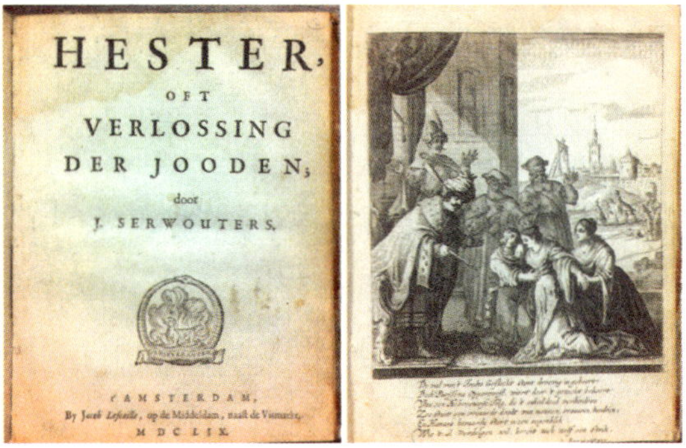

네덜란드의 극작가 요하네스 세르워터스가 1659년에 쓴 연극 『헤스터 또는 유대인의 구속』의 대본 표지와 내지 삽화. 1659년부터 1719년 사이 암스테르담에서 공연되었다.

「에스더의 잔치에서 아하수에로 왕과 하만(*Ahasuerus and Haman at the Feast of Esther*)」 1660년. 렘브란트. 캔버스에 유화. 94×73cm. 푸시킨 미술관. 모스크바.

만은 이미 운명을 직감한 듯이 보인다. 하만과 왕의 거리는 매우 멀어 보이지만, 에스더와는 단합된 한 쌍처럼 보여진다.

세 사람 사이의 극적인 갈등은 억압되지만 웅변적인 몸짓으로 표현된다. 서스펜스의 긴장된 분위기를 보여주는 이 그림에서 에스더의 모습과 그의 긴 겉옷은 보석처럼 반짝거리고 있다. 하지만 하만은 그림자 속에 잠겨 있다. 이처럼 렘브란트는 내면의 삶, 즉 인물의 영적 에너지를 표현할 때 그 깊이를 다루는 탁월한 묘사의 대가라고 할 수 있다.

렘브란트는 극작가 요하네스 세르워터스Johannes Serwouters가 에스더의 만찬에 초대된 아하수에로와 하만을 그린 연극 『헤스터*Hester*』에서 영감을 얻었다. 그는 1660년에 그림을 완성한 후 1월에 얀 힌로펜Jan J. Hinlopen에게 팔았다. 1662년에 출간된 얀 보스Jan Vos의 시집에서 이 그림에 대해 설명하는 시가 있는데, 이렇게 설명하고 있다.

> 여기 하만이라는 사람이 아하수에로와 에스더와 함께 만찬에서 먹고 있다. 하지만 그것은 부질없다. 그의 가슴속은 후회와 고통으로 가득 차 있다. 그는 에스더가 준비한 음식을 먹지만, 그녀의 깊은 마음속을 헤아리려고 하고 있다. 왕은 분노와 복수로 가득하다. 군주의 분노….

성경에서는 에스더가 마련한 만찬에 아하수에로 왕과 하만이 자리를 했고, 이 자리에서 에스더는 자신의 족속 유대인을 향한 음모를 알린다. 렘브란트는 에스더의 이야기가 끝난 순간의 시점을 선택하여 그려냈다. 세 사람의 침묵은 비극의 전조를 보여준다. 렘브란트는 인물들의 정적인 모습만으로도 긴장 관계를 깊이 있게 드러내고 있다.

전반적으로 인물들이 암흑에 가려져 있기는 하나, 에스더는 매력적이고 여성스러움, 아름다움과 웅장한 옷차림, 귀한 진주와 고상한 머리 장식 등으로 형상화하고 있다. 고정된 시선과 입이 약간 열린 채 슬퍼하는 에스더의 모습은 부드러운 윤곽과 함께 사랑스럽게 묘사된다. 렘브란트는 이 그림을 따뜻한 빨강과 갈색 그리고 황금색 톤의 조합을 기반으로 하여 표면의 질감과 굵은 선, 그리고 감정을 담아낸 빛과 그늘을 묘사하고 있다. 이 그림은 의심할 여지없는 렘브란트의 명작 중 하나다.

모살 음모를 막아낸 모르드개

기원전 486~464년까지 통치한 아하수에로 왕은 정치, 경제, 군사, 교육에 능했다. 왕위 3년에 왕은 신하와 방백들을 모아놓고 180일간 호화로운 잔치를 열고, 제 칠일 되던 날 주흥이 나서 왕비의 아리따움을 자랑하고자 와스디를 불렀다. 그러나 와스디는 자신이 베푼 잔치로 바빠서 왕의 명령을 거절하고 나오지 않았다.

그러자 왕은 진노했다. 신하와 방백들은 왕을 진정시키고자 건의했고, 왕비를 폐위시켰다. 그후 다시 왕비를 뽑았는데, 유대인 포로 출신의 고아였던 여자 아이가 왕비로 간택되었다.

에스더라고 하는 모르드개의 사촌 여동생이 왕후로 뽑히게 되었다. 믿음이 진실했던 에스더는 하나님의 은혜로 바사 왕국 아하수에로의 왕비가 되었던 것이다. 왕비가 된 후에도 에스더는 오빠 모르드개의 말을 부모에게 순종하듯 따르며 겸손했다. 또 모르드개도 동생이 왕비가 되었다고 교만하거나 동생을 이용해 권력을 가지려고 하지도 않았다.

늘 하던 대로 대궐 문 앞에 앉아서 자신의 맡은 일을 잘 감당하면서 충성스럽게 일했다. 그러던 어느 날 모르드개가 대궐 문 앞에 앉았는데 우연히 왕을 가장 가까이에서 모시는 신하 두 사람이 왕을 죽이려는 모의를 하는 것을 듣게 되었다.

"자네는 이 나라가 어찌된다고 생각하나? 왕은 정치를 너무 몰라. 아무래도 왕을 폐위시키고 새로운 왕을 세워야 하지 않겠나?"

그렇게 말하자 다른 사람이 말했다.

"자네도 그렇게 생각하나? 이 일은 벌써부터 일어나야 할 일이었어!"

역적 모의를 한 두 사람의 이름은 빅단과 데레스였단다. 그들은 아하수에로 왕 때문에 마음에 억울함이 있는 사람들이었다. 그러니 왕을 없애야겠다는 위험한 생각을 갖게 된 것이다. 마침 문을 지키던 모르드개가 그것을 듣게 되었고, 그냥 있을 수 없었다. 그래서 동생인 왕비 에스더에게 가서 의논을 했다.

"이 일은 보통 일이 아니에요. 왕에게 가서 이 사실을 알려야겠어요."

왕에게 나아간 에스더는 조심스럽게 입을 열었다.

"폐하, 이 나라에 위급한 일이 있습니다. 지금 밖에서 폐하를 암살하려고 작당하는 무리가 있다고 합니다. 저의 오라비가 우연히 역적 모의를 하는 사람들의 이야기를 들었다고 합니다."

"아니, 그게 누구란 말이오?"

"네. 제 오라비의 말에 의하면 빅단과 데레스 두 사람이라고 합니다."

아하수에로 왕은 깜짝 놀랐다. 군사들은 그 두 사람을 잡아왔고, 조사관을 시켜 심문했다. 빅단과 데레스는 결국 역적 모의 사실을 자백했다. 두 사람의 죄가 밝혀지자 당시 관습대로 나무에 매달아 사형시켰다. 왕은 목숨을 건지고 다시 나라는 평안해졌다.

죽으면 죽으리이다

얼마 지나지 않아 이번에는 유대인들에게 문제가 발생했다. 왕실의 2인자였던 하만이 대궐의 문을 지키는 유대인 관원 모르드개를 미워하게 되는 사건이 일어났다. 하만에게 무릎을 꿇고 절하지 않았다는 것이 그 이유였다. 하나님을 섬기고 그에게만 경배했던 모르드개는 하만에게 머리를 숙일 수 없었다. 그러나 하만은 이 나라에서 왕 다음으로 높은 사람이었기에 모든 사람들에게 자신을 향해 신처럼 절하라고 했다. 모르드개는 하만에게 상관으로서의 예를 지켰지만, 신에게 하듯 절하지는 않았다. 이로 인해 모르드개를 죽이려고 마음 먹은 하만은 아하수에로 왕에게 간청했다.

"폐하, 이 나라의 법을 따르지 않는 아주 작은 민족이 있습니다. 이 민족을 그대로 두었다가는 나중에 폐하의 나라가 위험하오니 날을 정하여 이 민족들을 전부 없애 버리도록 허락해 주십시오. 이것은 왕의 나라를 더욱 든든히 세우는 일입니다."

영문을 알지 못했던 왕은 자신의 나라에 해가 될 수 있다는 말만 믿고 생각에 잠겼다. 그리고 그렇게 하라고 허락했다. 하만은 자신에게 절하지 않은 모르드개 때문에 모르드개의 민족인 유대 민족 전체를 죽이려는 음모를 꾸미게 되었다.

하만이 내린 조서는 유대인들에게 참으로 잔인했다. 조서에 따르면 12월 13일 하루 동안 모든 유대인 남녀노소들을 다 죽이고 그들의 재산을 탈취하라는 명령이었다. 이날이 이르면 바사에 흩어져 있던 유대인들은 모두 죽임을 당하게 될 판이었다. 이 조서를 본 모르드개는 자신의 옷을 찢고 굵은 베옷를 입은 채 재를 무릅쓰고 큰 소리로 통곡했다.

뿐만 아니라 유대인들도 이 조서의 내용을 알고 모르드개처럼 크게 애통하면서 금식하고 울부짖었다. 모르드개가 슬픔을 가누지 못하고 있다는 소식은 곧 왕비 에스더에게도 전해졌다. 왕비는 좋은 의복을 보내서 모르드개에게 입히고자 했지만, 모르드개는 이를 거절했다. 왕비는 모르드개가 왜 이렇게 탄식하고 있는지 알아보게 했다.

모르드개는 왕비의 시녀에게 하만이 한 일을 자세히 이야기해 주면서 왕 앞에 나아가 하만의 음모를 말하고 민족을 위해 왕에게 호소해 달라고 말했다. 이것을 안 에스더는 왕에게 나아가 고하기로 결심했다. 하지만 당시의 바사, 곧 페르시아에서는 왕의 허락 없이 그 누구도 왕에게 스스로 나아갈 수 없었다. 그것을 어겼을 때에는 왕의 특별한 은총이 없이는 모두가 사형을 당했다. 설사 그 사람이 왕비라 해도 예외는 아니었다. 그러자 모르드개는 에스더에게 중요한 이야기를 꺼냈다.

"너는 왕궁에 있으니 모든 유대인 중에 홀로 면하리라 생각지 말라. 이때에 네가 만일 잠잠하여 말이 없으면 유대인은 다른 것으로 말미암아 놓임과 구원을 얻으려니와, 너와 네 아비 집은 멸망하리라. 네가 왕후의 자리를 얻은 것이 이때를 위함이 아닌지 누가 아느냐?"

강력하게 말하는 오빠 앞에서 고민하던 왕비는 하나님께 기도하는 수밖에 없다고 생각하고 모르드개에게 함께 금식하자고 했다. 동족 학살의 날은 다가오고, 왕은 자신을 부르지 않았다. 그렇다고 해서 무조건 왕 앞에 나섰다간 그날로 폐위당하게 될 것이 분명했다.

위기를 앞에 두고 에스더는 자신의 측근들과 동족들에게 3일 동안 힘써 기도해 달라고 부탁했다. 그리곤 금식이 끝나는 대로 '죽으면 죽으리라'는 각오로 왕에게 나아가기로 결심했다. 금식은 하나님 앞에서 인간적인 방법을 모두 접고 오직 하나님께만 매달리는 비상 기도다. 3일의 금식기도가 끝나고 왕 앞에 나아갈 때가 되었다. 금식 기도 후에 에스더는 왕 앞으로 나아갔다. 그런데 정말 하나님의 은혜로 왕이 그녀를 보자 손에 잡고 있는 금 규를 내밀며 긍휼과 은총을 베풀었다.

"왕비! 그 동안 평안하셨소? 오래 만에 보니 당신이 참으로 아름답구려. 이리 가까이 나아오시오. 왕비의 소원을 말해 보시오. 무슨 요구든 이 나라의 절반이라도 그대에게 주겠소."

그러자 에스더는 왕에게 간청했다.

"폐하, 폐하를 위하여 잔치를 베풀었다오니 괜찮으시거든 하만을 함께 초대해 주십시오."

왕비가 하만을 초대한 이유는 왕비의 계획을 눈치채지 못하게 하기 위함이었다. 왕이 소원을 물어보았을 때 즉시 하만의 음모를 말하고 아울러 그를 처벌해 달라고 요청했다면 왕이 쉽게 들어 주지 못했을 것이다. 적어도 왕은 자신에게 충성을 다하는 사람을 총리로 임명했으니 말이다. 따라서 하만이 음모를 꾸몄다고 해도 직접 왕과 관련된 일이 아니기에 그리 쉽게 왕비의 소청을 들어 줄 순 없었다. 왕비는 무엇 때문에 자신을 초대하는지 하만으로 하여금 전혀 알지 못하게 한 것이다. 물론 왕도 왕비의 계획을 전혀 알지 못했다.

그날 밤 왕은 잠이 오지 않아서 신하에게 명령해 역대 일기를 가져다가 읽게 했다. 그런데 왕에 대한 모살 음모를 모르드개가 고발했다는 부분을 읽을 때 어떤 상도 내리지 않은 것을 알게 되었다. 그리고 아침 일찍 하만에게 시켜서 왕의 옷과 왕관과 말을 가져다가 그 사람에게 입히고 태워서 성 중에 다니면서 "왕이 존귀하게 하기를 원하시는 사람에게는 이같이 할 것이라"고 외치도록 지시했다.

왕의 명령대로 시행했던 하만은 매우 번뇌하면서 머리를 싸고 집으로 돌아왔다. 곧 왕의 내시들이 와서 하만을 에스더가 베푼 잔치에 데리고 갔다. 궁에서 하만을 기다리고 있던 왕과 함께 에스더가 준비한 잔치에 참석하여 융숭한 대접을 받았다. 그럼에도 그가 당한 모욕에 견딜 수 없어서 음식을 씹는 것조차 고통스러웠다. 그런데 왕은 에스더의 융숭한 대접에 기분이 좋아져 또 다시 에스더를 칭찬하면서 소원을 물었다.

"폐하, 내 생명을 내게 돌려 주시고 내 일가친척, 나의 민족의 생명을 돌려 주소서."

에스더의 말을 듣고 놀란 왕은 그 이유를 물었다. 에스더는 이 일이 하만에 의해 저질러졌고, 그 동안의 모든 일을 낱낱이 고했다. 왕은 그러한 계획을 세운 사람이 그토록 신임하던 하만이라는 것을 알고 큰 충격을 받았다. 왕은 너무 분노한 나머지 분을 삭히려고 뒤뜰로 나갔는데, 그 사이에 하만은 자신의 처지가 너무 다급해지자 그만 의자에 앉아 있던 왕후 에스더의 무릎에 덥석 엎드렸다. 자신의 생명을 살려 달라고 간구하면서 왕후의 무릎에 몸부림치면서 울었는데, 왕이 돌아와서 이 장면을 보고 왕후를 희롱하는 것으로 생각하여 더욱 분노할 수밖에 없었다.

왕은 하만을 잡으라고 지시했고, 또 다른 신하는 하만이 모르드개를 죽이려고 그의 집에 오십 규빗이나 되는 나무를 세워 놓았다고 일러 주었다.

왕은 그 말을 듣자마자 곧 그 나무에 하만을 매달으라고 지시했다. 결국 하만은 모르드개를 죽이려고 했던 장대에 자기가 달려 죽고 에스더와 유대 민족은 구원을 얻게 되었다. 왕이 에스더에게 말했다.

"에스더여, 하만의 집을 너에게 맡기노라."

에스더는 하만의 열 아들을 모두 나무에 매달았고, 또 왕에게 모르드개가 자기의 사촌 오라버니인 것을 말했다. 왕은 놀라서 물었다.

"어떻게 왕후가 되었으면서도 모르드개가 사촌 오라버니라는 말을 하지 않고 지금까지 왕궁 문지기 옆에서 일하게 했는가?"

왕은 모르드개를 불러 하만이 끼었던 반지를 뽑아 주었고, 모르드개는 국무총리가 되었다. 모르드개와 에스더는 왕의 허락을 받아 하만이 내린 조서를 모두 취소하고, 대신 하만이 유대인들을 진멸하려 했던 12월 13일에 유대인의 원수들을 모두 잡아들였다. 수산 궁에서 12월 13일과 14일 이틀 동안 유대인들의 원수들 7만 7,000명이 처형되었다.

유대인을 죽이려고 했던 사람들이 도리어 유대인의 손에 의해 죽임을 당하고 그들을 멸망시키려던 사람들이 도리어 멸망을 당했다. 에스더와 유대 민족은 기도를 통해 응답을 받았고, 하나님의 능력과 큰 사랑을 체험할 수 있었다.

40. 물고기 뱃속에 들어간 요나

요나

「요나와 고래」 1621년. 피터르 라스트만

'요나'라는 가게의 간판이었던 그림

요나서를 보면, 요나는 큰 물고기 뱃속에서 3일 밤낮을 머물렀다. 그때가 하나님의 능력을 인식한 순간이었다. 라스트만은 요나 선지자가 아직 안전한 땅에 닿기 전의 모습을 중요한 전환점으로 보여주고 있다. 17세기 초에 이탈리아를 여행했던 라스트만은 빛의 처리와 표현력이 이탈리아의 매너리즘 미술과 유사하다. 이 그림은 1620년대에 암스테르담의 상인 아이작 보덴의 '요나Jonas'라는 가게의 간판 역할을 했다고 알려져 있다.

피터르 라스트만Pieter Lastman은 빛과 분위기를 처리하는 감각을 독일의 화가 엘스하이머로부터 영향을 받았으며, 렘브란트의 스승으로 네덜란드 회화 역사에서 매우 중요한 역할을 했다. 렘브란트의 「발람과 당나귀*Balaam and the Ass*」는 라스트만의 같은 제목의 그림에 바탕을 둔 것이다.

1604년부터 1607년 사이에 그는 이탈리아에 있었고, 카라바조Caravaggio와 아담 엘스하이머Adam Elsheimer의 영향을 받았다. 사실 렘브란트가 결코 이탈리아를 방문한 적이 없었기 때문에 카라바조의 영향을 받은 라스트만을 통해 배웠을 가능성이 크다.

다시스로 가는 배

여호와 하나님은 니느웨 사람들을 사랑하셔서 그들을 회개시키기로 작정하셨다. 그래서 아밋대의 아들 요나에게 하나님이 큰일을 시키시기로 마음먹고 그에게 나타나셔서 말씀하셨다.

"요나야, 너는 일어나 저 큰 성읍 니느웨로 가거라. 가서 네 힘껏 외치거라. 그들의 죄가 너무 커서 내가 견딜 수 없구나!"

하지만 요나는 니느웨를 싫어했다. 그들은 이스라엘을 침략해 멸망시

「발람과 당나귀(*Balaam and the Ass*)」 좌측은 1622년 피터르 라스트만이 패널에 그린 유화이며, 오른쪽은 제자 렘브란트가 1626년 소나무 패널에 그린 유화다. 렘브란트는 스승의 빛과 색상의 사용에 영향을 받았다.

「요나와 고래(*Jonah and the Whale*)」 1621년. 피터르 라스트만. 오크에 유화. 52.1×36cm. 쿤스트 팔라스트 미술관. 뒤셀도르프.

킨 원수의 나라였기 때문이었다. 요나는 속으로 '참! 하나님도 그놈들 심판하셔서 벌을 주실 일이지, 왜 가서 회개시킨답니까?'라고 생각했다. 그래서 여호와 하나님의 얼굴을 피하고 싶어서 엉뚱하게도 도망을 갔다. 그는 다시스로 도망가기 위해 욥바 항구로 갔다. 그런데 마침 다시스로 가는 배가 있었고, 얼른 배를 타고 도망치게 되었다.

이것을 아신 하나님은 태풍이 불게 하셨다. 그랬더니 바다가 온통 폭풍으로 어지러워졌다. 하지만 그것을 모르는 요나는 배 밑에서 깊은 잠에 빠져 있었다. 배 위에서는 선장과 선원들이 난리가 났다. 급기야 자신들이 믿는 신의 이름을 부르며 기도하기에 이르렀다. 이윽고 배를 가볍게 하려고 물건을 바다에 던지기도 했다. 그 중 누군가가 말했다.

"이러한 폭풍은 신의 노여움이 분명합니다. 분명 우리 중 누군가 신의 노여움을 받고 있을 겁니다. 제비를 뽑아 누구 때문인지 밝혀 봅시다."

그런데 제비를 뽑으니 요나가 뽑히고 말았다.

"제비는 사람이 뽑으나 하나님께서 일을 시작하시고 마치십니다."잠언 16:33 나는 히브리 사람이오. 바다와 육지를 지으신 하늘의 하나님 여호와를 경외하는 자이지요. 아무래도 이 폭풍은 나 때문인 것이 분명하오. 그러니 나를 바다에 던지시오. 그러면 폭풍이 멈출 것이오."

하지만 뱃사람들은 인정이 많은 사람들이었다.

"당치도 않은 말씀일랑 하지 마시오. 여기서 육지가 그리 멀지 않으니 배를 돌려봅시다."

그들은 요나를 바다에 빠뜨리는 것을 주저했다. 그럴수록 바다는 폭풍으로 더욱 사나워졌고, 사람들은 결국 하는 수 없이 요나를 바다에 던졌다. 그러자 즉시 바람이 그치고 파도가 잔잔해졌다. 그때 하나님은 이미 큰 물고기를 예비하셨으며, 그 물고기는 요나를 삼켰다. 요나는 물고기 배 속에서 삼일 주야를 보냈다. 물고기 배 속에서 정신을 차린 요나는 하나님께 목숨을 건 기도를 드렸다.

"하나님, 이곳은 스올의 배 속, 곧 지옥과 같은 곳입니다. 제가 하나님의 명령을 거부하여 도망했더니 이런 위험 속에서 기도합니다. 제가 하나님이 베푸신 은혜를 잊어 버렸습니다. 한 번만 살려 주시면 서원을 주께 갚겠습니다. 구원은 여호와께서 하실 수 있습니다."

그렇게 사흘 밤낮을 물고기 배 속에서 기도했더니 물고기가 그를 육지에 토해냈고, 요나는 하나님의 은혜로 살 수 있었다.

명령을 받은 요나는 니느웨로 가서 하나님의 뜻을 전했다. 온 백성들에게 그 동안 일어났던 모든 사실을 이야기하면서 외쳤다.

“회개하라. 너희들의 잘못을 회개하여 돌아서지 않으면 하나님이 이 성을 멸망시킬 것이다. 40일 후에 니느웨는 멸망할 것이다!”

그런데 놀랍게도 오래지 않아 니느웨 성의 왕과 백성들은 그의 외침을 듣고 회개하며 악에서 돌아서겠다고 다짐했다. 그리고 하나님은 회개하고 돌아선 그들을 약속대로 용서하시고 성을 멸망시키지 않으셨다. 그러나 이번에는 요나의 마음이 불편해졌다.

니느웨가 회개하고 하나님께로 돌아선다면 이스라엘이 되려 위험한 상황에 놓이게 될 것을 알았기 때문이다. 그는 니느웨 성에서 빠져나와 하나님이 그 성을 멸망시키시기를 바라면서 길가에 앉아 지켜보기로 했다. 그런데 태양 빛이 너무 뜨겁게 내리쬐어 견딜 수 없었다. 근처에 있는 박넝쿨 잎사귀로 그늘을 만들어 앉았다. 그런데 어디서 왔는지 작은 벌레들이 뿌리를 갉아 먹었고, 다음 날에는 말라 죽고 말았다. 그러니 뜨거운 태양 때문에 불평이 저절로 나왔다.

“요나야! 네가 그 식물이 죽었다고 해서 화를 낼 수 있느냐?”

“이렇게 비참하게 사느니 차라리 죽는 것이 낫겠습니다.”

“요나야, 너는 너의 머리를 시원케 해 주는 이 보잘것없는 식물 때문에 불평하고 그러느냐? 하지만 내가 창조한 백성들 모두를 사랑하는 내 마음은 어떻겠느냐? 나는 니느웨 백성들이 멸망하기보다 그들이 회개하여 돌아오는 것을 더욱 원한다.”

요나는 하나님의 말씀을 듣는 순간 그분은 심판의 하나님이 아니라 사랑의 하나님이시며, 멸망의 하나님이 아니라 구원의 하나님이심을 깊이 깨닫게 되었다. 그리고 하나님은 이스라엘 백성만 사랑하시는 것이 아니라 온 백성을 다 사랑하신다는 것을 깊이 깨닫게 되었다.

41. 마지막 선지자들

학개, 스가랴, 말라기

「스가랴 선지자」 1508년, 미켈란젤로

교황에게 그림으로 욕한 미켈란젤로

1483년에 시스티나 성당의 축성식을 가졌고, 그로부터 21년이 지난 1504년에 건물에 누수 문제가 발생했다. 이로 인해 파란 배경에 금빛으로 빛나는 별을 그려넣었던 천장은 금이 가고, 이를 수리하던 도중에 천장화마저 손상되고 말았다. 교황 율리우스 2세Pope Julius II는 기존의 천장화를 지우고 새로운 천장화를 그리기로 결정하고 미켈란젤로에게 이 일을 맡겼다. 하지만 미켈란젤로는 당시 교황이 안장될 영묘의 조각 작업을 하고 있었기에 고사를 했지만, 교황은 강력하게 요청했다. 할 수 없이 그는 영묘 작업을 중단한 채 1508년에 시스티나 성당의 천장화 계약서에 서명하게 된다.

교황은 미켈란젤로에게 이 일을 부탁하며 열두 사도를 그려 달라고 주문했다. 미켈란젤로는 그런 구성으로는 짜임새 있는 천장화를 그리기 어렵다고 판단했다. 그래서 천장과 벽면에 천지창조를 중심으로 구약의 선지자와 이방의 무녀, 그리스도의 조상들, 이스라엘을 구한 지도자 등을 주제로 바꿔서 교황의 허락을 얻어냈다. 1508년 12월부터 그는 성당 벽면에 비계를 고정시키고 작업을 시작했다. 자신의 고향 피렌체에서 불러온

「스가랴 선지자(*Prophet Zechariah*)」 1508년. 미켈란젤로. 프레스코화. 390×360cm. 시스티나 성당. 바티칸.

조수들과 함께 작업을 했지만, 주요한 그림들은 대부분 미켈란젤로 혼자서 그려냈다.

내용으로 주제를 전환해 교황의 허락을 받아냈다. 1508년 12월, 미켈란젤로는 예배당 벽면에 비계를 고정시키고 작업에 착수했다. 고향 피렌체에서 불러들인 조수들과 함께 작업을 했지만, 주요 그림은 대개 미켈란젤로 혼자서 그렸다. 초기에는 벽화가 변색되는 일이 벌어져 작업을 중단하기도 했으며, 힘든 작업이었기에 할 수 있다면 천장화를 그만두고 영묘 조각으로 복귀하고 싶어 했다.

그런데 익숙하지 않은 일이다 보니 초반에는 프레스코화가 변색되는 일이 벌어져 당황한 나머지 작업을 중단해야 했고, 그는 이 기회에 천장화 작업을 그만두고 영묘 조각에 복귀하고 싶어 했다. 이 문제로 골머리를 앓고 있을 때 교황은 조각가이자 건축가인 줄리아노 다 상갈로Giuliano Da Sangallo를 보내어 문제를 파악했다. 상갈로는 벽면에 바른 석회의 수분이 너무 많았기 때문임을 찾아내었고, 이 문제를 해결해 주었다.

이러한 문제들로 인해 천장화 작업은 느리게 진행되었다. 물론 미켈란젤로도 이 작업으로 인해 매우 고생을 해야만 했다. 계속해서 불편한 자세로 그리기 때문에 무릎에 고름이 차고 허리가 굽고 어깨가 움직일 수 없을 만큼 아팠다. 물감이 눈에 떨어져서 눈도 나빠지고 피부병마저 생겼다. 이러한 고통 때문에 그는 "어깨를 잘라내고 잠들고 싶다"고 말할 정도였다. 그래서인지 나중에 그린 장면일수록 사람 수가 점저 줄어들었다. 마침내 그림을 그리기 시작한 지 4년 만인 1512년 10월 31일에 완성했고, 교황의 축하 미사를 거쳐 그 해 11월 1일에 일반에 공개되었다.

미켈란젤로가 그린 이스라엘의 7명의 선지자 가운데에는 스가랴 선지자가 있다. 스가랴가 활동하던 시절, 포로에서 귀환한 유대인들은 참담한 조국의 현실을 보면서 성전을 재건축하는 데 온 힘을 기울였다. 유배 생활동안 고향의 땅과 집은 엉망이 되었고, 황폐함 그 자체인 암담한 현실 속에서도 먼저 하나님의 성전을 재건하는 데 그들의 힘과 재물을 드렸다. 하지만 계속해서 성전 건축이 중단되었다. 그때마다 이스라엘 백성들은 불만이 고조되었고, 신앙적 회의가 다시 일었다. 이때 스가랴 선지자는 포로에서 돌아와 간신히 살아가는 이스라엘 백성들에게 금식처럼 슬프고 고통스러운 상황이 기쁨의 축제로 변화될 것이라고 선포한다.

다혈질적이었던 미켈란젤로는 이 선지자 스가랴의 얼굴에 교황 율리우스 2세를 그려 넣었다. 게다가 뒤에 서 있는 천사들 가운데 하나가 그를 향해 손가락 욕검지를 외설스러운 제스처를 취하고 엄지를 손가락 사이에 끼워서 모욕하는을 하는 장면까지 슬그머니 그려 넣었다. 그리고 자신은 눈물의 선지자 예레미야의 모습으로 담아냈다. 즉 자신의 그림과 조각 곳곳에 미워하거나 존경하는 인물을 교묘하게 그려 넣어 애증을 담아낸 것이다.

여호와께로 돌아오라

기원전 539년에 바벨론을 정복하고 그 뒤를 이은 바사페르시아 제국은 알렉산더 대왕의 동방 원정 때까지 존속했다. 그 당시 바사 제국은 총독들에 의해 분할 통치되고 있었는데, 지방 장관들은 이러한 총독들의 관할 아래 있었다. 총독이 없던 유대 지역은 사마리아 총독에 의해 감독을 받고 있었던 것이다. 성전이 재건되어 완공된 것은 이 기간의 초기였다. 유대 지역의 대표자는 대제사장들이었다. 그런데 유대와 사마리아 관리들 사이에는 상당한 분쟁과 갈등이 있었다.

그러는 동안 예루살렘 거주민들은 아닥사스다 I세의 통치 기간기원전 464-423에 무너진 성벽을 재건하기 시작했다. 유다 백성들은 부푼 꿈을 안고 포로에서 귀환했다. 학개와 스가랴의 설교에 감동을 받아 그들은 성전을 재건했다. 이 건물은 비록 바벨론이 무너뜨린 그 성전의 영광에는 비할 바가 안 되지만, 장차 더 큰 영광이 임하리라는 예언으로 감동받아 지어진 성전이었다. 그러나 수십 년이 지나도 임하리라던 그 큰 영광이 나타나지 않자 유대인들의 소망과 기대는 희미해지기 시작했다.

선지자들이 약속했던 그 번영이 돌아오기는커녕, 하루하루 생활은 고통의 연속이었으며, 기근과 흉작이 계속되었다. 그러자 그들은 하나님의 사랑의 공의로운 통치에 회의와 의문을 품기 시작했다. 그들은 여호와 보시기에 악을 행하는 자를 선하다고까지 말하게 되었으며, 하나님의 명령을 준행하며 하나님 앞에 슬프게 행하는 것도 무익하다고 주장했다.

"그 날에 죄와 더러움을 씻는 샘이 다윗의 족속과 예루살렘의 거민을 위해서 열리리라"스가랴 13:1고 스가랴 선지자가 말했는데, 이 구절은 예수 그리스도의 오심을 미리 예견하고 있다. 우리의 힘에 의해서가 아니라 주의 은총에 의해 우리의 성전과 제사와 행동들은 거룩함을 입게 된다는 것이다.

예수님이 오시기 500여 년 전 이 세 선지자들은 기원전 4~6세기에 예루살렘에서 활동한 예언자들이다. 이스라엘이 70년의 바벨론 포로 생활을 마치고 귀환했을 당시의 예언자들이 된다. 이 즈음 이스라엘 사람들은 성전과 성벽을 재건하며 민족 중흥에 기치를 들었다.

학개는 하나님의 성전을 다시 건축할 것을 호소했다학개 1:14. 그러나 건축을 하더라도 외형적 성전보다 더 중요한 것이 깨끗한 손으로 성전에서 드리는 제사임을 가르쳤다학개 2:14. 또 스가랴 선지자는 행위가 따르지 않는 제사에 대해서는 하나님이 심판하신다는 것을 가르쳤다. 그러나 하나님의 말씀을 청종하면 성전이 아름답게 건축될 것을 가르치기도 했다스가랴 6:15. 그리고 손으로 짓지 않은 영원한 성전이 지어질 것을 예언했다. 그것은 하나님의 은총에 의해 거룩하게 지어질 종말의 성전으로서 예수님

그분을 가리키는 말이었던 것이다.

말라기 선지자는 이스라엘의 거룩하지 못한 죄와 오염된 제사에 대한 심판말라기 1:13-14이 곧 임할 것이라고 말했다. 그러나 형식적인 제사가 사라지더라도 하나님의 은총에 의해 거룩하게 될 종말의 참된 제사에 대한 설명을 하면서 메시아 되시는 예수님의 오심을 통해 완전하고도 영원한 제사가 이루어지게 될 날이 올 것이라고 예언했던 것이다.

학개 2장 12~15절은 다음과 같이 말한다.

> 사람이 옷자락에 거룩한 고기를 쌌는데 그 옷자락이 만일 떡에나 국에나 포도주에나 기름에나 다른 음식물에 닿았으면 그것이 성물이 되겠느냐 하라 학개가 물으매 제사장들이 대답하여 이르되 아니니라 하는지라 학개가 이르되 시체를 만져서 부정하여진 자가 만일 그것들 가운데 하나를 만지면 그것이 부정하겠느냐 하니 제사장들이 대답하여 이르되 부정하리라 하더라 이에 학개가 대답하여 이르되 여호와의 말씀에 내 앞에서 이 백성이 그러하고 이 나라가 그러하고 그들의 손의 모든 일도 그러하고 그들이 거기에서 드리는 것도 부정하니라 이제 원하건대 너희는 오늘부터 이전 곧 여호와의 전에 돌이 돌 위에 놓이지 아니하였던 때를 기억하라

이스라엘 사람들은 성전을 지으면서 그 성전이 자신들의 부정을 제하여 줄 것이라 생각했을 것이다. 그러나 오히려 학개는 그 성전이 이스라엘의 불의로 인하여 더럽혀질 수 있음을 언급한다. 외형적인 성전의 건축이 중요한 것이 아니라 마음의 정결과 의로운 삶이 중요함을 강조하는 것이었다. 성전의 외형적인 면이 중요한 것이 아니다.

> 너희 가운데에 남아 있는 자 중에서 이 성전의 이전 영광을 본 자가 누구냐 이

제 이것이 너희에게 어떻게 보이느냐 이것이 너희 눈에 보잘것없지 아니하냐 그러나 여호와가 이르노라 스룹바벨아 스스로 굳세게 할지어다 여호사닥의 아들 대제사장 여호수아야 스스로 굳세게 할지어다 여호와의 말이니라 이 땅 모든 백성아 스스로 굳세게 하여 일할지어다 내가 너희와 함께 하노라 만군의 여호와의 말이니라 너희가 애굽에서 나올 때에 내가 너희와 언약한 말과 나의 영이 계속하여 너희 가운데에 머물러 있나니 너희는 두려워하지 말지어다학개 2:3-5

또 스가랴는 이스라엘에게 내려진 모든 재앙이 하나님의 말씀을 준행하지 않은 데에서 비롯되었음을 지적하며, 하나님으로부터 은혜를 받고자 한다면 행동을 바르게 할 것을 언급했다.

먼 데 사람들이 와서 여호와의 전을 건축하리니 만군의 여호와께서 나를 너희에게 보내신 줄을 너희가 알리라 너희가 만일 너희의 하나님 여호와의 말씀을 들을진대 이같이 되리라스가랴 6:15

하지만 스가랴의 예언은 진정한 성전 건축이 그가 있던 시대에는 불가능하고, 종말에 주의 날이 올 때 실현될 것임을 말한 것이다.

"(메시아가 오시는) 그 날에는 말방울까지 여호와께 성결이라 기록될 것입니다. 여호와의 전에 모든 솥이 제단 앞 주발과 다름이 없을 것입니다. 예루살렘과 유다의 모든 솥이 만군의 여호와의 성물이 될 것입니다."

이제 점점 시간이 흘러 말라기 선지자가 일어나서는 주의 사자메신저로서 예수 그리스도가 곧 이 땅에 강림할 것을 예언했다. 지금 우리의 성전과 제사가 모두 거룩하지 못하지만, 그때가 되면 하나님의 메신저가 임하여 우리의 성전과 제사를 거룩하게 할 것이라고 말했다. 성결은 우리의 힘으로 되는 것이 아니라 하나님의 은총에 의해 그의 보내심을 받은 사람에 의해서 이루어질 것임을 선포하고 있는 것이다.

「말라기 선지자(*Prophet Malachi*)」 1308-1311년. 두초 디 부오닌세냐. 나무에 템페라화. 42.5x16cm. 두오모 오페라 미술관. 시에나.

암흑기가 시작되다

이러한 상황 속에서 말라기 선지자는 이스라엘 백성들의 회의와 의문들이 하나님의 사랑과 언약을 잘 모르는 까닭에서 비롯된다고 답변했다. 말라기 선지자는 그들이 신실함에도 불구하고 그런 재난이 임한 것이 아니라 그들에게 죄악이 가득하기 때문에 그런 고통을 겪는다고 말했다.

제사장들은 부패한 제사를 드리고 있었고, 성전 의무를 불경스럽고 형식적으로 수행했다. 그들은 하나님께 드리는 제물은 좋은 것으로 드려야 함에도 불구하고 흠 있는 것들만 골라서 드림으로써 백성들까지 그릇된 길로 인도했다.

한편, 백성들은 젊어서 맞이한 아내를 버리고 이방 여인과 결혼했다. 이처럼 당시에는 마술, 간음, 부정, 약자를 압제하는 일, 불경건 등 모든 종류의 죄가 편만해 있었다. 말라기 선지자는 그들의 죄를 모두 지적하고 그들이 돌이켜 회개할 것을 촉구했다.

말라기 선지자가 핵심적으로 말한 선포는 '십일조'와 '준비'다. 백성들이 십일조를 하지 않을 때 당연히 하나님께 드려야 할 것을 그들이 도둑질하는 격이 되었다. 백성들은 하나님께 그들이 소유한 재물보다 더 많은 것들을 빚지고 있다는 것이다. 또 그들의 돈뿐만 아니라 그들의 시간과 재능도 빚지고 있는 것이다.

또한 말라기의 중요한 사역은 백성들의 마음뿐만 아니라 우리 주님이신 예수 그리스도, 곧 메시아의 길을 준비하기 위해서 보내진 세례 요한을 예비하는 일이었다.

하나님의 말씀은 이후로 약 400여 년 동안이나 이 땅에 나타나지 않았다. 마치 이집트에서 노예로 일했던 이스라엘에게 400여 년 간이나 계시가 없다가 모세가 탄생할 즈음 하나님의 음성이 다시 들린 것처럼 예수님이 이 땅에 오실 즈음까지 이 땅은 하나님의 계시를 들을 수 없었던 암흑의 시간이 시작된 것이다.

While they were eating, Jesus took bread, gave thanks and broke it, and gave it to his disciples, saying, "Take and eat; this is my body." Then he took the cup, gave thanks and offered it to them, saying, "Drink from it, all of you. This is my blood of the covenant, which is poured out for many for the forgiveness of sins. I tell you, I will not drink of this fruit of the vine from now on until that day when I drink it anew with you in my Father's kingdom." _ Mattew 26:26-29

2부

그림으로 읽는 예수의 생애

42. 마리아, 예수의 어머니

누가복음 1장

「성 콜럼바 제단화 세 폭: 왼쪽부터 수태고지, 동방박사들의 경배, 성전에서 드려지는 예수 그리스도」 1455년. 로히어르 판 데르 베이던

로히어르 판 데르 베이던Rogier van der Weyden은 15세기 플랑드르의 화가다. 절제된 감성과 섬세하고 정밀한 표현력으로 전통적인 종교화 및 초상화에 새로운 사실성을 부여했으며, 얀 반 에이크Jan van Eyck와 함께 북유럽 르네상스 미술을 대표하는 미술가로 평가된다. 벨기에 남서쪽 투르네에서 태어난 그는 1427년 투르네화가조합장인 로베르 캉팽Robert Campin의 화실에 도제로 들어가 5년 동안 일하면서 세밀한 사실주의 기법을 배웠다. 또 브뤼헤 출신의 화가 얀 반 에이크에게도 많은 영향을 받아 우아하고 섬세한 화풍을 익혔다. 1432년에는 투르네화가조합의 조합원으로서 독립된 장인이 되었고, 1435년 이후에는 브뤼셀에 정착했다.

이듬해인 1436년 브뤼셀의 공식화가로 임명되어 시청사를 장식할 벽화를 주문 받고 4개의 대형 그림을 그렸다. 그러나 안타깝게도 이 작품은

1695년 프랑스 군대에 의해 파괴되어 현존하지 않는다. 그는 브뤼셀 시의 공적인 주문을 맡아 국제적인 명성과 막대한 부를 쌓았으며, 부르고뉴 공국의 필리프 공을 포함해 명망 있는 외국 후원자들의 관심을 받았다.

베이던의 작품 중 가장 뛰어난 작품은 '예수의 수난'을 다룬 제단화들이다. 그 중에서도 「십자가에서 내려지는 그리스도」가 가장 유명하다. 이 작품은 십자가에서 예수의 시신을 내리는 감정적으로 격앙된 장면으로, 애도하는 사람들의 얼굴은 침통함으로 일그러져 있다. 그는 이 작품에서 상자처럼 둘러싸인 좁은 공간에 열 명의 인물을 마치 조각상처럼 배치했는데, 이러한 공간의 압축은 종교적인 슬픔과 비애의 감정을 한층 고조시켰다.

강렬하지만 절제된 감성을 잘 담아내는 베이던의 양식은 전 유럽, 심지어 이탈리아에까지 영향을 미쳤다. 1464년 브뤼셀에서 그는 사망했지만, 이후 세인의 관심은 사라졌어도 오직 그의 작품만이 남게 되었다. 베이던이 누구였는지와 어떻게 살았는지에 대해서는 여전히 베일에 가려져 있었고, 그의 작품 또한 다른 화가들의 작품과 곧잘 혼동되기도 했다. 하지만 20세기에 들어서서야 위대한 화가로 재발견될 수 있었다.

「성 콜럼바 제단화」 또는 「왕들의 숭배 *Adoration of the Kings*」는 오크 나무 패널에 유화로 그린 세 폭의 그림이다. 마리아가 천사 가브리엘이 방문하는 이야기를 묘사하고 있는데, 마리아는 아기를 출산하고 성전에서 아기를 바치는 장면으로 이어진다. 왼쪽은 수태고지 장면, 중앙은 동방박사들의 경배, 그리고 오른쪽은 성전에서 드려지는 아기 예수의 모습을 그렸다.

우아한 모습의 수태고지에는 마리아가 무릎 꿇고 기도하고 있는 기도대 옆면에는 인간의 타락에 대한 조각 같은 상징으로 채워져 있다. 중앙 패널의 탄생 장면에는 마리아의 머리 위에 오래된 십자가가 매달려 있는 것을 볼 수 있다. 제단화의 기증자는 맨 왼쪽에 삽입되어 있고, 배경으로는 넓은 풍경이 펼쳐져 있다. 중앙 패널의 오른쪽 끝은 세 번째 패널에서 보이는 건물의 외관을 포함하고 있는데, 마구간과 성전이 나란히 배치되어 공간적, 시간적 대조를 보여준다. 마구간은 베들레헴에 있고, 성전은 예루살렘에 있다. 하지만 이것은 구약성경과 신약성경의 틈새를 잇는 기능과 공존을 보여준다. 이는 초기 네덜란드화의 특징을 잘 보여주는데, 한

「성 콜럼바 제단화 세 폭(*Saint Columba Altarpiece Triptych*): 왼쪽부터 수태고지(*The Annunciation*), 동방박사들의 경배(*The Adoration of the Magi*), 성전에서 드려지는 예수 그리스도(*Presentation of Jesus Christ at the Temple*)」 1455년. 로히어르 판 데르 베이던. 프레스코화. 293×138cm. 알테피나코테크. 뮌헨.

패널에는 건물의 외관이 있고, 인접한 패널에 내부를 보여주는 형식이다. 베이던은 연속적인 방식으로 이야기를 이끌어가는 매우 혁신적인 방법을 표현해냈다. 그리스도의 드려짐은 아치로 둘러싸인 팔각형의 건물 나르테크스narthex에서 이루어지는데, 공간과 원근법의 혁신적이고 대담한 사용을 통해 묘사하고 있다. 바깥쪽 패널을 보면 기증자의 초상화가 있다

는 것을 알 수 없다. 다만 중앙 패널에만 맨 왼쪽에 그려져 있을 뿐이다.

「성 콜럼바 제단화」는 15~16세기에 종종 많은 화가들에 의해 모사의 대상이 되었다. 그 중에서도 한스 멤링Hans Memling이 그린 「얀 플로린스 제단화*Jan Floreins Altarpiece or Triptych of Jan Floreins*」에 큰 영감을 주었다.

천사 가브리엘의 현현

북이스라엘의 안에 있는 나사렛에 한 마을이 있었다. 그곳에 한 소녀가 있었는데, 그녀의 이름은 마리아였다. 마리아는 자신에게 벌어진 일을 이렇게 노래했다.

"저는 평범한 소녀였죠. 나는 대부분의 보통 소녀들과 같이 어머니를 도와 빵 굽는 일과 양털로 실 만드는 일, 그리고 물을 길어오는 일 등 많은 일을 했어요. 시간이 흘러서 제가 결혼할 나이가 되었을 때 전 한 남자를 흠모하게 되었답니다. 부모님도 좋아하셨고, 그 남자를 마음에 들어하셨죠. 그는 마을의 목수랍니다. 이름이 요셉이죠. 그러던 어느 날 제게 놀라운 일이 일어났답니다. 우주가 열리고 세상에 사람이 만들어지던 때보다 더 놀랍고 가슴 벅찬 일이었답니다. 그것이 얼마나 경이로운 일이었는지는 33년이 지난 뒤에야 깨달았죠."

마리아는 여느 때와 같이 그날의 일로 바빴는데, 그녀의 마음은 곧 다가올 결혼으로 부풀어 있었다. 그런데 그녀가 일을 하다 하늘 위를 봤을 때 이상한 사람이 서서 그녀를 내려다보고 있었던 것이다. 그녀는 너무도 놀라 그 남자가 먼저 말을 하기 전까지는 말을 할 수가 없었다.

"나는 하나님의 말씀을 전달하는 천사 중 하나인 가브리엘이다. 너에게 전할 하나님의 말씀을 가지고 왔다."

마리아는 자신 귀를 의심했다. 그녀는 겁을 먹었고 그 천사가 하는 말을 잘 이해할 수 없었다.

“두려워하지 말라. 하나님은 너의 모든 것을 아시고 너를 사랑하신다. 너를 통하여 특별한 일을 하시려고 하신다. 그것을 알리기 위해 하나님께서 친히 나를 보내셨다. 너는 하나님이 약속하신 왕의 어머니이다. 그 아기는 하나님의 아들이 될 것이다.”

이 말을 들은 마리아는 너무나도 놀란 나머지 이렇게 말했다.

“하지만 저는 이해가 되지 않습니다. 또한 저는 약혼한 남자가 있긴 하지만 아직 결혼식을 올리지더 않았습니다. 그러니 어찌….”

“이것은 하나님이 하시는 일이다. 아직 결혼을 하지 않아도 어려울 것이 없다. 너는 너의 사촌인 엘리자베스를 기억하느냐? 모두 그녀가 아이를 가질 수 없을 것이라고 했지만, 지금 그녀는 임신 중이다. 너는 알고 있을 것이다. 하나님은 못하시는 일은 없다는 것을….”

마리아는 이 말을 듣고 더 이상 반대할 수 없었다. 하나님의 뜻을 믿기로 한 것이다.

“그렇다면 하나님의 뜻을 따르겠습니다.”

결국 그녀가 이렇게 어렵게 결심하고 순종함으로 이 땅에 메시아이신 예수님이 오실 수 있었다. 마리아는 정말 어려운 결정을 내렸다. 그도 그럴 것이 당시 유대 사회에서 결혼을 하지 않은 처녀가 임신을 한다는 것은 공개적으로 돌에 맞아 죽어야 마땅한 죄였기 때문이다. 그러므로 그녀가 순종한 것은 자신의 목숨을 건 위대한 행동이요, 믿음이었던 것이다.

43. 그의 이름을 요한이라 하라

누가복음 1장

「사가랴, 세례 요한과 함께 있는 성 모자」 1546년, 로렌초 로토

인물의 심리를 그려내는 화가, 로렌초 로토

이탈리아의 화가 로렌초 로토Lorenzo Lotto는 환상적인 채색법과 역동적인 구도, 명암의 색채 효과를 추구했다. 르네상스 최성기의 화가 조르조네의 작풍을 받아들여서 베르가모에 있는 성 바르톨로메오교회, 성 베르나르디노, 상트 스피리트교회 등의 제단화에서 그의 채색과 구도법을 가늠해 볼 수 있다. 또 개성이 명확하며 독특한 은회색조 바탕 위에 소박하고 독자적인 양식을 전개했다. 라파엘로, 코레조, 뒤러와 함께 후년에는 조르조네, 팔마베키오 등의 영향을 받아서 복잡하기는 하지만 소박한 기운이 잘 담겨 있는 작품들을 그려냈다.

특히 초상화에서 그의 특징이 잘 나타나는데, 런던 국립미술관에 소장되어 있는 「줄리아노의 초상」 「루크레치아에게 영감을 받은 여인의 초상」

등이 잘 알려져 있다. 베네치아 아카데미에 있는 「서재의 청년」, 브레라 미술관에 있는 「조각가 오도니」「라우라 다 폴라 상」 등은 모두 인물의 깊은 심리 묘사를 추구하는 동시에 은색조의 아름다운 색채를 빛내는 작품들이다. 만년에는 영혼의 고뇌에 견디지 못하고 1554년부터 로레토의 산타 카사 수도원의 수도사로 지내다가 2년 후 거기서 사망했다.

「사가랴, 세례 요한과 함께 있는 성 모자」에서 아기 예수는 그의 어머니의 무릎에 앉아 아버지 사가랴와 함께 찾아온 세례 요한을 축복하고 있다. 사가랴의 오른손에는 아들의 이름을 쓴 두루마리가 들려 있다. 화가로서 로토의 성장에는 베네치아의 위대한 화가들의 영향 이외에도 교황 율리우스 2세의 집을 함께 꾸몄던 라파엘과의 협력도 주효했다.

하지만 로토는 이에 머물지 않고 레오나르도 다빈치와 독일 화가들의 그림을 연구하여 복잡하면서도 독장적인 스타일을 이루어냈다. 1546년에 그려진 이 작품에서 화가의 관심은 복잡한 몸짓과 눈짓에서 드러난 인물들의 심리에 초점이 맞춰져 있다.

「루크레치아에게 영감을 받은 여인의 초상(*Portrait of a Woman inspired by Lucretia*)」 1533년. 로렌초 로토. 패널에 유화. 95×110cm. 국립미술관. 런던.

세례 요한의 출생

가녀린 한 소녀가 그녀로서는 감당할 수 없는 천사로부터의 수태受胎 고지告知를 받고 잠시 갈등을 했다. 그리고 곧장 그녀의 사촌언니인 엘리자베스의 집을 방문하기 위해 집을 나섰다. 나이

「사가랴, 세례 요한과 함께 있는 성 모자(*The Virgin and Child with Saints Zacharias and John the Baptist*)」 1546년. 로렌초 로토. 패널화. 63.6×48.7cm. 폴디 페촐리 박물관. 밀라노.

어린 그녀에게 그것은 아주 긴 여행이었다. 수일 후에 그녀가 도착한 언니의 집엔 엘리자베스와 그의 남편 사가랴가 있었다. 언니를 보자마자 마리아는 이렇게 말했다.

"언니, 제가 얼마 전 천사로부터 하나님의 아들이 제 배 속에서 잉태되리라는 소식을 들었어요. 그런데 그분이 제게 언니에게 가보라고 했어요. 그래서 이렇게 달려왔어요."

마리아는 언니를 붙들고 자신에게 일어났던 모든 일을 말했다. 하지만 엘리자베스는 놀라는 기색을 보이기는커녕 오히려 마리아를 안심시켰다. 언니 엘리자베스는 이미 알고 있었다. 마리아에게 놀라운 말을 전해 주었다.

"마리아야, 그것은 하나님이 하시는 중대한 일이란다. 하나님을 찬양하자꾸나. 하나님은 네가 왕의 어머니가 되도록 선택하셨어."

이윽고 이번엔 엘리자베스가 자신에게 일어난 놀라운 이야기를 들려주기 시작했다. 그 이야기를 듣고 마리아는 소문으로만 듣던 하나님의 기적을 직접 확인하게 되었다. 언니가 늙어가도록 아기를 가지지 못한 일이며 남편이 성전에서 기도하던 중 요한을 잉태하리라는 천사의 고지告知를 들은 이야기며, 아기가 태어날 때까지 남편 사가랴가 말을 못하는 벙어리가 될 것이라는 이야기를 듣는 순간 자신에게 일어난 일에 대해 가졌던 의심들을 말끔히 씻게 되었다. 언니의 이야기는 이어졌는데, 사가랴에게 천사가 이렇게 말했다고 한다.

"하나님은 아이를 원하는 너의 기도를 들으시고 나를 보내셨다. 너와 엘리자베스는 곧 아들이 생길 것이다. 너는 그 아이를 요한이라고 이름을 지어라. 그는 자라서 훌륭한 사람이 되어 너를 매우 행복하게 해 줄 것이다. 또 하나님은 하나님의 아들이 내려오시는 것을 예비할 사람으로 너의 아들을 선택하셨다."

그러나 사가랴는 정말 그것을 믿을 수 없었다. 그와 엘리자베스는 매우 늙었는데 어떻게 아이가 생길 수 있단 말인가!

"너희가 하나님의 말씀을 믿기 어려울 것이기 때문에 잠시 동안 너를 벙어리가 되게 하겠다. 네가 이 말을 믿는 순간 하나님의 약속이 진실로 올 것이다."

사가랴가 성전 안에서 그의 임무를 끝마쳤을 때 사가랴는 말을 할 수 없었고 집으로 돌아왔다. 사가랴는 그 말을 믿을 수 없었다. 엘리자베스는 그에게 무슨 일이 생겼는지 알지 못했고, 매우 걱정되었다. 사가랴는 그 모든 일을 정확하게 글로 대신 써서 보여 주었다.

"하나님은 그의 약속을 지키셨어."

마리아와 엘리자베스 그리고 사가랴는 세 달 동안 같이 머물렀다. 엘리자베스의 아이는 마리아가 나사렛에 있는 집으로 돌아갈 때 쯤 태어났다. 그 아이는 사내아이였다. 그의 탄생은 모든 가족들과 친구들에게 기쁨이었다. 그들은 아이의 이름을 어떻게 지을지에 대해 이야기했다. 모두가 그의 아버지처럼 사가랴라고 짓기를 원했다. 그때 엘리자베스가 말했다.

"아이의 이름은 요한입니다."

그러자 친척들이 말했다.

"그 아이를 요한이라고 부르기 원하는 사람은 우리 가족 중에 아무도 없어."

친척들은 사가랴에게로 가서 어떤 이름을 원하느냐고 물었다. 그러자 사가랴는 그가 쓴 패를 줍기는 했지만, 입이 열려 이야기를 했다.

"아이의 이름은 요한입니다."

사람들은 그의 목소리를 듣는 순간 매우 놀랐다. 벙어리였던 그가 다시 말을 하기 시작한 것이다. 사가랴는 하나님이 아들을 주신 것에 대해 크게 감사했다.

44. 왕이 마굿간에서 탄생하셨다

누가복음 2장

「목자들의 경배」 1622년. 헤라드 반 혼토르스트

카라바조를 닮은 혼토르스트

게리트 반 혼토르스트Gerrit van Honthorst는 위트레흐트에서 아브라함 블뢰마르트Abraham Bloemaert 아래에서 그림을 배운 후 1610년에 이탈리아로 건너가 10년간 로마에서 활동했다. 이 당시 상류 귀족층의 후원을 받았다. 이탈리아에서 그는 카라바조의 작품에서 볼 수 있는 초자연주의와 극적인 명암 대비에 깊은 감동을 받았는데, 사실주의적이고 인공 조명을 극적으로 사용하는 그의 기법을 모방하여 개성적인 화풍으로 발전시켰다. 이탈리아에 머무는 동안 그린 주요 작품으로는 로마 산타마리아델레스칼라교회에 있는 「세례 요한의 참수*The Beheading of St. John the Baptist*」, 런던 국립미술관의 「대제사장 앞에 선 그리스도*Christ Before the High Priest*」, 피렌체 우피치미술관의 「만찬*Supper Party*」 등이 있는데, 모두 밤의 장면을 그린 것이다.

다시 네덜란드로 돌아온 후에는 카라바조의 기법을 그의 방식대로 해석하여 북부 네덜란드 미술에 이식했다. 그는 네덜란드에 카라바조 스타일을 최초로 도입한 사람으로서 소위 카라바조의 양식에 고취된 국제적인 화가의 유파인 카라바제스키Caravageschi라고 할 수 있다. 이러한 혼토르스트의 작품은 렘브란트나 조르주 드 라 투르Georges de La Tour 등의 여러 화가들에게도 큰 영향을 끼쳤다. 렘브란트가 초기에 카라바조풍의 그림을 그린 것도 대체로 혼토르스트의 그림에 정통했기 때문이었다. 루벤스가 그의 집을 방문했던 1627년까지 위트레흐트에 머물렀던, 1625년부터 1626년에는 성 누가 길드Guild of St. Luke의 장로가 되었다.

「대제사장 앞에 선 그리스도(*Christ before the High Priest*)」 1617년 이후. 헤라드 반 혼토르스트. 캔버스에 유화. 272×183cm. 국립박물관. 런던.

그는 카라바조의 작품의 영향, 즉 카이로스쿠로*Chiaroscuro*라고 하는 빛과 어둠을 교차시키는 명암법으로 등불에 의한 야경을 다루는 솜씨 때문에 '밤의 게라르도Gherardo Della notte'라는 별명이 붙게 되었고, 보르게재 추기경을 비롯한 왕후의 총애를 받았다. 영국을 방문해서 찰스 1세를 비롯해 궁정 사람들을 위한 제작 활동을 했으며, 다시 네덜란드 헤이그로 옮긴 후에는 활발하게 종교화와 초상화 등을 그렸다. 다른 사람들의 영향에 쉽게 좌우되곤 했던 그는 말년에는 반 다이크의 궁정적인 스타일을 받아들이기도 했다.

「목자들의 경배」는 그가 위트레흐트의 성루가화가조합에 들어간 1622년에 그린 작품이다. 이 작품에는 카라바조의 영향이 확연하게 보인다. 하지만 인물의 묘사나 색채 사용을 훨씬 더 부드럽게 표현하는 자신만의 방식을 보여준다. 따뜻하고 섬세한 색조로 표현된 목자들과 마리아의 얼굴에서는 살갗의 느낌이 느껴지는 반면에 아기 예수는 초자연적인 밝은 흰색 빛으로 영적 세계와 세속의 차이를 극명하게 강조하고 있다.

메시아의 출생

마리아에게 일어난 일 때문에 그의 약혼자인 목수 요셉은 걱정이 태산이었다. 마리아는 진정 그가 사랑하는 소녀임에 분명했다. 요셉은 그녀와 결혼하기를 간절히 원했고, 사랑함으로 후일 자신들의 아이를 가질 것을 기대했다.

그런데 이게 웬일인가? 마리아에게 잉태된 아기는 그의 아이가 아니었기 때문이다. 그는 아직 제대로 마리아의 손도 잡아보지 않았고 결혼도 하지 않은 상태가 아닌가? 그런데 이상한 소문이 나돌기 시작한 것이다. 요셉은 많은 밤낮을 괴로워했다. 아무리 하나님의 기적이라고는 하지만 근원을 알 수 없는 아기를 자신의 아기로 받아들이고 마리아를 아내로 맞아들인다는 것은 참으로 어려운 일이었다. 궁리 끝에 그는 마리아에게 자신의 생각을 이야기했다.

"마리아, 나 혼자 감당하기에는 너무나도 벅찬 일이오. 약혼은 없었던 것으로 합시다."

사실 당시의 상식으로는 매우 당연한 일이었다. 그런 말을 전달한 요셉도 마음이 편할 리는 없었다. 잠 못 이루고 뒤척이는 중에 하나님의 말씀

「목자들의 경배(*Adoration of the shepherds*)」 1622년. 헤라드 반 혼토르스트. 캔버스에 유화. 63.6×48.7cm. 포메라니아 국립 박물관. 그라이프스발트.

을 전하는 천사가 나타났다. 그리고 그에게 말했다.

"너는 마리아와의 약혼을 깨지 말라. 그녀는 결코 잘못이 없다. 하나님은 그녀를 그분이 약속하신 왕의 어머니로 선택하셨을 뿐이다. 그러니 너는 두려워 말고 마리아를 아내로 맞이하고 태어날 네 아이의 이름을 예수라고 불러라. 그는 사람들을 죄로부터 구원할 메시아이시다."

요셉이 꿈에서 깨어났을 때 그 꿈이 마음을 흔들어 놓았다. 그리고 다른 말이 필요 없었다. 하나님이 그에게 직접 계시하셨기 때문에 의심할 필요조차 없었다. 요셉은 결국 마리아와 결혼했다. 그리고 얼마 지나지 않아 사내아이가 태어나게 되는데, 그가 예수였다. 아직 마리아의 뱃속에 예수가 있었을 때 갑자기 로마의 황제 아구스도Caesar Augustus가 명령을 내렸다.

"로마 제국 내 모든 속국들의 그 백성과 가족들은 호적을 만들어야 한다. 모든 사내아이들의 이름을 기록하라."

아구스도는 모든 사람들의 명부를 작성해 세금을 걷고자 했다. 요셉의 가족은 혈통상으로는 다윗 왕의 후손이었다. 하나님의 아들 예수는 혈통상 다윗의 가문에 태어난다고 했기 때문에 요셉을 통해 당당히 그 이름이 호적에 등재되기 위하여 요셉의 아들로 태어난 것이다. 그래서 요셉과 그의 가족은 다윗 왕이 태어난 베들레헴으로 가야 했다. 결혼하자마자 요셉은 마리아와 함께 남쪽으로 긴 여행을 떠났는데, 80마일이나 되는 거리였다.

오랜 여행 끝에 베들레헴에 도착했을 때 마리아는 무척 피곤했다. 그러나 그들이 머물 곳은 어디에도 없었다. 여관은 다른 여행객들로 이미 차 있었다. 여관 주인은 마리아에게 매우 미안했지만, 그들이 갈 수 있는 곳이라곤 오직 마구간뿐이라고 했다. 그곳은 더럽고 냄새나고 다른 동물들과 함께해야 하는 곳이었다. 하지만 그들이 쉴 수 있는 최소한의 장소였다. 그런데 그날 밤 마리아는 갑자기 산기産氣를 느꼈고, 급히 함께한 사람들이 도움을 주어 아기를 위한 산실産室이 만들어졌다. 오랜 진통 끝에 아기가 태어났고 강보를 깐 말 구유 위에 아기가 뉘어졌다.

그날 밤 언덕 위의 마을에선 몇 명의 목자가 양의 무리를 지키고 있었고, 오직 양이 우는 작은 소리만 들렸다. 그런데 갑자기 목자들 앞에 밝은 불길이 생겼다. 목자들은 눈이 부셔서 자신의 눈을 가릴 수밖에 없었다. 그리고 밝은 빛과 함께 하나님의 말씀을 전하는 천사의 목소리가 들렸다.

"무서워 말라. 나는 좋은 소식을 가지고 왔느니라. 오늘 드디어 너희들이 기다리던 메시아가 오실 것이다. 하나님이 약속하신 왕이 오늘 베들레헴에서 태어날 것이다. 너희는 말구유에서 그 아기를 보게 될 것이다."

목자들은 자신들의 눈앞에서 하나님께 찬송을 드리는 많은 무리의 천사들의 광경을 보았다. 그리고 그 소리가 귀에 울렸다.

"하늘에 계신 하나님께 영광을."

너무나 놀랍고 기쁜 소식을 들은 목자들은 양들을 안전한 곳에 두고 바쁘게 마을로 달려갔다. 마구간에서 그들은 마리아와 요셉 그리고 새로 태어난 아기를 만났다. 그들은 천사가 말한 것이 사실이라는 것을 알게 되었던 것이다. 흥분한 목소리로 그들은 마리아와 요셉에게 방금 일어난 일을 말했다. 그들의 말을 전해 들은 요셉은 확신을 갖게 되었고, 마리아는 감격했다.

목자들은 다시 양들에게 돌아와 모든 사람들을 만나 천사가 말한 아이에 대해서 이야기했다. 그들은 흥분한 나머지 걸으면서 또 뛰면서 하나님께 감사하는 찬양의 노래를 불렀다.

45. 동방박사들과 별

마태복음 2장

「동방박사들의 경배」 1655-1660년. 바르톨로메 에스테반 무리요

무리요의 그림에 어린 아이들을 포함시킨 이유

바르톨로메 에스테반 무리요Bartolome Esteban Murillo는 17세기 에스파냐 바로크 회화의 황금시대를 대표하는 화가다. 색조에 약간 차가운 느낌을 주던 세비야 화단의 그림에서 점차 안정감과 미감美感을 띤 훈훈한 느낌을 주는 화풍으로 바뀌었다. 풍속화가 · 초상화가로서도 재능을 발휘했으며, 다작의 화가였다.

1639년까지 카스틸료 밑에서 그림 공부를 하면서 화가로서 두각을 나타내었고, 이어 세비야 화단의 중심인물이 되었다. 주로 이탈리아의 라파엘로, 코레조 등과 북유럽 회화의 거장 루벤스, 반다이크 등의 명작에서 많은 것을 배웠다. 그가 즐겨 그린 성모화는 미묘한 명암과 우아한 형태, 따사로운 색조 속에 담긴 자애와 경건함이 가득한 감미로운 작풍으로 말

미암아 '에스파냐의 라파엘로'라고 불리기도 했다. 거리의 거지를 소재로 한 작품도 많으며, 그 작품들에서는 어떤 감미로움이 감돌면서도 날카로운 사실력에 의해 독특한 매력이 풍긴다. 평생 세비야를 중심으로 활약했는데, 17세기 플랑드르 미술과 16세기 베네치아 파의 작품에 자극되어 스페인 바로크에서 가장 화려한 화풍을 확립했다.

바르톨로메 에스테반 무리요는 1640년대부터 생애 말기까지 독실한 가톨릭 신자로서 스페인의 세비야에서 선도적인 화가의 삶을 살았다. 그는 많은 교회들과 종교적 요청에 따라 세비야에서는 거의 독점적으로 종교화를 그렸다. 무리요가 동방 박사의 경배를 묘사한 작품은 이 그림이 유일하다. 즉 이 그림의 가장 큰 가치는 1600년대 스페인 최고의 화가 중 한 명인 무리요가 묘사한 종교적 주제의 전형이라는 점이다. 그는 어린 처녀 마리아가 아기 예수를 친절하게 세 왕을 비롯한 사람들에게 보여주는 가운데, 기쁨에 찬 모습과 엄숙하게 바라보는 경배자들, 세 왕과 그 측근들의 겸손한 예배를 설득력 있게 표현하면서도 호소력 있는 인간적 방법으로 이 주제를 다루고 있다.

등진 모습으로만 보여지는 무릎을 꿇고 있는 왕은 효과적으로 정서적인 영향을 주고 있으며, 관객들로 하여금 장면으로 끌어들이는 역할을 하고 있다. 어린 그리스도를 찾기 위해 동쪽에서 별을 따라가는 동방 박사에 대한 성경 속 기록은 매우 짧지만, 후세의 교회 전통 가운데 이 현자들에 대한 이름과 세부 정보가 회자되면서 이야기가 부풀려졌다. 실제로 오늘날 스페인에서는 1월 6일에 공휴일로 지내는 '동방 박사의 날*El día de Los Reyes Magos*'에 퍼레이드를 한다. 이 때 세 명의 왕의 이름은 멜초르Melchor, 가스파르Gaspar, 발타사르Baltasar로 불린다.

그들이 그리스도의 주권을 인정하는 세상의 왕을 대표하게 되자 예술계에서 그들에 대한 묘사는 기독교의 보편적 본성에 대한 생각과 관련된 상징적인 연관을 지어 발전시켰다. 그래서 무리요는 동방 박사들을 인간의 세 나이-젊음, 성숙함, 노년-와 서양에서 콜럼버스 이전에 알려져 있던 세 대륙인 아프리카, 아시아, 유럽으로 표현하는 전통을 따랐던 것이다.

그림의 전반적인 구성과 두 명의 어린 아이들을 포함시킨 것은 무리요가 이 주제에 대한 루벤스의 그림을 참고했을 것으로 보인다. 위대한 플랑드르 대가의 역동적 스타일 위에 그의 부드럽고 단순함, 그리고 자연주의적 묘사에 대한 재능을 바탕으로 더욱 극대화시켰다.

동방박사들의 경배

마리아와 요셉의 아이가 태어난 지 8일 째 되던 날, 천사들의 가르침대로 아이의 이름을 예수라 지었다. 마리아와 요셉은 첫 번째 아이를 준 것에 대해 하나님께 감사의 경배를 하기 위해 예루살렘의 성전으로 갔다. 성전에 이르자 그곳에서 한 사람의 놀라운 축복을 받게 된다. 그는 기도의 사람이라 불리는 나이 많은 시므온이었다. 그가 얼마나 메시아의 탄생을 기다리며 기도했는지 하나님이 감동하여 시므온에게 약속하셨다.

"내가 말하노니 네가 죽기 전에 너는 반드시 구세주를 보게 될 것이다."

그런 계시를 받고 기다리던 중이었기에 시므온은 아기를 안고 오는 부모들을 볼 때마다 예사롭게 보지 않았다. 그래서 시므온은 요셉과 마리아가 예수와 함께 성전으로 왔을 때 하나님의 음성을 들을 수 있었다. 감격한 나머지 그는 아기를 안고 하나님께 감사의 기도를 드렸다.

"하나님이 이스라엘과 나에게 하신 약속을 지키셨습니다. 이제 나는 죽어도 여한이 없습니다. 구세주를 보았으니 말입니다."

성전에는 기도하는 또 한 사람의 할머니 안나도 있었다. 그녀 또한 아기를 보자 감격하여 하나님께 감사기도를 드렸다. 그녀의 나이 84세로 성전

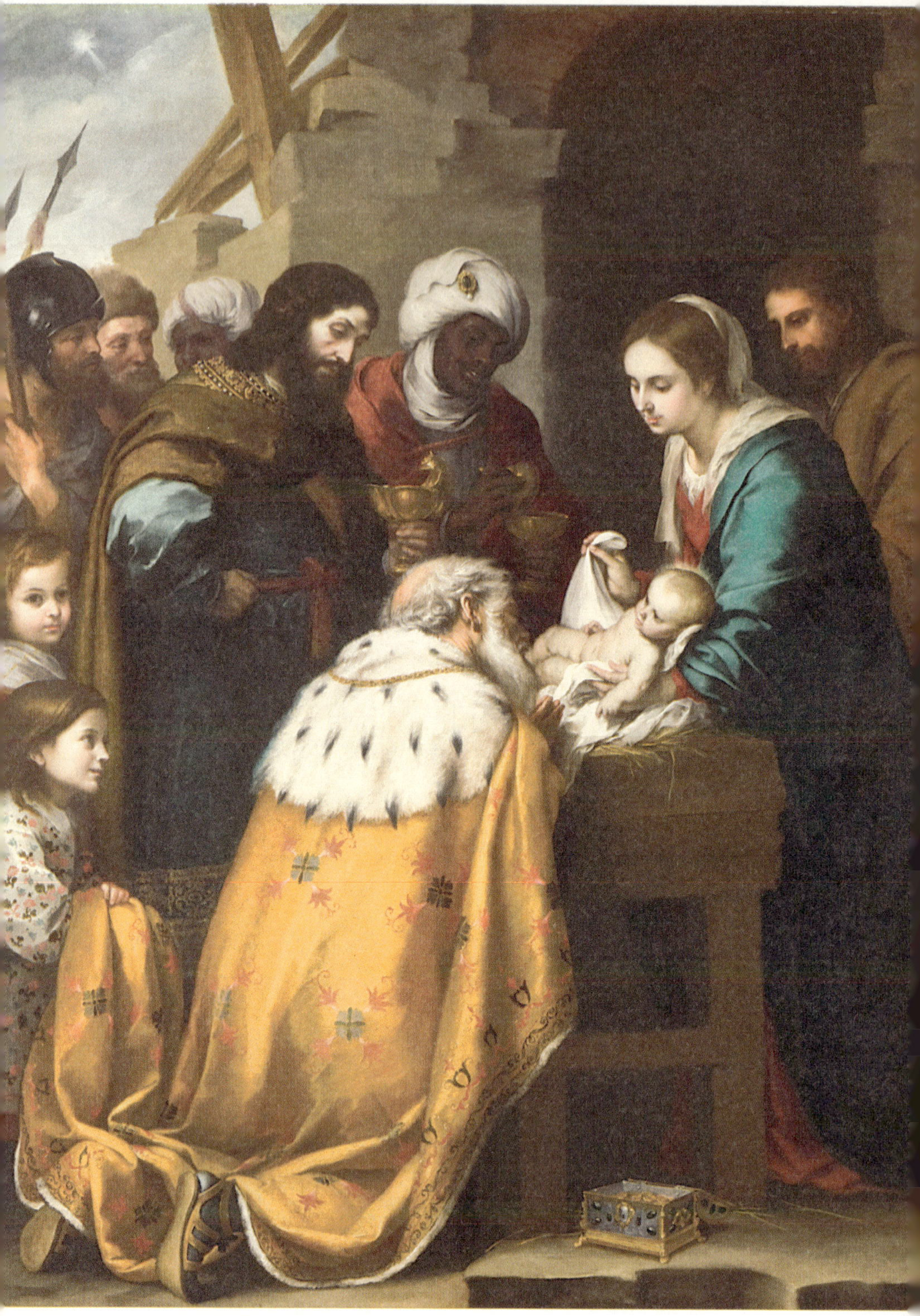

「동방박사들의 경배(*Adoration of the Magi*)」 1655-1660년. 바르톨로메 에스테반 무리요. 캔버스에 유화. 141.1×190.8cm. 톨레도 미술관. 오하이오.

에서 기도하며 일생 동안 메시아를 기다린 할머니였다. 안나는 너무나 감격하여 도시에 있는 모든 사람들에게 외쳤다.

"여러분! 우리가 그토록 기다리던 왕이 오셨습니다. 하나님을 찬양합시다!"

마리아와 요셉은 시므온과 안나를 만나 놀라기도 했지만 자신들의 아기가 메시아라는 사실에 대해 더 이상은 의심하지 않게 되었다. 놀라운 일들을 뒤로하고 그들은 베들레헴으로 돌아왔다. 그리고 얼마 지나지 않았는데 또 놀라운 일이 생긴 것이다. 동쪽에서 별을 연구하는 박사들이 예루살렘에 도착한 것이다.

"유대인의 왕으로 태어나신 이를 어디에 가야 찾을 수 있는지 우리에게 알려 주십시오. 우리는 그의 별을 보고 그에게 경배하고자 왔습니다."

곧 동방박사들과 그들의 이상한 질문에 대해 소문이 퍼지기 시작했다. 헤롯 왕은 소문을 듣자마자 경악했다. 그는 자신의 왕 자리에 라이벌이 생기는 것을 원치 않았다. 그래서 제사장들에게 물었다.

"구세주가 언제, 어디에서 태어나겠느냐?"

"베들레헴입니다. 그것은 하나님의 선지자들이 말한 것입니다."

헤롯 왕은 박사들을 만나 별이 나타난 때를 물었다. 그리고 동방박사들에게 말했다.

"너희들이 그를 찾거든 나에게도 알려 주어 나도 그에게 경배할 수 있게 하여라."

그래서 박사들은 별을 따라 베들레헴으로 갔다. 그들은 한 집에서 마리아와 함께 있는 아기를 찾았다. 박사들은 엎드려 경배하고 그들의 가방을 열어 선물을 꺼냈다. 그리고 값비싼 것들을 아기에게 바쳤는데, 황금과 유황과 몰약이었다. 세 박사는 그날 밤 꿈에 헤롯에게로 돌아가지 말라는 하나님의 지시를 받아 다른 길로 돌아갔다. 그들이 가고나서 한 천사가 요셉의 꿈에 나타났다.

"어서 일어나라. 너는 마리아와 함께 애굽으로 가라. 여기는 너에게 안전하지 않다. 헤롯 왕이 예수를 보고 그를 죽이려고 한다. 그러니 애굽에서 내가 말할 때까지 머물러라."

요셉은 그날 밤 약간의 짐만 가지고 마리아와 예수와 함께 애굽으로 떠났다. 그리고 헤롯이 죽기까지 그곳에 있었다. 이것은 선지자가 말한 애굽에서 아들을 불렀다 함을 이루려 하신 것이다. 헤롯 왕은 박사들에게 속은 것을 알고 매우 화를 냈다.

그는 자신의 반대자에게는 매우 잔인했다. 또 왕의 자리를 지키기 위해 많은 사람들을 무모하게 살인했다. 헤롯은 베들레헴으로 군사들을 보내어 두 살 이하의 모든 아기를 죽이라고 명령했다. 아무도 그 끔찍한 날을 잊지 못했다. 이 일로 인해 사람들은 이전보다 더 헤롯을 싫어하게 되었다. 얼마 지나지 않아 헤롯 왕이 죽게 되었는데, 천사가 요셉에게 다시 나타나 가족과 함께 나사렛으로 돌아오라고 일러주었다.

46. 성전 안의 소년

누가복음 2장

「이아 오라나 마리아」 1891년. 폴 고갱

타히티의 예수

프랑스의 후기 인상주의 화가인 고갱은 그림은 보이는 것만을 그리는 것이 아니라 보이는 것에 자신의 상상력을 더하여 그려야 한다고 생각했다. 그래서 타히티 섬의 모습을 그릴 때에도 있는 그대로 그리기보다 상상하여 색을 칠하거나 어릴 때 생각했던 에덴동산의 모습을 덧붙이기도 했다.

'이아 오라나 마리아*Ia Orana Maria*'는 타히티 섬 원주민들의 말로 '당신을 환영합니다. 마리아'라는 뜻인데, 이 작품은 성모자상을 타히티 섬의 원주민들로 표현한 것이다. 이는 수태고지에서 가브리엘 천사가 마리아에게 환영의 말을 전한 것을 타히티어로 옮긴 것이다. 「이아 오라나 마리아」는 1891년부터 1983년 사이에 고갱이 유럽을 떠나 처음으로 타히티 섬에 살면서 그린 작품이다. 원시미술이나 민속미술의 독자성을 자신의 작품 속에 연결시키려고 했던 그는 인간의 근원적인 감성을 찾기 위해 타히티로 떠났다. 타히티 섬에서 타히티인의 관습대로 살았던 고갱은 서구의 전통적인 주제를 타히티적인 것으로 재구성하여 이 작품을 표현해냈다.

그림에서 풍요로운 숲속에 서 있는 붉은색 옷의 여인은 마리아를, 그리고 목말을 탄 아이는 예수를 의미한다. 왼쪽 끝에서부터 노란 날개를 가진 천사와 타히티 여인들이 마리아를 경배하면서 서 있다. 그런데 사람들은 보편적인 모습의 기도가 아닌 양손을 맞잡는 타히티식 기도를 하고 있다. 게다가 앞쪽 제단에 놓인 제물들도 타히티 섬의 야생 과일들로 이루어져 있다. 후광이나 천사들이 마리아를 마중하는 장면과 같은 전체적인 구도는 종교화의 전형을 따르고 있지만, 갈색 피부를 가진 경배하는 타히티 여성들의 형태는 인도네시아 자바 섬의 불교 유적인 보로부두르Borobudur의 부조에서 영향을 받은 것이다.

원시적인 생동감과 순수함 속에서 서구의 전통적인 주제를 재해석하려고 했던 고갱은 이 작품이 타히티에서 그린 그림 가운데 가장 완성도 높은 작품이라고 자평했다. 하지만 성경의 내용을 토속 신앙과 결합시키는 것으로 치부했던 당시의 유럽 사회는 이 작품이 조잡하고 야만적인 작품이라고 비판했다. 심지어 고갱은 이 작품을 뤽상부르박물관Luxembourg Museum에 기증하려고 했지만 거절당하기도 했다.

당시 그림의 배경인 마타이에아Mataiea 섬은 가톨릭 신앙이 일찍부터 전파되어 주민 대부분이 가톨릭 신자였다. 고갱은 토착화된 성경 이야기가 원주민들의 신앙심을 고취시키는 데 도움이 된다고 생각했다. 그래서 예수를 타히티 섬 사람들의 모습으로 바꾸어 그린 것이다.

내가 내 아버지 집에 있어야 될 줄을 알지 못하셨나이까

매년 봄, 요셉과 마리아는 매년마다 열리는 유월절 축제에 참가했다. 그리고 소년 예수가 12살이 되었을 때에는 예수와 함께 예루살렘으로 갔다. 그곳은 사람들이 붐비는 말 그대로 도시였다. 예수의 부모는 하나님을 경외하고 하나님의 법에 충실하게 살려고 노력하는 사람들이었다. 그들은 예수가 출생했을 때 아들의 출생과 관계된 하나님의 법에 충실하게 순종했다.

모세의 법에 따르면 여인이 아들을 낳으면 팔일만에 그 아들에게 할례를 행해야 하며 산모가 정결케 되는 기한33일이 찬 후에는 번제를 위하여 일 년 된 어린 양을 취하고 속죄제를 위하여 집비둘기 새끼나 산비둘기 새끼를 취하여 제사를 드려야 했다. 만일 그 여인이 가난해서 어린 양을 제물로 바치기 어려우면 산비둘기 둘이나 집비둘기 새끼 둘을 가져다가 하나는 번제물로, 다른 하나는 속죄물로 드려야 했다레위기 12:2-8.

율법에 따르면 여인의 첫 출산에서 아들을 낳으면 그 아들은 '주의 거룩한 자'로서 하나님께 드리도록 되어 있었다출애굽기 13:2, 12. 예수의 부모는 이러한 주님의 법에 그대로 순종했다. 그래서 그들은 제 팔일에 그 아들에게 할례를 행하고 그의 이름을 예수라 지었다. 또한 예수의 어머니가 정결케 되는 날이 차자 아기 예수를 데리고 예루살렘에 올라갔는데, 이것은 모세의 법대로 초初 태생胎生인 예수를 주께 드리고 주의 율법에서 말씀하신 대로 번제와 화목제를 드리기 위함이었다.

예수의 부모는 해마다 유대교 최대 명절인 유월절이 되면 예루살렘에 가서 출애굽의 해방을 기념하고 하나님께 감사하는 축제에도 참여했다. 갈릴리로부터 예루살렘까지 가서 일주일 동안 유월절 행사에 참여한다는 것은 비용이나 건강 혹은 안전 면에서 대단히 어려운 일이었다. 또 여자나

「이아 오라나 마리아(*Ia Orana Maria*)」 1891년. 폴 고갱. 캔버스에 유화. 87.6×113.7cm. 메트로폴리탄 미술관. 뉴욕.

어린이는 이 순례에 참여해야 할 의무는 없었다.

그러나 예수의 부모는 이 절기를 지키라는 규례에 따라 출애굽기 23:15; 34:23, 신명기 16:16 해마다 이 어려운 순례 여행에 참여했다. 그런데 예수가 열두 살 되던 해에 그와 함께 예루살렘에 올라간 것은 특별한 의미가 있었다. 유대교 경전에 따르면 유대인 소년은 열세 살이 되면 율법을 준행해야 할 의무가 생긴다. 더 후대의 규정에 따르면 그것은 '율법의 아들'로 불리는 성년식과 관계된다.

그래서 순례 여행길을 가게 된 것이다. 예루살렘에서의 바쁘고 흥미진진한 날들이 끝나고 집에 갈 시간이 되었다. 요셉과 마리아는 무리와 함께 나사렛으로 출발했다. 예수는 항상 뒤에서 천천히 왔기 때문에 마리아와 요셉은 예수의 존재를 깨닫지 못했다. 저녁이 되어서야 예수가 없다는 것을 알았다. 아무도 그를 보지 못한 것이다.

마리아와 요셉은 매우 걱정이 되어 그날 밤잠을 자지 못했다. 다음날 아침 그들은 예수살렘으로 돌아와 예수를 찾아다녔다. 결국 성전 안에 있는 예수를 찾아냈다. 어린 예수는 선생들 중에 앉아 그들에게 듣기도 하고 묻기도 했다.

"너는 왜 여기에 있니? 너의 아버지와 내가 매우 걱정을 했단다."

그러자 어린 예수가 대답했다.

"어찌하여 저를 찾으셨습니까? 내가 아버지 집에 있어야 될 줄을 알지 못하셨습니까?"

소년 예수는 너무나 당연하다는 듯 말했다. 마리아와 요셉은 예수의 대답이 무슨 뜻인지 알지 못했다. 그들은 예수가 평범한 아이가 아니고 하나님의 자녀라는 것을 잠시 잊은 것이다. 그들은 다시 나사렛으로 돌아왔고, 예수는 예전처럼 부모에게 순종하면서 자라났다.

47. 왕을 소개하는 선지자

마태복음 3장, 누가복음 3장

「그리스도의 세례」 1475년. 안드레아 델 베로키오, 레오나르도 다빈치

feat. 레오나르도 다 빈치

안드레아 델 베로키오Andrea del Verrocchio는 이탈리아의 피렌체에서 활동했던 조각가이자 금세공인이었다. 그는 크고 잘 나가는 공방소를 운형하고 있었다. 베로키오는 피렌체의 대표적인 화가로서 사람의 근육과 움직이는 모양을 특히 잘 묘사했다. 그의 제자 중에는 레오나르도 다 빈치, 페루지노, 산드로 보티첼리 등이 있으며, 레오나르도 다 빈치와 함께 그린 「그리스도의 세례」가 특히 유명하다. 그 외의 작품으로 「작은 꽃다발을 안은 부인」, 조각으로 「클레오니 기마상」 등이 있다. 베로키오는 다작과는 거리가 멀었기에 그의 작품은 극히 일부분이었으며, 오히려 조각으로 명성이 높았다.

베로키오는 처음에 금세공을 배웠다. 실제로 그림을 배운 것은 1460년

대 중반으로 추측된다. 그는 피렌체파 미술가인 알레소 발도비네티의 제자였다고 전해지지만, 피렌체 근처의 프라토 시에서 초기 르네상스의 거장인 프라 필리포 리피가 대성당의 벽화 장식을 의뢰받아 일할 때 그의 밑에서 산드로 보티첼리와 함께 일했던 것으로 보인다. 그의 주요 작품은 생애 중 마지막 20년 동안 만들어졌다. 주로 피렌체의 주요 미술 후원가인 피에로 데 메디치와 그의 아들 로렌초의 도움으로 유명해졌다.

그는 메디치가를 위해 그림과 조각을 만들었을 뿐만 아니라 메디치가의 축제와 마상 시합, 공식 연회 등을 위해 의상과 장식 갑옷도 설계했다. 또한 메디치가의 궁전에 있는 고미술품들을 관리하면서 고대 로마의 조각품들, 특히 인물의 흉상을 많이 복원했다.

「두 천사와 함께 있는 성모와 아기 예수(*The Virgin and Child with Two Angels*)」 1476–1478년. 안드레아 델 베로키오, 로렌초 디 크레디. 패널에 템페라화. 96.5×70.5cm. 국립미술관. 런던.

베로키오의 명성은 15세기 후반에 널리 퍼졌으며, 많은 이탈리아 르네상스기의 유명한 미술가들이 그의 피렌체 공방에서 그림과 조각을 공부했다. 그의 제자 가운데 가장 유명한 인물은 레오나르도 다 빈치와 페루지노였으며, 페루지노는 라파엘로의 스승이었다. 미켈란젤로의 스승이자 벽화가인 도메니코 기를란다요는 한때 베로키오와 절친한 사이였다.

기록에 따르면 베로키오가 그린 것으로 유일하게 남아 있는 그림은 피스토이아 대성당의 도나토데메디치 예배당에 있는 제단화 「두 천사와 함께 있는 성모와 아기 예수*The Virgin and Child with Two Angels*」인데, 베로키오 자신이 이 작품을 완성하지는 않았다. 이 그림은 주로 그의 제자인 로렌초 디 크레디가 그렸으며, 그 기법은 「그리스도의 세례」의 기법과 일치하지 않는다.

「그리스도의 세례」는 베로키오가 1475년 완성한 작품인데, 마태복음, 마가복음, 누가복음 등에 기록되어 있는 예수님이 세례 요한으로부터 세례를 받는 장면을 묘사하고 있다. 왼편의 천사 부분에는 당시 베로키오의 제자였던 레오나르도 다 빈치가 그려 넣은 것으로 알려져 있다. 이런 사실 때문에 정작 베로키오의 그림이면서도 작품 전반에 대한 가치와 중요성은 그리 주목받지 못하는 경우가 많았다. 최근에는 배경 속 풍광과 예수 그리스도도 다빈치가 그린 것으로 보는 시각도 있다. 그 근거로는 천사와 그리스도 및 배경 풍광이 유화로 칠해져 있으나, 나머지는 본래의 템퍼라 화법으로 그려져 있기 때문이다. 다른 조수-프란체스코 보티치니Francesco Botticini로 추측되는-의 손길은 다소 실력이 부족하기는 하나 야자수, 비둘기와 오른쪽에 있는 바위, 손 등 몇몇 부분에서 볼 수 있다.

「그리스도의 세례」는 당시 피렌체에서 보편적으로 쓰이던 나무판에 템페라로 그려졌다. 또 그림이 그려진 시기는 이전 같으면 행진용 방패 같은 튼튼한 물품에나 쓰이던 안료 기술이 플랑드르 화가들과 그들의 작품들이 피렌체에 유입되면서부터 본격적으로 회화 작품에 도입되던 시기였다. 당시 산 살비 수도원의 의뢰로 제작된 것이다.

이 그림은 아마도 1460년대 후반이나 1470년 초반에 그려졌고, 최소 두 번의 과정을 거쳐 완성된 것으로 추측하고 있다. 이후에도 베로키오의 동

「그리스도의 세례(*The Baptism of Christ*)」 1475년. 안드레아 델 베로키오, 레오나르도 다빈치. 패널에 유화. 151×177cm. 우피치 미술관. 피렌체.

생 돈 시몬Don Simone에 의해 수정되었고, 수도원에서 한동안 숨겨져 있었다. 1810년에 나폴레옹 점령 당시 발견되어 아카데미아로 옮겨졌고, 1919년에 우피치미술관에 소장되었다.

세례 요한의 세례

제사장 사가랴는 그의 어린 아들이 성경에 예언되어진 인물임을 알았다. 그래서 예언자로서 하나님의 법과 말을 배우고 이해하는 것을 도왔다. 세례 요한도 자신이 선택받은 사람인 것을 스스로 깨닫고 하나님의 일을 위하여 훈련을 받았다.

요한은 점점 나이가 들었고, 이제는 홀로 사막에서 기도 생활에 열중하면서 살고 있었다. 그는 낙타의 털로 만든 옷을 입고, 가죽 벨트를 허리에 매고 있었다. 요한은 야생에서 궁핍하게 살고 있었다. 세례 요한이 전도를 하고 가르치기 시작할 때 하나님은 사막에서 그분의 메시지를 전해 주셨다. 많은 사람들은 이 이상하고 야생으로 보이는 사람의 말을 귀담아 듣게 되었다. 그가 전하는 메시지는 다음과 같은 것이었다.

"하나님의 왕, 곧 메시아가 오실 것입니다. 이제 여러분들은 그분이 올 것을 믿고 길을 예비하십시오. 마음의 준비를 하십시오. 당신의 가던 잘못된 죄의 길에서 방향을 바꾸십시오. 그러면 하나님은 여러분들을 용서하실 것입니다."

요한은 매우 강하면서도 솔직하게 말했다. 그는 사람들에게 그들이 하는 무엇이 잘못됐는지 말해 주었다. 요한의 말을 들은 많은 사람들은 나은 삶을 살기를 원했다. 그래서 요단강 밑으로 내려가 물로 세례를 받았다. 세례 받은 자들은 죄악된 길을 버리고 깨끗한 삶을 새로 시작하게 되었다. 그들이 이제 무엇을 해야 할지 묻자 요한이 대답했다.

"당신의 음식을 배고픈 자들과 나누십시오. 만약 당신이 필요로 하는 것보다 많은 옷이 있다면 그것 또한 이웃들과 나누십시오."

그뿐 아니라 요한은 다양한 사람들에게 말하길, 세금을 속여 취한 것이 있으면 멈추고, 군인들을 향해서도 빼앗은 것이 있으면 돌려주라고 말했다. 사람들은 요한을 두고 하나님이 약속하신 메시아, 곧 그리스도일지도 모른다고 말했다. 그러나 요한은 그것이 아니라고 말했다.

"나는 오직 하나님의 종이요, 오실 왕의 선구자일 뿐입니다. 나는 그가 오실 것을 당신들에게 말해 줄 뿐입니다. 그분은 나보다 훨씬 위대하신 분입니다."

그렇게 세례 요한이 열심히 사람들 앞에서 주의 길을 준비하고 있을 때 예수님은 요한을 만나기 위해 나사렛 남쪽을 여행했다. 여행 중에 만난 무리들이 구세주에 대해서 이야기하고 있어도 이전에 그를 만나 본 적이 없기에 예수님을 알아보지 못했다. 하지만 요한은 예수님이 하나님이 약속하신 구세주임을 확신했다.

"왜 저를 만나러 오셨습니까?"

"내가 깨끗이 되기를 원하노라."

예수님은 요한이 자신에게 다른 사람들처럼 세례를 베풀기를 원하시며 부탁하셨다.

"네가 나에게 세례를 주어야 너에게 맡겨진 모든 사명을 다 이루는 것이 된다. 나에게 세례를 다오!"

세례 요한은 예수님에게 세례를 주었다. 잠시 후 예수님이 물 밖으로 나오자 하나님의 음성이 하늘에서 들려왔다.

"이는 내가 보낸 나의 아들이다. 나는 너와 함께할 것이다."

48. 시험을 받으시다

마태복음 4장, 누가복음 4장

「광야에서의 그리스도」 1872년. 이반 크람스코이

러시아 지배층에 대한 크람스코이의 일침

이반 크람스코이Ivan Nikolaevich Kramskoy는 러시아의 화가이자 미술 비평가로 19세기 후반 러시아의 대표적인 미술 그룹인 '이동파'의 수장이자, 일리야 레핀과 야로셴코 같은 훌륭한 제자들을 길러낸 스승이기도 하다. 그는 1857년 상트페테르부르크 미술 아카데미에 입학해 미술 공부를 시작했지만, 1863년 아카데미 졸업 작품 주제에 반발해 다른 13명의 학생들과 함께 작품 주제 선정의 자유를 요구했다. 하지만 그들의 요구는 묵살되었고, 크람스코이는 곧장 아카데미를 나왔다. 스스로를 '14인의 반란자'라 칭하며 '페테르부르크 예술가 조직'을 결성한 이들은 작업실과 주거지를 공유하는 공동체 생활에 들어갔다.

1870년에는 '러시아이동전시협회'를 창립했는데, 여기에는 일리야 레핀Ilya Repine, 바실리 수리코프Vasily Surikov, 바실리 페로프Vasily Perov, 이사크 레비탄Isaak Levitan 등 19세기 후반 러시아 대표적인 화가들이 참여했다. 그들은 여러 도시를 순회하며 전시회를 개최한다는 점에서 자칭 '이동파'라는 이름을 붙였다. 몇몇 사람만을 위한 전시회가 아닌 모두가 함께 미술품을 감상하고 즐기자는 취지로 해마다 개최된 이 전시는 매우 성공적이었으며, 이후 러시아 미술의 성격을 규정짓는 결정적인 행사였다.

크람스코이는 시대에 대한 의무와 정의감, 책임감이 넘치는 인물들을 주로 그렸는데, 1873년에 발표한 대문호 레프 톨스토이의 초상화는 위대한 사상가의 결단과 강인한 정신이 크람스코이 특유의 한색 계열의 색감으로 표현되었다. 이 초상화가 그려질 당시 톨스토이는 『안나 카레니나』를 쓰고 있었고, 크람스코이를 모델로 미할코프라는 인물을 창조해냈다. 한편 크람스코이는 1883년 「미지의 여인*Portrait of an Unknown Woman*」을 발표하는데, 이 작품의 모델이 바로 톨스토이의 소설에 등장하는 주인공 안나 카레니나라는 설이 유력하다.

「미지의 여인(*Portrait of an Unknown Woman*)」 1883년. 이반 크람스코이. 캔버스에 유화. 75.5×99cm. 트레티야코프 미술관. 모스크바.

크람스코이는 그림을 통해 민중들에게 도덕적 양심과 의무의 중요성을 피력했다. 획일적이고 보수적인 러시아 아카데미 미술에 반기를 들고, 동료들과 함께 '이동파'를 설립해 전국 각지를 돌며 전시회를 개최한 이유도 민중의 계몽을 목표로 했기 때문에 작품은 일반 사람들도 쉽게 이해할 수 있는 사실주의를 지향했고, 아름다움에 대한 탐구보다 사회적 · 윤리적 문제에 더 관심을 두었다. 즉, 알기 쉬운 그림을 통해 민중들이 사회적 · 윤리적 문제를 깨닫기를 바랐던 것이다.

「광야에서의 그리스도」는 양심의 위기와 개인의 도덕적 선택에 대해 강조하기 위해 그렸다. 사회 규범이 흔들리면서 비양심 · 비도덕적 · 비인간적 사건이 대두되고 더욱 부각되기 마련이고, 깨어있는 사람들은 도덕성과 양심에 호소하며 비윤리적인 사회에 일침을 가한다. 당시 러시아 제국은 귀족들의 사치와 향락, 국왕 짜르의 우매한 지배로 휘청거리고 있었고, 18세기 발생했던 푸가초프의 난 이후 러시아 농노들은 비참하고 극한의 생활을 이어가고 있었다. 법의 규제, 양심의 선을 넘어선 지배층의 비윤리적 생활은 불공정한 러시아 사회의 단면을 보여주었고, 이것은 후에 소비에트 혁명으로 러시아가 공산국가로 탈바꿈할 수 있던 배경이 되었다.

> 성령이 곧 예수를 광야로 몰아내신지라 광야에서 사십 일을 계시면서 사탄에게 시험을 받으시며 들짐승과 함께 계시니 천사들이 수종들더라 마가복음 1:12-13

작품은 제목 그대로 예수 그리스도가 세례를 받은 후 광야에서 40일간 금식을 하던 중 마귀의 시험에 들었으나, 이를 이겨낸 내용을 묘사한 것이다. 예수가 가장 인간적으로 나약해진 상태일 때, 강력한 마귀인 사단은 예수에게 세 가지 시험을 한다. 첫째, 하나님의 아들이라면 이 돌덩이를 떡으로 만들라. 둘째, 하나님의 아들이라면 이 성전 꼭대기에서 뛰어내리라. 셋째, 예수가 사단에게 엎드려 경배하면 지극히 높은 산 아래 모든 만국과 영광을 주겠다는 유혹이었다. 40일간 금식을 한 예수는 신의 아들임에도 불구하고 육체적으로는 인간인지라 허기지고 약해진 상태였다. 그럼에도 그는 사단의 시험을 이겨내고 자신이 신의 아들임을 입증했다.

그림에서 예수는 사방을 둘러봐야 돌밖에 없는 곳에서 심각한 표정으로 생각하고 있다. 황량한 광야에 앉아 입술 굳게 다물고 미간엔 잔뜩 힘을 주고 두 눈을 한 곳으로 모은 채 무언가에 집중하고 있다. 그의 간절함은 뼈와 힘줄이 돋을 정도로 잔뜩 움켜잡은 두 손에서 두드러진다. 맨발에 여기저기에 난 상처는 그가 여기까지 오는 길이 순탄치 않았음을 보여준다. 예수는 왜 굳이 이 고생을 하면서 두렵고 떨리는 광야로 나가야만 했는가!

다시 말해 「광야에서의 그리스도」는 성경의 내용을 기반으로 크람스코이가 무엇을 전하려고 했는지를 이해해야 한다. 그래야만 온전히 작품을 감상했다고 할 수 있다. 허허벌판의 석양이 지는 광야는 얼핏 보아도 매서운 바람과 찬 공기로 서늘하다. 그 가운데 맨발로 허름한 로브만 걸친 해 바위에 걸터앉아 생각에 잠겨 있는 예수의 모습은 '전지전능한 신의 아들'이기보다 금식으로 허약해지고 지친 '인간' 그 자체이다. 힘들고 고통스러운 사회광야, 그 속에서 방어조차 못하는 나약한 인간예수은 곧 시험에 빠져들게 될 것이다. 양심의 위기 또는 개인적 도덕적 선택이라는 시험 말이다. 과연 혼란스럽고 비윤리적인 사회에서 나약해질 때로 나약해진 우리 인간은 예수처럼 양심을 지켜낼 수 있을까? 혹 마귀의 시험에 홀라당 넘어가 양심을 팔게 될 것인가?

작품은 시험을 이겨낸 예수의 위풍당당한 모습이 아니라, 시험에 들기 전 나약해진 상태에서 깊은 상념에 빠진 예수의 모습을 사실적으로, 그리고 인간적으로 그려냄으로써 작품을 바라보는 독자들에게 답을 전가하고 있다. 물론 그 답은 오로지 독자의 몫이다. '옳다, 그르다'를 판단하는 양심적 · 도적적 선택이기에 그 답이 예수의 것과 같지 않다고 해서-적어도 이 사회에서- 부당한 대우를 받지는 않을 것이다.

다만 그 해답의 전적인 책임 또한 개인의 몫이라는 점은 잊지 말아야

「광야에서의 그리스도(*Christ in the Wilderness*)」 1872년. 이반 크람스코이.
캔버스에 유화. 210×180cm. 트레티야코프 미술관. 모스크바.

한다. 그리고 사회에서 옳다고 판단하는 적당한 선이 있다는 것 또한 잊지 말아야 한다. 문자화된 법적 규제로 통제되지 않더라도, 사회를 구성하는 구성원 각자가 스스로 지켜야 하는 양심이 있음을 알려 주는 최적의 작품, 그것이 바로 「광야에서의 그리스도」다.

광야에서의 시험

예수님은 세례 요한으로부터 세례를 받으시고 하나님의 기뻐하는 자라고 하는 하늘의 음성을 듣고 성령이 충만해졌다. 그런데 이번에는 하나님의 성령이 예수님을 거친 벌판으로 내모셨다. 그곳은 황량한 사막이었고 인적조차 드문 외로운 곳이었다. 그곳에서 예수님은 40일 동안 금식하시면서 연단하셨다.

그때 하나님의 적인 사단이 나타나 예수님을 시험하기 시작했다. 사단은 하나님의 일을 방해하고 망쳐놓는 일을 했는데, 첫 번째 조상인 아담의 아내 하와를 유혹하여 사람들이 하나님과 원수가 되어 등지도록 하는데 성공한 뒤 세상의 왕이 된 자였다. 여자의 후손으로 탄생한 예수님은 원리상 두 번째 아담이 되기 때문에 사탄은 이번에도 자신만만하게 유혹을 하기 시작한 것이다.

"너, 매우 배고프지? 이 돌을 떡으로 바꿔 보아라."

아담과 하와는 인간 생활에 필요한 모든 것이 갖추어진 에덴 동산에서 풍족한 삶을 사는 가운데에서 유혹을 받았다. 하지만 예수님은 이와는 너무나도 대조적인 광야 사막에서 그것도 40일이나 굶주린 뒤에 받는 시험이었기에 그 유혹은 아담과 하와의 것에 비해 더 혹독한 것이었다. 하지만 예수님은 그 유혹을 기꺼이 거절하셨다.

하나님은 예수님에게 전능한 힘을 주셨기 때문에 그 능력을 사용하실 수도 있었다. 그러나 예수님은 그 능력을 이기적으로 쓰기를 원하지 않으셨다. 예수님도 우리와 동일한 육신을 가지셨기에 40일을 금식하셨던 그분에게도 먹는 유혹은 힘든 일이었다. 그래서 사단도 예수님을 그 순간에 떡으로 유혹한 것이다. 예수님은 사단을 향하여 말씀하셨다.

"사람이 떡으로만 살 것이 아니요, 하나님의 입으로 나오는 모든 말씀으로 살 것이라."

첫 번째 시험은 보기 좋게 사단이 졌다. 그러자 두 번째 영적인 시험으로 예수님을 유혹했다. 마귀라고도 부르는 사단은 예수님을 높은 성전의 꼭대기로 데리고 올라가서 그곳에서 뛰어내려 보라고 유혹했다. 예수님이 받은 이 시험은 영광에 대한 유혹이었다. 인간을 유혹하는 사단의 유혹 중 가장 달콤한 것이기도 했다. 사람은 자신의 영광을 구하고 자랑하기를 좋아한다. 예수님은 이런 사단의 유혹이 왔지만 역시 단숨에 물리치셨다.

"사단아, 물러가라! 기록되었으되, 주 너의 하나님께 경배하고 다만 그를 섬기라 했느니라."

세 번째는 전보다 더 강렬한 시험으로 도전해 왔다. 그것은 하나님 없이도 살 수 있다는 달콤한 유혹이었다.

"나에게 무릎 꿇고 숭배한다면 너에게 이 세상을 줄 것이다."

그러자 예수님은 두 번 생각할 것도 없이 단번에 거절하셨다.

"하나님은 우리에게 오직 하나님만 경배하고 하나님 외에 다른 것을 섬기지 말라 하셨느니라."

사단은 자신의 모든 계교를 부렸지만 결국 지고 말았다. 이로서 에덴동산에서 실패한 유혹과 시험을 하나님의 아들이신 예수님은 이기고 통과하셨다. 그러므로 예수님은 새로운 사람을 탄생시키는 새로운 '씨앗'이 되신 것이다.

49. 제자들을 불러 모으시다

누가복음 5장, 요한복음 1장

「만선의 기적」 1563년. 요하힘 베케라르

일상에서 만나는 성경 이야기

피테르 아르트센의 조카이자 수제자였던 요하힘 베케라르Joachim Beuckelaer는 시장과 주방 장면을 전문으로 취급하는 플랑드르 화가다. 특히 그림 중앙에 인물이 없는 정물화를 그렸다. 그의 풍속화는 이탈리아뿐만 아니라 북유럽의 정물 예술의 발전에 영향을 미쳤다. 또한 종종 「만선의 기적」처럼 배경 종교 장면과 함께 풍속화를 그렸지만 서사와 정물은 분리되어 있다. 1563년부터는 혁신적인 방식으로 더 솔직한 풍경 설정을 실험했고, 「만물의 4가지 요소: 물」에서는 서사가 배경으로 밀려나고, 정물이 주된 주제가 되었다.

이후로 서사 요소가 완전히 사라진 17세기 정물의 선두 주자로 간주되었는데, 1563년에 그린 「도살된 돼지*Slaughtered Pig*」는 시체 정물이 가장 초기의 예가 되었다. 「만선의 기적」은 종교화와 풍속화 장면을 결합한 대표적인 작품이다.

그림의 왼쪽에서 배를 타고 있는 베드로와 그리스도의 다른 제자들은 조금 전까지만 해도 밤새 그물을 던졌으나 디베랴 바다에서 고기잡이를 실패했다. 지치고 굶주린 제자들은 해변에 서 있는 한 남자를 보았는데, 배의 오른쪽으로 그물을 드리우라는 충고를 따라 던졌더니 고기가 가득해져서 가득한 그물을 잡아당기고 있다. 그들의 기적과 같은 만선으로 인

「만물의 4가지 요소: 물(*The Four Elements: Water*)」 1569년. 요하힘 베케라르. 캔버스에 유화. 158.5X215cm. 국립 미술관. 런던. 만선의 기적이 뒷 배경으로 보이는 어시장 풍경.

해 베드로는 해변의 남자가 죽음과 부활 이후에 다시 나타나신 그리스도이심을 깨닫게 되었다.

그리고 베드로는 그분을 만나기 위해 물속으로 들어가고 있다. 오른쪽에서는 그리스도와 제자들이 불을 둘러싸고 함께 식사를 하고 있다. 그 앞의 전경은 잡은 물고기를 시장으로 가져가기 위해 생선 바구니를 끌고 가는 농민들을 묘사함으로써 성경 장면과 동시대의 모습을 이루고 있다.

요하힘 베케라르는 풍속화와 종교적인 장면을 결합하는 그림을 종종 그렸다. 이 그림에서 그는 성경의 영적 세계와 현대 세계의 물질주의를 대조시켜서 잘 보여주고 있다. 이처럼 만선의 기적을 다룬 이야기는 르네상스 시대 내내 오랫동안 인기 있는 주제였다.

그림은 베케라르가 성경 이야기에 대한 자신의 해석에 기반하여 구성되었다. 전경에서 모여든 군중들은 물고기로 넘쳐나는 바구니를 보면서 놀라움을 금치 못하고 있다. 그의 구상은 북부 현실주의와 이야기 묘사에 뛰어남을 잘 보여준다.

베케라르가 그린 앤트워프 시장의 장면과 마찬가지로, 성경의 이야기를 일상에 대한 묘사와 더불어 보여주고 있다. 즉 「만물의 4가지 요소」 시리즈는 물, 흙, 불, 공기를 주제로 성경의 이야기와 앤트워프 시장의 모습을 동시에 담아내고 있다. 1569년에 그린 「만물의 4가지 요소: 물*The Four Elements: Water*」에서는 시장의 모습 뒷 배경으로 만선의 기적 장면을 보여준다. 이러한 풍속화에서는 그가 왜 17세기까지 최고의 정물화가였는지 잘 보여준다.

다만 그는 피테르 아르트센의 조카이자 수제자였는데, 아르트센의 작풍을 충실히 답습하여 보여주고 있다. '시장 풍속화'가 아르트센에서 개화했다면 베케라르는 만개하여 독자적인 장르로 굳히게 되었다.

열두 제자를 만나다

광야에서 시험을 모두 이기시고 난 후에 예수님이 갈릴리로 돌아오셨다. 이제부터는 개인적인 준비를 끝내시고 공적인 삶을 사셔야 할 때가 왔기 때문이다. 공적인 삶의 시작은 이스라엘 열두 지파를 상징하는 열두 명의 제자들을 찾아서 뽑는 일이었다.

상징적인 의미로 볼 때 예수님은 아담을 대신해서 새로운 아담이 되시고, 멸망한 유다를 대신해서 다윗의 왕국을 일으키는 분이 되셔야 했기 때문이다. 그래서 열두 명의 제자를 자신이 세우실 나라의 측근으로 부르신 것이다.

안드레는 요한과 함께하던 사람이었다. 그는 자신의 형제인 베드로를 데리고 예수를 만났다. 안드레와 베드로는 갈릴리 호수에서 고기를 낚던 어부였다. 또 다른 제자인 빌립도 같은 고향에서 온 사람이었다. 예수님의 사역은 열두 명의 제자들이 모두 뽑히자 본격적으로 시작되었다. 예수님님이 갈릴리로 돌아가신 지 얼마 지나지 않자 하나님의 새로운 선지자란 소문이 근처 사방에서부터 퍼지기 시작했다.

그러던 어느 날 예수님은 회당에서 성경을 들고 처음으로 공개적으로 말씀하셨다.

"우리는 특별한 시간 속에 살고 있다. 하나님 나라의 법이 여기에 있다. 이제 새로운 시대가 시작되었다. 우리는 모든 잘못된 것으로부터 돌아서서 하나님의 새로운 소식을 믿어야 한다!"

이 외침은 그 옛날 이사야 선지자의 말을 인용한 것으로서 자신이 공적公的으로 메시아 사역을 시작하신다는 선언적인 의미가 있었다. 하지만 사람들뿐 아니라 제자라고 뽑힌 사람들조차도 그들이 결정적인 믿음을 가지기 전까지는 무슨 의미인지 전혀 몰랐다. 더구나 사람들은 그가 나사렛 사람이라는 이유로 그 말조차 들으려고도 하지 않았다.

"누가 목수의 말을 믿겠어?"

심지어 회당에 있는 남자들은 이 말을 듣고 모두 분이 가득하여 일어나

「만선의 기적(*The Miraculous Draught of Fishes*)」 1563년. 요하힘 베케라르. 패널에 유화. 210.8×110.4cm. 폴 게티 박물관. 로스앤젤레스.

예수님을 동네 밖으로 쫓아 버리기까지 했다. 회당에서 처음으로 말씀을 선포하다 쫓겨난 예수님은 하는 수 없이 마을로 돌아오셨는데, 배운 것 없고 아는 것도 없는 그곳 사람들은 도리어 예수님의 말씀을 열심히 들었다.

이것은 사람들이 버린 것을 다른 사람들이 얻게 된다는 복음의 비밀에 대한 예언을 이루게 되는 결정적인 사건이 되었다.

계속해서 예수님은 자신이 선택하여 세운 열두 제자를 가르치셨다. 열두 제자들의 면면을 보면 갈릴리 바다에서 고기를 잡는 어부들이 태반이었다. 게다가 계층적으로 보아도 당시 별 볼 일 없는 사람들이었다. 하지만 제자들에게는 숨겨져 있는 두 가지 큰 사명이 있었다. 첫 번째는 예수님의 삶과 죽음과 부활에 대한 증인으로서의 역할이었고, 두 번째는 새로운 하나님 나라인 교회의 지도자로 남게 하기 위해서였다. 이 때문에 예수님은 제자들을 영적으로, 또 정신적으로 훈련하고 하늘과 땅의 권세를 깨우쳐서 사용하도록 일깨우셨다.

많은 제자들 중 베드로를 만나고 부르실 때에는 특별한 계기가 있었다. 그때 하신 말씀은 "나를 따라 오너라. 내가 너희로 사람을 낚는 어부가 되게 하리라"였다. 당시 많은 사람들이 예수님의 놀라운 가르침을 듣게 되었다. 그것은 새로운 가르침이었다. 그리고 그 말씀은 힘이 있었다. 그가 아픈 자들을 고치셨다는 소문이 삽시간에 퍼졌다. 많은 사람들이 그에게 나아오자 예수님은 아침부터 밤까지 항상 바쁘셨다.

어느 날 많은 군중들이 예수님을 찾아오자 그들을 해변에 있는 베드로의 배 앞으로 데려가셨다. 그리고는 베드로의 배에 올라타서 말씀하셨다.

"배를 조금 띄워라."

사람들에게 가르침을 주시기 위해 말씀을 하시는데, 군중으로부터 간격을 두기를 원하셨던 것이다.

이번에는 베드로에게 좀 더 멀리 나가라고 말씀하셨다. 그리고 그물을 치라고 하셨는데, 베드로가 말했다.

"우리는 밤새도록 열심히 일했지만, 물고기를 잡지 못했습니다. 하지만 당신이 말씀을 들었더니 새로운 생각이 떠올랐습니다. 한 번 시키는 대로 해 보겠습니다."

이윽고 베드로와 안드레는 그물을 내렸다. 그리고 잠시 후 매우 많은 물고기들이 그물에 잡혔고, 모두들 깜짝 놀랐다.

"이리 와서 우리를 도와주게!"

베드로와 안드레는 동료들에게 외쳤다. 그러자 야고보와 요한이 두 번째 배를 타고 왔다. 힘을 합쳐 해변가로 나온 그들은 물고기를 나눠 담았다. 베드로는 너무 놀란 나머지 예수님 앞에서 고백했다.

"주님, 저는 죄인입니다. 당신과 함께할 수 없사오니, 저를 떠나십시오."

예수님이 말씀하셨다.

"나를 따르라. 이제부터는 너희가 고기가 아닌 사람을 낚는 어부가 되게 할 것이다."

며칠 후 어느 날 예수님이 한 세리의 사무실에 앉으셨다.

"네가 하는 일이 즐겁느냐? 그렇지 않다면 나를 따르라."

그 초청 한 마디에 마태는 군소리 없이 예수님의 제자가 되었다. 이것을 본 종교인들은 충격을 받았다. 제자들의 태반이 사회에서 비난받거나 조롱 받는 사람들이었기에 예수님마저 의심하고 조롱했다. 그러자 예수님은 의미 있는 한 말씀으로 그들의 말을 일축하셨다.

"나는 의사와 같다. 건강한 자에게는 의원이 필요 없고 아픈 자이어야 쓸모가 있느니라. 나는 의인을 만나기 위해 내려온 것이 아니고 병들고 죄지은 자를 위하여 내려온 것이다."

그렇게 뽑은 제자들을 위하여 밤이 깊도록 하나님께 기도하신 다음, 그들을 명하여 사도使徒라 하셨다. 그 열 두명의 이름은 시몬 베드로와 안드레, 세베대의 아들 야고보와 요한, 빌립과 바돌로매, 마태와 도마, 알패오의 아들 야고보와 다대오, 가나안 사람 시몬과 가룟 유다였다.

50. 변화된 포도주

요한복음 2장

「가나 혼인 잔치」 1562-1563년. 파울로 베로네세

베로네세의 화려한 색채

이탈리아의 화가 파울로 베로네세Paolo Veronese는 독특하고 화려한 채색법을 지녔고, 티치아노의 영향을 받아 환상적이고 매혹적인 공간 구성을 가진 화려한 양식을 확립한 페네치아파다. 14세 때에 베로나의 화가 바딜레의 제자가 되었고, 브루다솔티스의 영향도 많이 받았다. 1544년경 베네치아로 이사했는데, 이 무렵부터 그의 독특하고 화려한 채색법이 엿보이기 시작했다. 이 무렵에 제작한 마세루의 빌라 바르바로현재는 빌라 자코메리의 장식 프레스코화는 명랑한 색채와 경묘한 필치로 그린 그림이다.

베로네세는 단축법의 대가였다. 특히 관람자를 향해 위태롭게 몸을 기울인 인물들을 통해 그의 작품임을 식별할 수 있다. 또한 그의 천장화들에서는 그가 자부하던 '소토 인 수*sotto in su*: '밑에서 위로'라는 의미' 기법을 엿볼

수 있다. 베로네세는 극단적인 원근법을 사용하여, 관람자들이 밑에서 천장화를 올려 다 볼 때 마치 형상들이 공중에 떠 있는 것처럼 보이게 했다.

베로네세는 18세기에 왕립 아카데미의 조슈아 레이놀즈에 의해 단순히 장식 미술화가로 격하되기도 했지만 안니발레 카라치, 페테르 파울 루벤스, 안토니 반 데이크, 그리고 특히 티에폴로의 작품에 커다란 영향을 주었다. 특히 티에폴로는 베로네세의 그랜드 매너 양식을 18세기 베네치아의 로코코 양식으로 부활시켰다. 베로네세의 영향력은 오늘날에도 지속되고 있다.

그가 그린 「가나 혼인 잔치」에서는 100여 명의 사람들이 물을 포도주로 만드는 기적을 목격하고 있다. 그림의 중앙에 위치한 예수의 양 옆에는 마리아와 사도들이 자리 잡고 있다. 하지만 예수는 연회에 참석한 많은 손님들 속에 파묻혀 있다. 신약성경에서 예수의 첫 번째 사역이기도 한 중요한 장면이 베네치아 도시에서 벌어지는 화려한 연회로 바뀐 것이다.

이 그림에서는 카를 5세, 프랑수아 1세, 술탄 솔리만 그리고 마리 튀도르와 같이 당대의 유명 인사들을 찾아볼 수 있다. 베네치아 귀족의 연회에 활기를 불어 넣고 있는 악사들은 오른쪽부터 왼쪽 방향으로 티치아노, 틴토레토, 바사노 그리고 베로네세를 그린 것이다. 르네상스 시대의 다른 거장들처럼 그도 거장들을 모델로 채용한 것이다. 이 엄청난 크기의 회화 작품은 받침대를 세워 만든 난간과 원주들로 구성된 여러 건축 장식을 배경으로 근사한 광경을 재현하고 있다. 결국 베네치아식의 호화로운 연회를 그리는 데 성서적인 주제를 구실 삼았던 것이다.

루브르 박물관에 가면 모두 모나리자 앞에서 장사진을 이루지만 세상에서 가장 유명한 그림을 보고 싶어도 정작 보지 못한다. 그럴 때 한 발 떨어져서 조용히 돌아보면 새로운 감동이 있다. 바로 르네상스 시대 이상적인 '선'을 추구한 피렌체 회화의 라이벌로 화려한 색채를 자랑한 베네치아 회화의 대표작 중 하나인 파올로 베로네세의 「가나안 혼인 잔치」다. 루브르 미술관에서 가장 큰 그림이다. 또한 명화로 평가받는 그림들 중에선 세계에선 가장 큰 그림이기도 하다. 이 그림은 베네딕토 수도회에서 의뢰하여 산 조르지오 마조레 수도원의 식당에 걸릴 목적으로 제작되었다. 당시 수도원 식당에서는 성서에 나오는 대표적인 식사 장면인 가나의 혼인 잔치, 엠마오의 만찬, 최후의 만찬 등을 걸어두는 것이 일반적이었기 때문이다.

요한복음 2장 1~12절의 내용을 묘사한 이 그림은 화려한 베네치아 미술답게 거대한 화면을 완벽한 구도로 나누고 화려한 색채로 치장하여 마치 살아 움직이는 듯 떠들썩한 혼인 잔치를 묘사했다. 악사들 가운데 탁자 위에 놓인 모래시계는 기적을 행하기 전 예수가 마리아에게 남긴 말 "아직 제 때가 오지 않았습니다"를 상기시킨다. 오른쪽 아래에 노란 옷을 입은 하인이 항아리를 기울여 물병에 물을 따르고 있고, 그 옆에 화려한 옷을 입은 남자는 물이 와인으로 변한 것을 보고 놀라고 있다.

이 그림 속 인물들은 마치 한편의 연극 무대처럼 등장인물 한 사람 한 사람의 표정과 복장들도 모두 축제에 어울리는 세련되고 우아한 디테일을 보여준다. 이천 년 전 갈릴리 촌구석의 한 동네 같은 분위기가 아니다. 즉 베로네세는 과거 갈릴리의 혼인 잔치를 16세기 베네치아로 끌어들였다. 이 그림 속에 당시의 화가들을 비롯한 수많은 실존 인물들을 베네치아식 의복이나 터키식 복장을 입혀 등장시켰고, 갈릴리 땅의 옛 이야기를 마치 베로네세와 동 시대의 장소인 것처럼 표현했다. 물론 베네치아의 아름다운 건축 양식도 화폭에 담았다.

화려한 건축물, 고관과 병사, 악사와 광대 등 여러 계급의 사람들과 동물들까지 배치하여 풍속화첩과 같은 이 그림에는 번영하는 16세기 베네치아의 생활상이 그대로 드러나 있다. 화려하고 아름다운 옷차림의 사람들, 소홀함 없는 완벽한 연출, 작품 속 여러 개로 분할된 평면이 각각의 이야기를 담고 있지만 전체적으로 혼인 잔치라는 하나의 이야기로 녹아들어가는 구성인 것이다. 130여명의 사람들이 한꺼번에 나오는 장면임에도 모두가 장대한 공간을 배경으로 복잡하지만 얽히지 않고 제각각 자신의 이야기를 담아 질서 있는 움직임을 보이고 있다.

가나안 혼인 잔치

열두 명의 제자가 사도로 뽑히고 난 후 얼마 되지 않아 첫 번째 기적을 행하시는 사건이 일어났다. 그곳은 갈릴리 가나였는데, 마침 혼인이 있어 예수님의 어머니와 함께 초대를 받으셨다. 그런데 잔치의 여흥이 한창 익어갈 무렵 포도주가 다 떨어져 버렸다. 그런데 웬일인가? 예수님의 어머니 마리아가 그분에게로 다가가 말하는 것이었다.

"포도주가 다 떨어졌는데, 저희가 어떻게 해야 합니까?"

예수님은 어머니에게 말씀하셨다.

"그것이 나에게 무슨 상관이 있습니까? 아직은 나의 때가 오지 않았습니다."

하지만 그 말에도 불구하고 예수님의 어머니는 곁에 있던 일꾼들에게 조용히 일러 주었다.

"보시오. 저분이 무엇을 시키든 시키는 대로 하면 좋은 일이 일어날 겁니다."

그곳에는 유대인의 결례에 따라 음식을 먹기 전에 씻기 위한 6개의 큰 물 항아리가 있었는데, 그 항아리들은 모두 비어 있었다.

"그 항아리에 물을 채우시오."

예수님이 말씀하셨다. 그러자 하인들이 물을 항아리 언저리까지 가득

「가나 혼인 잔치(*The Wedding at Cana*)」 1562-1563년. 파올로 베로네세. 캔버스에 유화. 990×660cm. 루브르 박물관. 파리.

채웠다.

"이제 물을 떠서 사람들에게 갖다 주시오."

하인들은 매우 당황했다. 그러나 예수님이 시키는 대로 했다. 사람들은 술잔에 따라 준 것이 포도주가 아니라 물인 줄도 모르고 벌컥벌컥 마셔댔다. 그런데 물맛을 보고는 신랑에게 말했다.

"사람들마다 좋은 포도주를 먼저 내고 취한 후에 낮은 것을 내거늘, 그대는 지금까지 좋은 포도주를 두었다가 이제 가져와 우리를 감동시키는구려."

그 물이 포도주로 바뀌는 기적이 일어난 것이다! 그것은 예수님이 일으키신 많은 기적들 중 첫 번째 기적이었다. 그리고 그의 제자들이 그것을 보고 주님이 하시는 말씀을 믿기 시작했다.

51. 심령이 가난한 자는 복이 있나니

마태복음 5-7장

「산상수훈」 1877년. 칼 블로흐

칼 하인리히 블로흐Carl Heinrich Bloch는 19세기 덴마크 코펜하겐 출신의 화가다. 그는 부모의 바람대로 해군장교로 임관했지만, 그의 관심은 오직 그림뿐이었다. 블로흐는 이탈리아와 네덜란드를 다니며 렘브란트의 작품을 접하게 되었고, 렘브란트의 작품에 깊은 감동과 영감을 받았다. 그런데 그의 운명도 렘브란트처럼 아내를 일찍 잃게 되었고, 그 슬픔을 종교화로 승화시켰다.

블로흐가 1877년에 그린 「산상수훈」은 프레데릭스보그 궁전Frederiksborg Castle 크리스티앙 4세Christian IV 성당에 있는 예수의 생애에 대한 23점의 작품 중 하나다. 마태복음 5~7장이 그 배경인데, 예수가 산에 오르셔서 제자들을 가르치는 장면이다. 모세가 시내 산에서 돌에 새겨진 두 개의 십계명을 받았듯 예수는 산꼭대기의 바위 위에 앉아서 새 계명을 선포하고 제자들에게도 말씀을 따라 반석 위에 집을 지으라고 가르치고 있다.

예수의 오른쪽 검지는 하늘을 가리키고 있다. 이 땅에서 살지만 하늘의 법을 따라 살도록 권고하면서 하나님 나라를 선포하고 있는 것이다. 헌데 예수의 설교를 듣는 청중들의 반응은 각양각색이다. 예수의 권위 있는 가르침에 시선을 모아 경청하는 사람도 있고, 랍비들과는 다른 가르침에 몹시 놀라는 사람도 있으며, 곰곰이 되새기는 사람도 있는가 하면, 가르침을 듣고도 딴청을 피우는 사람이 있다.

블로흐는 8명의 자녀를 남기고 일찍 세상을 떠난 아내의 빈자리를 믿음으로 채워 넣었다. 화가에게 있어서 가난과 고통은 하나님을 만나는 야곱의 사다리처럼 하늘 나라로 향하게 하는 도구였던 것이다.

산상수훈

제자들을 사도로 세우시기 위하여 예수님은 자신의 얼마 남지 않은 생애 동안 열심히 제자들을 가르치셨다. 어떤 안식일엔 예수님이 회당에서 가르치셨고, 어떤 날은 제자들 중의 한 집에서 가르치셨다. 그러나 대부분은 밖에서 제자들을 가르치셨다.

이스라엘은 여름이 매우 길고 덥고 건조했다. 때마침 갈릴리 호수 주변 언덕에서 그의 가르침을 듣기 위해 무리들이 모여 있었다. 그 무리들은 예수님의 주변에 잔디에 빙 둘러앉아 그 말씀을 들었다. 그는 행복에 대해 말씀하셨다.

"사람들은 부유한 사람이 행복할 것이라고 생각한다. 왜냐하면 그들은 돈으로 그들이 원하는 모든 것을 할 수 있을 것이라고 생각하기 때문이다. 하지만 그것은 틀렸느니라."

예수님은 제자들을 둘러 보셨다. 그들 대부분은 가난했다. 그리고 늘 배고팠다. 그럼에도 불구하고 그들은 모두 하나님의 사랑하시는 자녀요,

그 나라의 백성이었고, 사랑스런 시민이었다. 그것을 아시기에 주님은 말씀하셨다.

> 심령이 가난한 자는 복이 있나니 천국이 그들의 것임이요 애통하는 자는 복이 있나니 그들이 위로를 받을 것임이요 온유한 자는 복이 있나니 그들이 땅을 기업으로 받을 것임이요 의에 주리고 목마른 자는 복이 있나니 그들이 배부를 것임이요 긍휼히 여기는 자는 복이 있나니 그들이 긍휼히 여김을 받을 것임이요 마음이 청결한 자는 복이 있나니 그들이 하나님을 볼 것임이요 화평하게 하는 자는 복이 있나니 그들이 하나님의 아들이라 일컬음을 받을 것임이요 의를 위하여 박해를 받은 자는 복이 있나니 천국이 그들의 것임이라 나로 말미암아 너희를 욕하고 박해하고 거짓으로 너희를 거슬러 모든 악한 말을 할 때에는 너희에게 복이 있나니 기뻐하고 즐거워하라 하늘에서 너희의 상이 큼이라 마태복음 5:3-12

산에서 제자들과 무리들에게 중요한 가르침을 베푸셨는데, 이를 산상수훈이라고 한다. 예수님이 이런 설교를 하신 까닭은 하나님의 백성들이 세상 사람들의 태도나 방법을 본받지 않고 하나님의 법을 따라 살도록 하기 위해서였다.

산상수훈의 내용을 살펴보면 "심령이 가난한 자는 복이 있나니"라고 시작하는 팔복八福이 있다. 이것을 천국 시민의 특징과 그들이 누리는 복에 대한 말씀이다. 천국 시민은 세상에서 빛과 소금처럼 살아가야 한다고 말씀하셨던 것이다. 예수님은 십계명의 살인과 간음에 대해서도 새로운 해석을 하셨는데, 형제를 미워하는 자는 곧 형제를 살인하는 것과 마찬가지이고 여자를 보고 음욕을 품은 자는 이미 간음한 자라고 하시면서 율법의 겉모습에만 집착하는 유대인들에게 율법의 정신을 가르쳐 주셨다.

「산상수훈(*The Sermon On the Mount*)」 1877년. 칼 블로흐. 동판에 유화. 92×104cm. 국립 역사 박물관. 힐레뢰드.

무엇보다 하나님 나라의 백성은 어떻게 살 것인지에 대해 말씀해 주셨다.

> 돈을 모으고 많은 물건을 사지 말라. 누군가 그것을 훔칠 것이다. 너희들의 보배를 하늘에 쌓아 두라. 그리하면 그것을 훔칠 자가 없느니라. 너희는 삶에서 얻은 부를 다 쓸지, 아니면 하나님이 원하시는 일을 할지 선택해야 한다. 너희는 무엇을 먹을까, 무엇을 마실까, 몸을 위하여 무엇을 입을까 염려하지 말라. 목숨이 음식과 옷보다 중요하니라. 하늘에 나는 새를 보라. 하나님이 돌보시는 너희는 이것들보다 귀하지 아니하냐? 주위를 봐라. 너희가 어찌 의복을 위하여 염려하느냐, 솔로몬의 모든 영광으로도 입은 것이 이 꽃 하나만 같지 못했느니라. 그러므로 걱정으로 삶을 보내지 말라. 하나님은 너희에게 필요한 것을 주시는 분이다. 너희는 하나님을 믿으라.

또 사랑의 대명사이신 예수님답게 복수를 하지 말고 구하는 자에게 주며, 빌리고자 하는 자에게 거절하지 말고 원수를 사랑하고 너를 핍박하는 자를 위해 기도하라고 하셨다. 이밖에도 산상수훈에서 예수님은 기독교인의 구제와 재물관, 이웃에 대한 태도를 비롯해 용서와 금식, 비판이라는 주제를 통해 명쾌하게 설명하셨다. 산상수훈의 내용대로 살아가기란 매우 어렵다. 또 노력한다고 해서 다 지킬 수 있는 것도 아니다. 이것은 오직 성령 안에서 살아갈 때만 이루어질 수 있는 '천국 시민법'인 것이다.

52. 높은 표준

마태복음 5-7장

「산상수훈」 1598년. 얀 브뤼헐

플랑드르의 화가 대大 얀 브뤼헐Jan Bruegel the Elder은 처음에는 꽃과 과일을 주로 그렸으나, 이탈리아 여행 후로는 인물을 작게 배치한 풍경화로 전향했다. 피테르 브뤼헐의 차남으로 1602년에 안트베르펜Antwerpen의 화가 조합장이 되었으며, 루벤스와 친교를 맺어 협력자로 일했다. 헤이그에 있는 브뤼헐의 작품 「에덴 동산과 인간의 타락」에 루벤스가 아담과 이브를 그려넣기도 했다. 1609년에는 네덜란드 총독 알베르트 대공Archduke Albert의 궁정화가가 되었다.

브뤼헐은 「항구에서 설교하는 그리스도*Sea port with the lecture of Christ*」처럼 작게 그려진 군중을 배치한 조감도풍의 풍경화에서 그의 특색이 잘 나타나고, 빈틈 없는 세밀 묘사와 미묘한 색채 표현에 탁월하다. 꽃이나 동물의 사생에서도 뛰어나 '꽃의 브뤼헐' '벨벳의 브뤼헐'로 불리기도 한다.

「산상수훈」은 B4 용지 사이즈의 작은 그림이다. 이 작은 그림에서 밀도가 높고 다양한 색깔을 가진 군중 속에서 그리스도의 형상은 거의 드러나

지 않는다. 엷은 노란색의 그리스도는 후광으로서 겨우 식별할 수 있는 정도다. 그리스도는 군중의 중심 근처에 있는 작은 연단에 서 있다. 그는 축복의 조건에 대해 설교를 하고 있다. 그리스도의 뒤에 있는 제자들은 열렬한 관심을 기울이지만, 다양한 군중 속 많은 사람들은 서로 사교적인 것을 선호한다. 앞쪽에서는 거리의 집시가 운세를 말하고 있고, 노점에서는 프레첼Pretzel을 판매하고 있다. 오른쪽 아랫부분에는 긴 외투와 짙은 모자를 쓴 남자는 우아한 드레스를 입은 두 여성을 군중 쪽으로 안내하고 있다.

대 얀 브뤼헐은 이 축제 장면을 얇은 구리판 위에 그렸다. 작품의 밝은 색상과 훌륭한 세부 묘사 및 에나멜과 같은 마무리는 단단한 구리판에 의해 더욱 강조된다. 이처럼 형상과 풍경을 아주 세밀하게 묘사하는

「에덴 동산과 인간의 타락(*The garden of Eden with the fall of man*)」 1615년. 대 얀 브뤼헐, 페테르 파울 루벤스. 패널에 유화. 74.3X114.7cm. 마우리츠하이스 왕립 미술관. 헤이그.

「산상수훈(*The Sermon on the Mount*)」 1598년. 얀 브뤼헐. 동판에 유화. 36.8×26.7cm. 폴 게티 미술관. 로스앤젤레스.

탁월한 능력은 이 그림을 가까이 관찰하기 위해 만들어진 보석처럼 바꾸어 놓았다.

도덕률

예수님은 비유로서 자신이 세우게 될 영원한 영적인 나라의 의미를 제자들이 이해하도록 말씀하셨다.

"너희는 소금과 같다. 소금은 맛을 더하고 음식이 부패하는 것을 막는 것처럼 너희는 세상이 썩어가는 것을 막아야 한다. 또한 너희는 등불과 같아서 어두운 곳을 밝게 비춰야 한다. 너희가 불을 밝힐 때 너희의 착한 행실을 보고 사람들은 하나님이 살아 계신 것을 알고 감사할 것이다."

또 하나님의 백성으로 살아가기 위해 자신을 닮으라고 말씀하셨다.

"너희는 구약에서 말하고 있는 하나님의 법을 지켜야 한다. 또 나는 율법을 폐하러 온 것이 아니라 완성하려고 왔다."

하나님은 율법을 통해 사람이 꼭 지켜야 할 높은 표준을 세우셨다.

"하나님만을 섬기고 그 분 외에는 어떤 것도 우상으로 섬겨서는 안 된다. 살인하지 말고 이웃의 물건을 탐내지 말라."

이러한 하나님의 높은 표준은 지금도 따라야 할 것들이다. 그리고 율법을 새로이 해석하여 가르쳐 주셨다.

"너희는 사람들로부터 눈에는 눈으로, 이에는 이로 갚으라는 것을 들었으나 하나님은 그의 백성들이 원수를 사랑하시기를 원하신다. 은혜를 원수로 갚지 말라. 하나님의 길로 가는 것은 쉽지 않다. 그것은 어렵고 험난하고 좁은 길과 같다. 하지만 그 길로 가는 여행을 시작해야만 한다."

이는 곧 더 높은 도덕률을 제자들에게 말씀하신 것이다.

53. 예수님의 기도

마태복음 6장. 누가복음 11장

「주기도」 1886-1896년. 자메 티소트

프랑스 화가 자메 티소트James Tissot는 판화가로도 유명하다. 낭트에서 태어나 플랑드랭Jean-Hippolyte Flandrin에게 배웠고, 1859년에는 살롱에 입상했다. 1870~1871년 이후 영국에서 많은 판화를 제작한 후 파리로 귀향한 후 일련의 풍속도인 「파리의 여인*La Femme à Paris*」 시리즈로 일약 유명 화가가 된다. 그의 말년에는 수도원에서 종교적 주제의 그림들을 그렸는데, 「주기도」는 그 당시에 그린 작품이다.

그림에서 예수님은 주위에 모여든 제자들에게 기도하라고 가르치고 있다. 두 팔을 활짝 벌리고 겸손한 몸짓으로 양손을 치켜든 예수님은 하늘과 땅에서 하나님의 권세를 인정하면서 기도를 시작한다. 티소트는 예수님을 황혼의 색으로 물든 하늘과 그의 제자들이 앉은 땅 사이에 배치하여 인간과 신 사이에 있는 예수의 위치를 더욱 상징적으로 보여 주고 있다. 이 자리에서 예수님이 제자들에게 가르쳐 준 기도는 오늘날 「주기도문」

「주기도(*The Lord's Prayer*)」 1886-1896년. 자메 티소트. 흑연 칠한 회색 방수지에 오페이크 수채화. 16.4×21.6cm. 브루클린 미술관. 뉴욕.

으로 잘 알려진 기도의 기본이기도 하다.

기도의 모범

예수님은 제자들에게 땅에서 하나님의 자녀로 살아갈 때 필요한 것을 채우고 도와주며, 또 기도하는 것에 대하여 말씀하셨다.

"너희들이 사람들을 도와주려고 할 때에는 조용히 돕도록 하고 그것을 일부러 자랑하거나 떠벌리지 말라. 그러면 너희는 하나님 아버지께로부터 너희가 받을 상을 이미 스스로 받은 것과 같이 된다."

또 어떤 일을 하든지 진정성을 가지고 하나님 앞에서 하듯 하라고 가르치셨다.

"그리고 너희가 기도할 때에는 그것을 자랑하거나 금식하거나 하는 등 흔적을 남기지 않도록 하라. 그렇지 않으면 너희는 은밀히 보시는 아버지의 도우심을 얻지 못할 것이다."

이렇게 말씀하시면서 한 가지를 더 덧붙이셨다.

"기도하기를 원한다면 어딘가에서 조용히 기도하라. 골방이면 더 좋을 것이다. 그리고 조용히 하나님 아버지와 대화하듯 기도하라. 하나님은 은밀히 말하는 것도 다 들으시는 분이시기 때문이다. 그리고 하나님께 기도할 때에는 이방인과 같이 했던 말을 되풀이하지 말라. 그것은 중언부언하는 염불과 같이 되어 아무런 의미가 없어지기 때문이다. 그리고 꼭 기억하거라. 하나님은 너희의 필요한 것을 모두 아시느니라."

그러면서 주님은 기도의 모범을 가르쳐 주셨다.

그러므로 너희는 이렇게 기도하라
하늘에 계신 우리 아버지여

이름이 거룩히 여김을 받으시오며

나라가 임하시오며

뜻이 하늘에서 이루어진 것 같이 땅에서도 이루어지이다

오늘 우리에게 일용할 양식을 주시옵고

우리가 우리에게 죄 지은 자를 사하여 준 것 같이

우리 죄를 사하여 주시옵고

우리를 시험에 들게 하지 마시옵고

다만 악에서 구하시옵소서

나라와 권세와 영광이 아버지께 영원히 있사옵나이다 아멘 마태복음 6:9-13

54. 두 개의 집

마태복음 7장

「산상수훈」 1481-1482년. 코시모 로셀리

코시모 로셀리Cosimo Rosselli는 피렌체에서 태어나 그곳에서 사망한 이탈리아 화가다. 네리 디 비치Neri di Bicci와 베노초 고촐리Benezzo Gozzoli에게 배우고 약간 통속적이고 명쾌한 화풍으로 인기를 얻었다. 1481년 시스티나 성당 벽화 장식을 위해 초청되어 로마로 갔다.

시스티나 성당의 벽화는 모세의 생애 7점과 예수의 생애 7점으로 구성되어 있다. 이 중 로셀리는 그의 조수이자 사위인 피에로 디 코시모Piero Di Cosimo와 함께 4점의 벽화를 그렸다. 「홍해를 건너다*The Crossing of the Red Sea*」와 「시내 산을 내려오다*The Descent from Mount Sinai*」가 구약의 내용이고, 「산상수훈」과 「최후의 만찬*The Last Supper*」이 신약의 내용이다. 로셀리는 「시내 산을 내려오다」와 맞은편에 신약의 「산상수훈」을 그렸다.

그런데 묘하게도 마주보는 두 그림은 대칭된다. 「시내 산을 내려오다」에서 하나님이 모세에게 십계명 판을 건네는데, 모세와 하나님 사이에는 구름으로 가려져 있다. 모세가 산에서 내려와 백성들에게 십계명을 보이며 계명을 지킬 것을 선포하지만, 백성들은 황금송아지를 만들어 우상을 숭배하고 하나님을 불신하여 불뱀에 물리는 사건이 발생한다. 이에 화가 난 모세는 십계명 판을 던지는데, 여기에 나타난 구약의 하나님은 진노하시는 하나님이다.

그런데 신약의 하나님은 자비로우신 분이다. 예수가 산 위에 교회를 세우고 제자들과 함께 산에서 내려온다. 천사는 바람을 불어 산을 가렸던 구름을 몰아내고, 산의 모습이 완전히 드러나게 한다. 교회를 통해 이루신 새로운 언약을 환영하듯 새들도 날아와 찬양한다. 그리고 예수님은 산에서 내려와 하나님 나라를 선포한다.

그런데 가난한 사람과 여인들은 고개를 숙여 예수님의 말씀을 받아들이지만, 부유한 사람들과 옷을 갖추어 입은 사람들은 받아들이지 않는다. 「산상수훈」 오른쪽에서는 예수님이 어떤 나병환자에게 다가가 손을 내밀며 깨끗하게 하신다. 하나님의 자비가 간절히 원하는 자들에게 베풀어지고 있다. 그러므로 산상 설교는 교회를 통해 선포되는 행복 선언이다. 그 행복은 하나님 나라를 위해 물질의 풍요보다 마음의 풍요를 선택하는 것이다. 그럴 때 우리는 세상의 빛과 소금이 되고, 그러면 사람들이 우리의 착한 행실을 보고 하나님을 찬양하게 되는 것이다.

이 그림의 특징은 한 그림 안에 예수가 두 번 등장함으로써 시간의 흐름을 표현하고 있다는 것이다. 왼쪽에는 산상 설교를 하면서 사람들에게 은총을 베푸는 그리스도의 모습을, 오른쪽에는 나병환자를 치료하는 모습을 묘사하고 있다. 특히 나병환자를 고치는 부분에서 로셀리는 나병환자를 불쌍히 여기는 예수님과 주변 인물들의 표정을 세밀하게 묘사하는 등 강렬한 감정의 흐름을 새겨놓았다.

산상 설교를 하는 예수님 주위에 모여든 사람들은 표정과 자세가 모두 다르다. 가운데 서 있는 예수를 중심으로 사람은 물론 새들까지 모여드는 모습을 표현함으로써 그리스도의 신적 권위와 사람들의 눈높이에 맞춘 인간적인 모습을 적절히 조화시켜 표현했다. 또한 교회는 산꼭대기에 있어서 하늘에 닿아 있다.

시스티나 성당에서 두 작품 사이에 서게 된다면 우리는 교회에 서서 모세의 율법과 예수님의 새 율법 사이의 연속성을 생각하게 될 것이다. 율법 아래 타락한 인간이 하나님을 만날 길이 없지만, 예수님이 선포하신 하나님 나라의 새 율법 아래에서는 하늘에 맞닿아 있는 산 위의 교회를 통해 하나님께 나아갈 수 있음을 보여주는 것이다.

반석 위에 지은 집

예수님은 긴 시간 동안 말씀을 하시고 한 가지 이야기로 끝맺으셨다.

어느 날 두 사람이 집을 지으려고 결심을 했다.

지혜로운 사람은 그의 집을 단단한 반석 위에 지었다. 그리고 홍수가 내리고 바람이 심하게 불었다. 하지만 그의 집은 굳게 서 있었다. 왜냐하면 그는 돌 위에 집을 지었기 때문이다. 만약 내가 말하는 것을 듣고 따르는 자는 집을 반석 위에 세운 지혜로운 사람과 같다. 그런데 어리석은 사람은 그의 집을 모래 위에 지었다. 모래 위에 집을 지으니 만들기 매우 쉬웠다. 하지만 홍수가 나고 바람이 불자 그의 집은 요란한 소리를 내며 무너져 버렸다. 만약 나의 말을 듣고 따르지 않는 다면 너희는 이 어리석은 사람과 같이 될 것이다.

예수님이 이 비유를 통해 말씀하신 이유는 말을 듣는 데는 두 가지 길이 있기 때문이다. 하나는 귀로 듣는 것이고, 다른 하나는 온몸으로 듣는 것

「산상수훈(*Sermon on the Mount*)」 1481-1482년. 코시모 로셀리. 프레스코화. 570×349cm. 시스티나 성당. 로마.

이다. 귀로 들으면 한 귀로 듣고 다른 한 귀로 흘려 버릴 수 있지만 온몸으로 들으면 그럴 수 없다. 복음이란 귀로 듣는 것이 아니라 온몸으로 듣는 것이다. 귀로 듣는다면 복음을 유식하게 쓰는 말 잘하는 자가 될 것이고, 온몸으로 듣는다면 그는 복음 자체가 되어 복음대로 행하게 될 것이다. 즉 복음의 말씀이 그대로 삶이 되어 살아가게 된다. 귀로 많이 듣는 자보다는 한 가지라도 온몸으로 듣고 온몸으로 행하는 자가 의롭다 할 수 있다.

복음이란 하늘의 복된 소리다. 하늘의 복된 소리라는 것은 이 세상 사람들의 소리가 아닌 하나님이신 예수님의 말씀을 듣고 순종하는 것이다. 주님의 말씀을 하나님의 말씀으로 들을 때 구원을 받고 영생을 얻으며 영원한 형벌과 저주에서 구원받는 것을 말한다. 이 복음을 전하는 곳을 반석위에 세워진 집이라고 할 수 있다. 이 집은 세상의 욕망이나 소망으로 세워진 집이 아니라 주님의 말씀으로 충만하게 세워진 믿음이다. 그러므로 반석 위에 세워진 집은 세상의 욕망과 집착을 버리고 오직 주 예수님의 뜻에 따라 살아가는 사람을 일컫는 말이다.

세상의 욕망에 의해서 세상에 세운 집은 언제라도 파괴되고 부서질 수 있다. 그러나 주님의 말씀에 의해 세워진 사람은 세상의 것으로는 파멸되지 않으니 반석 위에 세운 집처럼 영원하다고 할 수 있다. 반석 위에 지은 집이나 모래 위에 지은 두 가지 종류의 집의 특징은 평상시에는 둘을 구분하기 힘들다는 것이다. 즉 위험이 닥치기 전에는 구분하지 못한다. 그러나 인생이 끝나는 시점이 되면 판가름이 날 것이며 되돌릴 수 없게 될 것이다.

55. 중풍병자를 고치시다

마가복음 2장, 누가복음 5장

「지붕을 통해 내려온 중풍병자」 1886-1896년, 자메 티소트

예수님은 수많은 치료 요청을 받았고, 많은 병자들이 그분에게 몰려들었다. 중풍병자의 네 친구는 이 병자를 지붕을 통해 집으로 들여보내고 있으며, 예수님이 환영의 팔을 병자에게 뻗고 있는 모습은 매우 극적인 장면을 연출하고 있다. 티소는 예수님의 절제된 손짓을 통해 수용의 메시지를 보여 주고 있으며, 병자의 허약하고 힘없이 뻗은 팔을 통해 아픈 사람의 무력감을 잘 보여 준다. 두 사람의 팔은 묘한 대립을 이루고 있다.

사실 중풍병자 친구들의 행동은 매우 무모하고 당혹스런 경우다. 오늘날로 보자면 남의 집 지붕을 뚫고 환자를 내리는 행위는 무단 주거침입죄로 법적 소송을 기꺼이 감수해야 하는 행동이다. 하지만 마가복음의 구절로 볼 때 이 집은 친한 친구이거나 가까운 이웃의 집임을 암시하고 있다. 예수님이 가버나움에 왔다는 소식을 듣고 많은 이웃 사람들이 그 집의 문을 두드렸다. 이미 집은 예수님의 한 마디를 듣고 싶어 하는 초대받지 않

은 손님들로 가득했다. 집의 주인은 "더 이상 앉을 자리가 없습니다"라고 했으나, 여전히 문 앞에는 손님들로 가득했다.

네 사람의 친구들은 들것에 친구인 중풍병자를 데리고 왔다. 성경에서는 이 사람들에 대한 다른 정보는 없다. 거리에서 구걸하는 것 외에 달리 삶의 출구가 없던 장애인에게 친구들이 해 줄 수 있는 마지막 도움은 예수님 앞으로 데려오는 것이었다. 문 앞에 몰려든 군중들 때문에 들어갈 수 없었던 친구들은 다른 계획을 세우게 되는데, 평평한 지붕을 관통하는 구멍을 내고 도움을 받기 위해 중풍병자를 내리게 된다.

작은 자야, 네 죄 사함을 받았느니라

"너 나사렛에서 온 분에 대해 들었어?"

"소문이라니?"

"사람들이 그러는데 그 분은 모든 병을 다 고치실 수 있대."

이러한 소문이 하루가 멀다 하고 전국에 서서히 퍼져나가고 있었다. 그 시대에는 오직 부자인 사람들만 의사를 부를 수 있었다. 그렇기 때문에 그 소식은 더욱 빠르게 퍼져나갔다. 게다가 예수님은 어디든지 가셔서 아픈 사람들을 불러 고쳐 주셨기 때문이다.

그는 앞이 보이지 않는 자의 눈을 뜨게 하고, 듣지 못하는 자의 귀가 들리게 하고 언어 장애가 있는 사람의 입에서 말이 나오게 하는 기적을 행하셨다. 예수님은 몸이든 마음이든 못 고치시는 병이 없었다. 하나님께서 그에게 특별한 힘을 주셨기 때문이다. 그리고 예수님이 행하시는 기적들을 보고 많은 사람들은 그분이 하시는 말씀을 믿기 시작했다.

한 중풍병자가 있었다. 그의 친구들은 예수님이 모든 병을 고칠 수 있다는 것을 확실히 믿고 있었다. 하지만 중풍병자는 움직일 수 없었다. 그

「지붕을 통해 내려온 중풍병자(*The Palsied Man Let Down through the Roof*)」 1886-1896년. 자메 티소트. 흑연 칠한 회색 방수지에 오페이크 수채화. 16.7×23.7cm. 브루클린 미술관. 뉴욕.

래서 네 명의 친구들은 그를 들것에 실어 예수님 앞으로 나아갔다. 하지만 그곳에는 수많은 사람들이 입구를 가로막고 있어서 들어갈 수 없었다. 친구들은 예수님이 계신 집의 지붕을 뜯어 구멍을 내고 그들의 친구를 내리자는 생각을 하게 되었고, 곧 실행에 옮겼다. 결국 지붕이 뜯어지고 하늘로부터 침상이 내려왔다. 사람들은 갑자기 벌어진 황당한 일에 놀라 혼비백산했다. 하지만 예수님은 네 명의 친구들을 보시고 그들의 친구에 대한 사랑과 믿음을 아셨다.

「중풍병자가 사람들로 붐비는 집의 지붕에서 내려졌고, 그리스도께서 다가가서 치료하셨다(*The paralytic is lowered through the roof of a crowded house so that Christ can reach him and cure him*)」 1795년. 찰스 루벤 라일리. 에칭과 선조. 29.1X21cm.

"너는 죄 사함을 받았느니라."

예수님이 중풍병자에게 말씀하셨다. 그런데 이 말을 들은 서기관들이 흥분하면서 말했다.

"오직 하나님만이 죄를 사하실 수 있는데, 당신은 어찌 그리 말하는가!"

"중풍병자를 고치는 것과 죄를 사하는 것 중 어느 것이 더 쉽겠는가? 내가 그렇게 말한 것은 나에게 죄를 사하는 권세가 있음을 너희가 알게 하려는 것이다."

그리고는 중풍병자에게 말씀하셨다.

"일어나 네 상을 가지고 집으로 가라."

그러자 중풍병자가 일어나 들것을 가지고 모든 사람들이 보는 앞에서 나갔다. 그것을 본 모든 사람들은 놀라지 않을 수 없었다. 예수님은 믿음이라는 것은 마음으로 생각한 것을 입으로 시인하고 실행에 옮기는 것임을 이 사건을 통해 제자들에게 가르쳐 주셨다. 이처럼 예수님은 모든 사건을 제자들에게 믿음을 가르치는 도구로 사용하셨다. 그래서 삼 년이라는 짧은 시간이지만 제자들은 많은 영적인 것을 깨달을 수 있었다.

이처럼 좋은 믿음은 다른 사람들을 전염시키는 힘이 있다. 중풍병자는 자신의 힘으로는 사지를 움직일 수 없는 병을 가진 사람이었다. 그런데 이 사람은 자신의 믿음으로 병을 고친 것이 아니라 다른 사람들의 믿음에 의해 구원 받은 것이다. 믿음은 이처럼 다른 사람들까지도 돕고 구원할 수 있다.

56. 폭풍 속에서

마가복음 4장

「갈릴리 호수의 폭풍」 1633년. 렘브란트

보스턴의 이사벨라 스튜어트 가드너 박물관Isabella Stewart Gardner Museum에서는 1990년 3월 18일 여러 작품이 도난을 당했다. 당시 강도는 경찰 제복을 입고 들어와 경비원들을 묶어 두고 81분만에 요하네스 베르메르Johannes Vermeer의 그림과 렘브란트, 마네의 작품 등 13점을 훔쳐갔다. 미국 역사상 최대 규모의 도난이었고, 금액은 총 5억 달러어치다.

그 후 2009년 미연방수사국FBI이 로버트 젠틸Robert Gentile을 용의선상에 올리고 가택 수색을 실시했다. 미국 동부 지역을 기반으로 활동하던 갱단 조직원의 아내가 남편이 숨지기 전 보스턴 박물관에서 훔친 그림을 젠틸에게 주었다고 했기 때문이다. 하지만 세 번의 수색에서도 그림을 찾아내지 못했다. 아직도 돌아오지 못한 그림 가운데 하나가 바로 렘브란트의 「갈릴리 호수의 폭풍」이다. 박물관은 여전히 13점의 작품이 돌아오기를 기다리며 빈 액자를 걸어두었다.

렘브란트는 네덜란드의 원양 항해자들과 일생을 보냈다고 한다. 그래서 바다가 얼마나 사람의 생명을 위협하는지, 때로는 빼앗기도 한다는 것을 잘 알고 있었다. 「갈릴리 호수의 폭풍」은 예수님의 제자들이 그의 능력을 체험으로 알게 된 사건을 그린 것이다.

렘브란트는 1631년 고향 레이든에서 암스테르담으로 이사를 해서 처음엔 행복한 나날을 보냈다. 하지만 1642년 그의 첫 아내가 죽고 1656년에는 파산을 당하게 되면서 그의 빛나던 생애에도 그늘이 지게 된다. 이때부터는 피상적인 초상화를 아름답게 그리기보다 그림에 내적 성격을 표현하기 시작했다. 이로 인해 화가로서의 그의 인기도 차츰 시들해졌다. 비록 렘브란트가 일찍부터 성서화를 그렸지만, 새로운 각오로 그리게 된 것이 매우 어려웠던 이 시기를 지나면서부터다. 그에게 닥친 문제를 해결할 방법을 고민하면서 시작한 것이 명암을 구사하여 세상 사람들의 투쟁의 모습을 그려 내고, 사람의 영혼에 필요한 것을 묘사하기 시작했다.

그림의 윗편에 큰 빛이 번쩍하는 것은 바람과 물로 배가 흔들릴 때 배 안에 있던 사람들이 어찌할 바를 몰라 날뛰는 장면을 보여 주기 위함이다. 뱃줄은 끊어지고 돛은 일부 찢어져 있다. 그런데 그림의 오른쪽 아랫 부분은 왼쪽과 달리 고요하다. 심지어 키를 잡고 있는 사람은 무서워하는 기색도 없이 그저 키만 단단히 잡고 있을 뿐이다. 바로 예수님이 그 옆에 앉아 있다. 즉 키를 든 사람은 예수님이 가까이에 있음으로 말미암아 육적으로나 영적으로 두려움이 없어 보인다. 압박과 위험을 당하고 있는 우리에게 내적 평안으로 인도하시는 주님을 떠올리게 해 주는 작품이다.

뱃머리는 엄습하는 파도로 인해 45도 가까이 들려 있고, 세찬 파도가 배에 부딪혀서 하얀 거품을 내고 있다. 부서지는 파도의 흰 부분이 그림에서 가장 밝은 하이라이트다. 위협적인 파도가 가장 눈에 띈다. 뱃머리 쪽의 5명은 최선을 다해 격랑에 맞서고 있다. 두 사람은 안간힘으로 돛을 붙잡고 있고, 두 사람은 돛대를 붙잡고 배에서 떨어지지 않으려고 필사적으로 버티고 있다. 배를 유지하기 위해 사력을 다하지만 자연의 힘 앞에서는 속수무책이다.

배의 중간에 있는 작은 공간에서 얼굴만 내밀고 밖을 살피고 있는 사람은 비겁해 보이기도 한다. 또 다른 사람은 작은 공간 쪽을 바라보며 숨을 곳을 찾으려고 한다. 푸른 옷을 입은 사람은 오른손으로 돛 줄을 잡고 있고, 왼손으로는 모자를 쥐고 있다. 이 사람은 사실 렘브란트 자신이다. 이 위태한 상황에서 모자를 지키려고 한들 무슨 소용이겠는가? 렘브란트는 삶을 지탱해 주는 것이 무너지는 상황에서도 최대한 그것에 기대어 보려는 어리석은 사람에 기꺼이 자신을 그려 넣었다.

렘브란트와 예수님 사이에는 다섯 명이 있다. 맨 위의 사람은 겁에 질려 있고, 그 아래 사람은 예수님의 몸을 손으로 잡고 흔들어대면서 항의하고 있다. 그는 예수님이 왜 주무시기만 하느냐고 항의하면서 깨우고 있다. 그 아래의 사람은 예수님을 바라보며 상황을 설명하고, 다소 불만 섞인 표정으로 이 다급한 문제를 해결해 주실 것을 간청하고 있다. 그 아래의 사람은 무릎을 꿇고 두 손을 모은 후 소극적으로 주님이 깨어나길 기도하고 있다. 마지막으로 맨 아래 빨간 옷을 입은 사람은 뱃멀미를 하면서 배 밖으로 토하고 있다. 그는 당면한 문제를 대면하기도 어려울 만큼 연약한 인물로 그려져 있다. 그나마 키를 쥐고 있는 사람은 배를 조정하여 상황을 통제해 보려고 하지만 쉽지 않은 표정이다.

예수님은 이제 막 깨어나신 듯 항의하는 두 제자를 보고 계신다. 왼손은 별 일 없다는 듯 느슨한 모습이고 오른손은 가슴에 대고 있다. 배 안에서는 15명 가운데 예수님 한 분만 평온한 모습을 보여준다.

렘브란트는 27세 때 마가복음 4장의 이야기를 바탕으로 이 그림을 그렸다. 빛과 그림자의 뚜렷한 대조를 써서 사나운 폭풍 속에서 부서질 것처럼 위협을 받고 있는 작은 배를 보여 주고 있다. 제자들이 바람과 파도에 맞서 힘들어하고 있는 동안 주님은 평온하다. 이 이야기를 우리 자신에게 대입해 보자면 렘브란트와 예수님 외에 13명 가운데 열두 제자를 제외하고 나는 누구일까? 우리는 예수 그리스도를 신뢰한다고 말하지만, 인생 폭풍 가운데 주님의 다스리심과 임재, 그리고 그분의 평안을 어떻게 누리고 있는 것일까?

잠잠할지어다

언제나처럼 조용한 저녁이었다. 호수는 평화롭고 잠잠했다. 예수님과 제자들은 호수 저편으로 건너기 위하여 배를 탔다. 예수님은 하루 종일 잠시도 쉬지 못하셔서 매우 피곤하셨다. 배를 탄 지 얼마 지나지 않아 잠이 드셨다. 그런데 갑자기 거센 바람이 불기 시작하고 파도가 크게 쳤으며, 배는 심하게 흔들렸다. 제자들은 노를 크게 저었다. 그러나 예수님은 계속 주무시고 계셨다.

폭풍은 점점 심해졌다. 파도는 배의 옆구리를 부러트렸고, 배에 물이 차기 시작했다. 그들은 어부였기 때문에 처음부터 쉽사리 놀라지는 않았다. 하지만 지금 그들이 보는 것은 생전 처음 보는 폭풍이었다. 그들은 급히 예수님을 깨웠다.

"일어나세요! 일어나세요! 주님, 우리가 곧 죽을 것 같습니다!"

그 소리에 예수님은 깨어나셨고, 거센 바람과 파도를 향해 꾸짖으셨다.

"잠잠할지어다!"

주님이 명령하자마자 곧 파도가 잠잠해졌다. 그리고 제자들에게 말씀하셨다.

"너희들의 믿음이 다 어디 있느냐?"

「갈릴리 호수의 폭풍(*The Storm on the Sea of Galilee*)」 1633년. 렘브란트. 캔버스에 유화. 128×160cm.
이사벨라 스튜어트 가드너 박물관. 보스턴.

아무도 대답하지 못했다. 그들은 폭풍을 두려워했기 때문이다. 예수님은 보통의 사람들과 겉모습은 똑같았다. 그런데 바람과 파도는 그의 말씀에 순종했다. 제자들은 놀라서 서로 물었다.

"저 분이 누구길래 바람과 파도가 순종하는 걸까?"

또 한 번은 어느 날 저녁에 제자들이 배를 타고 바다를 건너다가 맞바람이 불어 밤새껏 노를 젓느라고 애를 쓰고 있을 때 이른 새벽에 예수님께서 바다 위를 걸어서 그들에게 가셨다. 제자들이 예수님이 바다 위로 걸어오시는 것을 보고 모두 놀라서 유령이라고 소리쳤다. 그때 예수님이 제자들에게 말씀하셨다.

"안심하거라. 나다. 두려워하지 말라."

제자들이 폭풍 속에서 노를 젓고 있을 때 예수님은 말씀하셨다.

"평안하라."

예수님은 우리에게 결코 편안한 삶을 약속하신 적이 없다. 다만 풍성한 삶을 약속하셨다. 예수님은 "내가 온 것은 양으로 생명을 얻게 하고 더 풍성히 얻게 하려는 것이라" 요한복음 10:10고 말씀하셨다. 인간의 행복은 편안한 삶에 있지 않다. 인간의 행복은 보람에 있고 의미 있는 삶을 추구하는 데 있다. 예수님은 태어날 때부터 불편한 삶을 사셨다. 마굿간에 태어나시고, 애굽으로 피신을 가셨다가 나사렛 동네에서 성장하셨다.

예수님은 어디를 가든지 당신을 따르겠다고 말하는 사람들에게 "여우도 굴이 있고 공중의 새도 집이 있으되 인자는 머리 둘 곳이 없도다"라고 말씀하셨다. 예수님은 공생애 기간 동안 잠시도 쉴 시간이 없을 만큼 곤궁에 처한 사람들을 돌보아 주셨다. 그러나 주님은 기쁨으로 충만하셨다. 사람들을 키우는 데 기쁨으로 충만하셨다.

57. 예루살렘을 방문하시다

요한복음 3장

「그리스도를 찾아온 니고데모」 1927년. 헨리 오사와 타너

헨리 오사와 타너Henry Ossawa Tanner는 미국인 예술가이자 국제적인 찬사를 얻은 최초의 아프리카계 화가다. 그는 1891년 프랑스 파리로 이주해 프랑스 미술계에서 받아들여진 후로 계속해서 거기에 살았다.

타너가 국립 디자인 아카데미의 정식 회원으로 선출되었던 1927년에 완성된 이 그림은 그의 독특하고 개성적 스타일을 잘 보여 주는 작품이다. 타너의 아버지인 벤자민 터커 타너Benjamin Tucker Tanner는 아프리카계 감리교 목사였으며, 일찍이 타너에게 강한 종교적 토대를 심어 주었다. 타너는 일생 동안 헌신적인 삶을 살았지만, 유럽에 사는 동안 1980년 중반에 이르러서야 종교적인 주제를 그의 작품에 포함시켰고, 이로 인해 큰 갈채를 받았다. 1894년에 그린 「에덴 동산에서의 추방*Expulsion from the Garden of Eden*」과 1895년에 그린 「사자굴 속의 다니엘*Daniel in the Lion's Den*」 그리고 1896년에 그린 「나사로의 부활*The Resurrection of Lazarus*」의 엄청난 성공은 그

에게 영웅적 지위를 부여했다. 이로 인해 국제적 찬사를 받은 최초의 아프리카계 미국 예술가라는 칭호가 붙게 되었다. 이후로 종교화는 그의 경력에서 가장 훌륭한 작품들 중 많은 부분을 차지하게 되었다.

타너는 1897년은 캔자스시티에 있는 가족들을 만나기 위해 밤에 이동한 적이 있다. 「그리스도를 찾아온 니고데모」는 이 주제에 대해 자신의 경험과 영적인 통합을 통해 흥미롭게 풀어낸 그림이다. 그의 인종적 · 종교적 관심사에 호소했기 때문에 자신에게도 중요한 작품이었다. 중생이라는 주제는 예술가들이 선호하는 주제이긴 하지만 그는 일반적 견해를 뒤집었다.

유대인의 통치자인 니고데모는 한밤중에 예수님에게 찾아와 질문했다. 예수님은 그에게 "사람이 거듭나지 않으면 하나님 나라를 볼 수 없느니라"고 답했다. 타너의 아버지는 이 사건을 예수님의 공생애에서 3가지 주목할 만한 사건 중 하나라고 여겼다. 밤에 예수님을 찾아오는 랍비의 모습은 미국의 노예 해방 후에도 아프리카계 미국인 노예들의 예배 습관에 선례를 제공했다. 노예들은 공식적인 교회 예배에 참석하거나 성경을 읽을 수 없었고, 그래서 그들의 은밀한 종교 활동은 주로 밤에 이뤄졌다.

「옥탑방 위의 그리스도와 니고데모(*Nicodemus and Jesus on a Rooftop*)」 1899년. 헨리 오사와 타너. 캔버스에 유화. 85.5X100.3cm. 펜실베이니아 미술 아카데미. 필라델피아.

그림은 광대한 풍경이 멀리 펼쳐져 있는 배경을 뒤로 하고 니고데모와 예수님이 앉아 있는 야외의 모습을 묘사했다. 유일한 광원이라곤 오른쪽 건물에서 나오는

「그리스도를 찾아온 니고데모(*Nicodemus Coming to Christ*)」 1927년. 헨리 오사와 타너. 캔버스에 유화. 180.3×155.6cm. 개인 소장.

작은 빛뿐이다. 타너는 풍부한 빛깔의 파란색과 초록색을 결합하여 저녁 분위기를 자아내고, 비밀스러운 공기를 묘사해 냈다. 타너의 특징이 칠을 두껍게 하는 것인데, 밤이 되면 이 장면이 더욱 가려지게 된다.

타너는 1899년에 「옥탑방 위의 그리스도와 니고데모*Christ and Nicodemus on*

a Rooftop」라는 그림을 그렸고, 이 그림은 펜실베이니아 미술 아카데미에 소장 중이다. 반면 「그리스도를 찾아온 니고데모」는 1924년에 후원을 받아 그리기 시작했지만, 사랑하는 아내의 죽음을 비롯한 그의 삶에 발생한 여러 비극으로 인해 1927년까지 완료되지 못했다. 하지만 이 그림을 후원했던 리처드 험프리Richard Humphreys 재단은 아프리카계 미국인 교사를 위한 교육기관인 체이니 대학교Cheyney University의 카네기 도서관에 소장할 것이었기에 타너에게도 중요했다. 그는 심지어 이 그림을 그리기 위해 평상시 5천 달러를 받았으나, 이 그림은 3천 달러에 계약했고, 최선을 다해 그리겠다는 편지를 재단에 보냈다.

거듭나지 아니하면

봄이었다. 예수님이 유월절 행사를 위해 예루살렘으로 가셨다. 그곳에 모인 많은 무리들이 그의 가르침을 들었다. 그 말씀을 듣는 사람 가운데에는 니고데모라는 이스라엘의 선생도 있었다. 그는 예수님에 대하여 많이 들었고, 또한 그와 이야기를 나누고 싶어 했다. 그러나 니고데모는 사람들의 시선을 의식하지 않을 수 없었다.

그래서 니고데모는 날이 어두워진 후에 예수님을 찾아갔다. 아마 선생이었기 때문에 다른 사람들이 이를 알게 된다면 조롱 받을 것 같았기 때문이다. 그는 예수님을 만나자마자 이렇게 물어 보았다.

"우리는 당신이 하나님이 보내신 분이시라는 것을 알고 있습니다. 하나님이 함께하시지 아니 하면 당신이 행하는 표적들을 아무도 할 수 없을 것입니다."

예수님은 질문에 담긴 니고데모의 마음을 알아차리시고 대답하셨다.

"너는 훌륭한 선생이다. 다만 비록 네가 좋은 사람이긴 하지만 아직 거듭나지 않았다. 사람은 시작이 좋은 것으로는 충분하지 않기 때문이다. 하나님 나라를 보려면 반드시 거듭나야만 한다."

"그것이 무슨 뜻입니까?"

니고데모는 의아해하며 재차 물었다.

"너에게는 새로운 시작이 필요하다. 새로운 삶, 즉 다시 태어나는 중생이 필요하다."

하지만 니고데모는 당장 그 뜻을 이해할 수 없었다. 그러자 예수님은 바람을 예로 들면서 설명해 주셨다.

"니고데모야! 바람이 불면 바람을 눈으로 볼 수 있는 사람이 어디 있겠느냐? 그러나 바람이 불면 나무의 잎이 움직이게 된다. 사람들은 바람은 보이지 않아도 나뭇잎의 움직임을 보고 바람의 실체를 알게 된다. 마찬가지로 거듭나는 것이 눈에 보이지는 않지만 거듭난 사람의 삶은 그렇지 않은 사람과 확연히 구분된단다."

예수님은 아주 쉽게 설명해 주셨지만 니고데모는 아직도 알듯 모를 듯했다. 이는 그가 아직 영적으로 갓난아기와 같았기 때문이었다. 주님은 니고데모에게 하신 말씀에 이어서 이렇게 말씀하셨다.

> 하나님이 세상을 이처럼 사랑하사 독생자를 주셨으니 이는 그를 믿는 자마다 멸망하지 않고 영생을 얻게 하려 하심이라 하나님이 그 아들을 세상에 보내신 것은 세상을 심판하려 하심이 아니요 그로 말미암아 세상이 구원을 받게 하려 하심이라 그를 믿는 자는 심판을 받지 아니하는 것이요 믿지 아니하는 자는 하나님의 독생자의 이름을 믿지 아니하므로 벌써 심판을 받은 것이니라 그 정죄는 이것이니 곧 빛이 세상에 왔으되 사람들이 자기 행위가 악하므로 빛보다 어둠을 더 사랑한 것이니라 요한복음 3:16-19

58. 우물가의 여인

요한복음 4장

「그리스도와 사마리아 여인」 1700년. 마르칸토니오 프란체스키니

마르칸토니오 프란체스키니Marcantonio Franceschini는 주로 볼로냐에서 활동했던 바로크 시대의 이탈리아 화가다. 그는 자코모 프란체스키니Giacomo Franceschini의 아버지이자 교사였으며, 카를로 치냐니Carlo Cignani의 제자였다. 프란체스키니는 유럽 전역의 후원자들을 위해 종교적이고 신화적인 주제에 대한 작품을 많이 남겼다. 또한 파르마의 팔라초 델 지아디노Palazzo Del Giardino에서 벽화 작업을 하기도 했고, 유럽 전역에서 후원을 받아서 그림을 그렸다.

프란체스키니의 그림은 아카데믹하고 이상주의적인 상향을 가지고 있는데, 볼로냐 미술학교Bolognese School of Painting의 출신들이 대부분 그렇다. 그는 어린 동료 도나토 크레티Donato Creti와 함께 일하기도 했다. 그의 작품 스타일은 종종 바로크와 로코코가 혼합된 바로체토Barochetto로 분류되기도 한다. 하지만 프랑스 예술가들의 신고전주의적 영향력이 바로크

「그리스도와 사마리아 여인(*Christ and the Woman of Samaria*)」 1700년. 마르칸토니오 프란체스키니.
캔버스에 유화. 105.4×144.1cm. 휴스턴 미술관. 휴스턴.

전통을 따라잡기 시작했다고 볼 수 있다.

수많은 화가들이 프란체스키니의 스튜디오에서 일하고 훈련을 받았다. 그 중 학생이나 견습생 또는 조교로서 토마소 알드로밴디니Tommaso Aldrovandini, 루카 안토니오 비스토이아Luca Antonio Bistoia, 자코모 보니Giacomo Boni, 프란체스코 카치아니가Francesco Caccianiga 등 수많은 화가들이 스튜디오에서 함께했다.

「그리스도와 사마리아 여인」은 2007년 1월 뉴욕 소더비 경매에서 36만 달러에 낙찰된 작품이다.

사마리아 여인

며칠이 지나고 해가 지자 예수님은 제자들과 갈릴리로 가셨다. 그들이 사마리아에 있는 수가라 하는 작은 동네에 도착했을 때 예수님의 제자들은 먹을 것을 사러 동네로 들어갔다. 예수님은 우물가에 앉아 쉬고 계셨다. 그 우물은 매우 깊었다. 예수님은 한 잔의 시원한 물을 원하셨다.

곧 사마리아 여인이 우물로 왔다. 그 시대에는 유대인들이 사마리아인과는 말도 하지 않던 시대였다. 그들은 절대로 사마리아인과 같은 잔을 쓰지 않았기에 예수님이 그 사마리아 여인에게 마실 물을 달라고 요청하자 사마리아 여인은 매우 놀랐다.

사람들은 자신과 다르다는 이유로 때로는 미워하고 자신도 미움을 받기도 한다. 인종이 다르고 피부가 다르다고, 지역이 다르고 출신 학교가 다르다고 서로 미워하고 멀리한다. 하지만 그 기준은 일방적이고 자기 중심적이다. 결코 성경적이지 않고 양심적이지도 않다. 도리어 다르기 때문에 서로에 대한 더 많은 이해가 필요하고, 다르기 때문에 서로가 서로에게 배울 것이 많은 법이다. 젊은이는 노인에게 옛 것을 배우고 노인은 젊은이에게 새 것을 배울 수 있다. 이처럼 다름은 서로에게 해가 되는 것이 아니라 유익이 되는 것이다.

예수님은 사마리아 여인과 많은 점에서 달랐다. 예수님은 유대인이고 사마리아 여인은 유대인과 원수처럼 지내는 사마리아인이었다. 그래서 예수님이 사마리아 여인에게 물을 좀 달라고 하자 사마리아 여인은 유대인들이 절대 상종치 않는 자신과 같은 사마리아인에게 물을 달라고 하냐고 되물었던 것이다.

이처럼 예수님 당시에도 사람들 사이의 차이 때문에 서로 나뉘어져서 미워하고 다투었다. 바리새인, 서기관, 세리 등 직업적 차이를 비롯해 죄인들 간의 종교적 차별이나 갈릴리 사람, 사마리아인, 유대인들 간의 지역 감정 같은 여러 가지 갈등이 있었다. 하지만 예수님은 그런 차이를 넘어서서 하나님에 대한 바른 신앙 안에서 하나 되게 하셨다. 이러한 예수님을 사도 바울은 에베소서에서 십자가로 둘을 하나 되게 하신 분이라고

「예수와 사마리아 여인(*Jesus and the Samaritan Woman*)」 1585년. 파올로 베로네세. 캔버스에 채색. 143X289cm. 빈 미술사 박물관. 빈.

고백하고 있다.

예수님은 사마리아 여인 역시 모든 사람들처럼 생수가 필요한 사람으로 보았다. 비록 어떠한 차이가 있다 해도 복음 안에서는 모두가 죄인인 것이다. 예수님은 말씀하셨다.

“만일 네가 하나님의 선물과 또 네게 물 좀 달라 하는 이가 누구인 줄 알았다면 너는 그에게 생명수를 구했을 것이다. 그리고 너는 영원히 목마르지 않을 것이다.”

“주여! 저는 물을 길을 그릇도 없고 이 우물은 꽤 깊은데 어디서 생수를 얻겠습니까?”

“너는 아직 이해하지 못했다. 나는 보통의 마실 물을 말한 것이 아니다. 내가 말한 것은 새로운 종류의 생명이다. 내가 그것을 가지고 왔다. 그 생명수를 마시는 자는 영원히 목마르지 아니할 것이다.”

그들은 이전에 만난 적이 없었다. 그러나 그 여인은 예수가 자신에 대한 모든 것을 알고 있다는 것을 알아챘다. 그녀는 매우 놀라고 흥분했다. 그리고 급히 마을로 돌아가 사람들에게 좋은 소식을 전했다.

“이리 오셔서 그분을 만나 보십시오! 그분은 하나님이 약속하신 왕이 아닙니까?”

예수님의 제자들이 음식을 가지고 돌아왔다. 곧 그들은 사람들이 그들 쪽으로 급히 오는 것을 보았다. 이때 예수님이 말씀하셨다.

“수확을 기다리는 곡식들은 익었고 수확할 준비가 되었다.”

그리고 자신에게 오는 사람들을 보셨다. 예수님은 그 마을에서 이틀을 머무르셨다. 그리고 사마리아인들이 주님의 말씀을 듣자 그들은 곧 예수님이 하나님께서 세상을 구하시기 위해 보내신 분임을 믿게 되었다.

59. 안식일에 대한 논쟁

마가복음 2장

「손 마른 자」 1886-1896년. 자메 티소트

자메 티소트James Tissot가 그린 「손 마른 자」는 흑연을 칠한 회색 방수지 위에 그린 오페이크opaque 수채화로서 그의 특유의 화풍이 잘 드러난다. 예수님이 회당에서 손 마른 남자를 고치실 때 안식일에 병자를 고친 것에 대해 바리새인 같은 유대 지도자들은 매우 분노하고 있었다. 유대인의 율법에서는 안식일에 생명을 구할 수 있었다. 하지만 예수님처럼 죽음의 위협을 받지는 않지만 고난 당한 사람에게 도움을 주는 것은 안식일의 엄격한 규칙을 어겼다고 본 것이다.

이 장면은 안식일 논쟁을 일으킨 대표적인 사건이다. 이는 지도자들이 정치적 · 경제적 · 종교적 기득권을 유지하려는 이기적인 욕망의 발로이기도 하다. 이 일로 인해 바리새인들은 어떻게 예수를 죽일까 의논하게 되었고, 예수님도 이 일을 아시고 그곳을 빠져나왔다.

안식일이 사람을 위하여 있는 것이요

보통의 사람들은 예수님을 사랑했다. 그리고 예수님도 그들을 사랑했다. 자신들의 직업과 집 그리고 가족을 떠난 사람들도 그를 따랐다. 예수님은 열두 명의 제자들 외에도 자신을 따르는 많은 제자들과 함께 다니셨다. 하지만 그와 동시에 많은 적들도 가지게 되었다.

어떤 종교적 지도자들과 선생들은 예수님을 시샘했다. 예수님은 인기가 아주 많았기 때문이다. 어느 안식일에 예수님과 그의 제자들은 수확기에 들어선 밭 사이로 가고 있었다. 배가 고팠던 그분의 제자들은 이삭을 잘라 먹었다. 그러자 아주 작은 유대인의 법까지도 중요시 여기는 엄격한 바리새인들이 이를 보고 말했다.

"예수여, 당신의 제자들이 안식일에 하지 못할 있을 했습니다. 제자들이 한 일은 안식일에 해서는 안 될 일이었습니다."

예수님이 대답하셨다.

"죄가 없는 자를 비난하는 것은 옳지 못하다. 그리고 인자는 안식일의 주인이니라."

이후 예수님은 유대교 회당 앞자리로 올라가셨다. 그 곳에는 손이 마비된 자가 있었는데, 사람들은 예수님이 과연 그를 고치시는지 지켜보고 있었다. 밀밭 사건이 있은 지 얼마 되지 않았음에도 예수님은 회당에서 또 손 마른 자를 고치신 것이다.

이로 인해 안식일에 대한 논쟁 장소가 밀밭에서 회당으로 바뀌었다. 회당은 율법을 가르치고 교육을 실시하는 장소였다. 뿐만 아니라 성전을 대신하여 기도와 예배를 드렸고, 경우에 따라서는 중요한 일을 결정짓는 회의소나 집회소로 활용되었던 곳이었다. 그러므로 유대인들에게 있어서 회당은 매우 중요한 장소였다. 예수님이 이곳에 가셨을 때가 안식일인 것

「손 마른 자(*The Man with the Withered Hand*)」 1886-1896년. 자메 티소트. 흑연 칠한 회색 방수지에 오페이크 수채화. 16×21.9cm. 브루클린 미술관. 뉴욕.

으로 보아 이날도 많은 사람들이 모였을 것이다.

그런데 바리새인들은 이곳에서 안식일에 대한 논쟁을 벌인 것이다. 왜 그들은 사람들이 많은 회당에서 논쟁을 벌이려고 하는 것일까? 회당은 바리새인들에게 있어서 자기 집과 같은 곳이었다. 게다가 회당이라는 장소에서 항상 중심 역할을 했던 사람들이 바로 바리새인들이기 때문이다.

그들은 예수님에게 이렇게 질문했다.

"안식일에 병을 고치는 것이 옳습니까?"

손 마른 사람을 고친 일을 두고서 예수님을 향해 이렇게 질문했을 때에는 보통 질문이 아니었다. 그때 예수님이 대답하셨다.

"너희 중 어떤 사람이 양 한 마리가 있어 안식일에 구덩이에 빠졌다면 붙잡아내지 않겠느냐? 안식일에 구덩이에 빠진 양을 구하는 것이 옳으니라."

바리새인들은 안식일에 동물들에게 자비를 베푸는 행위에 대해서는 허락하고 있었다. 그 사실에 근거하여 예수님은 한 걸음 더 나아가 이렇게 말씀하셨다.

"사람이 양보다 얼마나 더 귀하냐? 그러므로 안식일에 선을 행하는 것이 옳으니라."

동물이 웅덩이에 빠졌을 때에는 안식일이라 해도 건져 주고 먹이도 던져 주는데, 그보다 더 귀한 사람에게 선을 베푸는 것이 옳지 않겠는가? 이제 아무도 예수님이 하시는 행동에 대해 저지하거나 반론을 펼 만한 사람이 없었고 명분도 없었다. 오히려 몇 마디 더 거들었다가는 자신들이 더 난처한 입장에 놓이게 될 지경이었기 때문이다.

60. 의심에 흔들리는 세례 요한

마태복음 11장

「세례 요한」 1610년. 카라바조

세례 요한은 카라바조가 가장 좋아하는 주제 중 하나다. 세례 요한에 대한 그의 많은 작품 중 가장 유명한 작품은 로마의 카피톨리니 박물관Capitoline Museum과 캔자스시티의 넬슨 갤러리Nelson Gallery에 있다. 「세례 요한」에서 요한에 대한 묘사는 다른 작품들보다 어리게 나와 있는데, 1610년에 제작된 후기 작품들 중 하나다. 만약 눈에 띄는 붉은 색의 망토가 없었다면 생각에 잠긴 듯한 시선과 단순한 막대기만으로는 그저 자리에 앉아 있는 양치기 소년의 초상화로 보였을 것이다. 화가가 보르게세Borghese 추기경을 위해 선물로 로마에 가져간 것들에 포함된 이 그림은 그의 마지막 작품 중 하나인 「황홀경에 빠진 막달라 마리아*Mary Magdalen in Ecstasy*」과 함께 교황의 사면을 받기 위해 그린 것이다.

이 작품은 마태복음 3장 1절과 관련이 있다. 그림에서 세례 요한은 양과 지팡이 같은 평범한 속성으로만 나타난다. 반쯤 벗은 젊은이는 붉은 망토를 깔고 부드럽게 앉아서 우울한 표정을 지어보이고 있다. 그 뒤에는 숫양이 포도나무 잎을 뜯고 있다. 숫양과 십자가를 표현한 뒷 배경 포도나무의 나뭇잎은 죽음을 상징한다. 그의 손은 힘없이 막대기를 쥐고 있어서 병약함을 단적으로 보여 주기도 하지만, 붉은 천에 몸을 기대고 있는 불안정한 자세와 힘없이 축 늘어진 모습은 죽음을 예감케 한다.

무엇보다 죽음을 표현하고 있는 것은 요한의 얼굴 표정이다. 이 얼굴은 카라바조 자신의 얼굴을 그려 넣은 것이라고 말하기도 한다. 무언가 생각에 잠겨 있는 표정과 눈빛은 어떤 대상을 바라보는 것도 아니고, 관람자를 바라보는 것도 아니다. 그저 자신의 내면을 하염없이 바라보고 있는 듯하다. 어쩌면 되돌아갈 수 없는 카라바조 자신의 과거를 회상하는 듯한 눈빛은 그 곳에 회한과 슬픔이 담겨 있다.

오실 그이가 당신이오니이까?

요한이 옥에서 그리스도의 하신 일을 듣고 제자들을 보내어 예수님께 물어 보았다.

"오실 그이가 당신이오니이까? 우리가 다른 이를 기다리오리이까?"

이에 대해 예수님은 전갈을 가지고 온 사람에게 대답해 주셨다.

> 예수께서 대답하여 이르시되 너희가 가서 듣고 보는 것을 요한에게 알리되 맹인이 보며 못 걷는 사람이 걸으며 나병환자가 깨끗함을 받으며 못 듣는 자가 들으며 죽은 자가 살아나며 가난한 자에게 복음이 전파된다 하라 누구든지 나로 말미암아 실족하지 아니하는 자는 복이 있도다 하시니라 마태복음 11:4-6

세례 요한은 그의 공동체 안에서도 가장 비천한 자리에 있었다. 한때 많

「세례 요한(*John the Baptist*)」 1610년. 카라바조. 캔버스에 유화. 124×159cm. 보르게세 미술관. 로마.

은 사람들이 주목하고 그를 따랐지만, 이제 갇힌 자가 되었다. 그리고 그의 제자들 중 많은 사람들은 예수님의 제자가 되었다. 그의 인기는 점점 줄어들었다. 요한은 스스로에게 말했다.

"그는 흥해야 한다. 그러나 나는 쇠하여야 한다."

세례 요한은 자신이 어두운 지하 감옥의 바닥으로 떨어질 것이라고는 생각지 않았다. 하지만 결국 그것이 자신을 의심하게 만들기 시작한 것이다. 그는 예수님을 힘써 증거하면 자신은 비록 감옥에 들어와 있을지라도 곧 하나님 나라가 임하고 자신의 감옥 생활도 끝이 나서 석방될 것으로 기대했다. 그런데 이제는 죽음을 기다리는 사형수로 전락했음에도 불구하고 메시아라고 확신했던 예수님은 아무 일도 시작하지 않는 것 같았다. 이것 때문에 더더욱 의심이 들었다. 요한 자신에게 물었다.

'그는 정말 메시아일까? 아니면 내가 오해를 한 것일까?'

그래서 요한은 자신의 질문에 대한 대답을 얻기 위해 예수님에게 그의 제자들을 통해 편지를 전하기로 했던 것이다.

예수님께

저는 헤롯에 의해 감옥에 들어온 것을 당신에게 알리기 위해 이 편지를 씁니다. 저는 이곳에 들어온 이후로 많은 시간 동안 생각을 했습니다. 저는 당신에 대해 증거하고 설교했으며, 심지어 그 전에도 예비하는 자로서의 일을 감당했습니다.

제가 모든 사람들에게 당신이 자신의 밭을 타작했을 것이고, 당신의 손으로 직접 갈퀴로 까부르고 알곡들을 모아들이고 쭉정이는 버릴 것이라고 말한 것을 기억하십니까? 당신이 끌 수 없는 불과 함께 왕겨를 태웠을 것이라고 말한 것을 기억하십니까? 당신의 청렴함으로 모든 잘못된 것들을 고치려 하려 했던 것은 나에게 의미 있는 일이었습니다. 예수님, 저는 이와 같은 짧은 편지를 쓰게 될 줄은 생각하지 못했습니다. 하지만 이런 저의 사정을 이제 알리지 않으면 안 될 만큼 절박한 상황 가운데 놓이게 되었습니다.

그래서 제가 한 일과 당신이 하시는 일에 대해 깊이 생각해 보았습니다. 저는 당신이 세상을 바로잡으시리라는 것과 당신의 나라를 세우려 하신다는 것을 확신합니다. 그럼에도 시간은 촉박한데 소문에 의하면 헤로디아가 나의 머리를 원한다고 합니다. 만약 당신이 깨끗하게 하시기 위해 갈퀴질을 시작하려고 하신다면 바로 지금이라고 생각됩니다. 제가 죽고 나면 그것이 무슨 의미가 있을까요? 정말 당신이 우리가 기다리는 바로 그 분이 맞는 것인지 궁금합니다. 답장을 보내어 주십시오.

몇 일이 지나서 세례 요한의 감옥으로 편지가 전달되었다. 예수님은 그 소식을 듣고 놀라워하셨다. 그리고 그가 예수님을 통해 감옥으로부터 빨리 석방되기를 원한다는 사실도 알게 되셨다. 그래서 답장을 보내시기로 한 것이다.

세례 요한에게

눈먼 장님은 시력을 받고, 절름발이는 걷게 되고, 나병 환자는 깨끗해지고, 귀머거리는 듣게 되고, 죽은 자는 살아나고, 가난한 자는 그들을 위해 복음을 전한다.

추신: 천국을 누리는 것은 나를 넘어 죄로부터 자신을 지키는 자이다.

61. 세례 요한의 죽음

마가복음 6장

「살로메와 세례 요한의 머리」 1506-1507년. 안드레아 솔라리

안드레아 솔라리Andrea Solari는 이탈리아 롬바르디아의 화가로 레오나르도파Leonardo's circle의 한 사람이다. 밀라노에 출생하여 처음에는 베네치아파의 영향을 받으나 그 후 레오나르도 다빈치의 기법에 깊이 매료되어 그 문하에 들어가게 된다. 나중에 프랑스로 가서 브루아에서 그의 대표작 「녹색 방석의 성모*La Vierge au coussin vert*」를 그렸다.

「살로메와 세례 요한의 머리」는 레오나르도 다빈치의 가장 가까웠던 제자이자 조수 중 한 명이었던 안드레아 솔라리가 1507년에 그린 작품이다. 당시 솔라리는 1507년 프랑스로 건너가 앙부아즈의 추기경 밑에서 일했는데, 당시 네덜란드 그림을 자세히 연구할 기회가 있었다. 이 그림은 살로메의 이상적인 아름다움과 보석을 세례 요한의 무시무시한 머리와 맞대어 강렬한 대조를 보여 준다. 이 그림에서 표면의 높은 마무리와 섬세한 부분까지의 세련된 미적 감각은 솔라리의 특징이기도 하다. 1520년에

「살로메와 세례 요한의 머리(*Salome with the Head of St John the Baptist*)」 1506-1507년. 안드레아 솔라리. 패널에 유화. 47×57cm. 메트로폴리탄 미술관. 뉴욕.

그린 「세례 요한의 머리를 든 살로메*Salome with the head of John the Baptist*」의 경우 레오나르도 다빈치의 영향이 좀 더 드러나 있다.

성경 이야기에서 살로메는 헤롯 왕을 위해 매혹적인 춤을 추거나 세례 요한의 머리를 드는 그림이 많은 예술가들의 그림 주제로 사용되었는데, 구스타프 클림트Gustav Klimt, 오스카 와일드Oscar Wilde, 리하르트 슈트라우스Richard Strauss 등 20세기에도 큰 영감을 주었다. 오스카 와일드는 영화 「살로메Salome」에서 소반에 얹혀 핏물 흐르는 세례 요한의 목을 바라보며 읊조리는 살로메의 대사를 태연히 사랑의 감정으로 표현했다.

"나는 순수하게 당신을 사랑했는데, 당신은 어재서 나를 봐주지 않았나요? 요한, 만약 당신이 나를 봤다면 당신도 나를 사랑했을 텐데…."

세례 요한의 죽음

세례 요한은 근심이 있었다. 헤롯 안티파스Herod Antipas 왕이 헤로디아와 결혼하기 위해 그의 아내와 이혼했기 때문이다. 그 아내는 세례 요한의 이복동생인 빌립의 아내였다. 그리고 요한이 그 사실을 명백하게 말하자 해롯 왕이 요한을 체포하고 감옥에 가둬 버렸기 때문이다. 하지만 그는 요한이 의로운 사람이라는 것을 알고 있었기 때문에 두려워하면서도 보호했고, 또 그의 말을 들을 때 크게 화를 내면서도 달게 들었다.

그런데 헤롯의 생일이 되었다. 그리고 헤로디아는 기회를 잡았다. 그녀의 딸이 헤롯의 잔치에 온 손님들을 위해 춤을 추어 기쁘게 했다. 헤롯 왕은 아주 기뻐했으며, 그녀에게 무엇이든지 원하는 것을 말하라고 했다.

"요한의 머리를 접시에 담아 주기를 원한다고 말씀 드려라."

헤로디아가 딸에게 말했다. 딸은 헤로디아의 말에 복종했다. 해롯은 매우 곤란해졌다. 그러나 자신이 맹세한 것과 거기에 앉아 있는 사람들 때문에 거절할 수 없었다. 결국 헤롯이 시위병 하나를 보내어 요한의 머리를 가져오라고 명했다. 시위병은 나가서 세례 요한의 목을 베어 접시에 담아 헤로디아의 딸에게 주었고, 그녀가 그것을 어미에게 주었다.

요한의 제자들이 이 소식을 듣고 달려와서 장사를 지냈다. 그리고 예수에게로 가서 이 사실을 말했다. 예수님은 세례 요한에 대해 이렇게 말씀하셨다.

"여자가 낳은 자 중에 세례 요한보다 큰 이가 일어남이 없도다."

이러한 평가를 받은 인물의 삶은 어떠했을까? 요한은 광야에서 생활했으며, 약대 털옷을 입고 허리에 가죽띠를 띠고 음식은 메뚜기와 석청이었다고 한다. 인간의 눈으로 보았을 때 결코 화려하거나 편안한 삶이었다고 말하기 힘들다. 우리 인간의 눈으로 보기에 더더욱 이해하기 힘든 것은 바로 요한의 죽음이다.

요한은 분봉왕 헤롯이 그 동생의 아내 헤로디아를 강탈한 것을 책망했고, 헤롯은 그에 격분하여 요한을 옥에 가두었다. 그러나 헤롯 역시 일말의 양심이 있고, 또 요한을 선지자로 여기고 있었으므로 요한의 말에 귀를 기울이기도 했다. 그러던 중 이와 같이 어처구니 없는 일이 일어난 것이다.

헤로디아는 그 딸을 빙자하여 요한의 목을 요구했고, 헤롯은 체면 때문에 요한의 목을 베는 일이 발생한 것이었다. 예수님이 가장 큰 자라고 평하신 세례 요한의 죽음은 그렇게 부질없었다.

62. 믿음과 죄 사함

누가복음 7장

「예수와 백부장」 1571년, 파올로 베로네세

이탈리아의 화가 파올로 베로네세Paolo Veronese는 르네상스 시대의 예술가로서 티치아노Vecellio Tiziano에게 큰 영향을 받아 빈틈없는 구도와 화려한 색채의 장식화를 주로 그렸다. 베네치아파Scuola Veneziana를 대표하는 화가의 한 사람으로 꼽히며, 주요 작품으로 「성모의 대관*Coronation of the Virgin*」「레위 집안의 만찬*The Feast in the House of Levi*」 등이 있다.

그림에서 예수님의 머리 위에는 성인의 후광이 보이고 개종한 백부장에게 그의 팔을 뻗고 계신다. 신약성경 마태복음 8장 5~13절에 나온 것처럼 백부장은 예수님의 발 앞에 무릎을 꿇고 있다. 이 장면은 사실 건축가 안드레아 팔라디오Andrea Palladio의 작품에서 영감을 얻어 건축물 배경 앞에서 사건을 표현했다. 강렬하게 빛나는 건물의 흰색에 의해 그림은 전체적으로 밝은 색으로 입혀져 있는 듯하다. 특히 인물들의 웅장한 자세와 호화로운 옷은 그 시대의 극장을 상기시키듯 극적인 강도를 제공한다. 이 그림은 아룬델 백작Earl of Arundel의 것이었다. 1646년 그가 죽은 후 펠리페 4세Felipe IV에 의해 인수되었고, 추후 1839년 프라도 박물관Prado Museum에 소장되었다.

네 죄 사함을 받았느니라

유대인들은 로마 군인들을 싫어했다. 그러나 모두가 나쁜 것은 아니었다. 로마 가버나움에 존경 받는 한 백부장이 있었다. 그는 자신의 돈으로 유대교 회당을 지었다. 그런데 그의 사랑하는 종이 병들어 죽게 되었다. 백부장은 예수의 소문을 듣고 유대인 장로 몇 명을 그에게 보냈다.

"이 로마인은 훌륭한 사람입니다. 그는 우리 유대인들을 사랑하고 회당을 지어 주기도 했습니다."

예수님은 그들과 함께 백부장의 집으로 가고자 했으나 백부장은 완곡히 거절했다.

"주님이 저희 집에 들어오는 것을 감히 감당치 못하겠습니다. 그저 저의 종에게 곧 나으라고 말씀만 하셔도 종이 나을 것입니다."

예수님은 그의 말을 듣고 깜짝 놀라서 말씀하셨다.

"나는 유대인 가운데에서도 이만한 믿음을 보지 못했다."

보내었던 사람들이 집으로 돌아가 보니 종은 이미 건강해져 있었다. 그 후에 예수님은 바리새인인 시몬으로부터 저녁 식사에 초대를 받았다. 그런데 초대 받지 않은 한 여자가 다가왔다. 그녀는 눈물을 흘리며 향유를 담은 병을 가지고 와서 예수님의 발에 향유를 붓고 자신의 긴 머리카락으로 씻었다. 시몬은 이것을 보고 부끄럽게 여겨 당황했다. 그 여자는 죄인이었기 때문이다. 그런데 어떻게 예수님을 만질 수 있단 말인가? 예수님은 그가 무슨 생각을 하고 있는지 알고 계셨다.

「예수와 백부장(*Christ and the Centurion*)」 1571년. 파올로 베로네세. 캔버스에 유화. 208.3×142.3cm. 넬슨 앳킨스 박물관. 캔자스시티.

"시몬아, 많은 돈을 빚진 사람과 적을 돈을 빚진 사람 둘의 빚을 탕감해 주었는데, 둘 중 누가 저를 더 사랑하겠느냐?"

그가 명백하게 대답했다.

"당연히 많이 탕감 받은 사람입니다."

예수님이 그 여자에게 말씀하셨다.

"옳도다. 너는 죄 사함을 받았다. 너의 믿음이 너를 구원했다."

63. 훌륭한 양치기

누가복음 15장

「선한 목자」 1878년. 베른하르트 플록코스트

베른하르트 플록코스트Bernhard Plockhorst는 독일의 화가이자 그래픽 아티스트다. 그는 오늘날 독일에서는 소수 전문가들에게만 알려져 있다. 하지만 그의 그림은 여전히 미국에서 인기가 있으며, 복제품은 많은 미국의 가정과 교회에서 볼 수 있다.

그는 카롤링 학교Collegium Carolinum에서 5년 동안 석판화를 배운 후 1848년 드레스덴에서 슈노르 폰 카롤스펠트Schnorr von Carolsfeld와 함께 화가가 되기 위해 훈련했다. 그 후 라이프치히와 뮌헨, 파리 등에서 미술을 공부했으며, 뮌헨에서는 알테 피나코테크Alte Pinakothek에서 루벤스와 티치아노Vecellio Tiziano의 그림을 베끼면서 공부했다. 그가 베를린에 정착하기 전에는 벨기에, 네덜란드 및 이탈리아로 여행을 가서 초상화를 그리기 시작했는데, 종교화에 대한 그의 재능을 발견하는 계기가 되었다.

베를린으로 온 후 그는 나자렛 운동의 일원이 되었고, 많은 종교적인 주제의 그림을 그렸다. 특히 1886년에 그린 「수호천사*The Guardian Angel*」는 컬러 석판화로 수천 부씩 인쇄되어 이후 수호천사 회화에 큰 영향을 끼쳤다. 현재도 많은 미국 교회의 유리창에서는 플록코스트의 그림에서 가져온 모티브들을 볼 수 있다.

1878년에 그린 「선한 목자」는 예수님이 선한 목자이심을 가르치는 성경 구절인 요한복음 10장 1~21절에 근거해 자신을 따르는 양들을 위해 기꺼이 헌신하는 목자의 모습을 그려냈다. 또한 선한 목자의 비유는 양무리를 위한 위로의 메시지이기도 하다. 예수님이 우리를 돌보시며 우리를 사랑하신다는 말씀인 것이다.

「수호천사(*Guardian Angel*)」 1900년. 베른하르트 플록코스트. 컬러 석판화. 33×19.7cm.

선한 목자

예수께서 말씀하실 때 모든 사람들이 그의 말씀을 들었다. 심지어는 어린아이들조차도 조용히 이야기를 들었다. 예수님은 하시고자 하는 말씀이 이해하기 어려울 때에는 종종 비유를 사용하셨다. 예수님은 사람들이 그것에 대하여 생각하기를 원하셨다. 만약 그들이 진실로 주님을 따르기를 원한다면 그들은 비유의 의미를 알아야 했다.

"귀 있는 자는 들으라."

「선한 목자(*Good Shepherd*)」 1878년. 베른하르트 플록코스트. 유화.

예수님은 자주 이렇게 말씀하셨다.
"깊이 생각하고 그것을 이해하려고 노력하라."
예수님은 그의 친근한 이야기를 매일 들려 주셨다.

이스라엘의 한 언덕에 양떼를 지키는 양치기가 있었다. 그리고 백 마리의 양이 있다. 그런데 한 마리의 양을 잃어 버리면 양치기는 어떻게 하겠느냐? 그는 아흔아홉 마리의 양을 안전한 곳에 두고 한 마리의 양을 찾으러 가지 않겠느냐? 그는 모든 곳을 찾고 양이 있을 만한 곳을 돌아다녔다. 그는 아무리 피곤하고 오래 걸려도 그 한 마리의 양을 포기하지 않을 것이다. 그리고 그가 그 양을 찾게 된다면 매우 행복해 할 것이다. 목자는 그 양을 어깨에 메고 집으로 돌아와 그의 친구들을 모두 모아 두고 말할 것이다.
"이리 와서 나와 함께 즐기자. 내가 잃어 버린 한 마리의 양을 찾았다. 나는 하나님 밖에서 헤매는 자들을 하나님의 품으로 보내기 위해 이 땅에 내려왔다."

예수님이 말씀하셨다.

선한 목자는 결코 그의 무리를 떠나지 않으신다. 그는 사람들을 찾아 신선한 잔디와 깨끗한 물이 있는 곳으로 인도하신다. 하나님은 그의 모든 어린 양들을 알고 계신다. 그리고 늑대의 공격으로부터 자신의 양들을 지키신다. 양들은 목자를 잘 따르는데, 양들이 목자의 목소리를 알기 때문이다. 나는 선한 목자다. 그들은 나를 알고 믿는다. 또한 나는 그들을 이끌고 보호한다. 그리고 나는 그들을 위해 죽을 준비가 되어 있다.

64. 소녀야, 일어나라

누가복음 8장

「야이로의 딸이 일어나다」 1895년. 조지 퍼시 야콤후드

조지 퍼시 야콤후드George Percy Jacomb-Hood는 화가이자 일러스트레이터였다. 신영국미술협회New English Art Club와 초상화가협회Portrait Painters Society의 창립 멤버였다. 토브리지 스쿨Tonbridge School과 슬래이드 순수미술학교Slade School of Fine Art에서 교육을 받았으며, 파리와 마드리드에서 해외 여행을 하면서 공부했다.

그는 자신에게 많은 해외 작업물을 안겨다 준 일러스트레이션 주간지인 「더 그래픽*The Graphic*」을 위해 정기적으로 일러스트를 그렸다. 주간지는 야콤후드를 1896년에는 그리스로, 1902년에는 델리로 보내주었다. 1905년 인도 여행에서는 웨일즈의 왕자 및 공주와 동행했고, 1911년 여행에서는 조지 5세George V의 개인 스태프로 참여하기도 했다.

신약성경에서 갈릴리 회당장인 야이로는 예수님께 자신의 죽어가는 12살 된 딸을 치료해 달라고 부탁했다. 하지만 야이로의 집으로 가는 도중에

딸이 죽었다는 소식을 듣게 되고, 주변 사람들로부터 더 이상 예수님을 괴롭히지 말라는 핀잔을 받는다. 그럼에도 예수님은 두려워하지 말고 오직 믿을 것을 요청하셨다. 도착이 늦어지는 것은 믿음의 시험으로 보여지며, 야이로의 딸은 죽음에서 살아나게 된다.

그림은 야이로의 딸이 다시 일어나기 전의 순간을 포착해 냈다. 소녀는 매우 창백하고 활기 없는 상태를 잘 보여 주고 있다. 배경의 문 뒤에서는 소녀가 일어나기를 간절히 바라면서 고대하는 군중들의 모습이 보인다. 전경에 있는 기름 등불의 불꽃은 미지의 삶과 희망을 상징한다. 즉 예수 그리스도의 빛 되심을 예표하고 있는 것이다.

달리다굼

"선생님, 저는 야이로라고 합니다. 열두 살밖에 안 된 제 어린 딸이 다 죽게 되었습니다. 부디 저희 집에 오셔서 그 아이에게 손을 얹어 병을 고쳐 주십시오."

예수님은 항상 많은 종류의 문제 가운데 있었다. 예수님 일행이 배를 타고 호숫가 건너편에 도착한 지 얼마 안 되어 군중들 틈을 비집고 지체 높아 보이는 점잖은 이가 예수님의 발 앞에 엎드린 것이다. 예수님은 그 사람을 한참 바라보시다가 입을 떼셨다.

"나를 어떻게 아시오?"

회당장이었던 야이로가 예수께로 와서 도움을 구한 것이다.

"내가 잘 아는 이가 선생님이 병자들을 다 고쳐 주시는 분이라고 알려 주었습니다. 딸아이가 곧 죽을 것 같습니다. 간청드립니다."

"그럼 앞장서시오. 당신 집으로 가 봅시다."

예수는 야이로와 함께 그의 집으로 갔다. 그리고 무리들도 예수를 따라

「야이로의 딸이 일어나다(*The Raising of Jairus' Daughter*)」 1895년. 조지 퍼시 야콥후드. 캔버스에 유화. 160×122cm. 길드홀 아트 갤러리. 런던.

서 함께 갔다. 인간의 의술과 방법으로는 이제 포기할 수밖에 없었다. 그런데 누군가가 야이로에게 예수님에게는 못 고칠 병이 없다고 말해 주었다는 것이다. 그래서 그는 최후의 희망을 걸고 예수님께 한걸음에 달려온 것이다. 누군가가 예수님에 관해 이야기했어도 믿음이 없었다면 그렇게 행동하지 못했을 것이다.

야이로의 집으로 가는 많은 무리 가운데에는 오랫동안 혈루증을 앓던 여자가 있었다. 그 여자는 열두 해 동안 아무에게도 고침을 받지 못했다. 그런 그녀에게 예수님은 유일한 희망이었다. 그래서 속으로 생각했다.

'만약 내가 예수님의 옷깃이라도 만질 수 있다면 내가 나을 수 있을 텐데….'

그녀가 무리를 헤치고 나아가 예수의 옷자락을 만졌다. 그러자 그 즉시 그녀의 병이 나았다.

"누가 나의 옷자락을 만졌느냐?"

예수님이 물으셨다. 누군가의 병이 고쳐진 것을 알고 계셨던 것이다. 혈루증을 앓던 여자가 숨기지 못할 줄을 알고 예수님 앞으로 떨며 나아갔다. 그리고 손을 댄 이유와 나은 것을 모든 사람 앞에서 말했다. 예수님이 그 여자에게 말씀하셨다.

"너의 믿음이 너의 병을 고쳤다. 평안히 가거라."

그때 회당장의 집에서 한 사람이 헐레벌떡 뛰어와서 말했다.

"더 이상 주님을 괴롭게 마십시오. 회당장님의 딸은 이미 죽었습니다."

예수님이 야이로에게 말씀하셨다.

"두려워하지 말고 그저 믿기만 해라. 그리하면 네 딸이 구원을 얻을 것이다."

그동안 야이로는 딸의 병을 고치기 위해 많은 의사에게 찾아가서 치료를 받게 했다. 그러나 딸의 병세가 점점 악화되어 마침내 빈사 상태에 이르렀고, 야이로는 자포자기할 지경에 이르렀다. 그의 딸이 죽었다는 비보를 전해 받고 흔들리고 있는 야이로에게 걱정하지 말고 믿음을 보존하라고 하신 것이다. 신앙은 공포와 두려움과 함께 존재하는 것이 아니다.

예수님 일행이 회당장의 집에 도착하니 안에서는 통곡 소리가 들렸다. 예수님은 딸의 죽음을 슬퍼하며 통곡하는 사람들에게 말씀하셨다.

"왜 떠들며 울고 있느냐? 그 아이는 죽은 것이 아니라 자고 있다."

이 말을 들은 사람들은 코웃음을 치며 빈정거렸다.

"저 양반이 무슨 소리야? 아니 죽어서 숨이 끊어진 아이를 죽은 것이 아니라 잠자고 있다니? 저 사람 정신이 어떻게 된 것 아냐?"

예수님은 먼저 비웃고 있는 믿음 없는 무리들을 집안에서 내보냈다. 그리고 야이로와 아내, 세 명의 제자만 데리고 아이가 있는 곳에 들어가셨다. 야이로의 딸은 정말 마치 잠을 자는 듯 반듯하게 누워 있었다. 예수님은 먼저 그 아이 곁으로 다가가서 손을 잡으셨다. 이 모습을 야이로 부부와 세 제자는 숨죽여 지켜 보고 있었다. 예수님은 소리치셨다.

"달리다굼Talitha koum!"

이 말은 '소녀야, 일어나라'는 뜻으로 기도보다는 명령이었다. 그러자 파리하던 소녀의 얼굴에 불그스레 혈색이 돌아오면서 몸을 움직이기 시작했다. 그리고 곧 자리에서 일어나서 예수님 일행을 쳐다보았다. 예수님은 그 아이의 부모를 바라보시며 먹을 것을 주라고 하셨다. 야이로의 집은 예수님을 통해 울음에서 기쁨으로, 슬픔에서 행복으로, 죽음에서 생명으로 변했다. 그런데 이 모든 기쁨은 예수님을 향한 야이로의 깊은 믿음으로 인해 이루어졌다.

65. 하나님의 나라

마태복음 13장

「씨뿌리는 사람」 1888년. 빈센트 반 고흐

태양은 지지 않고 희망은 사라지지 않는다

빈센트 반 고흐Vincent van Gogh는 「씨 뿌리는 사람」을 여러 장 그렸는데, 밀레Jean-François Millet가 그렸던 「씨 뿌리는 사람*The Sower*」이 원본이라 할 수 있다. 그것도 직접 밀레의 원화를 보고 그린 것이 아니라 복제물을 보고 그렸다고 전해진다. 고흐는 밀레를 존경하고 사랑했으며, 밀레의 삶과 그림은 고흐에게 많은 영향을 끼쳤다. 파리를 떠나 바르비종Barbizon으로 간 밀레는 당시 화가들이 그리지 않았던 가난한 노동자와 농부의 삶을 그려냈고, 그의 그림에는 깊은 신앙심이 배어 있었다. 고흐의 「씨 뿌리는 사람」은 밀레에 대한 존경을 담아 그린 것이라고 할 수 있다.

프랑스의 로마로 불리는 아를Arles은 아비뇽Avignon과 함께 프랑스에서 가장 잘 알려진 도시다. 고흐는 자신의 마음 가는 대로 아를에 거처를 정했다. 네덜란드와 비슷한 아를의 풍광이 그를 매혹시켰기 때문이다. 아를은 네덜란드처럼 습지를 개간해 만든 넓은 평야 지대와 배수를 위해 파놓은 운하가 형태를 갖추면서 습지로 둘러싸인 지형이었다. 아를이라는 이름이 '습지의 마을'이라는 뜻이다. 광활한 평야에 작열하는 태양이 고흐의 관심을 끌었는데, 그는 끝없이 펼쳐진 아를의 평야를 '영원함'으로 표현했다. 고흐는 이 풍경을 배경으로 씨 뿌리는 사람의 모습을 그리고자 했다. 강렬한 태양빛과 쟁기질 된 밭의 모습을 적절하게 묘사하기 위해 고심한 흔적이 역력하다.

고흐는 폴 고갱Paul Gauguin이 온 첫날에 이 그림을 그리기 시작했다. 이 밭은 타라스콘Tarascon으로 가는 길가에 있는 것으로 추측되는데, 노란 집 옆으로 뻗어 있는 길이었다. 그는 이 길 주변을 1888년 즈음에 매우 반복적으로 그렸다. 「해 뜨는 밀밭*Wheat Field with Rising Sun*」도 이 즈음에 완성한 작품이다. 어쩌면 「씨 뿌리는 사람」은 고흐의 인생 철학을 잘 담아낸 작품이기도 하다. 씨를 뿌린다는 것은 복음을 전파한다는 신앙적 의미를 내포하고 있는데, 이를 통해 그가 예술 행위 자체를 목회자의 길과 동일선상에 놓고 있었음을 추측해 볼 수 있다.

그런데 「씨 뿌리는 사람」은 고흐가 고갱과의 불화로 귀를 자르고 생레미의 생폴 정신병원Hôpital Saint-Paul à Saint-Rémy에 입원 중이었을 때 밀레의 영향을 받아 그린 그림이다. 정확히 말하자면 밀레의 그림을 모사한 것이다. 하지만 고흐는 단지 밀레를 그림을 모사하는 데 그친 게 아니라 다른 작곡가의 곡을 연주하는 음악가와 같은 것으로 간주했다.

그림에는 씨 뿌리는 사람은 한 명이다. 짐작하듯이 씨 뿌리는 사람은 반 고흐 자신으로 볼 수 있다. 석양이 질 무렵에 씨를 뿌리는 사람의 모습은 다소 어둡게 보이지만 그리 슬퍼 보이지는 않는다. 즉 절망과 희망 사이에서 갈등하고 화해하고 있는 고흐의 내면이 이러할 것이다.

「씨뿌리는 사람(*The sower*)」 1888년. 빈센트 반 고흐. 캔버스에 유화. 80.5×64cm. 크륄러 뮐러 미술관. 오테를로.

> 누군가 좀 더 위대해지고 싶다면 반드시 땅으로 내려와야만 한다. 그러니 너도 이리로 와서 드렌트의 대지에 씨를 뿌리고 싹을 틔워라.

이 말은 그가 파리에 있었던 동생 테오Theo에게 「씨 뿌리는 사람」을 묘사하면서 편지에 쓴 글이다. 석양은 대개 일출과 다른 느낌을 주는데, 쓸쓸함, 고즈넉함, 슬픔 등이 그것이다. 그런데 「씨 뿌리는 사람」에 나타난 석양의 이미지는 밀레의 그림에서 드러나는 석양보다 희망적인 느낌을 준다. 핏빛이 아닌 노란빛으로 하늘을 물들이고 있는 해는 씨 뿌리는 사람과 잘 어울린다. 게다가 곧 저물게 될 태양이라기보다 싹이 돋아나듯 다시금 생생하게 살아날 것만 같은, 영원히 지지 않을 것만 같은 모습이다.

하지만 고흐의 그림에서 희망적인 느낌만 선명하게 나타난 것은 아니다. 자신의 어두운 무의식이 담겨 있기도 하고, 고흐 자신의 심연에 자리 잡은 어둠은 이미지의 밝기를 약간은 어둡게 드리우고 있다. 그림을 둘로 갈라놓은 대각선으로 뻗은 나무와 보라색의 밭에서는 현실을 어둡게 보고 그것을 부정하는 심리가 엿보인다. 내면 깊숙한 곳에서부터 생겨난 이미지인 것이다.

다음은 고흐가 프랑스의 남부 아를에서 동생 테오에게 보낸 편지의 한 구절이다.

> 따뜻함, 햇빛, 색, 흙 냄새, 봄…. 이런 것에서 사람은 위안을 받고 마음이 편안해진다. 프로방스 지방에 있는 아를이라는 작은 마을에서 고흐는 따뜻함을 느꼈다. 거칠게 쟁기질을 한 밭에 한 사람이 씩씩하게 팔을 휘두르며 씨를 뿌린다. 그 뒤에는 멀리 노란 밀밭이 보이고 밀밭 너머에는 강렬한 태양이 빛을 뿜고 있다. 아폴론의 수레가 마치 대지와 인간을 삼켜 버릴 것만 같다. 보라색, 파란색이 어우러져 있는 밭과 노란색 밀밭과 하늘이 강하게 대비된다.

하나님 나라 비유

예수님은 사람들에게 하나님 나라의 새 삶을 주셨다. 하나님은 왕이 되시고 그의 백성들은 행복하게 될 것이다. 그의 나라에는 죄도 없고 죽음도 없기 때문이다. 예수님은 이 하나님 나라에 대한 많은 이야기를 들려주셨다.

한 농부가 씨를 뿌리기 위해 밖으로 나가고 있었다. 그가 씨를 뿌렸는데, 어떤 것들은 길가에 떨어져 새들이 와서 다 주워 먹었다. 또 어떤 것들은 돌밭에 떨어졌다. 그것들은 뿌리를 깊게 내리지 못해 자라지 못했다. 또 어떤 것들은 가시덤불 사이에 떨어졌는데, 숨이 막혀 죽고 말았다. 하지만 좋은 땅에 뿌려진 씨앗들은 수십 배의 수확을 거두었다. 이것은 하나님의 말씀이다. 사탄은 너희를 움켜쥐기 위해 다시 올 것이다.

예수님은 다른 이야기도 들려 주셨다.

한 농부가 그의 쟁기로 밭을 갈고 밀알을 심었다. 그 씨앗은 좋은 씨앗이었다. 그런데 농부에게는 원수가 있었다. 모두가 자고 있을 때 그 원수는 와서 가라지를 심었다. 곡식의 싹이 나고 자랄 때까지 아무도 그것을 알지 못했다. 종들은 가라지를 뽑을지 말지 농부에게 물었지만, 농부는 가라지를 뽑다가 곡식까지 뽑을까 염려되니 뽑지 말라고 했다.

이 이야기를 마친 후 무리들이 집으로 돌아가자 비유를 이해하지 못한 제자들이 비유의 의미를 물었다. 예수님은 당신이 곧 씨 뿌리는 사람이라고 말씀하셨다.

좋은 씨를 뿌리는 이는 인자요 밭은 세상이요 좋은 씨는 천국의 아들들이요 가라지는 악한 자의 아들들이요 가라지를 뿌린 원수는 마귀요 추수 때는 세상 끝이요 추수꾼은 천사들이니 그런즉 가라지를 거두어 불에 사르는 것 같이 세상 끝에도 그러하리라

예수님은 겨자씨를 심은 한 남자에 대한 이야기도 해 주셨다.

한 남자가 아주 작은 겨자씨를 심었다. 그리고 그것을 땅에서 키웠다. 그 씨앗은 마치 아주 작은 티끌 같았다. 그러나 씨앗이 자라자 곧 큰 나무가 되었다. 그것은 점점 더 커져서 새가 그 나무에 둥지를 틀 정도가 되었다. 하나님의 나라도 이와 같이 점점 자랄 것이다.

또 한 남자가 땅에 묻혀 있는 보화를 발견했다. 그는 매우 기뻤다. 그러나 그 땅은 자신의 땅이 아니었기 때문에 그 보화들을 흙으로 다시 덮어 두었다. 그리고는 자신의 소유를 모두 팔아 그 땅의 주인에게로 가서 그 땅을 샀다. 그러면 그 보화들은 모두 그의 것이 된다. 그러므로 너희들도 천국을 너희의 것으로 만들어라.

진주를 사고 파는 한 상인이 있었다. 어느 날 그는 지금까지 한 번도 보지 못한 아주 좋은 진주를 보게 되었다. 그것은 크고 아름다웠다. 그는 자신이 그 진주를 가지기 전에는 결코 행복할 수 없다는 것을 알았다. 그래서 그의 모든 재산을 팔아 그것을 샀다. 천국은 이것과 같다. 천국은 그 어느 것보다도 가치가 있다.

66. 떡 다섯 개와 물고기 두 마리

마태복음 14장, 요한복음 6장

「오병이어의 기적」 1886-1896년, 자메 티소트

예수님의 가르침과 이적에 대한 소식이 널리 알려지면서 그를 따르는 무리의 수가 증가했다. 산에서 군중들에게 말씀하실 때 그들을 먹일 것이 없었지만, 어린 소년에게는 보리떡 5개와 물고기 2마리가 있었다. 이에 예수님은 하늘에 축사하시고 배고픈 사람들을 모두 배부르게 먹이는 놀라운 이적을 행하게 된다.

티소트James Tissot는 이 광대한 장면을 표현해 냈다. 그런데 예수님의 모습을 구별하기 쉽지 않다. 곧 이러한 묘사는 계단식 언덕으로 된 길을 채운 수많은 무리들뿐만 아니라 기적의 놀라움을 강조하는 것이다. 예수님의 위대한 기적은 배고픈 사람들을 기꺼이 채우고도 열두 광주리나 넘쳐났음을 통해 증명했다. 이것은 구약에서도 선례를 찾아볼 수 있다.

초기 기독교 신학자인 테르툴리아누스Tertullianus는 예수님에 의해 떡과 물고기가 늘어나는 기적을 엘리야 선지자의 기적으로 되돌아보았다 열왕기

「오병이어의 기적(*The Miracle of the Loaves and Fishes*)」 1886~1896년. 자메 티소트. 흑연 칠한 회색 방수지에 오페이크 수채화. 26.8×18.7cm. 브루클린 미술관. 뉴욕.

상 17:17-24. 그는 또 엘리야의 후계자인 엘리사에 의해 행해진 기적도 언급했다. 예수님이 떡과 물고기를 나눠 준 것은 과거 선지자들의 위대한 업적을 염두에 둔 것이었다.

오병이어의 기적

그날은 식사를 하지 못할 정도로 바빴다. 예수님의 가르침을 들은 무리들이 그를 따랐는데, 해가 지고 모두 배가 고팠다.

"사람들을 보내어 먹을 것을 사오게 합시다."

제자들이 말에 대해 예수님이 물으셨다.

"그러지 말라. 우리는 저들 모두에게 음식을 주어야 한다. 그러려면 돈이 얼마나 있어야 하느냐?"

안드레가 말했다.

"여기 이 소년이 다섯 개의 보리떡과 두 마리의 생선을 가지고 있습니다. 그러나 이것으로는 턱없이 부족합니다."

"모두 잔디 위에 앉으라고 말하거라."

예수님의 말씀대로 사람들을 앉히고 보니 약 오천 명이었다. 예수님은 떡을 가져다가 축사하신 후 제자들 앞에 음식을 둥글게 놓았다. 그리고는 앉은 자들에게 나눠 주고 생선도 마음대로 가져가게 하셨다. 그런데 모두가 배불리 먹고 난 후에도 남은 음식을 바구니에 채우니 열두 광주리나 되는 놀라운 기적이 일어났다.

다음날 예수님은 다른 종류의 떡에 대해 말씀하셨다.

"나는 생명의 떡이다. 나에게로 오라. 그러면 내가 너희에게 필요한 만큼 줄 것이다."

67. 변화산 위에서 하신 말씀

마태복음 17장

「변화」 1518-1520년. 라파엘로

라파엘로의 완성하지 걸작

「변화」는 이탈리아 전성기 르네상스의 가장 중요한 화가였던 산치오 라파엘로Sanzio Raffaello의 작품이다. 궁정화가 조반니 산티Giovanni Santi의 아들로 태어난 그는 교황청에 그린 프레스코화로 크게 성공했으며, 그의 대표작은 「아테네 학당*The School of Athens*」이다. 문화의 중심지였던 우리비노Urbino에서 어린 시절을 보내며 받은 문화적 혜택과 매력적인 성품 덕에 쉽게 높은 지위에 오를 수 있었다.

1500년경 피에트로 페루지노Pietro Perugino의 공방에서 도제 수업을 받을 당시 시스티나 성당의 프레스코화를 완성했는데, 제단화 「십자가에 못 박힌 예수*Crucifixion*」처럼 유려하고 우아한 양식이 엿보인다. 이미 페루지노보다 더 생기 넘치고 정교한 작품을 선보였던 라파엘로는 레오나르도 다빈치와 미켈란젤로 부오나로티가 미술의 경계를 확장시키던 피렌체로 갔다. 거기에서 미켈란젤로에게 인체 해부학에 대한 지식을 배웠고, 다빈치에게서는 간결한 피라미드 구조와 효과적인 빛의 사용, 부드러운 색조의 변화로 형태에 입체감을 주는 스푸마토sfumato 기법을 익혔다. 이를 통해 라파엘로는 호소력 있는 고요하고 평온한 작품을 창안해 냈다.

1508년에 교황 율리우스 2세Julius II의 부름을 받아 로마로 간 라파엘로

「아테네 학당(*The School of Athens*)」 1511년. 산치오 라파엘로. 프레스코화. 500X770cm. 바티칸 미술관. 바티칸시티.

는 교황의 화가로서 눈부신 활동을 시작했다. 그는 곧 엄청난 명성을 얻었고 여생을 로마에서 보냈다. 그에게 큰 성공을 가져다 준 작품 중에는 바티칸 교황청의 여러 방에 그린 프레스코화들이 있는데, 그 중 하나가 「아테네 학당*School of Athens*」이다. 이로 인해 다빈치, 미켈란젤로와 함께 르네상스의 고전적 예술을 완성한 3대 천재 예술가로 추앙 받게 되었다.

만년에 그가 심혈을 기울였던 「변화」는 결국 완성하지 못한 채 37세의 젊은 나이에 열병으로 요절하고 말았다. 라파엘로의 학생인 줄리오 로마노Giulio Romano와 조수 지안프란체스코 페니Gianfrancesco Penni가 배경 인물들을 그렸다고 추측되지만, 그들이 그림을 마무리했다는 증거는 없다. 라파엘로는 죽을 때까지 이 그림을 그렸고, 그의 발전상과 예술가로서의 절정의 기량을 잘 보여 준다. 기독교 미술에서 변화산에서의 예수에 대해 그 모습을 묘사하는 것은 흔치 않지만, 하단은 복음서의 에피소드와 결합해서 보여 준다.

특히 천상의 신비스러운 광채와 지상의 소란을 대조시키고 S자형의 분방한 구도로 동적 표현을 시도한 이 작품은 이미 고전 양식을 해체한 것으로 바로크 양식의 싹이 엿보인다. 라파엘로의 스튜디오에서 제작된 이 그림은 다볼 산 위에서 그리스도의 좌우에 모세와 엘리야가 함께 떠 있는 모습이다. 요한과 야고보는 오른쪽으로 무릎을 꿇고 있으며, 베드로는 왼쪽에 있다. 그림은 단순한 형태로서 이분법을 묘사하는 것으로 해석될 수 있다. 그림의 상반부는 순결과 그리스도의 구속을 상징하고, 아래쪽은 어둡고 혼란스러운 장면들로 인간의 결함을 대비시켜 보여 준다.

변화산 사건

무리들은 예수님의 가르침을 들었다. 또 그가 행하시는 놀라운 기적도

「변화(*Transfiguration*)」 1518-1520년. 산치오 라파엘로. 목판에 템페라 물감을 사용. 287×405cm.
바티칸 미술관. 로마.

보았다. 예수님이 열두 제자에게 물으셨다.

“사람들이 나를 누구라고 하느냐?”

“어떤 사람들은 세례 요한이 다시 살아났다고 하고, 어떤 사람들은 선지자라고도 합니다.”

“그러면 너희는 나를 누구라고 생각하느냐?”

베드로가 대답했다.

“주는 그리스도시요, 살아 계신 하나님의 아들이시니이다!”

예수님은 그의 대답을 들으신 후에 제자들에게 앞으로 있을 일에 대해 말씀하실 수 있었다. 미리 준비하게 하신 것이다.

“나는 예루살렘으로 올라가게 된다. 하지만 그곳 지도자들은 나를 받아주지 않을 것이고, 되려 나를 죽음으로 몰아넣을 것이다. 그러나 삼 일 후에 나는 다시 살아나게 될 것이다. 만약 누군가 나와 함께 가기를 원한다면 그는 반드시 자기 십자가를 지고 나를 따라와야 하리라.”

이 일이 있은 지 8일 쯤 뒤에 예수님은 베드로와 요한과 야고보를 데리고 기도하시러 높은 산에 오르셨다. 그들이 그곳에서 기도하던 중 예수님의 얼굴과 옷이 눈부시게 변했다. 예수님은 두 명의 다른 빛나는 사람들과 이야기를 하고 계셨다. 제자들은 예수님이 영광 가운데 함께 선 두 사람을 보게 되었다. 셋은 매우 겁에 질려서 두려워했다.

그때 구름이 그들을 덮었고, 구름 속에서 목소리가 들려왔다.

“이는 내 사랑하는 아들이요, 내 기뻐하는 자니 너희는 그의 말을 들으라!”

제자들은 이 소리를 듣고 엎드려 매우 두려워했다. 곧 예수님이 그들에게 나아와 손으로 잡으시며 두려워하지 말라고 말씀하셨다. 그러자 제자들의 눈에는 예수님밖에 보이지 않았다.

68. 두 아들

누가복음 15장

「돌아온 탕자」 1668년. 렘브란트

「돌아온 탕자」에 담겨진 렘브란트의 신앙

렘브란트Rembrandt Harmensz. van Rijn의 명성은 실로 엄청났다. 네덜란드의 위대한 예술가들을 이미 넘어섰으며, 서양 미술사에서 17세기 최고 화가의 길을 걸었다. 특히 그의 나이 22살 때 그린 자화상은 독일의 대문호였던 괴테Johann Wolfgang von Goethe에게 영감을 주어 『젊은 베르테르의 슬픔*Die Leiden des jungen Werthers*』을 탄생시켰다. 더욱이 위대한 최고의 스승인 역사화가 피터르 라스트만Piter Lastman을 모시게 되었다.

과거의 고전적인 회화 방식에서 탈피한 렘브란트의 심리 묘사는 당대 가장 인기 있는 인물화가로 자리매김하는 데 크게 기여했고, 네덜란드 예술 시대의 황금기를 열었다. 이때부터 비평가들 사이에서는 그를 일컬어 '빛의 마술사, 빛과 어둠의 화가'로 칭송되면서 그야말로 부와 명예까지 얻게 되었다.

하지만 36살 때 사랑하는 아내를 잃고 다섯 아이 중 아들 티투스Titus 만 살아남았다. 뿐만 아니라 죽은 아내의 무리한 저택 장만으로 파산 지경에 이르렀고, 자신의 하인들과 뜨거운 욕정을 불태우다가 발각되어 간음죄로 교회위원회에 소환되는 등 렘브란트의 명성은 그야말로 밑바닥까지 내려앉게 되었다. 엄청난 빚과 가족들의 연이은 죽음, 실의에 빠진 그를 아무도 거들떠보지 않게 되면서 십여 년 동안 붓을 내려놓게 되었다.

이를 안타깝게 여긴 시칠리아의 부자 돈 안토니오 루포Don Antonio Ruffo 가 두둑한 지원을 약속하며 「호메로스의 흉상을 어루만지는 아리스토텔레스*Aristotle with a Bust of Homer*」를 주문했다. 렘브란트는 그동안 자신이 걸어

「요셉의 자녀들을 축복하는 야곱(*Jacob Blessing the Children of Joseph*)」 1656년. 렘브란트. 캔버스에 유화. 173X209cm. 알테마이스터 회화관. 드레스덴.

「돌아온 탕자(*Return of the Prodigal Son*)」 1668년. 렘브란트. 캔버스에 유화. 205×262cm. 에르미타주 미술관. 상트페테르부르크.

왔던 과거의 시간들을 회상하며, 성경의 창세기 48장과 누가복음 15장을 펼쳐 놓고 묵상하면서 통렬한 회개를 하게 된다.

이때부터 그의 말년에 해당되는 12년의 세월 동안 자신에게 남아 있는 모든 힘을 끌어모아 지금도 불멸의 명작으로 손꼽히는 「요셉의 자녀들을 축복하는 야곱*Jacob Blessing the Children of Joseph*」을 위시해 「돌아온 탕자」를 그리게 된다. 렘브란트는 암스테르담에서 모든 것을 탕진하고 온전히 남겨진 가난한 삶과 고통의 시련 가운데 오직 하나님께만 의지하여 말년의 유작인 「돌아온 탕자」를 그렸다. 하지만 여전히 미완성인 채로 남고 말았다.

「돌아온 탕자」를 보면 렘브란트의 철저한 신앙심이 더욱 신랄하게 느껴진다. 고령의 아버지는 얼굴 곳곳에 황금빛을 띠고 있지만, 아들의 귀환에 대한 기쁨보다 이미 세상을 달관한 듯한 느낌이 든다. 동생의 난데없는 귀환을 목격하고 있는 큰 아들은 현재 아버지의 태도와 모든 상황이 매우 불만족스럽고 전혀 이해가 되지 않는 듯 뻣뻣하게 서 있다. 돌아온 동생에게 포옹은커녕 완벽하게 무표정하고 꼿꼿하다.

하지만 렘브란트는 이런 큰 아들의 심경마저도 겸손히 포용하면서 아버지의 모습을 더 낮추고 아버지가 입고 있는 붉은 가운과 동일한 것을 씌워 주었다. 붉은 외투는 순교자의 피나 절대자의 권리를 지닌 왕 또는 권세를 상징한다. 즉 장자에게 막강한 권한을 부여해 준 하나님의 사랑에 대한 거룩한 순종을 의미한다.

또한 「돌아온 탕자」의 귀환 장면을 목격하는 네 사람을 주목해 볼 필요가 있다. 아버지와 큰 아들 사이에 앉아 있는 검은 모자를 쓴 남자는 당시 바로크 시대에 유행했던 상류층의 복식을 그대로 갖춰 입었다. 게다가 결의로 가득 찬 충성 맹세를 하듯 불끈 쥔 오른손은 굳이 심장을 향하고 있다. 이를 두고 렘브란트 자신이 아니냐는 추측이 있었으나, 현재까지 뚜렷한 증거는 없다. 또한 기둥 사이로 비스듬히 서 있는 여인과 어둠이 짙게 깔려 있는 배경 뒤로 엷게 스케치 되어 있는 두 여인은 탕자의 귀환에 대한 목격자들이다.

아버지에게서 미리 상속받은 전 재산을 탕진하고 돌아온 탕자는 아버지 앞에 무릎을 꿇었다. 주저앉아 "지금부터는 아버지의 아들이라 일컬음을 감당치 못하겠나이다. 나를 품꾼의 하나로 보소서"라고 목놓아 울면서 아버지의 품에 안겨 바짓자락을 붙들고 진실로 통회하고 있다. 아들이 흘린 눈물은 이미 바닥을 촉촉하게 적셨다. 또 이리저리 찢긴 옷에는 핏기가 있고 발바닥은 상처투성이에 신발도 모두 해어졌다. 곧 참담했던 탕자의 삶을 여실히 보여 준다. 그런 아들을 보는 아버지의 마음은 어떠했을까? 아들을 힘껏 끌어안고 있는 늙은 아버지의 애달픔을 엿볼 수 있다.

렘브란트가 이 그림을 그릴 무렵, 그는 하루하루 죽음을 향해 나아가고 있었다. 끝내 완성을 보지 못한 유작이 되고 만 이 작품에는 렘브란트의 자의식이 잘 드러나 있다. 육신의 시력은 어두워지지만 내면의 눈이 뜨이는 것이 서로 밀접하게 연관되어 있음을 잘 보여 준다. 서른 살 때 그는 아내와 함께 있는 자신을 모델로 1636년에 「매음굴의 탕자, 샤스티아와 함께 있는 자화상*The Prodigal Son in the Tavern, a self-portrait with Saskia*」을 그렸다. 여인의 눈동자에는 욕정이 가득하고 주인공은 술에 잔뜩 취해 음탕한 욕심으로 가득했다. 그로부터 30년 뒤에 자기 삶의 감춰진 비밀을 꿰뚫어 보는 눈으로 자기의 초상을 그린 것이다.

돌아온 탕자

예수님의 말씀을 들으러 오는 사람들 중에는 좋은 사람들만 있는 것은 아니었다. 청중 가운데에는 선한 사람과 그렇지 못한 사람들이 섞여 있었다. 어느 날 예수님은 이런 이야기를 들려 주셨다.

두 아들을 가진 한 남자가 있었다. 둘째 아들은 아버지에게 재산을 나눠 달라고 했다. 그가 재산 상속을 받자마자 집을 나가 버렸다. 아들은 그 돈을 가지고 외국으로 가서 흥청거리며 모두 써 버렸다. 모든 돈을 다 써 버렸을 때 쯤 그 나라에는 흉년이 들었고, 아들은 매우 궁핍했다. 그는 돼지 키우는 직업을 얻긴 했으나 너무 배가 고파서 돼지에게 주는 쥐엄 열매라도 먹고 싶었지만 사람들은 그것마저 주지 않았다! 그는 생각했다.

'매우 어리석은 짓이었구나! 내 아버지에게로 돌아가면 양식이 얼마나 풍부할까? 하지만 지금 나는 굶주려 있지 않은가! 집으로 돌아가야겠다. 아버지에게로 돌아가 잘못했다고 빌어야겠어. 나는 아버지의 아들은 될 순 없겠지만 품꾼의 하나로는 될 수 있겠지?'

결국 그는 돌아가기로 결심했다. 둘째 아들이 돌아오기를 학수고대하던 아버지는 그가 오는 것을 보자마자 달려나가서 그를 맞았다. 하던 일을 내팽개치고 아들을 안았다! 그리고 하인을 불렀다.

"이 아이에게 새 옷을 가져 오거라. 그리고 송아지를 잡아라. 큰 잔치를 열어야겠다. 죽은 줄로만 알았던 내 아들이 살아서 돌아왔도다!"

그런데 첫째 아들이 집으로 돌아와서 이 모습을 보고 화를 냈다.

"저는 아버지를 위해 몇 년간이나 일을 했습니다. 그러나 아버지는 저를 위해 결코 잔치를 열어 주신 적이 없습니다. 하지만 아버지는 상속받은 재산을 탕진한 동생을 위하여 상으로 송아지를 잡으셨습니다."

아버지는 속상해하는 첫째 아들에게 이렇게 말했다.

"너는 나와 항상 함께 있으니 내 것이 다 네 것이다. 우리가 오늘 기뻐하는 것이 마땅하다. 너의 동생을 잃어 버렸지만, 지금은 다시 찾았기 때문이란다."

「선한 사마리아인(*The good Samaritan*)」 1890년. 빈센트 반 고흐. 캔버스에 유화. 60×73cm. 크륄러 뮐러 미술관. 오테를로.

69. 선한 사마리아인

누가복음 10장

「선한 사마리아인」 1890년. 빈센트 반 고흐

「선한 사마리아인」은 빈센트 반 고흐Vincent van Gogh가 낭만파 화가인 외젠 들라크루아Eugène Delacroix의 작품 「선한 사마리아인*The Good Samaritan*」을 모작한 그림이다. 성경에서 예수님이 들려준 강도 만난 이웃을 도운 사마리아인에 대한 이야기를 표현한 것이다. 고흐는 벨기에에서 전도사 시절 탄광에서 일하면서 그들의 비참한 고통을 함께 나누었고, 임신한 채 버림받아 거리를 헤매던 창녀 시엔Sien을 불쌍히 여겨 동거하다가 그로 인해 가족에게 버림받기도 했다. 이 작품 「선한 사마리아인」은 지나칠 만큼 진실하게 살고자 몸부림쳤기에 미쳐 버리고, 결국 자살로 생을 마감한 고흐가 남긴 세 점의 종교화 중 하나다.

어느 시대나 선구자 역할을 한 사람들은 그들을 이해하지 못하는 동시대인들로부터 비난을 받게 마련이다. 빈센트 반 고흐도 그러한 사람 중 하나다. 그는 렘브란트 이래로 가장 위대하고 혁명적인 네덜란드 화가라고 불렸다. 고흐는 그의 생애 중 마지막 6년 동안 그렸던 1,500개나 되는 작품 가운데 단 한 개만 팔았을 뿐이다. 만약에 그가 보다 많은 작품을 팔 수 있었다면 좀 더 좋은 평가를 얻을 수 있었을 것이고, 아마도 질병과 절망으로 37세라는 젊은 나이에 자멸을 초래하지는 않았을 것이다.

반 고흐는 예루살렘에서 여리고로 가는 길에 강도를 만나 쓰러진 사람에 대해 매우 동정적이었다. 이는 자신을 고통당하는 사람의 처지에 감정 이입하여 생각하는 그의 성품을 잘 드러낸다. 고흐의 동생 테오Theo Van Gogh는 인상적인 화법으로 자기 메시지를 전할 수 있도록 형을 격려해 주었다.

이 그림에서 여리고로 가는 구부러진 길에 저마다 따로 가는 제사장과 레위 사람이 보인다. 고흐는 그들 제사장과 레위 사람이 얼마나 경건을 가장하고 있는지를 잘 보여 주었다. 또 예수님의 이 비유를 통해 우리 자신을 제사장, 레위 사람 또 사마리아 사람과 비교해 보기를 원했다.

네 이웃을 내 몸과 같이 사랑하라

바리새인과 제사장들은 예수님을 매우 질투했고 그를 따르는 사람이 많을수록 걱정했다. 또한 예수님을 싫어했으며, 늘 쫓아내고 싶어 했다. 그래서 종종 예수님을 시험하는 질문을 해서 함정에 빠트리고자 했다. 그러나 예수님은 항상 어떤 질문에 대해서도 답하셨다. 한 율법사가 물었다.

"선생님이여, 영생을 얻으려면 어떻게 해야 합니까?"

"율법에 무엇이라고 적혀 있느냐?"

"네 마음과 목숨과 힘을 다하여 하나님을 사랑하고 나의 이웃을 내 몸과 같이 사랑하라고 했습니다."

"네 말이 옳다."

“하지만 그것이 무슨 뜻입니까? 나의 이웃은 누구입니까?”

그러자 예수님은 그에게 이 이야기를 들려 주셨다.

한 남자가 혼자서 예루살렘에서 여리고로 내려가는 도중에 강도들의 공격을 받았다. 강도들은 그의 돈을 훔치고 심하게 때렸다. 잠시 후 한 성직자가 그 앞을 지나게 되었는데, 성직자는 그 남자를 보고도 돕지 않고 모른 척하고 지나갔다. 또 이번에는 하나님의 율법을 가르치는 선생이 그 앞을 지나가게 되었는데, 그 역시 돕지 않고 그냥 지나가 버렸다.

하지만 한 사마리아인이 길을 따라 여행하던 중 다친 남자를 보자마자 즉시 멈춰서 그를 씻겨 주고 상처에 붕대를 감아 주었다. 그리고 남자를 자신의 당나귀에 태워 여관으로 데려다 주었다. 다음날 사마리아인이 떠날 때 여관 주인에게 돈을 주면서 말했다.

“그를 잘 돌봐 주시오. 그리고 만약 돈이 더 필요하다면 내가 돌아올 때 대신 지불하겠소.”

사마리아인은 강도 만난 이방인을 위해 모든 것을 해 주었다. 그 사마리아인은 바로 유대인들이 가장 경멸하던 사람들이었다. 예수님은 다시 그 율법사에게 되물었다.

“네 생각에는 성직자와 율법 선생 그리고 사마리아인 이 세 사람 중에 누가 강도 만난 자의 이웃이 되겠느냐?”

“그를 친절히 도와준 사람입니다.”

“그러면 가라. 그리고 너도 그와 같이 하라.”

70. 나사로야, 나오너라

요한복음 11장

「나사로의 부활」 1706년. 장 주브네

프랑스의 화가 장 주브네Jean Jouvenet는 종교화를 주로 그렸다. 예술가 가정에서 태어난 그는 아버지로부터 첫 그림 교육을 받았다. 주브네는 일찍부터 뛰어난 실력을 보여 주었고, 파리에 도착하여 살롱 드 마스Salon de Mars에 고용된 샤를 르브룅Charles Le Brun의 관심을 끌었다. 1675년에는 그의 후원 아래 왕립 미술 아카데미의 회원이 되었고, 1681년에는 교수로 선출되었다. 1707년에는 4명의 종신 학장 중 한 명이 되었다.

주브네는 파리에서 엄청난 양의 작품을 제작했고, 대부분은 현재 루브르 박물관에 있다. 그는 르브룅의 왕립 미술 아카데미와는 구별되는 배치와 스타일을 가진 높은 수준의 작품들을 보여 주었다. 이에 대해 평론가들은 기존의 매너리즘에 비해 완전한 바로크 양식은 아니지만, 곡선보다는 날카로운 대각선으로 된 바로크 감성주의를 지니고 있다고 평했다. 또한 주브네는 자신이 그린 대부분의 종교화들과는 달리 자연주의적 스타일을 보여 주기도 했다. 그가 1717년에 숨을 거두기 전까지 마지막 4년은 마비에 시달렸는데, 모든 그림을 왼손으로 오롯이 그려야만 했다.

어린아이처럼

사람들은 예수님이 자기 자녀들을 축복해 주기를 바랐고, 아이들을 예수님에게로 데려왔다. 하지만 제자들은 아이들을 데려오는 것을 막으려고 했다. 이를 본 예수님이 말씀하셨다.

> 어린 아이들이 내게 오는 것을 용납하고 금하지 말라 하나님의 나라가 이런 자의 것이니라 내가 진실로 너희에게 이르노니 누구든지 하나님의 나라를 어린 아이와 같이 받들지 않는 자는 결단코 그 곳에 들어가지 못하리라 마가복음 10:14-15

마리아와 마르다

베다니라는 촌락에 세 남매가 사이좋게 살고 있었다. 마르다와 마리아 자매, 그리고 오라비 나사로였다. 예수님은 이들 세 남매를 무척 아끼고 사랑하셨다. 세 남매 또한 예수님을 기꺼이 따랐고 순수한 마음으로 헌신했다. 세 남매 중 마르다는 집안일을 도맡아 했는데, 실질적인 가장의 역할을 감당했다.

특히 마르다는 활동적인 성격이라 손님 접대를 잘했고 봉사하는 일도 즐겼다. 하루는 예수님께서 마르다의 초청을 받고 그녀의 집을 찾았다. 마르다는 주님과 제자들을 대접할 수 있게 되어 무척 기뻤다. 그래서 정성을 다해 많은 것을 준비하느라 수고했다. 할 것은 너무도 많은데 시간은

「나사로의 부활(*The Raising of Lazarus*)」 1706년. 장 주브네. 캔버스에 유화. 664×388cm. 루브르 박물관. 파리.

별로 없었다. 이것도 해야 하고 저것도 만들어야 하고 정신없이 바쁘게 움직이는데, 자신을 도와 일을 거들어야 할 동생 마리아는 주님 발치에 다소곳이 앉아 말씀을 듣고 있었다. 마르다는 그런 동생이 무척 야속했기에 주님께 부탁했다.

"주여, 내 동생으로 저를 도와주라 하소서."

마르다는 주님이 응당 자신의 부탁을 들어 줄 것이라고 생각했다. 그런데 마르다의 예상은 빗나갔다. 오히려 주님은 마르다를 조용히 나무라셨다.

"네가 너무 많은 일로 염려하는구나. 몇 가지만 하든지, 혹은 한 가지만 해도 족하도다."

말하자면 음식 준비는 적당히 하고 마르다도 빨리 들어와 마리아처럼 말씀을 들으라는 의미였다. 마르다는 덜 좋은 것을 위해 더 좋은 것을 놓치면서 스스로 힘들고 바쁘게 자신의 몸을 정신없이 움직였던 것이다.

나사로의 부활

예수님은 이미 4일 전에 나사로가 죽었음을 알고 계셨다. 그럼에도 제자들에게 다시 살리실 것이라고 밝히 말씀하셨다. 그리고 나사로의 무덤에 오셨다. 예수님은 나사로를 살리려고 무덤에 오셨으나 죽음으로 인한 슬픔은 사라지지 않았다.

예수님은 함께 있는 모든 사람들에게 하나님의 영광을 보여주시기 위해 나사로를 살리시려고 했다. 그래서 돌을 옮겨 놓을 것을 명령하셨다. 예수님은 자신이 하신 말씀을 언제나 신실하게 지키시는 분이었다.

그런데 예수님의 말씀에 제일 먼저 반대한 사람이 마르다였다. 마르다는 예수님이 하나님의 아들로서 부활이시며 생명이심을 알았고 또 믿었다. 그럼에도 예수님이 죽은 지 4일이나 지나서 썩은 냄새가 나는 죽은 사람을 살리려는 것은 가능한 일이 아니라고 단정지었다. 예수님은 믿지 않는 마르다에게 책망과 권고의 말씀을 하셨다.

"하나님의 영광을 보리라 하지 아니했느냐?"

마르다로 하여금 다시금 믿음으로 이끄시는 말씀이었다. 예수님은 우리 인생들을 아시고 연약한 믿음을 권고하셔서 다시금 주님의 말씀을 신뢰하도록 이끄시는 분이다. 마르다는 주님의 말씀을 듣고 순종함으로 돌을 옮겨 놓았다. 예수님은 먼저 하나님께 감사의 기도를 드렸다.

"아버지여, 내 말을 들으신 것을 감사하나이다."

예수님은 하나님께 나사로를 살리시도록 기도했고, 하나님은 예수님의 기도에 응답하셨다. 이로 인해 예수님은 감사를 드린 것이다. 이 말씀을 통해 예수님은 나사로를 살리신 것이 하나님 아버지이심을 모든 이들로 알게 한 것이다.

"항상 내 말을 들으시는 줄을 내가 알았나이다."

아버지와 아들은 언제나 함께하시며 아버지는 아들의 말을 들으시는 분으로 계심을 보여 주신 것이다. 하나님께 드리는 감사의 기도를 통해 예수님은 하나님의 영광을 본 많은 사람들이 다른 생각을 가지지 못하게 하시는 것이다.

71. 나귀를 타신 예수님

마태복음 21장

「그리스도의 예루살렘 입성」 귀스타브 도레

귀스타브 도레Gustave Doré는 19세기 중반의 가장 유명한 프랑스 삽화가다. 그는 평생 동안 1만 점 이상의 판화를 제작했고, 200권 이상의 책에 삽화를 그렸다. 삽화를 그린 책 가운데에는 400점 이상의 도판이 사용된 것도 있다. 열여섯 살에 이미 프랑스에서 가장 돈을 많이 버는 유명 삽화가였던 도레는 회화와 조각에도 도전을 이어갔다.

처음 도레는 석판화를 만들어 주간 신문에 제공했는데, 열여섯 살의 어린 나이에 이미 프랑스에서 가장 돈을 많이 버는 유명 삽화가가 되어 있었다. 그는 곧 노련한 장인들로 팀을 짜서 목판에 새길 원본 드로잉들을 제작하기 시작했다. 당시 그는 꽤 많은 작품을 제작했기 때문에 한 번에 40명 이상의 목판 조각가들을 고용하기도 했다.

시인이자 문학 비평가였던 테오필 고티에Theophile Gautier는 도레를 가리켜 '천재 소년'이라고 불렀다. 도레는 프랑수아 라블레Francois Rabelais, 오노레 드 발자크Honore de Balzac, 존 밀턴John Milton, 단테 알리기에리Dante Alighieri, 조지 바이런 경George Gordon Byron, 에드거 앨런 포Edgar Allan Poe 등 당대 유명 작가들의 작품에 삽화 작업을 하기도 했다. 1867년에는 런던에서 대규모 전시회를 가졌고, 이를 계기로 뉴 본드 가New bond St.에 도레 화랑을 열게 되었다.

그는 1869년에 런던의 일상과 풍경을 담은 『런던: 순례여행*London: A Pilgrimage*』을 블랜차드 제럴드Blanhard Jerrold와 공동 작업으로 만들었다. 이 작품은 런던에서 가장 가난한 지역들에 대한 어두운 습작들을 담고 있었고, 이것이 빈센트 반 고흐의 관심을 끌었다. 약 30년 후에 고흐는 런던의 뉴게이트 교도소를 묘사한 도레의 판화를 바탕으로 교도소 안마당을 그리기도 했다. 도레의 성공은 더 많은 주문들을 이끌어냈다. 1870년대에는 회화와 조각도 시작했으나 프랑스에서는 그리 호평을 받지 못했다. 하지만 런던에서의 반응은 달랐고, 존경을 한몸에 받았다. 바로 「그리스도의 예루살렘 입성」이 프랑스에서는 그리 환영받지 못했지만, 런던에서 소개되었을 때에는 많은 사람들의 갈채를 받았다.

『런던: 순례여행(*London: A Pilgrimage*)』의 책표지. 1868년 언론인이자 극작가인 블랜차드 제럴드에 쓰여지고 도레가 판화를 삽입한 이 책은 사회 저널리즘의 고전으로 19세기 런던의 모습을 신랄하게 보여 주고 있다.

예루살렘 입성

예수님이 죽었던 나사로를 살리셨다는 소문이 많은 유대인들에게

「그리스도의 예루살렘 입성(*Christ's Entry into Jerusalem*)」 귀스타브 도레. 캔버스에 유화. 131.4×98.4cm. 도레 미술관. 런던.

퍼져 나갔다. 특히 유월절을 지키기 위해 많은 유대인들이 예루살렘에 모여들었던 때라 예수님이 행하신 기적은 더욱 빨리 전해졌다. 그리고 예수님이 베다니에 계시다는 소문을 듣고 많은 유대인들이 급히 베다니로 몰려들었다. 그들 대부분은 예루살렘에 거주하는 유대인들보다 예루살렘 바깥에 거주하는 유대인들이었을 것이다.

많은 유대인들은 바리새인들이나 대제사장들과 달리 하나님이 행하신 능력과 영광을 보고자 했다. 이들은 죽었다가 다시 살아난 나사로를 보면서 예수님이 참으로 하나님께서 보내신 분임을 믿게 되었다. 또 주님이 행하신 일이 사람으로서는 도저히 할 수 없는 일이라는 것도 잘 알고 있었다. 이것을 아는 것은 어려운 일이 아니다. 그럼에도 사실을 사실로 받아들이지 않는 것은 하나님의 은혜와 능력을 부인하는 죄이다.

대제사장들은 예수님이 베다니에 계신 것과 많은 유대인들이 예수님과 나사로를 보기 위해 베다니로 몰려갔고, 그로 인해 많은 유대인들이 예수님을 믿게 되었다는 소식을 들었다. 그러자 대제사장들은 예수님뿐만 아니라 나사로까지 죽이려고 계획했다. 나사로가 살아 있는 한 사람들이 예수님을 따르게 될 것이기 때문이다. 즉 나사로 자체가 예수님이 누구이신지를 알려 주는 존재이기 때문이다. 그래서 나사로까지 죽이기 위해 모의를 하게 되었다.

아무튼 그러한 일들이 은밀하게 획책되고 있음에도 불구하고 예수님에게는 오늘이 너무나 특별한 날이었다. 예수님의 마음은 매우 두근거렸다. 오늘이 바로 예수님이 십자가를 지시기 위해 예루살렘 성으로 들어가는 날이기 때문이다.

예수님은 제자들과 함께 동쪽의 여리고로부터 예루살렘을 향해 오고 있었다. 예수님은 감람산 동쪽 능선에 위치한 벳바게Bethphage에 이르렀을 때 두 제자를 보내어 나귀를 준비하도록 지시하셨다. 마태는 이 행위가 백성들에게 온유하게 나귀를 타고 오시는 왕에 대해 언급한 스가랴의 예언을 성취한 것이라고 기록하고 있다.

> 시온의 딸아 크게 기뻐할지어다 예루살렘의 딸아 즐거이 부를지어다 보라 네 왕이 네게 임하시나니 그는 공의로우시며 구원을 베푸시며 겸손하여서 나귀를 타시나니 나귀의 작은 것 곧 나귀 새끼니라스가랴 9:9

이것은 왕들이 입성하는 통상적인 방식이 아니었다. 예루살렘 성의 사람들은 메시아, 곧 구원자이신 예수님이 예루살렘에 들어오시는 것을 보자 종려나무 가지를 꺾어서 흔들며 환영했다.

> 앞에서 가고 뒤에서 따르는 무리가 소리 높여 이르되 호산나 다윗의 자손이여 찬송하리로다 주의 이름으로 오시는 이여 가장 높은 곳에서 호산나 하더라
>
> 마태복음 21:9

사람들은 존귀하신 예수님을 맞이하기 위해 자기들의 겉옷을 벗어 깔고 나뭇가지를 길에 폈다. 나귀를 타고 오시는 그분이 그 위를 밟고 지나가게 한 것이다. 예수님의 제자들도 우쭐했다.

"야! 드디어 주님이 예루살렘 성의 주인으로 오시는구나! 곧 왕이 되실 거야! 하하하. 그땐 나도 높은 직위 한 자리를 차지할 수 있을 거야."

하지만 예수님의 마음은 전혀 달랐다. 세상의 영광을 얻기 위해서가 아니라 하나님 나라를 위해서, 또 죄인들을 구원하기 위해 십자가를 지려고 예루살렘 성에 들어가신 것이기 때문이었다. 예수님의 나라는 이 세상의 것이 아니었다. 곧 그분의 예루살렘 입성은 고난의 시작이었다.

72. 성전을 청소하시다

마태복음 21장

「성전 청소」 1712-1714년. 지우제페 파세리

지우제페 파세리Giuseppe Passeri는 고향 로마에서 활동한 바로크 시대의 이탈리아 화가다. 화가 조반니 바티스타 파세리Giovanni Battista Passeri의 조카로 태어나 카를로 마라타Carlo Maratta의 스튜디오에서 미술에 대한 훈련을 받았다. 그의 그림 가운데 베드로가 백부장에게 세례를 주는 그림이 있는데, 후에 모자이크로 옮겨졌다.

마태복음에서 이야기한 대로 유월절 기간 동안 예수님은 예루살렘에 있는 성전 안에서 제물로 쓸 짐승들과 돈을 바꿔 주는 사람들을 내쫓았다. 파세리는 고대의 고전적 양식의 사원을 호화로운 구조로 상상했다. 혼란스럽고 많은 인물이 나열된 장면에도 불구하고 가운데 있는 그리스도가 꾸짖는 동안 그의 광채에서 촉발되는 이야기의 명료함은 예수님의 몸짓을 통해 분명히 전달된다. 기독교에서 예루살렘 성전은 그리스도의 상징과 같았다. 빛이 나면서 밝은 색으로 구성된 역동적인 그리스도의 모습에는 우아함이 부여되어 있다.

채찍을 드신 예수님

갈릴리와 베뢰아 지경에서의 전도 사역을 마치신 예수님은 유월절 행사에 참석하기 위해, 그리고 구약에서 예언되었고 자신도 예언한 바대로의 수난과 죽임을 당하기 위해 예루살렘을 향해 길을 떠났다. 생애의 마지

「성전 청소(*The Cleansing of the Temple*)」 1712-1714년. 지우제페 파세리. 캔버스에 유화. 132.5×98.5cm. 월터 아트 뮤지엄. 볼티모어.

막 순간을 보낼 예루살렘으로 가까이 옴에 따라 예수님의 메시아 되심은 사람들에게 더욱 더 널리 전파되고 있었다.

한편 예수님은 자신이 걸어가야 할 길이 결국 고난의 십자가를 향한 것임을 알고 있었기 때문에 이 길이 하나님의 뜻을 실현하기 위한 희생과 대속의 길이라는 비장한 각오를 더욱 마음에 새기고 계셨다. 예수님은 평화와 겸손을 상징하는 나귀를 타고 예루살렘 성으로 입성하셨다. 군중들은 눈에 보이는 메시아 왕국을 세우실 것이라는 그릇된 기대를 가지고 있었기에 "호산나'이제 구원하소서'라는 뜻"를 외치며 환호했다.

예수님은 성전에 들어가서 모든 것을 둘러보셨다. 그리고 웅장하고 아름답게 장식된 성전 가운데 인간의 위선, 탐욕, 가증스러움, 이기주의, 죄악이 가득 차 있음을 보셨다. 다음 날 예수님은 이처럼 더럽혀진 성전을 깨끗케 하시기 위해 채찍을 드셔야만 했다.

「성전을 청소하시는 그리스도(*Christ cleansing the Temple*)」 1570년경. 엘 그레코. 포플러 나무판에 유화. 65.4X83.2cm. 워싱턴 국립 미술관. 워싱턴.

73. 최후의 만찬

요한복음 13장

「최후의 만찬」 1495-1498년. 레오나르도 다빈치

「최후의 만찬」은 밀라노의 산타 마리아 델레 그라치에 교회Chiesa di Santa Maria delle Grazie 식당에 그려진 벽화 작품이다. 성경에서 예수님이 "너희 중 하나가 나를 배반하리라"고 말하자 제자들이 놀라는 표정을 생생하게 담아낸 것이다. 특히 손에 돈주머니를 쥐고 있는 유다는 당황함을 감추려고 애쓰는 표정이 잘 그려져 있다.

이 그림이 그려진 곳은 수도사들의 식당이었다. 수도사들이 식사하면서 벽화를 통해 예수님과 그의 제자들이 마지막 식사를 하는 장면을 매일 볼 수 있었다. 다빈치는 그림 속 사람들을 실물 크기로 그려 넣었는데, 수도사들도 함께 만찬에 참여하는 기분이 들도록 했던 것이다.

다빈치가 그림을 완성하는 데까지는 많은 시간이 걸렸다. 그래서 덧칠하여 그리거나 수정할 수 있도록 템페라tempera 기법을 사용했다. 하지만 템페라 기법을 벽화에 사용하면 벗겨지기가 쉽다. 결국 오래되지 않아 벽

화가 많이 벗겨지고 말았다.

그림은 예수님이 십자가에서 돌아가시기 전날에 열두 제자와 함께 만찬을 나누는 장면으로, 매우 낯익은 주제를 전무후무한 방식으로 표현한 작품이다. 15세기 피렌체에서는 다빈치 이전에 안드레아 델 카스타뇨Andrea Del castagno나 기를란다요Ghirlandajo에 의해 최후의 만찬이라는 주제의 그림이 그려졌었다. 하지만 이들의 작품에서는 유다만 식탁 건너편에 위치하는 구도였다. 그런데 다빈치는 전혀 새로운 장면을 시도했다. 유다를 제자들 무리 속에 포함시키고 열두 제자를 세 명씩 작은 무리를 지어 놓았다. 즉 이전 작가들은 유다의 배반에 초점을 맞추었다면 다빈치는 화면의 조형성에 중점을 둔 것이다.

화면의 구도는 매우 수학적인 구조로 이루어져 있다. 세 개의 창문과 네 개의 무리를 이룬 열두 제자 등은 기독교의 삼위일체, 사복음서 그리고 새 예루살렘의 열두 문 등을 상징한다는 해석도 있다. 그림 가운데 위치한 예수님의 몸은 삼각형을 이루고 있으며, 정확한 원근법으로 전체 작품이 구성되어 있다. 하지만 감상자의 입장에서는 수학적 원근법을 정확하게 볼 수 있는 자리가 없도록 그려졌다. 이는 일상적으로 볼 수 있는 차원이 아니라 이상적인 차원의 그림임을 보여 준다.

기존의 전통적 방식을 뛰어넘는 독창성과 예리하면서도 정확한 형식미, 숭고한 주제를 다루는 뛰어난 방식 등으로 인해 이 작품은 르네상스 전성기의 가장 뛰어난 성과로 평가되고 있다. 1980년에 유네스코는 이 작품이 소장된 밀라노의 산타 마리아 델레 그라치에 교회와 함께 세계문화유산으로 지정했다.

그림에서 예수의 말을 들었을 때 제자들의 반응은 놀라움, 의심, 두려움, 걱정 등 제각각이었을 것이다. 신약성경에서도 제자들의 성격은 가지각색이었는데, 도마는 의심이 많고 베드로는 다혈질이었으며, 마태는 침착하고 지적이었다. 다빈치는 이런 제자들의 기질에 따라 예수님의 말씀에 어떻게 반응하는지 표현하고자 했다. 그래서 두개골의 형태에 따라 관상이 달라지고 사람의 성격이 정해진다는 해부학 실험을 기초로 제자들의 생김새를 결정하고 그에 맞는 얼굴 표정과 몸짓을 묘사해냈다.

도마는 예수님의 바로 오른편에 앉아 손가락을 위로 가리키며 그게 누구인지 반문하는 표정을 짓고 있다. 또 예수님을 배반한 유다는 예수님의 왼편에 함께 그려졌는데, 손에 돈주머니를 쥐고 있다. 예수님의 오른편에 있는 사람은 요한이다. 요한은 자주 예수님의 품에 안겼다는 점에서 착안하여 오른편 가까이 둔 것이다. 불같은 성격의 베드로는 자신의 궁금증을 풀려는 듯 요한의 귀에 대고 속삭이고 있다. 손에는 칼을 들고 있는데, 이는 예수님이 체포될 당시 대제사장의 귀를 자른 제자가 베드로임을 예고하는 것이다. 유다가 돈주머니를 들고 있는 것은 당시 회계 담당이기 때문이다. 또한 은화 30냥에 예수님을 팔게 되리라는 암시이기도 하다. 다만 아직은 죄인임이 드러나지 않았기 때문에 다른 제자들과 똑같이 식탁에 앉아 있다.

이는 내 몸이요, 내 피라

서기 30년 즈음 어느날 저녁에 예수님은 예루살렘의 한 이층 방에서 제자들과 함께 마지막이 될 저녁 식사를 들고 계셨다. 그리고 이 모습은 마가와 사도 바울의 기록에도 나와 있다. 후식을 먹을 때에 예수님은 유대인들의 회식 절차에 따라 찬양의 잔을 들고 긴 찬양 기도를 하신 다음, 제자들에게 건네 주시면서 마시라고 했다. 그 잔은 10여 명 이상이 돌려가면서 함께 마실 수 있는 큰 잔이었다.

포도주 잔을 돌리면서 하신 예수님의 말씀은 떡을 나눌 때 못지않게 파

「최후의 만찬(*The Last Supper*)」 1495-1498년. 레오나르도 다빈치. 캔버스에 유화. 880×460cm. 산타마리아 델레 그라치에 성당. 밀라노.

격적이었다.

예수님은 떡을 떼시며 '이는 내 몸'이라고 말씀하셨던 것이다. 그리고 포도주 주시면서 '이는 내 피'라고 하셨다. 이것은 유대인들이 알고 있는 전통적인 유월절 만찬의 의미를 완성하는 것이었다. 유월절 어린양이 결국은 자신의 죽음과 관련된 상징임을 마지막으로 선포하신 것이다. 자신의 살신성인殺身成仁의 의지를 드러내긴 것이기도 하다.

"이것은 많은 사람을 위하여 흘리는 나의 피 곧 언약의 피니라."마태복음 26:28

이 말씀은 출애굽기에 나오는 "모세가 그 피를 가지고 백성에게 뿌리며 이르되 이는 여호와께서 이 모든 말씀에 대하여 너희와 세우신 언약의 피니라"출애굽기 24:8라고 하는 이스라엘 민족과 여호와의 계약 관계, 그리고 이사야 52장 13절부터 53장 12절에 등장하는 '야훼의 종의 노래'를 최종 확인한 것이다.

보라 내 종이 형통하리니 받들어 높이 들려서 지극히 존귀하게 되리라 전에는 그의 모양이 타인보다 상하였고 그의 모습이 사람들보다 상하였으므로 많은 사람이 그에 대하여 놀랐거니와 그가 나라들을 놀라게 할 것이며 왕들은 그로 말미암아 그들의 입을 봉하리니 이는 그들이 아직 그들에게 전파되지 아니한 것을 볼 것이요 아직 듣지 못한 것을 깨달을 것임이라 우리가 전한 것을 누가 믿었느냐 여호와의 팔이 누구에게 나타났느냐 그는 주 앞에서 자라나기를 연한 순 같고 마른 땅에서 나온 뿌리 같아서 고운 모양도 없고 풍채도 없은즉 우리가 보기에 흠모할 만한 아름다운 것이 없도다 그는 멸시를 받아 사람들에게 버림 받았으며 간고를 많이 겪었으며 질고를 아는 자라 마치 사람들이 그에게서 얼굴을 가리는 것 같이 멸시를 당하였고 우리도 그를 귀히 여기지 아니하였도다 그는 실로 우리의 질고를 지고 우리의 슬픔을 당하였거늘 우리는 생각하기를 그는 징벌을 받아 하나님께 맞으며 고난을 당한다 하였노라 그가 찔림은 우리의 허물 때문이요 그가 상함은 우리의 죄악 때문이라 그가 징계를 받으므로 우리는 평화를 누리고 그가 채찍에 맞으므로 우리는 나음을 받았도다 우리는 다 양 같아서 그릇 행하여 각기 제 길로 갔거늘 여호와께서는 우리 모두의 죄악을 그에게 담당시키셨도다 그가 곤욕을 당하여 괴로울 때에도 그의 입을 열지 아니하였음이여 마치 도수장으로 끌려 가는 어린 양과 털 깎는 자 앞에서 잠잠한 양 같이 그의 입을 열지 아니하였도다 그는 곤욕과 심문을 당하고 끌려 갔으나 그 세대 중에 누가 생각하기를 그가 살아 있는 자들의 땅에서 끊어짐은 마땅히 형벌 받을 내 백성의 허물 때문이라 하였으리요 그는 강포를 행하지 아니하였고 그의 입에 거짓이 없었으나 그의 무덤이 악인들과 함께 있었으며 그가 죽은 후에 부자와 함께 있었도다 여호와께서 그에게 상함을 받게 하시기를 원하사 질고를 당하게 하셨은즉 그의 영혼을 속건제물로 드리기에 이르면 그가 씨를 보게 되며 그의 날은 길 것이요 또 그의 손으로 여호와께서 기뻐하시는 뜻을 성취하리로다 그가 자기 영혼의 수고한 것을 보고 만족하게 여길 것이라 나의 의로운 종이 자기 지식으로 많은 사람을 의롭게 하며 또 그들의 죄악을 친히 담당하리로다 그러므로 내가 그에게 존귀한 자와 함께 몫을 받게 하며 강한 자와 함께 탈취한 것을 나누게 하리니 이는 그가 자기 영혼을 버려 사망에 이르게 하며 범죄자 중 하나로 헤아림을 받았음이니라 그러나 그가 많은 사람의 죄를 담당하며 범죄자를 위하여 기도하였느니라

이 선언으로 말미암아 예수님의 죽음이 우리의 구원과 지적접인 연관이 있으므로 우리들의 신앙고백으로 삼으라는 말씀인 것이다.

74. 십자가를 지신 예수님

마태복음 27장

「십자가에 달리심」 1660-1665년. 가브리엘 메취

「십자가 위의 예수(*Jesus on the Cross*)」 1631년. 렘브란트. 패널로 지지한 캔버스에 유화. 99.9X72.6cm. 성 빈센트 교회. 로트에가론.

네덜란드의 풍속화가 가브리엘 메취Gabriel Metsu는 풍부한 색채와 실제에 충실한 묘사를 통해 네덜란드 사실주의를 대표하는 화가가 되었다. 네덜란드의 시민 생활, 특히 가정적인 풍경과 일상생활에서 흔히 볼 수 있는 사건들을 주제로 그림을 그렸고, 일상을 하나의 드라마처럼 꾸미는 데 집중했다.

메취는 1648년 레이덴의 화가 조합에 가입한 후 화가로서의 활동을 시작했다. 이후 1654년 암스테르담으로 나와 작품 활동을 이어갔다. 초기의 화풍에서는 프란스 할스Frans Hals, 렘브란트 등의 영향이 보이는데, 특히 풍부한

색채 구성에 정물의 세밀한 묘사 및 세속화에 뛰어나 헨드릭 테르브루그헨Hendrick Terbrugghen, 피테르 데 호흐Pieter de Hooch와 같이 18세기에 칭송받는 작가가 되었다.

메취가 그린 「십자가에 달리심」에는 두개골과 십자가, 성배, 일식으로 보여지는 매달린 달, 극적 명암을 보여 주는 하늘, 어쩌면 예수님이 가장 사랑했던 제자인 요한으로 보여지는 인물과 그의 어머니 그리고 막달라 마리아로 구성되어 있다. 매우 특이한 요소는 십자가 위 라틴어 죄패에 히브리어 비문이 있다는 점이다. 십자가와 관련한 회화 대부분에서는 히브리어 비문이 많지 않다. 그런데 메취의 그림에서는 히브리어와 라틴어, 헬라어가 적혀 있다. 여기에서 예수는 '여호와께서 구원하신다'라는 뜻의 '예슈아Yeshua'로 쓰여져 있으며, '유대인의 왕'이라고 적힌 종이의 모서리는 접혀져 있다. 접힌 부분은 아마도 '나사렛'으로 추측되는데, '유대인의 왕 나사렛 예수ישוע הנצרי ומלך היהודים'를 쓰려고 한 것일 수 있다. '하예후딤היהודים'은 예수님이 속한 유다 지파를 가리킨다.

메취가 비문을 그리는 데 영향을 받은 것은 네덜란드의 동료 화가 렘브란트가 20년 전에 그린 「십자가 위의 예수*Jesus on the Cross*」 때문으로 여겨진다. 렘브란트의 그림과 다른 점은 대개 죄패에서 예수를 '예슈아'로 4자의 히브리어로 표현하는데 메취는 5자로 표기했다는 점이다. 이것으로 볼 때 메취는 히브리어를 모르는 게 분명하고, 만약 렘브란트의 것을 그대로 모방한 것이라면 오타로 볼 수 있다. 왜냐하면 루벤스, 반 다이크Anthony Van Dyck, 엘 그레코

「십자가에 달리심」에 붙여진 죄패에는 히브리어, 라틴어, 헬라어가 적혀 있다.

「십자가에 달리심(*Crucifixion*)」 1660-1665년. 가브리엘 메취. 캔버스에 유화. 56.8×73cm. 카피톨리니 박물관. 로마.

El Greco, 마르코 피노Marco Pino, 파올로 베로네세Paolo Veronese, 안니발레 카라치Annibale Carracci, 조르조 바사리Giorgio Vasari, 미켈란젤로 등 많은 작가들의 작품에서 철자가 렘브란트의 것과 같기 때문이다. 다만 메춰는 다른 회화의 일반적인 표기인 '유대인의 왕 예수'가 아니라 '유대인의 왕 나사렛 예수'라고 표기된 다른 작품을 보았을 것이고, 그에 따라 비문을 표기하려고 했던 것으로 여겨진다.

못 박히심

며칠 후 가룟 유다의 배신으로 대제사장들에게 팔려서 로마 군병들에게 넘겨진 예수님은 온갖 고초를 당하게 되었다. 그리고 십자가를 지고 골고다 언덕을 말없이 오르고 계셨다. 예수님을 둘러싸고 로마 군병들과 예수님을 좇는 무리들, 또 많은 구경꾼들이 그분이 끌려가는 그 길을 따라 함께 걷고 있었다.

"십자가에 못 박아라! 십자가에 못 박아라!"

며칠 전까지만 해도 예수님을 환영했던 군중들은 이제는 예수님을 십자가에 못 박으라고 외쳐댔고, 구경꾼들은 즐거워하며 따라왔다. 예수님을 아끼고 사랑하던 사람들의 울음소리와 함께 로마 군병들의 채찍질 소리가 들려왔다. 머리에 가시관을 쓰신 예수님이 지신 십자가는 너무도 무거웠다. 온몸에 채찍으로 맞고 주먹으로 맞은 예수님은 십자가를 지고 가다가 무게를 견디다 못해 쓰러졌다. 예수님의 십자가는 구레네 사람 시몬이 대신 지고 가게 되었다.

골고다 언덕에 이르자 로마 군병들은 예수님을 십자가에 못 박고는 똑같이 십자가에 못 박힌 두 강도의 중간에 세워 놓았다. 사람들의 놀림과 모욕이 계속되었다. 군중들은 예수님이 그리스도이자 하나님의 아들인 것을, 또 우리 죄 때문에 십자가에 달리신 것을 믿지 않았다.

"뭐가 어째? 성전을 헐고 사흘 만에 다시 짓겠다고! 어디 한 번 그 십자가에서 내려와 보시지."

"쯧쯧. 다른 사람은 구원하면서 자기 자신은 구원할 수 없나 보지?"

"당신이 이스라엘의 왕 그리스도라고? 어디 한 번 십자가에서 내려와 보라니까!"

이 세상 모든 사람들의 죄짐을 대신 지신 예수님은 십자가 위에서 온갖 조롱을 받으면서 우리가 당할 죽음을 대신 당하고 계셨다. 그때 놀라운 일이 일어났다. 갑자기 온 땅이 어둠에 덮이더니 낮 12시부터 세 시간 동안 계속되었다. 태양이 가장 밝게 빛나야 할 이때에 갑자기 어두움이 덮쳐 온 것이다. 이것은 독생자를 십자가 위에서 죽이고 계신 아버지 하나님의 큰 슬픔을 나타내는 어두움이었다. 하나님이 너무 슬퍼서 눈을 가리고 계신 것만 같았다. 또 그 어두움은 이 세상 마지막 날 하나님의 심판이 얼마나 무서운지를 보여 주는 것 같았다.

이윽고 예수님은 큰 소리를 지르시며 돌아가셨는데, 그때 성소의 휘장이 위에서부터 아래로 둘로 찢어졌다. 휘장의 두께는 손바닥 두께만큼 두꺼웠기 때문에 쉽게 찢어질 수 있는 것이 아니었다. 바로 죄인인 우리가 하나님께로 나아갈 수 있는 길이 열리는 순간이었다. 죄의 결과는 죽음이었기 때문에 하나님의 버림을 받고 죽을 수밖에 없었던 사람들이 이제는 우리 죄를 대신 지고 몸이 찢겨 돌아가신 예수님 때문에 하나님의 은혜 앞으로 나아가는 길이 열린 것이다. 하나님과 우리 사이에 막혀 있던 담이 허물어지고 누구든지 예수님을 믿으면 구원을 받고 영원한 생명을 얻게 되는 순간이었다.

75. 부활하신 예수님

요한복음 20장

「부활의 아침에 무덤으로 달려가는 제자 베드로와 요한」 1898년, 외젠 뷔르낭

스위스의 화가 외젠 뷔르낭Eugene Burnand의 생애와 작품에 대해서는 알려진 바가 별로 없다. 작품 「부활의 아침에 무덤으로 달려가는 제자 베드로와 요한」은 사실적이고 생동감 넘치게 표현되어 있다. 이 그림은 성경의 내용을 바탕으로 원문에 충실하게 묘사했는데, 보는 이들로 하여금 깊은 감동에 젖게 만든다.

한 주의 첫날인 일요일, 아직은 이른 아침에 막달라 마리아가 무덤으로 갔더니 무덤을 막고 있던 돌이 옮겨져 있었다. 마리아는 곧장 달려가서 베드로와 다른 제자들에게 이 사실을 알렸고, 베드로와 다른 제자가 나와 무덤으로 달려갔다. 뷔르낭은 찬란한 부활의 아침을 묘사하기 위해 전체 배경을 황금색으로 표현했다. 그리고 예수님과 제자들이 함께 전도 여행을 다녔던 갈릴리 들판과 마을들을 멀리 배경으로 표현했다. 하늘은 동이 틀 무렵을 드러내고 있으며, 두 남자는 들판을 가로질러 급히 달려가고 있다.

두 제자의 머리카락은 바람에 휘날린다.

화가는 단조로운 화면에 왼쪽으로 달려가는 두 제자를 통해 역동성을 부여해 냈다. 빈 무덤에 대한 소식을 듣고 앞서 달려가는 요한의 얼굴에는 불안함이 역력하다. 하지만 요한은 불안함 가운데서도 부활하신 주님을 확신하듯 양손을 움켜잡은 채 앞을 바라보며 달리고 있다.

요한과 함께 달리고 있는 베드로의 눈은 놀라움을 품고 있다. 그는 오른손을 가슴에 대고 왼손으로 무언가를 가리키고 있다. 이 손 모양은 베드로의 신앙고백이라고 볼 수 있다. 곧 부활하신 주님은 삼위 하나님 가운데 한 분이신 성자 예수님임을 고백하는 것이다. 예수님이 없다는 것이 어린 요한에게는 슬픔이었고, 교회를 책임져야 했던 나이 많은 베드로에게는 근심이었다. 그 슬픔과 근심이 그들의 얼굴에서 잘 묻어나 있다.

부활의 아침

"무덤이 비었어요! 예수님이 부활하셨어요!"

여인들이 울며불며 소리쳤다. 아침 일찍 찾아간 무덤에서 예수님은 계시지 않았다. 무덤에서는 천사가 여인들을 기다렸다가 예수님의 부활을 알렸다. 갈릴리로 오실 것이라고 했지만, 누구도 그 말을 믿지 않았다. 여기저기 널브러져 있던 사람들이 황급히 일어나 무덤으로 달려갔다.

"정말이야! 예수님이 다시 살아나셨어!"

정치적 메시아를 원했던 제자들은 예수님의 죽음으로 인해 뿔뿔이 흩어져 고향으로 돌아갔다. 예수님의 죽음은 곧 예수 시대의 끝이었고 메시아의 끝이었으며, 그들이 꿈꾸던 이스라엘의 독립과 회복이 사라져 버린 것이었다. 하지만 예수님의 부활을 통해 그들은 새로운 것을 보게 되었다. 제자들은 새로운 정치 지도자를 본 것이 아니다. 자신의 죄를 대신 지시고 죽으셨다가 부활하신 구세주를 본 것이다. 또한 하나님과의 관계를 회복케 하시는 생명되신 예수 그리스도를 본 것이다.

> 예수께서 이르시되 나를 붙들지 말라 내가 아직 아버지께로 올라가지 아니하였노라 너는 내 형제들에게 가서 이르되 내가 내 아버지 곧 너희 아버지, 내 하나님 곧 너희 하나님께로 올라간다 하라 하시니 요한복음 20:17

마리아가 부활하신 예수님을 보았을 때 너무 기뻐서 예수님을 만지려고 했다. 그때 예수님은 아직 아버지께로 올라가지 못했으니 만지지 말라고 하셨다. 그 이유를 두 가지로 생각해 볼 수 있다.

첫째, 예수님이 부활하신 것을 막달라 마리아가 최초로 보긴 했지만 그때에는 예수님 자신이 하나님께 열납되도록 드리기 전이었으므로 만지지 말라고 하셨을 것이다. 레위기 23장을 보면 초곡절初穀節에 드리는 곡물은 거룩하기 때문에 아무나 만지지 못하게 했다. 이 초곡절은 예수님의 부활을 의미하는 절기로, 예수님도 부활의 첫 열매로 하나님께 드려졌기 때문에 만지지 못하게 하신 것이다.

한편 마태복음 28장 9절에서는 예수님을 본 여인들이 그 발을 붙잡고 경배하는 장면이 나온다. 이는 마리아보다 늦게 굴에 도착한 여인들이 그 상황을 보고 마을로 뛰어 내려가다가 예수님을 만났다. 그때 예수님은 자신을 하나님께 구별하여 드리신 후였기 때문에 만지도록 허용하신 것으로 이해할 수 있다.

둘째, 각 복음서의 명확한 목적을 위해 하나님이 의도하신 것임을 감지할 수 있다. 마태복음은 예수님이 유대인의 왕으로서, 구약에 기록된 메시아로서, 다윗의 후손으로서 오셨음을 증거한다. 따라서 여인들은 유대인의 왕으로, 약속된 메시아로, 다윗의 후손으로 오신 예수님의 발을 붙잡고

「부활의 아침에 무덤으로 달려가는 제자 베드로와 요한(*The Disciples Peter and John Running to the Sepulchre on the Morning of the Resurrection*)」 1898년. 외젠 뷔르낭. 캔버스에 유화. 134×82cm. 오르세 미술관. 파리.

경배하는 장면을 기록한 것이라고 볼 수 있다.

요한복음은 시종일관 예수님에 대해 신성을 가진 하나님의 아들로, 또 하나님으로 나타내고 있다. 예수님의 모든 신성에 초점을 맞추고 있는 것이다. 따라서 예수님이 막달라 마리아에게 "나를 만지지 말라"고 말씀하신 사건에 초점을 맞추는 것은 지극히 당연한 것이다.

마리아는 인정에 이끌려서 육신적으로 예수님을 대하려고 했다. 다만 예수님은 이것을 저지하신 것이다. 예수님을 육체로 아는 것에 대해서는 막달라 마리아뿐 아니라 예수님의 어머니 마리아에게도 동일한 원칙이 적용되었던 것이다요한복음 2:4; 19:26. 즉 부활하신 예수님을 어느 누구도 하나의 인간으로 보아서는 안 된다.

예수님의 죽음과 부활은 분리될 수 없는 것이었다. 예수님의 죽음이 있었기 때문에 부활이 존재할 수 있었고, 예수님이 나의 모든 죄를 대신 짊어지셔서 나의 죄 자체가 되어 십자가에 달려 형벌을 받으시고 죽으셨다. 그리고 예수님은 죽음을 이기시고 생명이 되셨다.

> 예수께서 이르시되 나는 부활이요 생명이니 나를 믿는 자는 죽어도 살겠고요한복음 11:25

이것을 깨닫게 된 제자들은 변화를 경험했다. 예수님의 생명을 경험한 것이다. 그들은 예수님을 통해 생명을 보았고 체험했던 것이다.

76. 제자들을 굳게 하시는 주님

누가복음 24장

「의심하는 도마」 1601-1602년. 카라바조

예수님의 제자 중 도마는 의심이 많은 인물로 잘 알려져 있다. 사흘 만에 부활하신 예수님을 만난 다른 제자들이 그 소식을 전했을 때에도 그는 의심했다. 그는 심지어 이렇게 말했을 정도였다.

"내가 그의 손에서 못자국을 보며, 내 손가락을 그 못자국에 넣으며, 내 손을 그 옆구리에 넣어 보지 않고는 믿지 아니하겠노라!"

16세기 이탈리아 화가 카라바조는 「의심하는 도마」에서 이러한 장면을 생생하게 담아냈다. 도마는 두렵고 떨리는 표정으로 예수님의 몸에 손가락을 넣었고, 다시 살아난 스승 앞에서 눈물을 흘렸다. 그래서인지 도마는 흔히 연약한 믿음을 상징하는 인물로 인용되곤 한다. 하지만 도마는 오히려 의심을 통하여 견고한 믿음으로 이어질 수 있음을, 맹목적인 믿음보다 이해를 통해 단단해지는 믿음이 무엇인지 잘 보여준다.

카라바조는 예수님의 상처 난 옆구리에 도마가 손을 넣는 장면을 포착했다. 그는 신비로운 기법으로 인간의 감정이 변화하는 순간을 사실적으로 묘사했으며, 현대 사실주의의 선구자이기도 하다. 어두운 배경에서 대비되는 빛의 이미지를 끄집어내는 키아로스쿠로chiaroscuro 기법을 터득했고, 다른 거장들과는 달리 데생 없이 직접 캔버스에 물감으로 그림을 그려내기도 했다.

세파와 삶에 찌든 듯 제자들의 머리카락은 빠져 보이고, 이마에는 깊은 주름이 패여 있다. 특히 도마의 옷은 어깨 언저리 부분의 살이 드러나 보일 만큼 해져 있다. 예수님의 슬픈 표정과 두 제자의 긴장되고 경악하는 듯한 눈초리, 그리고 상처 깊숙이 손가락을 집어넣는 도마의 얼굴 등 모든 시선이 예수님의 옆구리 상처에 집중되어 있다. 그리고 도마의 손은 부드러운 그것이 아니라 그물을 다루는 어부의 거칠고 때가 더덕더덕 끼어 있는 억센 손이다. 예수님은 감히 손가락을 쉽게 넣지 못했을 도마의 손목을 잡고 자신의 옆구리 상처로 그의 손가락을 밀어넣고 있다.

다만 성경에서는 도마가 실제로 손가락을 넣어 보지 않은 듯하다. 예수님과 도마의 대화에서 유추해 볼 수 있다.

"네 손가락을 이리 내밀어 내 손을 보고 네 손을 내밀어 내 옆구리에 넣어 보라. 그리하여 믿음 없는 자가 되지 말고 믿는 자가 되라."

도마는 말문이 막혀 주님께 고백했다.

"나의 주님이시요, 나의 하나님이시니이다!"

"너는 나를 본 고로 믿느냐? 보지 못하고 믿는 자들은 복되도다."

카라바조가 이전에 그렸던 종교화들과 달리 이 그림은 매우 격정적이고 내밀한 감정을 드라마처럼 펼쳐보인다. 이는 일차적으로 화가의 개성에서 비롯된다고 할 수 있다. 하지만 카라바조의 그림이 당시 성공을 거둘 수 있었던 것은 종교개혁이라는 역사적 상황 때문이기도 하다. 종교개혁 이후로 로마 가톨릭은 뭔가 새로운 것이 필요했고, 카라바조의 그림에서 그것을 발견할 수 있었다. 로마 추기경들은 신자들에게 감동과 자극을 불러일으킬 요량으로 카라바조를 받아들이고 추켜세웠다.

카라바조는 생생한 사실주의적 묘사로 바로크 시대의 거장이 된 화가다. 대담한 빛의 사용을 통해 종교화에 사실주의를 도입했고, 이런 혁명적인 화풍이 당시 미술계에는 큰 반향을 일으켰다. 하지만 사회의 질서와 도덕을 무시하는 반항적 성격의 소유자였던 탓에 인생과 예술에서도 종종 규범을 무시하곤 했다. 자유분방하고 다혈질적인 성격 때문에 평생 동안 일곱 차례나 감옥에 들어갈 정도였다. 결국 사람을 죽여서 베네치아와 시실리 등으로 도피 생활을 했고, 교황에게 사면을 요청하기 위해 로마로 가던 중 자신이 이미 사면을 받았다는 사실도 모른 채 39세의 나이로 요절하고 말았다.

너희에게 평강이 있을지어다

예수님이 부활하신 뒤 첫 안식일이었던 토요일 바로 다음날은 역사 이래로 첫 주일이었다. 부활하신 예수님은 두 사람의 마리아에게 이렇게 말씀하셨다.

"가서 내 형제들에게 갈릴리로 가라 하라. 거기서 나를 보리라."

주님은 제자들에게 내 형제라고 말씀하셨다. 주님이 십자가를 지시기 위해 체포되었을 때 하나도 남김없이 다 도망갔던 바로 그 제자들이다. 베드로는 주님을 세 번이나 모른다고 부인했다. 그런데도 예수님은 부활하신 후 제자들을 향해 내 형제들이라고 말씀하신다. 그리고 제일 먼저 제자들을 만나 주셨다. 십자가를 지시기 전보다 예수님의 사랑이 더욱 깊어졌음을 알 수 있다. 보통 사람이라면 자신의 지위가 높아졌을 때 먼저 말투가 달라지고 거드름을 피웠을 것이다. 시간이 지나면 사랑이 변한다고 하

「의심하는 도마(*The Incredulity of Saint Thomas*)」 1601-1602년. 카라바조. 캔버스에 유화. 146×107cm. 상수시 미술관, 포츠담.

는데, 예수님은 오히려 반대로 제자들을 먼저 챙기고 부활하신 후 신령한 몸을 입으셨음에도 불구하고 더욱 겸손하게 제자들을 향해 나의 형제들이라고 말씀하신다. 주님의 사랑은 변함이 없었으며, 되려 더욱 깊어지고 있음을 알 수 있다. 예수님이 처음 제자들을 대할 때 "소자들아, 얘들아"라고 부르셨는데, 십자가를 앞에 두고는 친구들이라고 하시더니 이제는 형제들이라고 부르신 것이다.

부활하신 예수님은 제자들에게 갈릴리에서 만나자고 하셨다. 왜 제자들을 이곳 예루살렘이 아닌 갈릴리에서 만나자고 하셨을까? 갈릴리가 어떤 곳인가? 그곳은 제자들이 주님의 부름을 받기 전부터 고기잡이를 하던 곳이었다. 예수님이 처음으로 제자들을 부르셨고, 또 제자들이 처음으로 주님을 만났던 곳이다.

> 말씀하시되 나를 따라오라 내가 너희를 사람을 낚는 어부가 되게 하리라 하시니 마태복음 4:19

바꿔 말하면 십자가 사건 이후 낙심과 두려움에 빠져 있던 제자들에게 다시 한 번 사명감을 불어넣어 주시려고 갈릴리에서 만나자고 한 것이다. 무엇보다 갈릴리는 제자들의 고향이었다. 십자가 사건 이후로 제자들은 모두 고향으로 돌아가 있었다. 그래서 예수님은 그 갈릴리를 찾아가서 다시 한 번 주님의 사랑을 보여 주신 것이다. 사랑과 용서로 제자들을 맞이하기 위해 갈릴리로 친히 가셨다. 처음 주님의 사랑을 깨닫고 결단했던 그 자리로 돌아가 그분의 사랑과 사명을 확인하고 순수한 믿음을 가지도록 배려해 주신 것이다. 안식 후 첫날 저녁 때였다.

> 이 날 곧 안식 후 첫날 저녁 때에 제자들이 유대인들을 두려워하여 모인 곳의

문들을 닫았더니 예수께서 오사 가운데 서서 이르시되 너희에게 평강이 있을지어다 요한복음 20:19

예수님이 부활하신 날 저녁, 제자들이 모인 곳의 분위기는 밝지 않았다. 제자들은 큰 두려움에 떨고 있었고, 도둑처럼 주위를 살피면서 슬그머니 모여 있었다. 아무도 웃는 사람이 없었다. 그들은 유대인들의 눈을 피해 몰래 집안으로 들어온 후 문을 굳게 잠궜다. 참으로 무거운 분위기였다. 물론 그들은 주님이 부활하셨다는 소문을 듣고 모였다. 그들 가운데 베드로와 요한은 예수님이 묻혀 있던 무덤에 가 보니 비어 있다는 사실을 직접 확인하기도 했다. 또 막달라 마리아는 부활하신 주님을 직접 만났다. 이 소식을 듣자 숨어 있던 제자들은 한 자리에 모이게 되었다. 제자들은 함께

「도마의 불신(*The incredulity of St. Thomas*)」 1622년. 헨드릭 테르브루그헨. 캔버스에 유화. 108.8X136.5cm. 암스테르담 국립 미술관. 암스테르담.

모여 있기는 하지만 마음에 평안도, 기쁨도 없었다. 모두 두려워 떨고 있었다. 예수님이 부활하셨다는 여자의 말도 믿지 않았다.

그때 예수님이 오셔서 그들 가운데에서 말씀하셨다.

"너희에게 평강이 있을지어다."

유대인들을 습격을 두려워하며 문을 꼭 잠그고 있던 제자들에게 부활하신 주님이 나타나신 것이다. 부활하신 주님이 처음으로 제자들에게 나타나 들려 주신 첫 음성이었다.

부활하신 예수님은 창에 찔리고 물과 피를 흘렸던 옆구리를 만져 보게 하셨다. 또 양손과 양발에 박힌 못자국을 만져 보게 하셨다. 그것을 본 제자들은 변화되기 시작했다. 예수님이 또 말씀하셨다.

"너희에게 평강이 있을지어다 아버지께서 나를 보내신 것 같이 나도 너희를 보내노라."

이 말씀을 하신 후 제자들을 향해 숨을 내쉬며 말씀하셨다.

"성령을 받으라."

예수님은 부활하신 후 제자들에게 찾아와서 평안을 전하시고 그들을 세상으로 보내셨다. 이제 너희들이 가야 한다는 파송의 말씀을 전하시면서 성령을 받으라고 하셨다.

> 오직 성령이 너희에게 임하시면 너희가 권능을 받고 예루살렘과 온 유대와 사마리아와 땅 끝까지 이르러 내 증인이 되리라 하시니라사도행전 1:8

그러므로 복음을 증거하는 그리스도의 증인된 삶을 사는 모든 성도들은 자신이 하는 것이 아니라 자기 속에 있는 성령님이 역사하시는 것이다.

77. 예수님의 승천

사도행전 1장

「승천」 1636년. 렘브란트

렘브란트가 그린 「승천」은 원과 사각형이 만나는 궁륭穹窿 형태로 그려졌다. 위는 둥글고 나머지 세 면이 각진 그림에서 둥근 것은 하늘, 사각형은 땅을 상징했는데, 제단화에서 이런 형태가 종종 사용되었다. 둥근 위쪽 꼭대기에는 성령을 상징하는 비둘기가 있고 거기로부터 광채가 나오고 별과 같은 반짝임도 보이고 있다. 땅에서 하늘로 승천하시는 예수님은 하얀 옷을 입고 두 팔을 벌린 채 눈은 하늘을 향해 있다.

팔을 벌린 예수님의 손바닥을 자세히 보면 못자국이 선명하다. 많은 천사들이 구름을 떠받치고 있으며, 예수님은 구름 위에 떠 있다. 궁창이 열려 하늘로 올라가는 예수님을 쳐다보는 제자들의 놀라워하는 모습은 어둡게 표현되어 있긴 하지만, 경이로운 사건이 눈앞에서 일어나고 있음을 그들의 몸짓이 잘 표현해 준다.

흰 옷을 입으신 예수님은 눈부신 광채에 휩싸여 두 손을 활짝 펴고 그

「승천(*The Ascension*)」 1636년. 렘브란트. 캔버스에 유화. 68.7×93cm. 알테피나코테크. 뮌헨.

분이 오셨던 본향으로 돌아가는 중이다. 오실 때에는 말씀이 육신이 되어 오셨지만, 가실 때에는 육신의 옷을 입은 채 올라가신다. 양쪽 밑에는 천사들이 예수님을 마중나온 듯 환호하면서 경배하고 있다. 반면 하단의 제자들이 승천하시는 예수님을 유심히 지켜보고 있다. 너무 놀라서 두 팔을 벌린 제자, 경외심을 표현할 길이 없어 무릎을 꿇은 제자, 진정한 그리스도이심을 뒤늦게 깨달은 듯 뉘우치는 제자, 외롭게 남겨질 자신을 걱정하는 제자 등 광채로 둘러싸인 예수님과 대비되는 모습으로 그려져 있다.

예수님의 승천에 대한 주제는 예수의 생애에 대한 다른 주제들보다 상대적으로 적게 다루어졌고, 중세에는 바위나 모래에 발자국만 그렸다고 한다. 아마도 하늘로 올라가는 성자는 이제 성부와 하나가 되셨기 때문에 그 모습을 그리지 못한 것으로 보인다. 그런데 예수님의 수난을 주제로 한 일련의 그림 가운데 한 장면으로 「승천」을 그린 렘브란트는 구름이나 천사처럼 주문자의 취향을 반영하면서도 마치 자신이 제자가 되어 승천하신 예수님의 모습을 본 것처럼 묘사했다.

내 증인이 되리라

예수님은 제자들과 함께 모였을 때 그들에게 말씀하셨다.

> 볼지어다 내가 내 아버지께서 약속하신 것을 너희에게 보내리니 너희는 위로부터 능력으로 입혀질 때까지 이 성에 머물라 하시니라 누가복음 24:49

예수님이 승천하기 전에 하셨던 중요한 부탁은 우선 예루살렘을 떠나지 말고 하나님이 약속하신 대로 성령의 세례를 받도록 기다리라는 것이었다. 성령의 세례는 전도의 원동력이 될 것이기 때문이다. 세계 복음화는 사람의 힘으로는 이룰 수 없는 거대한 사역이다. 그것은 하나님의 영이 친히 이루실 일이다. 이제 성령님이 제자들 가운데 능력으로 오셔서 이 일을 시작하실 것이다. 이것은 구약 요엘서에서 이미 예언된 바였고 요엘 2:28-29, 예수님도 마지막 만찬 자리에서 약속하신 내용이다 요한복음 14-16장. 이제 성령의 오심은 '몇 날이 못 되어' 곧 이루어질 것이다.

성령의 세례는 성령님이 신자들 속에 들어오심으로 그들을 새롭게 하는 것을 말한다. 예수님는 확실한 많은 증거로 자신의 다시 사심을 제자들에게 나타내셨고, 40일 동안 그들에게 보이셨다. 우리는 사도행전을 통해 전도에 대한 많은 것들을 배울 수 있다. 하나님 나라는 예수님이 전하신 주제였다. 그것은 예수님이 처음부터 전한 내용이며, 부활하신 후에도 전했던 내용이다. 제자들이 모였을 때 예수님께 물었다.

"주께서 이스라엘 나라를 회복하심이 이때니이까?"

그러자 예수님이 이렇게 대답하셨다.

> 이르시되 때와 시기는 아버지께서 자기의 권한에 두셨으니 너희가 알 바 아니요 오직 성령이 너희에게 임하시면 너희가 권능을 받고 예루살렘과 온 유대와 사마리아와 땅 끝까지 이르러 내 증인이 되리라 하시니라 사도행전 1:7-8

그리고 예수님은 제자들과 많은 사람들이 지켜보는 가운데 하늘로 올라가셨다. 제자들이 놀라서 하늘을 쳐다보고 있었는데, 천사들이 나타나서 그들에게 이렇게 말했다.

"왜 하늘을 쳐다보고 있느냐? 지금 하늘로 올라가신 예수님은 올라심을 본 그 모습 그대로 하늘로부터 다시 내려올 것이다."

명화가 들려주는 77가지 성경 이야기

그림을 읽으면 성경이 보인다

초판 1쇄 펴낸 날 · 2019년 10월 05일
초판 2쇄 펴낸 날 · 2019년 10월 15일

지은이 · 박응순
펴낸이 : 채주희

펴낸곳 · 엘맨출판사
(04091) 서울 마포구 신수동 448-6
출판등록 제10-1562호(1985. 10. 29)
Tel. (02) 323-4060 Fax. (02) 323-6416
E-mail: elman1985@hanmail.net
Homepage www.elman.kr

ISBN 978-89-5515-638-6 (03230)

값 16,800원